MIGRANCES, DIASPORAS
ET TRANSCULTURALITÉS
FRANCOPHONES

www.librairieharmattan.com
diffusion.harmattan@wanadoo.fr
harmattan1@wanadoo.fr

© L'Harmattan, 2005
ISBN : 2-7475-9924-8
EAN : 9782747599245

Sous la direction de / Edited by

Hafid Gafaïti,
Patricia M. E. Lorcin
& David G. Troyansky

MIGRANCES, DIASPORAS
ET TRANSCULTURALITÉS
FRANCOPHONES

Littératures et cultures d'Afrique, des Caraïbes, d'Europe et du Québec

L'Harmattan
5-7, rue de l'École-Polytechnique ; 75005 Paris
FRANCE

L'Harmattan Hongrie	**Espace L'Harmattan Kinshasa**	**L'Harmattan Italia**	**L'Harmattan Burkina Faso**
Könyvesbolt	Fac. des Sc. Sociales, Pol. et	Via Degli Artisti, 15	1200 logements villa 96
Kossuth L. u. 14-16	Adm. , BP243, KIN XI	10124 Torino	12B2260
1053 Budapest	Université de Kinshasa – RDC	ITALIE	Ouagadougou 12

« Études transnationales, francophones et comparées »
Transnational, Francophone and Comparative Studies

Collection dirigée par / *Book Series Directed by* Hafid Gafaïti

Les mouvements migratoires dans le monde ont donné naissance à des diasporas et des cultures immigrées qui simultanément transforment les sociétés et les immigrés et contribuent à la formation d'identités et de cultures globales ou transnationales. Le but de cette collection est d'explorer les processus à partir desquels ces phénomènes ont donné naissance à des cultures nationales et transnationales ainsi que d'analyser les modalités selon lesquelles les diasporas contribuent à la production de nouvelles identités et discours qui défient les modes de pensée traditionnels sur l'identité, la nation, l'histoire, la littérature, l'art et la culture dans le contexte postcolonial. Elle vise à contribuer aux débats sur ces phénomènes, leurs problématiques et discours à partir d'une perspective interdisciplinaire et plurilingue au-delà des cloisonnements idéologiques, politiques ou théoriques. Elle a également pour but de renforcer les liens entre la théorie critique et les études culturelles ainsi que de développer les relations entre les études francophones, anglophones et comparées dans un cadre transnational.

Cette collection tente de multiplier les échanges entre les universitaires et étudiants francophones, anglophones et autres et de transcender les barrières culturelles et linguistiques qui caractérisent encore nombre de publications.

Migratory movements in the world have led to the formation of diasporas and immigrant cultures that transform both societies and immigrants themselves, while contributing to global or transnational identities and cultures. The aim of this book series is to explore the processes by which these phenomena led to the constitution of national and transnational cultures. In addition, it studies how diasporas contribute to the construction of new identities and discourses that challenge traditional ways of thinking about identity, nation, history, literature, art and culture in the postcolonial context. It aims to contribute to the discussion of these issues from an interdisciplinary and multilingual perspective beyond ideological, political and theoretical exclusions. Its objective is to reinforce the links between critical theory and cultural studies and to develop the relations between Francophone, Anglophone and comparative studies in a transnational framework.

This book series attempts, on the one hand, to enhance the communication and to strengthen the relations between Francophone, Anglophone and other scholars and students and, on the other hand, to transcend the cultural and linguistic barriers that still characterize many publications.

DÉJÀ PARUS

Hafid Gafaïti (sous la direction de), *Cultures transnationales de France : des "beurs" aux ...?* (2001).

Hafid Gafaïti, Anne Mairesse et Michèle Praëger (sous la direction de), *Recyclages culturels/Recycling Culture* (2003).

Alec G. Heargreaves (sous la direction de), *Minorités poscoloniales anglophones et francophones : études culturelles comparées* (2004).

Charles Bonn (sous la direction de), *Migrations des identités et des textes entre l'Algérie et la France dans les littératures des deux rives* (2004).

Charles Bonn (sous la direction de), *Échanges et mutations des modèles littéraires entre Europe et Algérie* (2004).

Christiane Chaulet-Achour (sous la direction de), *Les 1001 Nuits et l'imaginaire du XXe siècle* (2004).

Richard Jacquemond (sous la direction de), *Écrire l'histoire de son temps (Europe et monde arabe). L'écriture de l'histoire I.* (2005).

Richard Jacquemond (sous la direction de), *Histoire et fiction dans les littératures modernes (Europe, France, monde arabe). L'écriture de l'histoire II.* (2005).

Espaces culturels et transnationalités francophones

Hafid Gafaïti

Texas Tech University,

Patricia M. E. Lorcin

University of Minnesota

et David G. Troyansky

Brooklyn College (CUNY)

I. PROBLEMATIQUES

Contrairement au discours de plus en plus « politiquement correct », qu'il soit de droite ou de gauche, sur les rapports de pouvoir entre les pays, les cultures et les peuples, il est incontestable que la colonisation prolonge dans une large mesure les rapports et les conflits coloniaux à l'ère postcoloniale. Elle continue d'éclairer, ne serait-ce qu'en partie, les problématiques qui demeurent au cœur de l'histoire, de la littérature et des expressions culturelles postcoloniales et celles issues des immigrations. En effet, dans le cas de la France et du monde francophone, il n'est pas possible d'appréhender les littératures et les cultures des pays décolonisés ou nouvellement indépendants, d'un côté, et celles des immigrations dans la majorité des pays occidentaux, d'un autre côté, sans prendre en compte ce que Etienne Balibar a appelé le continuum colonial-postcolonial.[1] Ainsi, il est établi que l'avènement de la littérature francophone et des immigrations, que ce soit en Afrique, aux Caraïbes, au Québec et au Canada plus généralement, est directement lié à l'histoire coloniale de la France et à l'institution de la langue française, non seulement comme langue de

---

[1] Etienne Balibar et Immanuel Wallerstein, *Race Nation Classe*, Paris, Editions La Découverte, 1990, pp. 76-77.

communication et de pouvoir, mais aussi comme expression de la culture et des productions esthétiques dans les territoires conquis par ce pays.

La colonisation a eu pour conséquence une domination linguistique et culturelle qui est à la source de la francisation partielle de la culture des sociétés évoquées et, donc, de leur production d'une littérature de langue française telle qu'elle a fonctionné de manière embryonnaire depuis 1635 dans le cas de la Martinique et de la Guadeloupe par exemple, du milieu du dix-septième siècle dans le cas du Québec et à partir du dix-neuvième siècle dans le cas de nombreux pays africains. Elle explique également la manière dont elle s'est développée et continue d'exister aujourd'hui. Ce processus colonial a également produit les immigrations avant et après les indépendances qui ont refaçonné ces pays et leurs espaces culturels, en même temps qu'elles ont profondément transformé la société et la culture françaises.[2]

C'est dans cette mesure et dans cette perspective que nous voudrions relire l'histoire et les discours de cet aspect important de la culture du 20ème siècle dans le cadre plus général et, nous semble-t-il, plus englobant de la transnationalité. Celle-ci est explicitement désignée et fondamentalement exprimée par l'émergence des littératures des immigrations, des expressions diasporiques et l'affirmation des « écritures migrantes », de manière générale, comme site de plus en plus privilégié de la culture mondiale dont la postcolonialité n'est qu'une des dimensions. En effet, au-delà des discours idéologiques divers et opposés, il est incontestable que nous vivons à l'ère de ce que Edouard Glissant appelle la « mondialité ».[3] Pour ce faire, dans le cadre de ce recueil de textes, il s'agit d'examiner les modalités selon lesquelles se réalise, historiquement et culturellement, cette inscription du postcolonial dans le phénomène de plus en plus véritablement transnational de la « diasporisation » et de l'« identité immigrée » selon le terme de Marco Micone. Ce processus se déploie selon plusieurs axes parallèles et qui s'enchevêtrent simultanément : l'immigration, l'exil, la diasporisation et la transculturalité.

---

[2] Voir à ce propos Bill Ashcroft, Gareth Griffiths and Helen Tiffin (Editors) *The Empire writes back: Theory and practice in Post-colonial Literature*, London, Routledge, 1989.

[3] « Ce que l'on appelle mondialisation, qui est l'uniformisation par le bas, la standardisation, le règne des multinationales, l'ultra-libéralisme sur les marchés mondiaux, pour moi, c'est le revers négatif de quelque chose de prodigieux que j'appelle la mondialité. La mondialité, c'est l'aventure extraordinaire qui nous est donnée à tous de vivre aujourd'hui dans un monde qui, pour la première fois, réellement et de manière immédiate, foudroyante, sans attendre, se conçoit comme un monde à la fois multiple et unique, autant que la nécessité pour chacun de changer ses manières de concevoir, de vivre, de réagir dans ce monde-là. » (Edouard Glissant, « Edouard Glissant : mondialité créolisation et altermondialisme (Chaos-Monde) » in *Les Périphériques* du 12 octobre 2004. Voir aussi, son texte *La Cohée du Lamentin. (Poétique V)*, Paris, Gallimard, 2005.

De la nation à l'immigration et l'exil

Après la décolonisation, dans la majorité des pays du 'Tiers-Monde', les crises économiques endémiques et la fermeture de la plupart des sociétés postcoloniales par l'homogénéisation du discours idéologique et de la culture et par la violence politique ont eu pour résultat d'amener des pans entiers de la population et de nombreux producteurs culturels à immigrer ou s'exiler. Il faut ajouter à cela l'attrait des sociétés occidentales et les perspectives individuelles d'intellectuels qui se situent de plus en plus dans un champ dépassant celui d'un pays ou d'une ethnie. Dans ce contexte se poursuivent dans les années soixante et décennies suivantes, de manière plus intense encore, les phénomènes migratoires qui étaient initiés dans le cadre des relations économiques et sociologiques des empires coloniaux. L'aboutissement de ce processus est la diasporisation des populations et des intelligentsias à laquelle le monde assiste aujourd'hui. Or, même pendant la période coloniale et avant la crise actuelle des sociétés postcoloniales, les intelligentsias s'inscrivaient dans un champ international d'intervention culturelle et intellectuelle. Dans le cadre de la globalisation du capitalisme et de la généralisation relative des communications par la télévision, la presse, l'édition et les médias de manière générale, ce processus s'intensifie, avec les phénomènes migratoires et les littératures de l'exil, du hors-lieu et de l'errance qui les accompagnent. Ce développement poussera les producteurs à concevoir leur écriture en dehors de la sphère culturelle de leur pays et, de plus en plus, dans le cadre d'une conscience planétaire et d'une culture transnationale. Pour beaucoup d'entre eux, cette évolution résultera en un exil réel, le plus souvent, vers l'ancienne Métropole mais aussi au-delà.

La conception herderienne qui avait jusqu'à il n'y a pas très longtemps dominé la théorie de la culture et la critique littéraire ne permet plus d'appréhender les problématiques de la nation, de la culture et de l'identité. Aujourd'hui, au vu de la réalité des pays décolonisés et de l'affirmation de cultures régionales ou minoritaires, il est clair que l'on ne peut plus fonder la réflexion sur les phénomènes identitaires en asseyant le principe de nationalité, de citoyenneté et d'identité sur le postulat de l'identification de la langue et de la nation.[4]

---

[4] Pour un traitement récent du rôle de la langue dans la constitution du nationalisme français, voir David A. Bell, *The Cult of the Nation in France: Inventing Nationalism, 1680-1800*, Cambridge, Massachusetts, Harvard University Press, 2001 (surtout le Chapitre 6).

Une des dimensions centrales des cultures et des littératures postcoloniales est l'échec ou l'impossibilité de fonder une littérature nationale qui transcende la logique du conflit puisque la recherche de la nouvelle identité nationale se conçoit, soit par imitation, soit par opposition, par rapport à la culture de l'Empire.[5] Or, dans la majorité des cas, la production postcoloniale se fait dans la langue de l'autre, dépend en grande partie, d'un côté, du mode de production de l'industrie éditoriale de l'ancien colonisateur, de ses circuits de diffusion et de promotion et, d'un autre côté, de son lectorat. Il est évident que l'on ne peut pas généraliser cette situation de manière absolue. Il n'en demeure pas moins cependant que la production dite postcoloniale demeure profondément, c'est-à-dire économiquement et culturellement, rattachée à celle de l'ancienne Métropole.[6] C'est, bien sûr, le cas des productions francophones.

D'un côté, autant pendant la période coloniale qu'à l'ère postcoloniale s'est créé, selon le terme de Maxime Silverman, un « espace de migration »[7] entre les colonies et l'Empire qui fait que le cordon ombilical ne fut jamais rompu. D'un autre côté, l'évolution des sociétés postcoloniales et les itinéraires individuels des écrivains ont amené cette production postcoloniale à se transformer de plus en plus en littérature de l'exil. Cet exil est multiple : économique, culturel, linguistique et donc identitaire. Selon les cas, les écrivains se rendent de plus en plus compte du fossé qui se creuse avec leurs gouvernements, leurs lecteurs et, finalement, leurs pays.

Exilés de leurs pays, de plus en plus séparés linguistiquement de leur lectorat, ils se trouvent condamnés à ce qu'Assia Djebar appelle « une écriture de l'expatriation ».[8] L'on peut généraliser cette affirmation et parler de l'avènement, ainsi que de la généralisation d'une culture diasporique et transnationale.

De la diasporisation à l'écriture de la transnationalité

Les écrivains, et les producteurs culturels en général, à partir de la situation qui leur est faite, soit par l'exil réel et leur identité cosmopolite, soit

---

[5] Dans une certaine mesure, autant le mimétisme que l'on constate entre les deux guerres mondiales que la « littérature de combat » qui s'affirme après 1945 relèvent du même processus excluant ce que Homi Bhabha a conceptualisé comme le « tiers-espace » puisque basés, l'un sur un monisme idéologique, l'autre sur une perspective dominée par le dualisme.

[6] Voir à ce propos le beau livre de Patrick Chamoiseau, *Ecrire en pays décolonisé*, Paris, Gallimard, 1997.

[7] Maxime Silverman, *Deconstructing the Nation: Immigration, Racism and Citizenship in Modern France*. London-New York, Routledge, 1992, pp. 95-125.

[8] Assia Djebar, *Ces Voix qui m'assiègent*, Paris, Albin Michel, 1999, p. 216).

par leur expatriation, soit du fait d'un exil intérieur par leur inscription dans la langue et la culture de l'autre qui ne sont pas celles de leur communauté, évoluent d'une situation en postcolonialité à une inscription dans la migration, l'hybridité et l'errance. Or, le site des écritures diasporiques et migrantes transcende les frontières et les cultures. A tel point qu'il semble légitime et judicieux d'affirmer que désormais, de plus en plus, la postcolonialité est incluse dans le cadre plus général et plus intégratif des écritures migrantes ou transnationales.[9] D'autant plus que les expressions postcoloniales relèvent justement d'une écriture de la multiplicité et de la polyphonie et leurs thématiques, ainsi que leurs écritures, transcendent les barrières linguistiques et culturelles, les expériences communautaires ou nationales. Le récit postcolonial se caractérise en effet par le principe de diversité, de polysémie et de diffraction, ainsi que par une intensification du phénomène dialogique au sens bakhtinien du terme.

Dans la même perspective, dans ce cadre, il faut noter avec Sherry Simon que la résistance aux discours identitaires dominants se fait, en même temps, de l'extérieur mais aussi de l'intérieur.[10] Les écrivains de la modernité, qu'ils soient désignés par le terme d'écrivains mineurs comme Kafka[11] ou de cosmopolites comme Joyce, sont des figures complexes et contradictoires. D'un côté, ils correspondent à la description de la conscience individuelle de l'artiste romantique dont l'œuvre se déploie dans le cadre d'un champ littéraire national avec pour objectif de refonder son identité. D'un autre côté, leurs écritures opèrent une déconstruction du discours et de la littérature de type identitaire et nationaliste. Ainsi, ils retravaillent la relation à l'espace et à la langue et remettent en question la littérature comme inscription dans le corps de la nation[12], pour s'attaquer

---

[9] Certains, comme Michel Beniamino par exemple, ont tendance à souligner les limites du multiculturalisme postcolonial en affirmant que les priorités des pays du 'Tiers-Monde' ne laissent pas de place à la dimension littéraire et esthétique sur laquelle se concentrent les écrivains et la critique (Michel Beniamino, *La Francophonie littéraire*, Paris, L'Harmattan, 1999). Ce point de vue est évidemment réducteur et perpétue les stéréotypes traditionnels sur la séparation artificielle entre l'économique et le culturel. La preuve que l'écriture est vitale dans les sociétés et qu'elle est considérée comme subversive autant pour les pouvoirs que pour les extrémistes de toutes sortes est que les intellectuels, les journalistes, les artistes, les écrivains et les poètes se font censurer, emprisonner et assassiner malheureusement tous les jours dans les pays postcoloniaux et parfois même en Occident.

[10] Sherry Simon, « Espaces incertains de la culture » in Sherry Simon, Pierre L'Hérault, Robert Schwartzwald et Alexis Nouss, *Fictions de l'identitaire au Québec*, Montréal, XYZ, coll. « Etudes et documents » dirigée par Simon Harel, 1991, pp. 13-52.

[11] Gilles Deleuze et Félix Guattari, *Kafka : Pour une littérature mineure*, Paris, Les Editions de Minuit, Collection « Critique », 1975.

[12] Au sens où Ernest Renan parlait de l'identité comme sentiment d'appartenance à l'histoire, à l'esprit et au corps même de la nation.

aux fondements de la logique de l'enracinement. C'est cette démarche que Régine Robin a exprimée avec force dans *Le Roman mémoriel*.[13]

En transcendant les catégories, en dernière instance superficielles, de la binarité, l'on peut avancer que l'expression du mouvement continuel et de la transition en même temps décrit l'expérience immigrante et définit le propre même de la pratique littéraire. Il faut retenir ici que cette transition est celle qui, au-delà des appartenances de toutes sortes, qu'elles soient historiques, géographiques, nationales ou sociales, positionne le sujet migrant, l'identité diasporique, l'écrivain des minorités et maintenant l'écrivain postcolonial dans une optique qui en fait dépasse toutes les catégorisations du statut de l'écrivain. En effet, la problématique des littératures dites nationales circonscrit les autres écrivains en dehors de son discours de majorité, ce à quoi les littératures dites postcoloniales ont d'abord répondu par un désir et une entreprise de fondation de littératures nationales elles aussi obéissant aux mêmes structures discursives bien que définies en opposition à celles des métropoles occidentales. Or, ce que font les littératures migrantes et diasporiques, c'est subvertir ces appartenances et ces catégories pour établir l'expérience littéraire dans un trans-espace qui leur échappe et où s'inscrivent tous les possibles, tant sur le plan culturel, identitaire, discursif qu'esthétique.

Transnationalités francophones

Toute écriture consiste en une lecture de la réalité et une relecture de l'Histoire. Aujourd'hui les littératures postcoloniales appartiennent et s'inscrivent plus que jamais dans des sphères culturelles et se distinguent par une vision et une esthétique qui dépassent les régionalismes et les ethnicités, qui vont au-delà des lectorats nationaux et transcendent les espaces culturels postcoloniaux et français déterminés par le dualisme et les rapports de dépendance hérités de l'Histoire auxquels les productions culturelles étaient limitées.

Avec l'émergence des littératures francophones, et postcoloniales en général, la perspective critique et les orientations épistémologiques pour aborder et comprendre ces productions dans leur nouveau cadre et selon leur

---

[13] « Ecrire l'histoire autrement, reprendre les expressions esquissées par M. de Certeau, repartir vers un lieu impossible sans doute, celui de la traversée des savoirs, celui des frontières, des bordures, trouver un « hors-lieu », partir à la conquête inconfortable des « identités de traverse », tenter de faire jouer, envers et contre tout, cette mémoire culturelle, imageante, fictionnalisante qui déplace, ironise les autres, il reste sans doute encore quelques années et assez de passion pour s'y engloutir. » (Régine Robin, *Le Roman mémoriel*, Montréal, Le Préambule, 1989, pp. 195-96.)

éclairage transfiguré ont radicalement changé tout le champ littéraire et culturel depuis les vingt dernières années. Comme on le verra dans les études qui suivent, cela est vrai de la littérature et de la critique caribéennes comme de la littérature et de la critique québécoises, par exemple, qui ont beaucoup travaillé à transcender les limites des perspectives strictement nationales et régionales. Cela est certainement vrai de beaucoup de littératures et d'approches méthodologiques qui, dans le domaine des études anglophones et culturalistes en particulier, sont lues et appréhendées selon des points de vue permettant de dépasser les conceptions homogénéisantes et manichéennes dans lesquelles les littératures nationales continuent d'être enfermées.[14] Par conséquent, les termes pour concevoir ces productions évoluent en rapport avec les transformations culturelles et autre à l'échelle du globe. En effet, ils s'inscrivent progressivement dans l'optique de la culture transnationale tels que des philosophes comme Gilles Deleuze et Félix Guattari[15] et des écrivains tels que Victor Segalen et Edouard Glissant[16] conçoivent tant par leur pratique littéraire que par leurs articulations théoriques. Cela est particulièrement visible dans la conceptualisation glissantienne du Tout-Monde et sa notion de mondialité correspondant au concept de transnationalité qui caractérise de plus en plus le champ culturel et esthétique contemporain.

C'est cette ligne directrice qui a éclairé la perspective et la philosophie du colloque international « *Transnational Cultures, Diasporas, and Immigrant Identities in France and the Francophone World*/Cultures transnationales, diasporas et identités immigrées en France et dans le monde francophone » que nous avons organisé et qui s'est tenu du 21 au 23 mars 2002 à *Texas Tech University*. Ce colloque a réuni, dans le cadre du symposium annuel de littérature comparée de cette institution, 65 historiens et spécialistes de la littérature de quinze pays et cinq continents[17]. C'est cette démarche qui s'illustre également dans les textes réunis ici et qui constituent une sélection des travaux de chercheurs qui y ont poursuivi et développé leurs études.

---

[14] Voir à ce propos Etienne Balibar et Immanuel Wallerstein, *Race, Nation Classe : Les identités ambiguës*, Paris, Editions La Découverte, 1988.

[15] Gilles Deleuze et Félix, *Mille plateaux - Capitalisme et schizophrénie 2*, Paris, Les Éditions de Minuit, coll. « Critique », 1980.

[16] Edouard Glissant, *La Cohée du Lamentin (Poétique V)*, Paris, Gallimard, 2005.

[17] Parallèlement à ce livre, nous préparons la publication d'un deuxième volume l'année prochaine, en anglais, intitulé *Transnational Spaces and Identities in the Francophone World* (*University of Nebraska Press*, 2006) et réunissant une autre sélection d'articles d'historiens en majorité, ainsi que de spécialistes en sciences humaines et de la littérature francophone qui y développent leurs recherches à partir des travaux faits dans le cadre du colloque que nous avons organisé.

Malgré la diversité des sujets et des approches, par souci d'organisation et de cohérence de l'ensemble, nous avons divisé ces articles en cinq parties distinctes correspondant à un classement simultanément thématique et méthodologique. Cela dit, le lecteur retiendra que les recoupements multiples et la communauté des problématiques conservent l'unité du propos et la structure de l'ensemble qui se caractérise par sa diversité en même temps que sa cohérence et son interdisciplinarité.[18]

II. ANALYSES

L'Europe : littérature, immigration et citoyenneté

Dans « Comment peut-on être français ? Un imaginaire national en sursis », Kristine Aurbakken met en lumière la problématique qui est au cœur du débat, autour de la question du rapport à l'autre, et des polémiques en France sur la nationalité et l'intégration. Tout en passant en revue les discours dominants et en remettant en question les stéréotypes sur les relations entre le Maghreb et la France et l'Europe en général, elle interpelle les tenants de l'idéologie française de l'universalisme et souligne la nécessité de repenser les notions telles que l'intégration, la nationalité, la citoyenneté à partir d'un point de vue qui subvertit le conformisme intellectuel et politique. Ce faisant, elle souligne la centralité d'une perspective éclairée par le multiculturalisme et une vision véritablement transnationale.

La deuxième partie de son argumentation opère un questionnement de la problématique identitaire à partir de la situation des Maghrébins issus de l'immigration et d'une réflexion sur le facteur religieux une fois que l'Islam devenu une donnée incontournable de la culture et du débat socio-culturel en France et en Europe. Suite à cela, la critique insiste sur le fait qu'un retour sur l'histoire du fait migratoire maghrébin en France contribuerait à reformuler les termes du débat sur l'intégration, nous fournissant par la même occasion des repères à même de réorienter la trame narrative du récit national.

---

[18] Sur le plan des normes bibliographiques, nous avons fait le choix d'accepter simultanément les deux options, traditionnelle, à la française, et le MLA style, à l'anglo-saxonne et à l'américaine en particulier. Que les lecteurs ne soient donc pas étonnés de trouver ces deux formules dans ce volume. Ce choix est cohérent avec notre perspective interdisciplinaire, multiculturelle et transnationale, tant sur le plan du discours que sur celui de la forme. Il est également en conformité avec l'objectif de la collection de Hafid Gafaïti qui se veut être un pont entre les cultures et universitaires de langues, de formations et d'horizons divers.

En conclusion, se référant à cet imaginaire national en sursis dont il était question au début de sa réflexion, Kristine Aurbakken suggère qu'il serait intéressant de constituer un corpus de textes, d'œuvres de fiction, de mémoires et d'essais politiques, et autres documents pour en dégager un ensemble de représentations qui tisseraient les éléments d'un imaginaire national émergent. Elle pose la question de savoir s'il est possible par la suite d'affirmer que, face à ces ensembles plus vastes que sont l'Europe et une économie mondialisée, la société française est à un croisement identitaire stratégique. D'après la critique, si l'Etat-nation français est en défaillance, une autre « communauté politique imaginée » – pour reprendre la formule de Benedict Anderson – émergera non plus à partir de binarités devenues peut-être obsolètes – universalisme/communautarisme ; public/privé – mais à partir d'une dynamique autrement complexe, autrement respectueuse des différences. Il s'agirait donc d'une France et d'une Europe où s'effectuerait la reconnaissance mutuelle et publique de modes d'appartenance à l'intérieur d'une même cohésion sociale, à l'intérieur d'un imaginaire national se construisant dans le flux et reflux de valeurs réciproquement intégrées.

Dans « La visibilité de l'émigration-immigration, dans les littératures maghrébine, française, et de la « seconde génération » de l'immigration : quelle « scénographie postcoloniale » ? », Charles Bonn définit la littérature comme un espace de parole dont une des fonctions est de formaliser le réel et de le nommer. Mais, souligne-t-il, force est de constater qu'en ce qui concerne l'émigration-immigration la littérature est peu prolixe, et en tout cas infiniment moins que la sociologie des banlieues ou le discours politique. Il ajoute que l'émigration-immigration est un objet sans visage autant que sans nom. Dans cette perspective, il pose la question de savoir s'il y a faillite de la littérature ou alors si les réalités non-nommées auxquelles elle a pour fonction de donner un nom sont limitées à certains espaces socioculturels, ce qui ferait de l'exercice littéraire une activité liée à ces seuls espaces, et non-assimilable par d'autres. Il développe son argumentation en notant que quoi qu'il en soit, participant du simulacre, au sens deleuzien du terme, la littérature est bien ici défaillante à produire une image, une visibilité, un « paraître » culturel à cet objet social essentiel qu'est l'émigration-immigration.

D'après Charles Bonn, cette faillite n'est pas la même selon les époques et les contextes historico-politiques. C'est ce qu'il tente de développer, après un bref rappel relatif à la visibilité du thème de l'émigration, du personnage de l'émigré d'abord, puis celle de l'écriture proprement dite de cette émigration-immigration. Le critique souligne que cette visibilité littéraire peut être elle-même examinée sous l'angle de la scénographie postcoloniale que, d'après lui, on redécouvre depuis quelques années aux États-Unis, et dont il pense qu'elle nous aidera peut-être à évaluer en partie la validité théorique.

Le point de départ, poétique en quelque sorte, de « *Le lait de l'oranger* de Gisèle Halimi : l'élixir miraculeux des peuples colonisés », le texte de Mireille Rosello, est ce qu'elle commence par appeler la proximité paradoxale entre deux éléments a priori exclusifs dans le récit de Gisèle Halimi. Cet élément narratif, exceptionnel par son étrangeté même, se développe ensuite en une explication historique qui, selon la critique, sert, en dernière instance, de soubassement à toute l'autobiographie de Halimi. L'articulation symbolique de ces deux éléments, à première vue mutuellement exclusifs, est conçue comme une rencontre poétique traduisant l'idée d'une métaphore d'un modèle théorique de mise en contact, de rapprochement délicat entre deux entités séparées par la violence de l'histoire. Elle fonde le concept rosellien de « rencontre performative » entre la France et le Maghreb ou, selon ses termes, plus précisément, entre des individus et des communautés que l'histoire a placés dans un contexte de violence dont ils ne peuvent pas faire abstraction même s'ils se construisent comme l'exception à la règle. Sur la base de cette conceptualisation, Mireille Rosello revisite les relations tumultueuses entre la France et le Maghreb à travers la lecture du texte de Halimi. Ce récit autobiographique est mis en contrepoint avec les écrits d'autres écrivains tels que Assia Djebar, Albert Memmi ou Mehdi Lallaoui dans une tentative de produire une nouvelle lecture, ainsi qu'une nouvelle interprétation des rapports qu'entretiennent les individus, les peuples et les cultures.

Rosello rappelle que « Rechercher les rencontres performatives ne revient donc pas non plus à repérer, thématiquement, des histoires d'entente cordiale ou d'exceptionnelles histoires d'amitié et d'amour entre des individus séparés par des frontières nationales, linguistiques ou religieuses. Une rencontre performative pourrait aussi bien avoir lieu sous le signe de la paix que sous le signe du conflit ». Elle suggère que la réalité actuelle en France marquée par des affrontements socio-culturels et des discours identitaires divers et parfois apparemment opposés, et la relation entre ce pays et le Maghreb, où continuent de s'illustrer l'héritage et l'idiome coloniaux, portent le potentiel du genre de rencontres qu'elle décrit. A la suite de cela, elle note que l'accent ne doit pas être mis nécessairement sur la rencontre, mais plutôt sur les modalités à partir desquelles l'Histoire en tant que phénomène global nous amène à repenser les formes et les structures de la narration. Réfléchissant sur la problématique du couple et des relations entre les nations comme paradigme de l'expérience et du texte qu'elle tente de cerner à partir de son nouveau concept, Mireille Rosello nous rappelle que, dans la relation entre la France et le Maghreb, « le principe même du récit historique bi-national, qui, comme le « couple » prend la forme de deux camps entre lesquels les individus sont sommés de choisir, peut aussi devenir le creuset où se cherchent ces rencontres performatives entre des histoires apparemment déjà prédites par les guerres, les victoires et les défaites... »

Dans « L'émergence dans la littérature francophone de Belgique d'auteurs allochtones », Anne Morelli s'interroge sur la relation entre les écrivains immigrés ou migrants et sur l'opportunité de les classer dans le cadre de la littérature belge en fonction de leurs origines. Tout en notant qu'il n'est pas nécessaire de les aborder en fonction de leurs appartenances nationale, ethnique ou culturelle, elle relève qu'il n'est pas non plus producteur de les taire. Elle considère qu'il est important et utile de montrer ce que la littérature belge et, de ce fait, toute littérature ou culture, doit à l'immigration. D'après elle, cette reconnaissance contribue de manière utile au processus d'intégration et enrichit le champ du corpus « national ». Elle conclut que les écrivains « allochtones » forment une catégorie particulière et que, dans cette optique, toute distinction n'est pas nécessairement discriminatoire. Morelli introduit l'idée qu'une telle étape sert le double objectif de valoriser les apports des écrivains issus de l'immigration et de les inscrire dans le champ plus large de la littérature.

Le Québec, carrefour de l'Histoire et des cultures

Dans son article, « Hybridité textuelle / Effets de texte – Hybridité linguistique / Effets de langue dans les textes des « écritures migrantes » au Québec », Danielle Dumontet s'interroge sur la validité des catégorisations tendant à séparer la littérature québécoise des écritures migrantes ayant évolué à partir du champ littéraire et culturel du Québec. S'appuyant sur les itinéraires différents d'écrivains exilés ou immigrés, elle nous invite à repenser les concepts distinguant les littératures dites nationales des autres productions et à interroger l'incursion des éléments sociologiques et politiques dans l'analyse des textes littéraires.

Tout en notant que ces problématiques concernent autant la France, l'Allemagne ou l'Amérique du Nord, Danielle Dumontet souligne qu'en ce qui concerne le champ littéraire québécois, les nombreuses études consacrées aux textes dits des « écritures migrantes » dénotent une insécurité par rapport à ce qui était nettement définissable, une littérature québécoise homogène habitée par des volontés identitaires. Elle ajoute qu'il est nécessaire d'adopter une perspective historique en vue de comparer les productions des écrivains d'origines différentes et de tenir compte de l'historicité de l'immigration littéraire en tant que phénomène spécifique et révélateur de la littérature québécoise.

Dumontet conclut que les écrivains des périphéries obligent les littératures nationales à revoir les concepts utilisés pour l'analyse des textes. Elle nous invite à une nouvelle lecture de la littérature québécoise et migrante à partir d'une perspective éclairée par le concept de créolisation développé par Édouard Glissant et la notion d'hybridité, telles que les analyses de Sherry Simon, s'appuyant sur les travaux de Bakhtine et de Bhabha, l'ont élaborée. Elle insiste sur le caractère inachevé et transitoire de ces concepts et souligne que dans le cadre de son étude, elle analysera les effets de la déterritorialisation, ainsi que la désémantisation de l'espace pour achever sa réflexion sur les effets de texte et de langue.

Dans « Apports et trajectoires de l'immigration littéraire des femmes au Québec aux XIXe et XXe siècles », Daniel Chartier analyse l'évolution de la littérature québécoise et son aboutissement actuel avec l'expression des « écritures migrantes ». Dans ce processus, le critique souligne que pour arriver à comprendre ce corpus mouvant, parfois en marge et souvent disparate, il convient d'étudier à la fois la composition démographique du groupe des écrivains émigrés et les tendances littéraires qui se dégagent du corpus des œuvres qu'ils ont publiées sur une période plus longue que la fin du XXe siècle, alors que se développe ce que les critiques et historiens ont appelé « la littérature migrante ». Ainsi considéré tout au long des XIXe et XXe siècles, le phénomène apparaît dans ses variations et ses caractéristiques propres comme un apport continu, quoique variable, à la production littéraire du Québec, qu'elle soit de langue française ou de langues minoritaires. Dans son article, qui se distingue autant par une remarquable érudition que par une grande rigueur analytique, Daniel Chartier nous rappelle que ses réflexions s'appuient sur la prémisse selon laquelle il existe une composante commune dans les modes d'écriture, de publication et de réception des écrivains qui ont vécu l'expérience de l'immigration, sans toutefois minimiser les différences dans les modalités d'intégration de certains écrivains ou certains groupes selon les époques et les frontières de la définition de la littérature nationale. De cette manière, il rappelle l'importance du contexte et des facteurs historiques en vue d'aborder ces productions et, en fait, toute littérature.[19]

Dans « *Le Premier jardin* d'Anne Hébert : métaphores, origines. Oui, mais lesquelles ? », Nicole Buffard-O'Shea s'attelle à l'étude de la problématique métaphorique et sémantique du roman d'Anne Hébert. Elle montre comment la dimension métaphorique du *Premier jardin* provoque l'idéologie catholique dans la mesure où Anne Hébert substitue la dimension

---

[19] Voir à ce propos Pierre Bourdieu, *Les Règles de l'art : genèse et structure du champ littéraire*, Paris, Le Seuil, coll. « Libre examen », 1992.

poétique de son texte à la rhétorique religieuse. D'après la critique, en remplaçant les flammes éternellement néfastes de l'enfer chrétien par le feu infiniment régénérant du fabuleux Phénix, avec ses métaphores d'ombre et de lumière, l'auteure subvertit les métaphores d'une religion dont la rhétorique et l'idéologie justifient l'oblitération physique et spirituelle de l'être féminin. Elle souligne cet aspect du roman d'Anne Hébert où la complexité métaphorique et poétique met à l'épreuve deux aspects importants du Québec : l'histoire de sa fondation et l'élément essentiel qu'est la femme. Dans cette perspective, elle met l'accent sur le fait que la prédominance, encore aujourd'hui, de l'idéologie catholique oblitère le sujet québécois, et les femmes en particulier, des contextes historique et social du Québec. C'est, selon elle, l'idéologie catholique qu'il faut rendre en grande partie responsable de cette béance symbolique. Elle conclut que, dans le texte d'Anne Hébert, les métaphores piratent le discours religieux et en exposent le caractère fallacieux. D'après la critique, avec ce texte métaphorique complexe, Anne Hébert propose une alternative complexe, elle aussi, et restitue ainsi les multiples facettes du contexte québécois.

Dans « L'émergence de deux voix laïques à Sainte-Marie-au-pays-des-Hurons », qui est un texte d'analyse essentiellement historique, Andréanne Vallée se concentre sur les écrits laïques qui ont rendu compte des migrations diverses ayant eu lieu au Canada et en particulier de la mission qui s'est établie à Sainte-Marie-au-pays-des-Hurons. L'historienne explique qu'un des premiers mouvements migratoires jésuites de la Nouvelle-France s'est démarqué en raison des risques qui y étaient rattachés. Il visait l'établissement d'une mission religieuse autosuffisante au pays des Hurons, sur les bords de la mer Douce, à Sainte-Marie. Elle note que même si les conditions de vie y étaient difficiles et l'acheminement du courrier hasardeux, les relations, lettres et récits de voyage faisant état de ce qui s'y passa furent relativement nombreux.

Andréanne Vallée souligne que nous connaissons les textes laissés par les pères jésuites, mais que nous connaissons très peu les écrits laissés par François Gendron et Christophe Regnaut, deux donnés des Jésuites, c'est-à-dire deux hommes laïques, considérés comme des domestiques ad vitam au service de la Compagnie de Jésus. Elle explique que les textes de ces donnés constituent la seule mémoire laïque connue à ce jour, émergeant du pays des Hurons, pour la période couvrant les années les plus prospères de la mission Sainte-Marie jusqu'à son effondrement (de 1644 à 1650).

Dans cet article, elle entend mettre en lumière les textes de ces deux donnés laïques par le biais d'une analyse textuelle et comparative. Elle y présente d'abord le caractère unique de ces textes en mettant en relief la position particulière du domestique donné, immigrant en Nouvelle-France. Dans un deuxième temps, elle compare les choix discursifs des auteurs en ce qui a trait à l'authentification du discours et à la perception de l'Autre, pour enfin dégager la façon dont l'identité des épistoliers prend forme.

L'Afrique : expatriation, diasporisation et transnationalité

Dans son article, « Une critique africaine de la citoyenneté transnationale », André-Marie Yinda Yinda analyse les phénomènes migratoires entre l'Afrique et le reste du monde, l'Occident en particulier. Il propose une réflexion interdisciplinaire sur le statut du sujet africain et sur la contribution que l'immigration peut apporter dans le renouvellement des sciences humaines et de la pensée contemporaine. Dans cette perspective, il étudie les transformations qui ont donné lieu à l'évolution du statut d'une citoyenneté close vers une identité progressivement transnationale dans le cadre des transformations internationales. Sur la base d'une analyse socio-économique et d'une réflexion éclairée par une double approche anthropologique et politique, il conclut que l'épreuve du pouvoir et de l'avoir qui cristallise souvent les intelligences sur l'analyse de l'immigration ne représente à ce titre que les deux faces obscures d'un investissement humain profond sur la transformation de la citoyenneté chez soi et en l'autre. Selon lui, ce processus a une conséquence directe sur l'idée politique africaine contemporaine, à situer en permanence à l'interface du local et du global, mieux, du particulier et de l'universel à l'œuvre dans le monde. D'après le critique, c'est à partir d'une telle perspective que le sens du discours africain pourrait serrer les mutations en cours dans la science des relations internationales contemporaines et espérer ainsi croiser d'autres trajectoires théoriques et philosophiques qui entendent reconstruire le monde.

« Nos ancêtres aussi sont gaulois : la revendication d'une appartenance nationale par les Africains de France » de Abdoulaye Gueye porte sur l'analyse de la manière dont les intellectuels africains agissant sur le territoire français conçoivent leur rapport identitaire avec la France. Sa recherche s'attelle à établir les variations qui existent au niveau de l'expression de ce rapport lorsqu'on compare la génération d'intellectuels africains dont les activités se situent entre les années 1950 et les années 1970, et l'actuelle génération d'intellectuels actifs depuis le début des années 1980. S'inscrivant dans une perspective comparative, son étude ambitionne de montrer en quoi l'expatriation contribue à déterminer le rapport de ces deux générations d'intellectuels à la France et en quoi elle transforme leurs perspectives et statuts.

A partir d'une démarche sociologique et historique, il présente le discours identitaire de chacune des deux générations d'intellectuels et tente d'en rendre compte. En plus de l'exploitation d'interviews menés avec les acteurs majeurs de la génération contemporaine d'intellectuels africains, son analyse porte sur les textes littéraires, ainsi que sur les essais des acteurs des deux générations parus dans des revues créées par leurs propres soins ou dans des journaux échappant à leur gestion.

Dans « La question des littératures régionales en Afrique subsaharienne », Laté Lawson-Hellu réfléchit sur la problématique de la transnationalité à partir de l'écriture de Couchoro en vue de démontrer que celle-ci n'est pas uniquement régionale. La réflexion menée par le critique ne vise pas à faire le tour de la question des littératures régionales en Afrique subsaharienne, mais à explorer certaines des pistes d'investigation pouvant mener à la prise en compte effective de ce courant essentiel du champ littéraire général en Afrique, ainsi que du discours identitaire à tenir en toute objectivité sur l'Afrique, son histoire et ses sociétés. Comme il nous le rappelle, dans ce sens, les exemples potentiels de l'écriture régionale en Afrique ne se limitent évidemment pas à l'œuvre de Félix Couchoro. Au demeurant prend-elle en compte la question de la littérature régionale en Afrique, ce que l'on met dans le « fonds culturel » qui, de tout temps, a nourri l'écriture des auteurs africains et le discours critique sur leurs écritures. A partir de là, Lawson-Hellu développe une réflexion sur l'avenir de cette production dans le cadre d'une problématique et d'une vision qui dépasse les particularismes.

« La tactique du caméléon : mimétismes et ironie dans *Le Baobab fou* de Ken Bugul », le texte de Karine Rabain, a pour objet l'analyse de la dimension autobiographique du *Baobab fou* de Ken Bugul. Dans un premier temps, son auteure aborde ce roman en tant que texte autobiographique qui retrace le voyage d'études de Ken en Europe, tout en présentant de façon rétrospective son enfance au Sénégal. Dans un deuxième temps, elle montre comment le récit du voyage vers l'Occident, clos par un retour en Afrique, est surtout une façon de retracer, d'interpréter et d'achever le voyage intérieur de l'auteure qui cherche à se situer entre ses racines africaines et sa culture européenne acquise à l'école coloniale. Selon Rabain, cette dualité marque toutefois, non pas une double appartenance, mais un double rejet, chaque culture considérant Ken comme « Autre » sur la base soit de son éducation, soit de la couleur de sa peau. Malgré le désespoir et la psychose qui hantent les pages du récit de Ken, la critique entend démontrer comment le processus créatif de l'écriture permet à l'auteure de transformer une expérience destructrice et aliénante en source de subversion et de force. Dans la phase finale de sa recherche, la critique étudie la multiplication des voix narratives et des identités, et le rôle politique que l'écriture ironique de Ken Bugul leur confère, ce qui lui permet de problématiser les notions d'identités flexibles et de métissage vulgarisées dans le discours théorique aujourd'hui, mais qui pour l'auteure ne semblent être qu'une étape dans la constitution de soi.

Dans sa conclusion, Rabain souligne que le foisonnement d'idées et de jugements contradictoires que l'on trouve dans *Le Baobab fou* peut surprendre le lecteur comme une illustration flagrante de la folie annoncée dans le titre. Le texte ne propose pas un personnage unifié et cohérent, il se présente plutôt comme une accumulation d'expériences et de voix diverses et dissonantes qui se répondent et où le lecteur inattentif se perd. En conclusion, Karine Rabain soutient que la structure narrative éclatée n'est que le reflet des logiques et courants culturels qui se heurtent dans la conscience de Ken Bugul.

Le Maghreb : Assia Djebar, au-delà des frontières et des genres[20]

« L'entre-deux maghrébin en France : écriture et mouvement chez les écrivains en exil et les auteurs issus de l'immigration : le cas d'Assia Djebar », l'article de Miléna Horváth, vise à définir certaines modalités d'une poétique du mouvement dans les littératures maghrébines écrites en France. Même si le titre suggère une approche générale et quelque peu trop ambitieuse, il faut noter que sa réflexion se concentre avant tout sur l'œuvre d'Assia Djebar, et en particulier sur des romans écrits à partir de 1980. Pour illustrer son propos, la critique évoque des textes d'autres auteurs maghrébins ou d'origine maghrébine, en se limitant à des textes récents qui portent des éléments révélateurs. En somme, son objectif principal est plutôt d'attirer l'attention sur une pratique d'écriture et comprendre son apparition que de justifier son omniprésence ou définir ainsi la spécificité d'une littérature (des littératures) dont le plus petit dénominateur commun est le Maghreb. Dans ce sens, l'approche de Horváth consiste en une tentative de relecture de l'œuvre de Djebar à partir d'une perspective éclairée par les problématiques de l'exil, de la diasporisation et de ce que Assia Djebar a elle-même appelé « une écriture de l'expatriation ».[21]

Dans « *Les Nuits de Strasbourg* à la frontière des genres », Typhaine Leservot s'attache à l'analyse de différentes lectures du texte djebarien. Tout en en soulignant l'étrangeté, elle note que ce roman n'a pas généré, chez les critiques, l'engouement habituellement suscité par l'œuvre de Djebar.

De ce fait, elle offre une analyse du texte de Djebar en contrepoint de rares études parues sur *Les Nuits de Strasbourg*, notamment celles de

---

[20] Au sens anglais de « gender » se référant à la différentiation sexuelle entre le masculin et le féminin.
[21] Assia Djebar, *Ces voix qui m'assiègent*, Paris, Albin Michel, 1999.

Philippe Barbé et de Marc Gontard. Leservot souligne que, bien que pertinentes, les études de Barbé et de Gontard oublient pourtant un paramètre important : celui du genre, au sens anglo-saxon de « gender ». D'après elle, la frontière la plus controversée dans *Les Nuits de Strasbourg* est celle qui est aussi la plus gardée par les cultures et celle que Barbé comme Gontard oublient de mentionner : il s'agit de la différence sexuelle.

Selon la critique, en oubliant de considérer la frontière du genre, pourtant omniprésente dans le roman de Djebar, Barbé et Gontard approuvent tacitement pour *Les Nuits de Strasbourg* ce que Fatima Mernissi dit à propos des *Mille et une nuits*, œuvre que Gontard lui-même reconnaît être « un lointain intertexte » au roman de Djebar. L'argument central de Typhaine Leservot est que, contrairement aux affirmations de Gontard, *Les Nuits de Strasbourg* attaque explicitement cette frontière des genres à plusieurs niveaux, notamment sur le plan linguistique et narratif, d'un côté, et sur le plan des rapports entre le masculin et le féminin de l'autre. L'intelligence et la subtilité de son argumentation font ressortir le principe que le texte djebarien transcende les antagonismes traditionnels pour développer une approche alternative de l'autre en tant que sujet sexuel et énonciateur.

Dans « Assia Djebar : le corps-mémoire dans l'autobiographie », Anna Rocca articule sa réflexion sur la problématique de la mémoire dans le texte djebarien. Basant son analyse sur *L'Amour, la fantasia* et *Vaste est la prison*, mais aussi sur d'autres textes de la romancière, elle souligne que dans la production de Djebar, la mémoire du corps récupère les histoires obscurcies des femmes algériennes prises entre deux couches d'oppression, celle du système patriarcal et celle de la colonisation française. Selon la critique, cette mémoire suit les traces de l'effacement, de la perte, du silence d'autres mémoires inscrites dans le corps-palimpseste de toute femme algérienne. Elle se définit à travers un procès constant de négociation, d'assimilation et d'élaboration critique, soit de la tradition, soit de la culture du colonisateur. Rocca relève que, pour la narratrice du texte djebarien, le processus de libération cathartique des événements refoulés dans l'oubli et dans le silence des aïeules, la mise à distance du passé et la lucidité de l'analyse, libèrent ces histoires de l'oppression, et lui fournissent les instruments nécessaires pour reconnaître les causes de cette contrainte et lui faire front – ce qu'elle appelle une éthique de la rébellion.

Anna Rocca souligne que la mémoire est toujours liée au corps, parce que le corps est au centre de la violence et de la rébellion : les aphasies, les transes, les lamentos, et les interdits sur le corps révèlent non seulement le tissu qui communique la violence exercée sur la femme par le patriarcat et le colonialisme, mais aussi une manière de se rebeller. D'après elle, les femmes, à travers ce parcours à la limite de la disparition, trouvent de nouveaux espaces physiques et la volonté d'un changement. A partir de ces silences, de ces pertes, le corps se met en mouvement, se fait ouïe et toucher, cherche en fantôme une direction, sans l'illusion de rejoindre une totalité. Le corps ici n'est pas simplement un miroir qui réfléchit la douleur et le malaise. La critique conclut son analyse en notant que dans la littérature d'Assia Djebar le corps est surtout un agent actif de transformation, lequel, à travers un processus d'intégration et de reconnaissance de la souffrance, rend possible la catharsis.

Caraïbes : la mondialité culturelle

Dans « *Sartorius. Le roman des Batoutos*, ou la brisure de l'o/eau », Bernadette Cailler précise qu'il s'agira pour elle de considérer quelques réseaux langagiers de ce texte en rapport à une vision qu'elle n'hésite pas à dire philosophique dans sa double dimension ontologique et socio-politique, ainsi que dans ses résonances poétiques. Selon ses termes, son texte se concentre sur quelques lettres, quelques graphies, quelques images et figures. Dans la dernière partie de son analyse, elle tente d'examiner la question de savoir si, dans ses paradoxes sans doute puissants, *Sartorius* ne renvoie pas aux lecteurs le miroir d'un nouvel exotisme qui s'avérerait non seulement décevant mais futile. D'après elle, ceci serait, certes, dans le contexte glissantien, plus qu'un échec : un non-sens. Elle ajoute que le fait de se demander si le roman des Batoutos ne serait pas largement fondé sur un réseau futile *d'Exotic Memories*, appelle simultanément une autre question : dans sa recherche pourtant obstinée de ce qu'elle désigne par le terme d'identité batoutoo, comment cette parabole réussit-elle à fuir à la fois les mythes d'un humain "universel", mot honni de Glissant, ainsi que les mythes de l'origine et de la filiation — mythes qui pourtant procurent au narrateur de très beaux rêves ? Telles sont les lignes directrices du remarquable texte de Bernadette Cailler.

Dans « Être ou paraître, Simulacres de la féminité : le voile levé sur l'affirmation d'une identité antillaise dans le théâtre de Maryse Condé », Carole Edwards se propose d'offrir une perspective sur le théâtre condéen en tant qu'instrument qui permet une revendication de l'identité antillaise, à savoir le droit à une individualité propre, c'est-à-dire indépendante de tout lien colonial avec la France. De surcroît, selon la critique, cette affirmation ouvre les portes d'un renouveau du canon littéraire qui était jusque-là défini par les formes établies en France. Or, selon elle, se référer aux ouvrages français afin de déterminer la valeur des oeuvres réprime la productivité littéraire proprement antillaise. D'après Edwards, Maryse Condé déstabilise cette hégémonie aux allures tentaculaires grâce à une écriture féminine qui transforme ses écrits en une véritable mémoire qui transfigure l'Histoire.

Dans cet article, Carole Edwards analyse l'identité antillaise en se penchant sur le glissement des rapports entre rôles sexuels, c'est-à-dire dans la représentation des relations entre hommes et femmes dans trois pièces : *Dieu nous l'a donné*, *Mort d'Oluwémi d'Ajumako* et *Pensions les Alizés*. Pour cela, elle s'inspire du « Simulacre » de Jean Baudrillard, non pas comme ce dernier l'entend et l'applique dans des contextes postmodernes mais plutôt en retenant la notion « d'hyperréel ». Elle se penche aussi sur l'expression de la féminité dans la diégèse des pièces et se demande si la responsabilité de la femme face à la communauté permet un changement dans l'affirmation de l'identité antillaise. Dans ce sens, elle tente de déterminer si le déséquilibre entre genres affaiblit ou renforce l'avènement d'une telle identité. Edwards conclut son analyse en examinant comment la géographie des trois pièces pointe vers une identité « composite » comme le définit Édouard Glissant dans *Le Discours antillais*. [22]

Ces problématiques et ces axes de réflexion portés par les excellents travaux des chercheurs et la rigueur de leurs analyses se veulent en même temps une contribution à la théorie postcoloniale, aux études francophones à travers les continents et à une perspective, ainsi qu'une philosophie éclairée par la diversité de notre monde et le caractère véritablement transnational de notre culture. Ces textes se caractérisent non seulement par leur qualité sur le plan universitaire, mais aussi par le courant philosophique, et en dernière instance, politique qui les traverse.

Tant par la diversité de leurs thèmes et de leurs méthodes que par le caractère interdisciplinaire de leurs approches et la flexibilité de leurs discours, ces textes participent d'une nouvelle culture, non seulement universitaire, mais aussi humaniste. A un moment de notre Histoire où les rapports entre les peuples et les cultures sont de plus en plus caractérisés par une logique de pouvoir et de domination, ils se situent dans le cadre d'une entreprise intellectuelle et critique, une vision et une conception qui privilégie la rencontre plutôt que les antagonismes, la tolérance plutôt que le conflit. Cette dimension avait marqué le colloque que nous avions organisé et qui avait été autant une rencontre scientifique qu'une expérience enrichie par une parole faite d'empathie et de générosité et une atmosphère faite de convivialité et de chaleur humaine.

---

[22] Édouard Glissant, *Le Discours antillais,* Paris, Seuil, 1981.

A Samuel P. Huntington, dans son tristement célèbre *The Clash of Civilizations*, et à ses disciples dans tous les domaines et à tous les niveaux, spécialement aux Etats-Unis, qui prônent une culture de l'exclusion et de la domination, Edward W. Said avait répondu par une critique de l'ouvrage et de son idéologie imbécile et réactionnaire à partir d'un point de vue véritablement humaniste, par un article dont le titre éloquent était « The Clash of Ignorance ».[23] Dans la même perspective humaniste et progressiste, cette vision se retrouve ici, à travers ces textes, comme marque et prise de position dans la lutte, jamais achevée, pour plus de science, de tolérance et d'amitié.

---

[23] Edward W. Said, « The Clash of Ignorance » in *The Nation* du 22 octobre 2001.

Europe :

Immigration, citoyenneté et représentation

Comment peut-on être français ? Un imaginaire national en sursis

Kristine Aurbakken

Drew University

Ne me parlez pas d'intégration. Je suis né en France,
je suis dans la société, je n'ai pas à m'intégrer.
(Mohamed Dia)

Inspiré par les retombées des attentats du 11 septembre 2001 et le passage 'électoral' à Alger du président Jacques Chirac en décembre 2001, Mustapha Hammouche du quotidien algérien, *Liberté*, n'a manqué ni d'ironie ni de perspicacité lorsque, dans son éditorial, « La France, les beurs et nous », il écrit :

> [...] Ce qui a changé, c'est que le péril a été « exporté », loin, très loin, du côté de l'Afghanistan. Les besoins de la cause électorale ont obligé les stratèges politiques à concevoir un nouveau regard sur un « islam de France » pacifiste, à vocation strictement spirituelle, en attendant qu'on puisse, un jour, constater une réelle intégration des musulmans de France. L'effet Zidane n'a pas empêché la Marseillaise d'être sifflée en sa présence : la génération « beur » n'est pas encore tout à fait française. Il vaut donc mieux solliciter ses voix, à partir de Bab El-Oued ou dans une soirée animée par des « cheb ».

Point de départ de notre réflexion, ces propos nous intéressent par la problématique identitaire que l'éditorialiste situe au centre d'un chassé-croisé de références et de thèmes.

Aiguillonné donc par la campagne présidentielle française menée sur le sol algérien, l'éditorialiste évoque la conjoncture actuelle dans laquelle s'inscrivent les rapports franco-algériens, rapports d'Etat à Etat, mais c'est surtout pour la rattacher à une problématique identitaire qui perdure au sein de la société française, à savoir cette « intégration » inachevée de « musulmans de France », et de la « génération 'beur' ». Simultanément, cependant, en constatant que cet inachèvement appelle des stratégies électorales particulières – le prolongement de la campagne sur le sol algérien, par exemple –, il laisse lire à revers ce pourquoi l'intégration tarde à se réaliser ! Par extension, comme nous le verrons plus loin, il s'agit là de pratiques 'citoyennes' qui, paradoxalement, se situent en porte-à-faux par rapport au discours hégémonique de la France, au récit de la nation « une et indivisible ». Et pourtant cette intégration 'en cours' correspond bien à ces liens identitaires qui se tissent au sein de la société française depuis le début des années 80 – c'est-à-dire depuis que « le retour anticipé des immigrés algériens » s'est mué en « implantation permanente » sur le territoire français, ou, pour reprendre la formule des sociologues, Said Bouamama et Hadjila Sad Saoud, depuis que les « familles maghrébines en France » sont devenues des « familles maghrébines de France ».

« La France, les beurs et nous » : deux Etats-nations, anciennement liés par les rapports coloniaux que l'on sait, se croisent, s'affrontent, s'interpellent dans un espace postcolonial bien singulier, engendrant des rapports intra-français empreints d'ambivalences et d'ambiguités. C'est bien ce que suggère l'éditorialiste de *Liberté* lorsqu'il rappelle ces moments forts que sont la victoire des Bleus lors de la coupe mondiale de juillet 1998 – le fameux effet Zidane qui a pris valeur d'icône culturelle –, la rencontre historique 'manquée' sur le Stade de France en octobre 2001 (la Marseillaise sifflée), et l'élection présidentielle française d'avril/mai 2002 dont les campagnes des candidats se sont prolongées jusque sur le territoire algérien ! C'est cette même problématique qui sous couvert d'euphémismes s'insinue dans tout discours électoraliste français ; des composantes de la société française continuent à être posées comme enjeux politiques, comme 'altérités' irréductibles, inassimilables, et cependant nécessaires semblerait-il au maintien d'une certaine 'cohésion sociale,' voire à la perpétuation d'un imaginaire collectif.

Quelle interrogation de fond se dissimule donc derrière le rictus deviné de l'éditorialiste, M. Hammouche ? Comment devient-on français ? Comment peut-on être français ?

En France, il est bien connu que lorsqu'il s'agit des questions récurrentes d'immigration, d'intégration, ou de toute revendication identitaire qui s'exprimerait dans l'espace public, les termes du débat tendent le plus souvent à opposer – ne serait-ce qu'obliquement ou de façon tacite – le crédo républicain d'universalisme et de laïcité au danger perçu du communautarisme, soit « d'un côté l'intégration républicaine à la française instaurant une communauté de citoyens, de l'autre le multiculturalisme à l'américaine assurant la reconnaissance publique des identités communautaires » (Lapierre). Nonna Mayer rappelle, elle aussi, que « […] la tradition républicaine est hostile par principe aux particularismes et à l'existence de tout groupe intermédiaire entre les citoyens et l'Etat, donc a priori méfiante à l'égard du communautarisme ». Or, depuis quelque temps et provenant de divers sites de contestations, ce balancier idéologique subit des assauts de plus en plus intenses et de plus en plus durables. Qu'il s'agisse de l'irruption dans la sphère publique de revendications identitaires jusqu'alors reléguées à la sphère privée – la parité et le PACS en sont quelques expressions récentes –, des récents travaux historiographiques qui tendent à reconfigurer une double histoire – celle de la guerre d'Algérie et celle de l'immigration maghrébine – dans la trame de l'histoire nationale de la France, ou encore de la reprise en charge de modes d'auto-représentation (par exemple, à travers la littérature « beur »), il semblerait que nous assistons aujourd'hui à l'émergence d'un récit révisé de la nation française, un nouvel imaginaire national serait en train de se forger de façon heurtée et insoupçonnée dans les interstices du champ socio-culturel français.

C'est ainsi que se proposant de repenser les termes du débat républicain sur l'intégration, Farhad Khosrokhawar offre une approche nuancée de l'expression même d'universalisme à la française. En lui substituant le terme d'universel abstrait il lui restitue sa dimension culturelle : « modèle culturel normé qui régit l'espace public français où les manifestations du particularisme relèvent en théorie du privé et où l'espace public est réservé aux revendications politiques 'pures' » (Khosrokhawar 1997 : 114) ; un modèle évidemment sous-tendu par une vision spécifique du citoyen, du peuple, du politique et, plus généralement, de l'identité nationale. Cependant, toujours selon l'auteur, en visant à instaurer et à assurer la cohésion nationale, et, donc, en niant ou refusant de légitimer toute expression de particularisme, l'universel abstrait finit par engendrer justement ce contre quoi il s'oppose, le communautarisme. C'est le cas, par exemple, de ces « stratèges politiques » dont parle l'éditorialiste, M. Hammouche, et qui tendent à courtiser un « islam de France » à des fins électoralistes. En fait, précise Khosrokhawar, cet « universel rigidifié nourrit, paradoxalement, le communautarisme d'extrême droite et pousse à une forme de néo-racisme sui generis » (Khosrokhawar 1997 : 122). Si bien, écrit-il, que « Le problème essentiel n'est pas […] la dérive communautariste ou multiculturaliste de type anglo-saxon, mais l'incapacité des tenants du modèle de l'universel abstrait à percevoir la nécessité de trouver une formule nouvelle, compte tenu de son effondrement » (122). Selon l'auteur, cet effondrement est dû par ailleurs à la double crise que traverse l'Etat-nation français de par son insertion dans l'ensemble plus vaste de l'Europe et dans l'économie mondialisée, d'une part, et, d'autre part, avec l'autonomie croissante du local et du régional.

En outre, n'oublions pas que cet universalisme républicain, universel abstrait, a aussi été mis au service de la politique coloniale de la France. Ainsi, se proposant d'étudier le phénomène de transfert de la mémoire de l'Algérie française d'une rive à l'autre de la Méditerranée, l'historien Benjamin Stora rappelle que c'est ce même universalisme républicain qui avait servi de couvert idéologique à la colonisation de l'Algérie : « [...] d'un côté, le discours assimilationniste républicain vise au rassemblement de tous les individus débarrassés de particularismes, en conformité avec les lois et principes proclamés de l'égalité républicaine, citoyenne. Mais d'un autre côté, une stratégie différencialiste et ségrégationniste est mise en oeuvre, fondée sur l'idée qu'il existe des hommes et des femmes différents » (Stora 1999 : 32-33). Pour Stora et d'autres, cette filiation idéologique est encore à l'oeuvre aujourd'hui ; elle s'insinue subrepticement dans les discours des campagnes électorales comme dans les discours racistes et xénophobes. Allant dans le même sens, un assaut frontal provient de la plume de Nacira Guénif-Soulimas dans un éditorial de *Libération* du 12 juillet 2001 intitulé « L'intégration, une idée épuisée ». La sociologue signale que le débat ouvert en France plus d'un an auparavant sur la guerre d'Algérie permet de rappeler les liens qui existent entre la politique coloniale d'assimilation et la politique républicaine d'intégration ; la même « matrice de domination » y est à l'oeuvre :

> Plus je m'intègre en refoulant ma singularité, en niant mes attaches multiples, et plus je légitime une domination qui s'exerce contre ce que je suis, je crois, je veux. Accepter l'intégration telle qu'elle s'impose, c'est accepter le caractère subalterne donc dominé de la « culture d'origine » qu'on doit abandonner [...] et à l'inverse adhérer à l'idéologie émancipatrice et à tout ce qu'elle promet par l'effort pour se « fondre » (se dissoudre) dans le creuset français : l'ascension sociale, la liberté, la considération et la citoyenneté. L'ennui, c'est qu'il n'en a jamais été ainsi [...]

Ces quelques prises de vue contemporaines rapidement esquissées, un retour sur l'histoire du fait migratoire maghrébin en France contribuerait à reformuler les termes du débat sur l'intégration, nous fournissant par la même occasion des repères à même de ré-orienter la trame narrative du récit national.

A cette fin, l'ouvrage de Said Bouamama et Hadjila Sad Saoud, *Familles maghrébines de France*, se distingue par une approche fort pertinente car les auteurs rendent compte de l'histoire de l'immigration maghrébine tout en y joignant son traitement idéologique. En conséquence, leur étude nous permet d'enchaîner sur la situation actuelle en y faisant intervenir ce même regard critique. Je résume leurs propos (Bouamama et Sad Saoud 1996 : 9-12).

Dès l'arrêt des flux migratoires en 1974 l'enracinement des immigrés maghrébins s'engage, mettant fin au mythe du retour. Le séjour cesse d'être provisoire pour devenir permanent. Les « familles maghrébines en France » deviennent des « familles maghrébines de France ». C'est à partir de là que l'immigration maghrébine devient « problème », subissant une suridéologisation qui consiste d'abord à réduire une réalité complexe et mouvante à un stéréotype simpliste et fixe, à fortes résonances ethniques. D'autre part, en niant la diversité des trajectoires empruntées par les migrants, on nie en fait l'acte migratoire lui-même. La « culture » migrante finit par être présentée comme une réalité homogène ; réifiée, elle prend une dimension a-historique et non-évolutive ; « les mutations et mouvements tendent à s'interpréter uniquement sous la forme d'un conflit entre deux cultures, celle d'origine et celle de la société française ». On parlera d' « une jeunesse déchirée entre deux univers culturels » occultant par là toute une dynamique d'équilibres bi-référentiels qui émergent dans les stratégies identitaires des jeunes issus de l'immigration. Finalement, en niant les interactions entre les comportements des minorités issues de l'immigration et ceux de la société environnante, on tendra à parler de « replis identitaires » et d'attirance vers l'islam de nombreux jeunes et ce, indépendamment de la montée de leur exclusion et du développement du contexte xénophobe et raciste. C'est le multi-culturalisme réel de la société française qui est né tandis qu'est reproduite la tradition assimilationniste pluri-séculaire.

Said Bouamama et Hadjila Sad Saoud ont bien rendu compte, me semble-t-il, de la complexité d'une réalité socio-culturelle qui ne peut se résumer par l'image souvent invoquée/évoquée de la dynamique bipolaire de l'entre-deux cultures qui supposerait des réalités homogènes de part et d'autre de la balance, une homogénisation qui avec le temps et le travail idéologique se muerait en réification. Pour eux, il s'agit, par contre, de mettre en évidence la multiciplicité de stratégies identitaires déployées par les émigrés eux-mêmes, stratégies qui sont autant d'activités de re-création de cultures, de modes identitaires inédites. Cependant, masquées par la suridéologisation dont cette réalité migratoire a été l'objet, ces stratégies porteuses de cultures restent aujourd'hui encore à découvrir, à récupérer. D'où la nécessité aussi d'interroger un langage qui continue son travail de sape idéologique.

C'est le cas, par exemple, du terme « immigré » aujourd'hui qui ne fait que se substituer au terme de « colonisé » et continue à désigner moins une personne issue de la réalité concrète du fait migratoire qu'une espèce de pêle-mêle ou flou identitaire qui, le plus souvent, occulte cette réalité et renvoie toute une composante de la société française dans la zone de la marge. C'est cette zone peuplée d'« indésirables », dont parle Jean Faber dans son essai *Les Indésirables. L'intégration à la française*. Interviewé à l'occasion de la sortie de son ouvrage, Faber – pseudonyme, en fait, de Thierry Tuot qui a dirigé le Fonds d'action sociale de 1997 à 1999 – définit « les indésirables » ainsi :

> Ce sont tous ceux qui ne sont perçus et désignés que comme « immigrés » [...] On n'a pas souhaité qu'ils viennent en France, on ne souhaite pas vraiment qu'ils restent et s'ils le font, on veut qu'ils soient les moins visibles et le moins « immigrés » que possible. [...] Le discours qu'on leur adresse, c'est 'vous êtes là, très bien. Mais essayez de ne pas avoir l'air de ce que vous êtes' [...] (Faber 2000b)

Dans son essai, Faber attribue le 'silence des immigrés' à la contradiction inhérente au modèle d'intégration français :

> « [...] le modèle français conserve une telle force qu'une majorité d'immigrés en a facilement intériorisé les règles : pas de représentation communautaire ; pas de revendication ethnique, pas de relais possible pour une expression collective autre que folklorique ou culinaire [...]. Les immigrés sont coincés entre cette passivité qu'on leur impose et cette diabolisation qu'on leur inflige » (Faber 2000a : 25).

Ce sont là des propos qui rappellent la mise en accusation formulée par Yamina Benguigui dans l'Avant-propos de son texte, *Mémoires d'immigrés* :

> Qu'avez-vous fait de mon père ? Qu'avez-vous fait de ma mère ? Qu'avez-vous fait de mes parents, pour qu'ils soient aussi muets ? Que leur avez-vous dit, pour qu'ils n'aient pas voulu nous enraciner sur cette terre, où nous sommes nés ? Qui sommes-nous, aujourd'hui ? Des immigrés ? Non ! Des enfants d'immigrés ? Des Français d'origine étrangère ? Des musulmans ? (9-10)

Pierre Bourdieu s'interrogeait lui aussi comme tant d'autres sur la persistance d'un mode de désignation qui finit par tourner à l'absurde : « comment peut-on parler d' 'immigrés' à propos de gens qui n'ont 'émigré' de nulle part et dont on dit par ailleurs qu'ils sont 'de seconde génération' » (Bourdieu 1998 : 2).

Par ailleurs, si depuis quelques années l'histoire de la guerre d'Algérie fait l'objet d'un travail de ré-appropriation de plus en plus soutenu, il faut rappeler qu'il s'agit aussi d'un effort visant à mettre fin au poids qu'exerce la mémoire du passé colonial de la France en Algérie sur le débat public. Car c'est là une spécificité propre aux rapports franco-algériens, comme l'a bien souligné le sociologue Abdelkader Belbahri, lors d'une conférence récente sur le droit de vote des immigrés : « Dans aucun autre pays européen la question de l'immigration n'est redoublée par la question de la gestion d'un deuil non encore abouti, comme c'est le cas dans la mémoire collective française avec la « sale guerre » d'Algérie. Cette question vient empoisonner les relations entre l'opinion publique française et l'immigration maghrébine ».

Le 22 janvier 2002, l'Assemblée nationale a donné suite à la reconnaissance – enfin ! – du terme « guerre d'Algérie » qu'elle avait proclamée le 10 juin 1999 en adoptant par 278 voix contre 204 la proposition de loi visant à faire du 19 mars une « journée nationale du souvenir et de recueillement à la mémoire des victimes civiles et militaires de la guerre d'Algérie et des combats en Tunisie et au Maroc » (Guénif-Souilamas 2002). Dans un autre éditorial de *Libération* intitulé « En finir avec l'impensé colonial », Nacira Guénif-Souilamas – dont nous avons déjà évoqué les propos sur l'intégration – réagit à ce vote en ces termes : « Même adoptée après un débat frileux, houleux et anachronique par les députés, elle (la proposition de loi) ne sera par examinée au Sénat : « enterrée », comme on dit » (Guénif-Souilamas 2002). Elle en appelle aux citoyens de faire ce que les députés n'ont pas voulu, c'est-à-dire mettre fin à « l'ère coloniale qui « perdure » et ce, en introduisant l'histoire de la guerre d'Algérie [...] dans l'histoire de tous les Français, qu'ils soient nés ici ou venus des confins de l'empire [...] ». Notant que « la France continue de se voir à travers l'impensé colonial, dont les Algériens sont, à leurs dépens, ici et là-bas, la figure emblématique », elle voit cette re-configuration de l'histoire coloniale comme une façon de mettre fin à son refoulement, « point de départ d'une histoire commune », – et, pourrait-on peut-être ajouter, élément constitutif essentiel d'un imaginaire national autrement inclusif : « Plus les descendants de migrants colonisés peuvent revendiquer leur passé, et en voient reconnus les aspects les plus méprisés, plus ils se protègent contre une dilution identitaire et s'engagent dans une société qu'ils contribuent à inventer ».

« Comprendre cela », poursuit-elle, « revient à prendre acte de la fin de l'intégration, telle qu'elle a fondé l'Etat-nation français, telle qu'elle a été imposée aux plus dominés, dans les campagnes françaises et dans les colonies, dans le monde ouvrier, telle qu'elle s'est déployée, ignorant les inégalités, pour assurer à tout prix la cohésion ». Elle conclut « Avec ou sans le 19 mars 2002, la suite est inéluctable : l'horizon politique sera post-colonial et post-intégration ». Lors d'un colloque tenu en novembre 2002, « Pour une politique de la mémoire » (Birnbaum 2001), l'historien Benjamin Stora a fait écho à cette même urgence qu'il y a à réécrire l'histoire nationale en y restituant la mémoire coloniale. Cependant, dans cet effort, il met en garde contre les cloisonnements communautaires en insistant sur « la nécessaire construction d'une mémoire nationale à la fois plurielle et unifiée, où douleurs et souvenirs sont partagés ». Pensant à la jeunesse issue de l'immigration il a affirmé en outre que « pour éviter l'enfermement dans la connaissance de son propre vécu, il faut à la fois restituer l'histoire et faire circuler les mémoires » (Birnbaum 2001). A l'histoire du passé colonial, s'ajoute celle du fait migratoire.

Léla Bencharif, dans son étude, « Les enjeux d'une reconnaissance sociale des mémoires des immigrations », insiste sur la nécessité qu'il y a à interroger les « mémoires migrantes » dans leur spécificité et dans leur condition de production historique, et ce afin de sortir enfin d'une amnésie collective et aller vers la reconnaissance de ces mémoires de la France plurielle (Bencharif 2000). Les travaux de Yamina Benguigui témoignent de cette même nécessité. Azouz Begag avait déjà noté qu'en se protégeant de toute assimilation culturelle dans la société d'accueil, les immigrés faisaient de leur exil « un temps qui ne compte pas », non-producteur de mémoire, dans la mesure où il était nourri en permanence par le mythe du retour » (Begag 1998). Et c'est ce « temps qui ne compte pas » qu'il s'agit de récupérer en lui restituant sa substance mémorielle. Léla Bencharif estime donc qu' :

> « à travers un processus à la fois politique et idéologique les héritiers de l'immigration pourront se réapproprier, intérioriser ce lien social à l'Histoire. De s'identifier et de s'incarner dans un rapport d'appartenance historique à la société française, dont ils sont partie intégrante. Se regarder dans son histoire, c'est aussi se regarder dans l'histoire de l'autre, et de s'y reconnaître. Il s'agit donc de poursuivre un travail de « repossession » des temps et des lieux de mémoire qui fondent l'histoire des migrations » (Bencharif 2000).

Dans le contexte de la société française aujourd'hui, ces réflexions visent en fin de compte à légitimer une 'présence participatoire' dans l'espace public, un effort qui au fond revient à réinventer une citoyenneté. Celle-ci est à ré-inventer non seulement dans la double activité de ré-appropriation et re-configuration d'histoires nationales jusqu'alors occultées, mais aussi et surtout à partir des rapports avec l'Autre, rapports qui se fondent dès lors sur le jeu d'« une différence libérée de figures repoussoirs érigées contre l'altérité » (Guénif-Souilamas 2000 : 32). Cette activité trouve un écho dans cette littérature dont la désignation est souvent source de polémique : la littérature « issue de la seconde génération de l'immigration maghrébine », communément connue sous l'appellation « littérature beur ».

Dans son étude, « Une littérature 'naturelle' : le cas de la littérature 'beur' », Habiba Sebkhi qualifie cette littérature d'« illégitime », car plus ou moins absente des anthologies de littérature française malgré sa production en français par des citoyens vivant en France (Sebkhi 1999 : 27). Engendrée dans les faits par une double généalogie culturelle, celle du pays des origines et celle du pays d'accueil, son intégration dans le canon littéraire « national » ne se fait pas, « la génération 'beur' n'est pas encore tout à fait française », revient comme un écho. Refusant cependant de situer cette littérature dans l'espace postcolonial, qui la positionnerait dans un rapport d'ex-colonisé-colonisateur, Sebkhi cite à ce propos Abdallah Mdarhi-Alaoui pour qui « le discours produit (par la littérature 'beur') n'est ni une doléance à l'ancien état colonial ni une complaisance à la vision exotique du Maghreb : c'est une voix active, interpellative et revendicative de la place du citoyen dans la société française » (Sebkhi 1999 : 31).

Dans son étude « Place de la littérature 'beur' dans la production franco-maghrébine », Mdarhi-Alaoui conteste par ailleurs l'expression « littérature issue de l'immigration » « [...] car cette création est, qu'on le veuille ou non, issue de la France ! » (Mdarhi-Alaoui 1995 : 42). Une littérature jeune qui n'a émergé qu'au début des années 80, elle consiste, dit-il, en grande partie à s'auto-constituer, à s'auto-légitimer, car sa « problématique principale [...] est centrée sur la situation de l'individu dans la société française » (44). Et c'est « [...] au lecteur interpellé de répondre, et la société française pourra se réconcilier, dans ses nouvelles mutations, avec elle-même ». Il rappelle ainsi que les écrivains 'beurs' revendiquent une appartenance française, laquelle appartenance est souvent non reconnue ou non-légitimée par tous, « objet de conflits et de tensions » (47). Cette littérature instaure un nouveau rapport verbal dans le champ culturel français ; elle dit sa francité de marge [...] afin d'exister aux yeux de l'autre, par le jeu de l'expressivité « intra-française ». Elle contient donc en germe des indices de renouvellement de la littérature française à laquelle elle appartient.

Pour sa part, dans son essai, « Littérature : Les chausse-trapes de l'intégration », Mustapha Harzoune rend bien compte du double jeu à l'œuvre dans cette production littéraire :

> A l'écrivain d'origine maghrébine, la société n'offre pas d'alternative : il doit correspondre aux représentations symboliques, médiatiques, institutionnelles, politiques, sociales, culturelles [...] que lui renvoie la société. Mais ce faisant il se place « à l'ombre » de lui-même. S'il refuse cette légitimité de façade, cette intégration de strass et de paillettes, il est condamné au silence médiatique, c'est-à-dire, aujourd'hui, condamné à se taire. Alors, armé de sa seule plume, il dégage d'autres perspectives, élargit l'horizon pour faire enfin entrer dans le crâne de ses concitoyens qu'il est

> non seulement leur semblable, mais aussi leur alter ego. Voilà peut-être où le bât blesse. En forçant le lecteur à le regarder pour ce qu'il est, il exige de son public non seulement des révisions déchirantes sur le regard qu'il porte sur lui, et à travers lui sur tous ces Français d'origine maghrébine, mais en plus il lui renvoie les erreurs et responsabilités d'une société qui, bienveillante, accepte d'accueillir l'Autre, mais ne tient pas à ce que l'on exige d'elle de se faire mal en laissant remonter à la surface tout un refoulé. (2001 : 27)

On ne peut mieux décrire l'espace de l'écriture comme site stratégique où se déploie la double activité de travail mémoriel et de cette « voix active, interpellative et revendicative », et où, peut-on conclure, se ré-invente une citoyenneté dans les regards croisés que livre la double activité écriture/lecture.

La France est-elle francophone ? Si par francophonie on entend « un espace transnational défini par un affranchissement des identités imposées : politiques, sociales, ethniques, géographiques ; espace d'une nouvelle identité qui aspire à la reconnaissance mutuelle des différences, et à l'intégration réciproque de leurs valeurs » (Mdarhi-Alaoui 2001 : 45) la réponse est un non, un non provisoire peut-être. Le sera-t-elle un jour ? Ou bien, faudrait-il comme le suggère Jean-Marc Moura à la fin de son étude *Littératures francophones et théorie postcoloniale*, remplacer la francophonie par la théorie postcoloniale qui permettrait par exemple de situer la littérature beur au coeur d'un débat actuel :

> [...] entre discours d'assimilation à la nation et discours d'une mémoire revendiquée par les enfants d'immigrants : débat sur une citoyenneté pleine mais qui passerait aussi par le contact permanent avec la culture d'origine. Il s'agirait d'étudier l'écriture d'une identité en formation fondée sur une négociation culturelle constante. (155)

Lors du débat sur la charte européenne des langues minoritaires en juin 1999, Georges Sarre, président délégué du Mouvement des citoyens, avait affiché son opposition à la charte en invoquant entre autres le danger qu'elle présentait pour la République, une et indivisible (« La France, ses langues et la charte européenne »). Dans une lettre qui lui était adressée, des universitaires l'ont interpellé en évoquant, eux aussi, la République :

> [...] pour nous, la République n'est pas constituée de citoyens désincarnés et sans racines. Nous ne nous reconnaissons pas dans une République où les hommes et les femmes de ce pays n'accèderaient au statut de citoyens que coupés de leur mémoire. Et notre attachement à la langue française ne se nourrit pas d'exclusion, pratiquée au nom de celle-ci, de langues qui expriment une partie de notre histoire et de notre intimité, langues que l'on

ne saurait opposer à la langue française et encore moins au peuple français, puisque au contraire elles accompagnent et disent un itinéraire dont le terme est notre appartenance à ce pays.

Ce sont là des propos qui tendent à démonter le jeu de l'universel abstrait, rappelant les remarques de Khosrokhavar discutées plus haut. Lors d'une intervention récente, « La fin des monoculturalismes », faite lors du Colloque de Cerisy sur « La différence culturelle », Khosrokhavar a par ailleurs relevé le « bouleversement du rapport entre le privé et le public », suggérant l'émergence d'une citoyenneté fondée non plus sur la binarité public/privé mais bien sur « la continuité entre les deux sphères » :

> Désormais, le public ne se constitue plus de manière hégémonique et en discontinuité avec le privé [...]. Aujourd'hui, le statut du citoyen abstrait, « oubliant » sa condition particulière pour incarner l'universel est en grande partie remis en cause. [...] A la dichotomie ancienne s'est substituée une logique fondée sur la continuité entre les deux sphères et sur une relation moins hiérarchique entre les deux, avec la réhabilitation du privé face au public. (22)

Quant à cet imaginaire national en sursis dont il était question au début de cette réflexion, il serait intéressant de constituer un corpus de textes, d'oeuvres de fiction, de mémoires et d'essais politiques, et autres documents pour en dégager un ensemble de représentations qui tisseraient les éléments d'un imaginaire national émergent. Est-il possible par suite d'affirmer que, face à ces ensembles plus vastes que sont l'Europe et une économie mondialisée, la société française est à un croisement identitaire stratégique ? Si l'Etat-nation français est en défaillance, une autre « communauté politique imaginée » – pour reprendre la formule de Benedict Anderson – émergera non plus à partir de binarités devenues peut-être obsolètes – universalisme/communautarisme ; public/privé – mais à partir d'une dynamique autrement complexe, autrement respectueuse des différences. Il s'agirait donc d'une France où s'effectuerait la reconnaissance mutuelle et publique de modes d'appartenance à l'intérieur d'une même cohésion sociale, à l'intérieur d'un imaginaire national se construisant dans le flux et reflux de valeurs réciproquement intégrées.

C'est à cette réalité que fait aussi allusion l'éditorialiste de « La France, les beurs, et nous », point de départ de cette réflexion, lorsqu'il poursuit ses propos :

> Il reste les maghrébins qui ont politiquement quitté la « zone » turbulente et l'islamisme menaçant. Ils ne sont plus courtisés comme « différence », mais comme partie prenante des valeurs républicaines. Le changement est là, nonobstant l'arrière-pensée électoraliste. Cette évolution du statut de

« contrainte » humaine et politique à gérer vers celui d'une citoyenneté assumée constitue un progrès dans la position de la communauté franco-maghrébine dans la société française. Et, au-delà, la communauté en question échappe un peu plus au marchandage d'Etat à Etat dont elle fut longtemps l'objet.

Bibliographie

Begag, Azouz (1998) « Ecrire et migrer » *Ecarts d'identité* # 86, septembre. Voir <http://ecid.online.fr/french/numero/article.art_86.html>

Belbahri, Abdelkader (2001) « Le droit de vote des immigrés aux élections municipales ». Conférence Débat sur la « Citoyenneté en Marche », 29 mai. Voir <http://www.zelector-mjc.org/pages>

Benguigui, Yamina (1997) *Mémoires d'immigrés : l'héritage maghrébin*. Paris: Canal + Editions.

Bencharif, Lela (2000) « Les enjeux d'une reconnaissance sociale des mémoires des immigrations », Ecarts d'identité. No. 92, Mars. Voir <http://ecid.online.fr/french/numero/article/art_92.html>

Birnbaum, Jean (2001) « Pour une politique de la mémoire », *Le Monde*, 1er novembre.

Bouamama, Said et Hadjila Sad Saoud (1996) *Familles maghrébines de France*. Paris: Desclée de Brouwer.

Bourdieu, Pierre (1998) « Le sort des étrangers comme schibboleth », *Contre-feux*. Paris: Liber. Voir <http://www.homme-moderne.org/societe/socio/bourdieu/contrefe/schibbol.html>

Dia, Mohamed (2002) Portrait, *Libération*, 14 mars.

Faber, Jean (2000a) *Les Indésirables. L'intégration à la française*. Paris: Grasset.

Faber, Jean (2000b) « On n'a jamais défini une politique d'intégration ». Interview par Charlotte Rotman. *Libération* 7-8 octobre.

Guénif-Souilamas, Nacira (2000) *Des « beurettes » aux descendantes d'immigrants nord- africains*. Paris: Grasset.

Guénif-Souilamas, Nacira (2001) « L'intégration, une idée épuisée ». *Libération*, 12 juillet.

Guénif-Souilamas, Nacira (2002) « En finir avec l'impensé colonial ». *Libération*, 24 janvier.

Harzoune, Mustapha (2001) « Littérature: Les chausse-trapes de l'intégration », *Hommes et Migrations*, No. 1231 Mai-Juin 2001: 15-28.

Hammouche, Mustapha (2001) « La France, les beurs et nous », *Liberté*, 12 décembre.

Khosrokhavar, Farhad (1997) « L'Universel abstrait, le politique et la construction de l'islamisme comme forme d'altérité » in Michel Wieviorka (dir.), *Une Société fragmentée ? Le multiculturalisme en débat*. Paris: La Découverte, pp. 113-151.

Khosrokhavar, Farhad (2001) « La fin des monoculturalismes », in Michel Wieviorka et Jocelyne Ohana (dir.) *La différence culturelle. La reformulation des débats*. Paris: Balland, pp. 17-30.

La France, ses langues et la charte européenne. Articles, réactions et débat autour de la charte européenne des langues minoritaires. Juin 1999. Revue de presse présentée par la Fédération pour les langues régionales dans l'enseignement public (FLAREP). Voir <http://www.flarep.com/presse/revue_de_presse>

Lapierre, Nicole (2001) « Identité ouverte ». *Le Monde*, 26 juillet.

Mayer, Nonna (2002) « La France est en train d'apprendre à devenir une société multiculturelle ». *Le Monde*, 18 avril.

Mdarhri Alaoui, Abdallah (2001) « Francophonie et roman algérien postcolonial » in Jean Bessière et Jean-Marc Moura (dir.), *Littératures postcoloniales et francophonie*. Paris: Champion, pp. 43-66.

Mdarhri Alaoui, Abdallah (1995) « Place de la littérature « beur » dans la production franco-maghrébine » in Charles Bonn (dir.), *Littératures des immigrations. 1: Un espace littéraire émergent*. Paris: L'Harmattan, pp. 41-50.

Sebkhi, Habiba (1999) « Une littérature naturelle » : le cas de la littérature 'beur' », in Charles Bonn (dir.), *Nouvelles approches des textes littéraires maghrébins ou migrants*. Paris : L'Harmattan, pp. 27-42

Stora, Benjamin (1999) *Le Transfert d'une mémoire. De « l'Algérie française » au racisme anti-arabe*. Paris : La Découverte.

La visibilité de l'émigration-immigration dans les littératures maghrébine, française, et de la « seconde génération » de l'immigration : quelle « scénographie postcoloniale » ?

Charles Bonn

Université Lumière Lyon 2

L'émigration-immigration est un objet social et politique essentiel des deux côtés de la Méditerranée. Mais elle est moins souvent perçue comme une entité culturelle, ou alors négativement, pour souligner sa non-assimilation, soit par la culture dite « d'accueil », soit par la culture dite « d'origine ». D'ailleurs l'incertitude sur les mots utilisés dès les deux premières phrases de cet exposé n'est-elle pas une des marques les plus visibles d'une non-évidence culturelle ? L'objet social dont il sera question ici est un « espace sous-décrit », selon l'expression de Jacques Berque [1]. C'est-à-dire que si son existence socio-politique ne fait aucun doute, ne serait-ce qu'en tant qu'enjeu électoral, sa définition est beaucoup plus aléatoire, et procède bien de ce qu'on pourrait appeler une absence de visibilité. Tout le monde parle de l'émigration-immigration, des banlieues, de la délinquance, mais fort peu de mots servent à la dire, à la nommer, à la décrire, à lui donner un visage.

La littérature est cet espace de parole dont une des fonctions est d'inventer, précisément, les mots pour dire les réalités non encore nommées, pour leur donner un visage, une visibilité, en même temps qu'un nom. Mais force est de constater qu'en ce qui concerne l'émigration-immigration la

---

[1] Dans son rapport *L'Immigration à l'École de la République. Rapport d'un groupe de réflexion au Ministère de l'Éducation nationale*, Paris : CNDP-La Documentation française, 1985.

littérature est peu prolixe, et en tout cas infiniment moins que la sociologie des banlieues ou le discours politique. L'émigration-immigration est un objet sans visage autant que sans nom. Y a-t-il faillite de la littérature ? Ou alors les réalités non-nommées auxquelles elle a pour fonction de donner un nom sont-elles limitées à certains espaces socioculturels, ce qui ferait de l'exercice littéraire une activité liée à ces seuls espaces, et non-assimilable par d'autres ? Quoi qu'il en soit, participant du simulacre, au sens deleuzien du terme, qu'est toute pratique artistique, la littérature est bien ici défaillante à produire une image, une visibilité, un paraître culturel à cet objet social essentiel qu'est l'émigration-immigration.

Cependant cette faillite n'est pas la même selon les époques et les contextes historico-politiques. C'est ce qu'on va tenter de développer, après un bref rappel en ce qui concerne la visibilité du thème de l'émigration, à propos plus précisément de la visibilité du personnage de l'émigré d'abord, puis de celle de l'écriture elle-même de cette émigration-immigration. Or, cette visibilité littéraire peut être elle-même examinée sous l'angle de la scénographie post-coloniale qu'on redécouvre curieusement depuis quelques années aux États-Unis, et dont elle nous aidera peut-être à évaluer en partie la validité théorique ?

Visibilité du thème dans la littérature maghrébine, et modernité littéraire

Si le thème de l'émigration est présent dans les tout premiers textes de la littérature maghrébine francophone, comme par exemple dans *La Terre et le Sang* (1953) [2] de Mouloud Feraoun, ou *Le Passé simple* (1954) [3] de Driss Chraïbi, textes fondateurs s'il en est, on s'aperçoit que ce thème en disparaît vite pendant toute la période de développement de cette littérature, dont l'émergence est liée alors à celle du sentiment national et de la décolonisation, pour ne reparaître que bien des années après les indépendances des pays maghrébins anciennement colonisés. De plus, le contexte de ces années 70 où le thème reparaît soudain avec *Topographie idéale pour une agression caractérisée* (1975) [4] de Rachid Boudjedra, *La Réclusion solitaire* (1976) [5] de Tahar Ben Jelloun et *Habel* (1977) [6] de Mohammed Dib est bien différent. Dans ces années 70 on est sorti, à la fois de la dynamique politique de la décolonisation, et de celle, qui lui est liée,

---

[2] Le Seuil.
[3] Denoël.
[4] Denoël.
[5] Denoël.
[6] Le Seuil.

de l'émergence de cette nouvelle littérature. De même que l'identité politique des pays anciennement colonisés est alors reconnue, l'existence de cette nouvelle littérature et sa reconnaissance en tant que telle sont devenues des évidences : ni l'identité nationale, ni la littérature maghrébine francophone ne sont plus dans une dynamique *d'émergence.* Aussi la littérature n'a-t-elle plus cette fonction, inévitablement liée à cette double émergence, de manifester performativement, par l'accumulation de ses textes et l'affichage répétitif de certains thèmes, une identité collective nouvelle.

Or l'émigration est par nature, dans cette logique d'affichage conjoint des signes d'une identité collective à imposer, l'inassimilable : ne dessine-t-elle pas un espace autre, séparé de cet espace national dont l'identité émergente s'efforce précisément d'affirmer la cohérence, l'unité comme signe identitaire ? Une identité nationale, y compris celle d'une diaspora, se réclame toujours d'un pays, dont elle redessine inlassablement la carte. L'émigré, lui, est en dehors de la carte, que son départ a en quelque sorte déchirée. Dès lors le discours nationaliste ne peut l'intégrer, ne peut véritablement en rendre compte, ce qu'illustre par exemple l'absurdité de l'interdiction de l'émigration par le gouvernement algérien à la suite de la vague d'attentats racistes en France au début des années 70 : cette interdiction n'a nullement fait diminuer le flot migratoire, mais a considérablement augmenté les difficultés que connaissaient déjà les émigrés !

Cette absurdité est d'autant plus flagrante qu'elle répond à une sommation du discours identitaire comme du discours littéraire par une actualité qui ne permet plus le silence. Mais cette actualité impérieuse montre du même coup combien le dire politique particulièrement est coupé de la réalité vécue dont elle exhibe la béance. Béance à laquelle le discours idéologique répond dans sa logique en voulant dérisoirement se soumettre un réel rebelle, et le discours littéraire dans la sienne, qui est l'exhibition narcissique par l'écriture de sa propre marginalité sociale, comparable à celle de l'émigré qui dès lors devient un prétexte. Les trois romans des années 70 cités plus haut sont d'abord réflexion sur la marginalité tragique dont l'écriture tire ses pouvoirs, dans un divorce de l'art avec le discours social depuis la fin du XIXème siècle que Roland Barthes parmi d'autres a décrit comme on le sait dans *Le Degré zéro de l'écriture*. Quoi qu'il en soit, on constate d'une part que ni le discours politique ni les écrivains consacrés ne répondent véritablement à cette sommation du réel dont ils sont l'objet en ces années 70. Pour ce qui est de la littérature, qui nous intéresse ici surtout, nous dirons que les écrivains se saisissent du thème de l'émigration pour en exploiter la marginalité sociale, comparable à celle du créateur. Mais qu'ils ne peuvent le faire qu'à partir du moment où la double évidence de leur reconnaissance individuelle comme écrivains, et de la reconnaissance de leur pays comme nation, les libère des contraintes collectives d'une dynamique d'émergence. Par ailleurs cette auto-représentation de l'écriture comme marginalité, comme césure avec le discours social participe dans les années 70 d'une modernité littéraire dans le cadre de laquelle la rupture est féconde, par son rapport dialogique avec le groupe, et ce à deux niveaux : le niveau citoyen où c'est grâce à sa marginalité que le créateur peut produire les concepts nouveaux qui permettront ensuite au discours social d'appréhender mieux la réalité toujours mouvante du monde, et le niveau littéraire, où c'est à partir de sa singularité individuelle et quelque peu monstrueuse, que le grand créateur est reconnu par le public, mais impose aussi aux yeux de ce public le groupe littéraire, ou le « courant », expression collective dissidente certes, mais néanmoins collective, auquel on rattache ce même créateur.

Cette utilisation de l'émigration dans les années 70 par des écrivains que je qualifierai de « monstres sacrés », féconds parce qu'atypiques, pour exprimer leur modernité littéraire, perdra peu à peu de son efficacité durant la décennie suivante, pendant laquelle ces recherches sur la littérarité sont en partie rendues obsolètes par la réalité inconcevable de l'horreur en Algérie : on a alors l'impression que la réalité innommable triomphe de la fiction littéraire. Mais ce retour du réel n'est pas dû qu'à l'horreur en Algérie : il s'agit bien d'une évolution générale de la lecture vers un abandon de la fiction ou de l'imaginaire, au profit d'une caution par le réel brut, qui est un des aspects de ce que d'aucuns ont appelé le « postmodernisme ». C'est dans ce contexte de perte du sens au profit de la réalité « telle qu'en elle-même » qu'apparaîtra vers le milieu des années 80 la littérature « de la 2ème génération » de l'émigration, dont le texte en quelque sorte « fondateur », *Le Thé au Harem d'Archi Ahmed* (1983) [7] intéressera par sa maladresse même, gage d'« authenticité » pour le témoignage « vécu » d'un « auteur » présenté comme hors du contexte littéraire, hors de la « culture » : ne s'agit-il pas d'un ancien délinquant tout fraîchement sorti de prison ? Les romans « de la 2ème génération » multiplieront ainsi les signes de leur non-littérarité, mais surtout de leur « authenticité » référentielle. Pourtant ils ne sont toujours pas perçus, on y reviendra en troisième partie, comme un « courant littéraire », comme un groupe émergent, et s'inscrivent plutôt dans une sorte de dissémination d'une réalité qui a perdu la cohérence que lui donnaient dans les années 70 les schémas d'explication idéologiques : dissémination « postmoderne » ? Quel que soit le terme qu'on utilisera, l'essentiel est de montrer que depuis les années 80 l'immigration (et non plus l'émigration...) apparaît bien désormais comme un thème social qui n'est plus occulté. Mais

---

[7] Le Mercure de France.

il ne l'est pas plus ni moins qu'un autre : privée d'une signification au profit du seul réel, « authentifié » par la fréquente maladresse des écritures, l'immigration devient un thème de « roman-réalité » comme un autre.

Visibilité du personnage littéraire de l'émigré

On peut illustrer cette visibilité du thème de l'émigration puis de l'immigration, avant de s'interroger sur la visibilité de cette écriture elle-même, à partir de ce qui du point de vue romanesque représente l'aspect central d'un thème : le personnage de l'émigré, ou de l'immigré, dans la littérature.

Dans les premiers textes de littérature maghrébine, le personnage de l'émigré était un personnage dédoublé, non perçu véritablement comme émigré : la signification du personnage était ailleurs. Dans *La Terre et le Sang* [8] de Mouloud Feraoun, l'émigration d'Amer est vécue comme « une parenthèse impuissante à changer le sens général de la phrase », qui, lui, se joue bien au village, tant pour l'action principale du roman (la relation amoureuse scandaleuse d'Amer avec sa cousine Chabha), que pour l'« accident » qui a lieu dans les mines du Nord et dont Amer fut l'acteur inconscient. Mais cette parenthèse permet un dédoublement de l'espace où l'action de chacun de ses pôles est en quelque sorte télécommandée depuis l'autre, selon le cycle tragique de la vengeance. Enchaînement de faits rendant les deux espaces de l'action parfaitement complémentaires l'un de l'autre dans cette logique tragique propre au village, le personnage d'Amer étant finalement celui qui par son existence même gomme la partition spatiale de sa propre émigration. L'espace de l'émigration comme la vie qu'Amer y a menée n'ont pratiquement aucune réalité dans le roman. De manière comparable, si la postface écrite bien des années plus tard, des *Boucs* [9] de Driss Chraïbi insiste sur le projet de dénonciation de la situation de l'immigré qui serait celui de ce roman, on peut se demander d'abord qui est, à proprement parler, l'émigré dans ce roman. Le groupe marginalisé des « boucs » qui donne son titre au roman est totalement déshumanisé, cependant que le personnage principal, qui s'appelle Driss et écrit sur du papier hygiénique un roman intitulé « Les boucs » désigne de manière trop évidente la marginalité sociale de l'intellectuel qu'est l'écrivain, pour pouvoir être assimilé à un « émigré de base ». Et vingt ans plus tard, dans *La Réclusion solitaire* de Tahar Ben Jelloun, le personnage principal est d'abord un personnage en creux, un personnage *sans* : sans amour, sans pays, sans visage, il vit dans un non-espace caractérisé par l'absence, entre

---

[8] Le Seuil, 1953.
[9] Denoël, 1955.

autres, de couleur, d'épaisseur des objets comme des personnes. Ce personnage est transparent, sans image. Celui de Boudjedra dans *Topographie idéale pour une agression caractérisée* quant à lui n'est jamais perçu à travers son propre discours : il n'est qu'un objet anonyme dans le double discours que tiennent sur lui les flics d'un côté, les « laskars » de l'autre, et jamais son nom ne nous sera révélé.

Dédoublé, ne signifiant qu'ailleurs, ce personnage d'émigré des premiers textes, et même des deux textes des années 70 dont je viens de parler est véritablement invisible. Amer dans *La Terre et le Sang* n'est pas vu comme un émigré. Et dans *Les Boucs* les personnages éponymes sont minéralisés. Ils rasent les murs la seule fois où ils tentent une expédition en ville et personne ne les voit. Quant au narrateur, dont j'ai déjà mis en doute la qualité même d'émigré, il a beau chercher à choquer autant qu'il peut : aucun autre personnage ne le reconnaît véritablement. Isabelle elle-même se détourne de lui à la fin du roman quand elle choisit de participer à la fête du groupe des « boucs », dont ce narrateur est exclu. Et si le personnage sans nom de *Topographie idéale pour une agression caractérisée* n'est décrit qu'à travers les regards sur lui, ces regards ne se portent jamais sur son visage ou sur sa personne, mais sur sa valise ou ses comportements incompréhensibles. Sans visage, ce personnage est distancié, par le style aussi du romancier : il est essentiellement non-séduisant ; c'était déjà, en littérature française cette fois, le cas de l'immigré de la nouvelle *La Ligne 12*[10] de Raymond Jean, davantage perçu comme la simple victime du racisme et de l'injustice que comme une personne.

Le personnage de l'émigré-immigré ne deviendra visibilité séduisante et jeune qu'à la fin des années 70 et au début des années 80, dans *Habel*, de Mohammed Dib en 1977, *Désert*, de J.M.G. Le Clézio en 1980[11], ou encore *La Goutte d'Or* de Michel Tournier en 1982[12]. Des personnages cités jusqu'ici, le héros de *La Réclusion solitaire* de Tahar Ben Jelloun était le plus jeune, mais sa jeunesse non perçue par les autres servait surtout à souligner le vide affectif dans lequel il vivait : l'absence de visibilité de son visage. Cette visibilité-séduction soudaine de l'immigré correspond, sociologiquement, à l'irruption des « jeunes de la seconde génération » de l'immigration dans le paysage citadin français ou européen, dont ils sont devenus une composante incontournable, revendiquant sa visibilité, là où leurs parents au contraire cherchaient à passer inaperçus, cultivaient leur transparence en rasant les murs comme les « boucs » de Chraïbi. Pourtant, si dans ces trois romans les héros sont jeunes et séduisants, ils sont encore des

---

[10] Le Seuil, 1973.
[11] Gallimard.
[12] Gallimard.

« primo-émigrés », dans la mesure où ils ne sont pas nés en France et où leur départ du pays d'origine, et leur retour dans celui-ci chez Le Clézio, sont des éléments narratifs et signifiants essentiels. Mais les trois personnages représentent dans ces romans la séduction visible de l'altérité, pour une société occidentale caractérisée par l'omniprésence de l'image. Dans *Topographie idéale pour une agression caractérisée*, l'image était perçue comme objet envahissant et étrange à voir par l'émigré non-visible. Dans ces trois romans au contraire, le personnage du jeune immigré devient lui-même image séduisante, dans le regard que porte sur lui la société de l'image. Mais il se perçoit lui-même comme étranger à cette image désirable de lui-même que cette société lui renvoie. Et ces trois romans comportent une réflexion sur l'écriture, perçue comme l'antidote à cet emprisonnement mensonger du personnage réel dans une image séductrice malgré lui. Je les aborderai ici dans l'ordre inverse de leur publication, pour mieux rendre compte de la complexité plus ou moins grande du fonctionnement de cette visibilité.

Dans *La Goutte d'Or*, Idriss est dès le début rapté, dépossédé de lui-même dans le vol de son image (une photographie prise dans son désert natal) par une touriste blonde. Toute la quête du personnage consistera donc à réparer ce « manque initial » (c'est volontairement que j'utilise ici l'expression de Propp, car le roman est bien construit comme un conte, et comporte par ailleurs deux contes insérés dans sa trame narrative), répété dans le cours même de cette quête puisque M. Mage le cinéaste et M. Milan le photographe ne perçoivent de lui que son image, qu'ils cherchent à posséder. Et on sait qu'Idriss triomphera pour finir de cette image à laquelle on veut le réduire, par l'apprentissage de la calligraphie, mais aussi par ces contes mêmes insérés dans la narration romanesque, et par la danse : celle de Zett Zobeïda à qui appartenait le bijou, et celle, éblouissante, du marteau-piqueur à la fin du roman.

Dans *Désert*, Lalla est transformée en image triomphante par le photographe, sur fond de laideur mortifère de la ville occidentale. Elle est cependant moins étrangère qu'Idriss à sa propre beauté, même si elle en rit, car cette beauté est précisément, comme la danse encore, ce qui lui permet d'annuler cette ville. Cependant là encore c'est la parole qui sera la plus efficace contre ce simulacre urbain, par la mémoire du Désert, et par le récit épique parallèle de la mort de la tribu.

Habel lui aussi est réduit à une image-objet par Le Vieux, alias Éric Merrain, alias La Dame de la Merci. Mais chez Dib la réflexion sur les pouvoirs de l'écriture va beaucoup plus loin, puisqu'Éric Merrain est aussi un écrivain, dont les mots plus encore que le regard désirant piègent le jeune immigré. Et la situation est d'autant plus complexe que s'il est, d'un côté, le jeune homme fruste piégé par les manuscrits de La Dame de la Merci, qu'il voulait pourtant « jeter aux chiottes », il n'en est pas moins chargé lui-même par l'Ange de la Mort de « donner à chaque chose précisément un nom », ce qui lui permettra dans ses adresses silencieuses au Frère resté au pays après l'avoir exilé, de retourner le sens de l'exil. L'exil le transforme bien en image-objet prostitué par le désir du Vieux, mais l'exil est également ce qui lui permet de trouver le Sens, à jamais inaccessible pour le Frère resté au pays pour s'approprier illusoirement le sceptre. La parole créative conjure la facticité de l'image, mais la création est aussi ce simulacre, exil par rapport au réel, mais sans lequel ce réel serait éternellement privé de sens. Si pour Idriss et Lalla le sens, la vérité s'opposaient à l'image omniprésente dans la société occidentale, pour Habel le simulacre de l'écriture, inséparable de l'exil, est la condition même d'accession au sens. L'ubiquité devient le lieu du sens et le simulacre transforme la victime du meurtre en détenteur de ce sens.

Quoi qu'il en soit, dans les trois romans, mais surtout dans celui de Dib, la séduction retourne le sens de l'exil, et dans les trois cas elle est, selon des modalités différentes, illustration des pouvoirs de l'écriture. Pourtant on a vu que pour ces trois personnages, l'exil, l'arrachement plus ou moins violent à un lieu d'origine est encore une dimension essentielle de la narration comme de la signification du roman. Les années 80 seront d'abord celles du surgissement d'écrivains « issus de la 2ème génération » de l'immigration, dont la première caractéristique sera l'absence de cette figure de l'arrachement à un lieu d'origine, puisque leurs personnages sont en général nés en France.

Écrivant depuis l'intérieur de l'immigration, ces jeunes romanciers dont la parole était jusque-là inconcevable présenteront tout naturellement le personnage, souvent autobiographique, de l'immigré comme sujet, et non plus comme image plus ou moins attendue à travers le regard de ses protagonistes. Sujet regardant et non plus objet du regard, le personnage s'attachera même souvent, comme la Shérazade de Leïla Sebbar[13] dès 1982, à briser l'image à travers laquelle il est attendu par les lecteurs, ou celle qu'en avaient forgée les écrivains dont on vient de parler. Shérazade est désirée par Julien à travers l'image des odalisques de Delacroix dans le premier des trois romans dont elle est le centre, et le même Julien devenu

---

[13] Il serait impropre de considérer Leïla Sebbar, qui n'est pas de la même génération, qui est née en Algérie, enfant d'un « couple mixte » d'enseignants algéro-français et enseigne depuis longtemps dans un lycée parisien tout en participant à des émissions radiophoniques sur « France-Culture », comme appartenant à cette « 2ème génération ». Mais son œuvre a joué un incontestable rôle d'intermédiaire, de révélateur, particulièrement à travers ce personnage de Shérazade, du fait de sa notoriété comme écrivaine française. C'est pourquoi Shérazade sera le premier personnage décrit ici dans l'optique de ce surgissement d'une parole « beur » (*Shérazade : 17 ans, brune, frisée, les yeux verts*, Paris : Stock, 1982).

cinéaste tentera vainement dans *Le Fou de Shérazade*¹⁴ de fixer sur la pellicule son image de Sultane : cette dernière s'échappera toujours, et demandera même au camionneur qui l'a prise en auto-stop dans *Les Carnets de Shérazade*¹⁵ de la conduire dans un périple initiatique sur les traces d'Arthur Rimbaud !

C'est probablement par cette rupture d'image, qui pourtant joue dès le titre du premier roman (*Shérazade : 17 ans, brune, frisée, les yeux verts*) sur le seul aspect visible stéréotypé du personnage, que les romans de Leïla Sebbar ont pu jouer ce rôle d'intercesseur : permettre le surgissement d'une littérature de cette génération enfin visible, avec ostentation parfois, dans les rues où la génération précédente rasait les murs. Or le texte proprement fondateur de cette littérature, écrit par Mehdi Charef, plus connu maintenant comme réalisateur de cinéma que comme écrivain, *Le Thé au harem d'Archi Ahmed*¹⁶, l'est précisément encore à partir de cette rupture d'image qu'il instaure dès son titre, qui joue avec les images exotiques pour mieux les déstabiliser, puisqu'il s'agit en fait du théorème d'Archimède revu et corrigé par le cancre de la classe, qui n'a pourtant aucune origine maghrébine, comme une grande partie de la bande des copains banlieusards du personnage principal. Là encore, une image est brisée au profit d'une réalité pluriethnique et néanmoins groupale des banlieues « chaudes ».

Même rupture d'image par les titres du *Gone du Chaâba*¹⁷ d'Azouz Begag, de *Georgette*¹⁸ de Farida Belghoul, et plus encore du *Rouge à lèvres*¹⁹ de Tassadit Imache, sur lesquels il faudrait revenir : dans tous les cas le personnage n'est pas celui (ou celle) qu'attendrait la lecture paternaliste qui souvent accueille ces textes. Il s'inscrit dès lors dans l'affichage quasi-général par ces derniers d'une non-conformité à une image attendue : d'une visibilité subvertie ou éclatée, où la diversité du réel vécu se substitue à la cohérence d'un discours. Or cette visibilité éclatée va être de plus en plus celle de cette littérature « de la 2ème génération » elle-même, laquelle n'a jamais véritablement réussi à être perçue comme un groupe littéraire, contrairement par exemple à la littérature maghrébine de langue française à laquelle on ne peut pas non plus rattacher ces auteurs. Dès lors se pose la question du troisième terme de cette visibilité : la visibilité d'une écriture.

---

[14] Stock, 1991.
[15] Stock, 1985.
[16] Paris : Le Mercure de France, 1983.
[17] Le Seuil, 1986.
[18] Barrault, 1986.
[19] Paris : Syros, 1988.

Visibilité d'une écriture

Il convient d'abord de souligner le grand retard de parution des premiers textes littéraires de cette « 2ème génération », et le silence quasi-total en littérature de la génération précédente. La vague d'attentats racistes du début des années 70 elle-même n'avait suscité presque que des textes d'auteurs extérieurs à cette émigration-immigration, comme ceux dont j'ai parlé plus haut, et où le personnage de l'immigré était somme toute objet ou prétexte dans un discours qui n'était pas le sien, et non sujet énonciateur du dire le concernant. Le roman de Mehdi Charef, on vient de le voir, date de 1983, ceux de Begag et de Farida Belghoul de 1986, et ces romans sont précédés par ceux d'intercesseurs comme Leïla Sebbar, et surtout, par des textes moins connus niant la littérarité d'une écriture de l'émigration-immigration. Là encore, les titres sont parlants, comme celui, surtout, de ce témoignage présenté comme oral d'un immigré analphabète désigné par son seul prénom, Ahmed : *Une Vie d'Algérien, est-ce que ça fait un livre que les gens vont lire ?*[20] Outre sa forme problématique sur laquelle je reviendrai, mais qui désigne déjà en elle-même l'impossibilité de l'entreprise, ce titre se réclame donc d'une non-littérarité qui suppose de fait qu'un immigré ne saurait en aucun cas produire une œuvre littéraire. Et par voie de conséquence que si l'émigration ou l'émigré peuvent être un thème ou un personnage dans des œuvres d'écrivains consacrés comme tels ailleurs, il ne saurait y avoir de littérature *de* l'émigration ou *de* l'émigré.

Or, beaucoup de titres de romans de l'émigration ont des formulations problématiques qui signalent implicitement ainsi cette impossibilité. On vient de le voir avec ceux de Azouz Begag, Mehdi Charef, Farida Belghoul ou Tassadit Imache : on pourrait en signaler d'autres. Et ce phénomène était peut-être plus voyant encore lorsque des écrivains plus « reconnus » consacraient une œuvre à l'émigration, dont on a vu qu'elle devenait chez eux prétexte à une réflexion sur la littérarité elle-même : c'était le cas de *Topographie idéale pour une agression caractérisée* chez Rachid Boudjedra, ça l'est encore, d'une autre manière, avec *Shérazade, 17 ans, brune, frisée, les yeux verts* de Leïla Sebbar.

Il y a donc bien une sorte de reconnaissance problématique d'une écriture de l'émigration-immigration comme voix littéraire visible, qui se retrouve dans d'autres aspects de cette littérature, dont le plus visible est l'impossibilité même de lui trouver un nom satisfaisant. Par ailleurs un des aspects dont on parle beaucoup ces derniers temps est l'identité même des écrivains. On a vu la difficulté récurrente de « classer » Leïla Sebbar, que j'ai préféré considérer, dans son ubiquité littéraire, comme une sorte

---

[20] Le Seuil, 1973.

d'intermédiaire privilégiée de ce fait même. La difficulté est la même pour Nina Bouraoui, dont je n'ai pas parlé ici parce que ses textes ne portent guère sur l'émigration, mais que plusieurs critiques rattachent un peu abusivement à cette « 2ème génération » avec laquelle elle n'a sans doute en commun que son âge... Pour ces deux auteurs cependant cette difficulté est à tout prendre liée à la qualité même de leur écriture, qui ne peut être enfermée dans une localisation abusive. Par contre cette nouvelle écriture est une de celles qui affichent le plus de pseudonymes d'écrivains, derrière lesquels se cache parfois une identité non-immigrée d'auteurs qui comme Paul Smaïl, alias Jack-Alain Léger, alias ..., ou plus récemment Youcef M.D., alias Claude Andrieux, et peut-être Chimo, alias... ?[21], précédés d'ailleurs par l'exemple fameux d'Emile Ajar, alias Romain Gary, semblent trouver dans le statut problématique de l'immigration une figuration commode du statut problématique de l'écriture. Quoi qu'il en soit il s'agit bien là d'une visibilité vacillante, et d'un doute quasi-institutionnalisé sur l'identité d'une écriture.

Ce doute permettant une représentation du statut problématique de l'écriture en général, qui assimile la marge de l'immigration à la marge de l'écriture, rejoint paradoxalement son contraire : celui sur la possibilité même d'une littérarité dans l'espace de l'immigration. Doute que je formulerai par la question latente : « n'y a-t-il pas incompatibilité de nature entre espace de l'immigration et littérarité ? » Question qui intéressera probablement plus les théoriciens de la littérature que les créateurs concernés, mais qui peut expliquer qu'un texte qui affiche autant sa non-littérarité et son « parler-banlieue » que *Le Thé au Harem d'Archi-Ahmed* de Mehdi Charef, dont j'ai souligné par ailleurs la fonction fondatrice, ait été publié par un éditeur plutôt attiré par l'expérimentation littéraire, c'est-à-dire Le Mercure de France.

Cette question expérimentale sur les marges de la littérarité s'accompagne de celle sur l'identité-écrivain des auteurs. J'ai déjà souligné le fait que Mehdi Charef soit maintenant davantage cinéaste qu'écrivain, privilégiant l'image sur l'écriture, à l'inverse peut-être de Michel Tournier par exemple. Mais lors de la publication de son premier roman, c'est la marginalité sociale de l'homme, ancien délinquant, qui fut soulignée, y compris par la quatrième de couverture de l'éditeur[22] : une des questions de la visibilité de cette littérature de l'immigration est bien la visibilité de ses

---

[21] On peut se reporter entre autres à l'article de Raphaël Meltz sur le site rdereel : <http://rdereel.free.fr/volDZ1.html>

[22] Le style de cette notice est édifiant : « Ne supportant pas de ne plus rêver, il choisit la dérive et échoue en prison. Il panique encore plus en prison qu'en usine, et se jure, à vingt ans, de ne jamais y retourner. Revient donc en usine : travaille dans la même depuis dix ans. »

auteurs comme écrivains[23]. Car si Mehdi Charef, Azouz Begag, Tassadit Imache et quelques autres s'installent dans une œuvre de longue haleine et souvent diversifiée qui fait d'eux des écrivains au sens plein du terme, la plupart des textes issus de l'immigration, souvent les moins aboutis, sont d'éphémères et maladroites autobiographies dont la fonction est de faire exister la personne qui l'écrit et l'espace où elle vit, mais nullement de les installer en littérature. L'autobiographie joue bien ici le rôle d'affichage de non-littérarité qu'on a déjà rencontré plus haut, en opposant la réalité triviale du quotidien « authentique », et donc non-littéraire, au mensonge, au simulacre de la fiction et de l'élaboration formelle. Et d'ailleurs le plus souvent ces « auteurs » éphémères ne produisent qu'un livre, même lorsqu'il s'agit de l'un des meilleurs, comme *Georgette !* de Farida Belghoul, dont l'auteur, comme Mehdi Charef, se sent plus proche de l'élaboration cinématographique, et surtout de l'animation socioculturelle, que de la littérature, dont elle ne dit guère de bien dans ses rares interviews. Enfin Azouz Begag lui-même, dont l'œuvre d'écrivain est à présent une des plus conséquentes, ne se laisse-t-il pas lui-même depuis peu entraîner par les sirènes du cinéma ?

D'ailleurs les interviews de ces auteurs montrent chez la plupart d'entre eux une assez grande distance les uns par rapport aux autres. On ne trouve pas chez eux cette conscience de faire partie d'un groupe « émergent » que l'on trouvait par exemple lors des débuts de la littérature maghrébine dans l'interview célèbre de Mohammed Dib parue dans les *Nouvelles littéraires* des 15 et 22 octobre 1953, conscience relayée par la critique dans toute la longue période d'émergence de cette littérature, et portée bien sûr par l'actualité de la guerre d'Algérie entre autres. Or la critique et les éditeurs non plus ne favorisent guère, pour cette littérature plus récente, sa visibilité comme groupe émergent, qui permettrait au critique de l'inscrire dans la dynamique postcoloniale fort prisée ces dernières années aux États-Unis. Il ne s'agit que rarement ici d'une violence formelle théâtralisée à travers l'exhibition d'un groupe périphérique dissident par rapport à un Centre du pouvoir et de la reconnaissance. Dans leurs interviews, ces nouveaux écrivains (et les critiques qui les interrogent) se situent bien plus dans une relation individuelle avec un référent sociologique lourd, que dans une dissidence littéraire collective par rapport à une lisibilité qui serait celle de ce Centre, comme le faisaient par exemple dans les années 70 les poètes regroupés autour de la revue *Souffles* au Maroc. Et de fait, après les spéculations et l'attente que plusieurs d'entre nous, parmi lesquels Alec

---

[23] C'était déjà le cas lorsque l'« auteur » d'*Une Vie d'Algérien...* dont j'ai parlé plus haut, n'était désigné que par un prénom, générique de l'ensemble des immigrés, gommant par l'absence de patronyme toute prétention à un statut d'écrivain.

Hargreaves, avions pu développer dans les années 80, force est de constater qu'il n'y a guère de visibilité, actuellement, de cette « littérature beur » en tant que phénomène global, dynamique. Ce qui fait que je ne pense pas que la description littéraire par la théorie postcoloniale puisse véritablement s'appliquer à ces écrivains.

Une explication possible serait sans doute à trouver dans le fait que contrairement à leurs aînés les écrivains « maghrébins », ces auteurs souvent éphémères ne se réclament pas d'un espace géographiquement visible de la périphérie colonisée opposée à un centre colonisateur : au contraire, la plupart de leurs textes montrent l'immigration comme partie problématique, mais non-séparable, de la société dite « d'accueil ». Et dans cette dernière même, ses représentants littéraires ne représentent pas forcément un clivage marqué, mais s'inscrivent dans une dynamique de dissémination qu'on pourrait qualifier de post-moderne, par opposition à la relation duelle et théâtralisée que décrit la théorie postcoloniale.

A moins de modifier la définition fort contradictoire de « post-colonial » qui dans cette théorie suppose que la page coloniale n'est pas encore tournée, en ce que les mots vraiment veulent dire, c'est-à-dire que la dynamique identitaire coloniale n'a plus cours, et que les représentations nouvelles du monde, dont la littérature est en principe la partie visible la plus avancée, se sont profondément modifiées, malgré des schémas idéologiques d'explication qui en sont en partie restés à l'époque de Frantz Fanon ? Je proposerais alors d'opposer à la subversion collective « moderne » que décrit la théorie postcoloniale, et dont le concept s'applique à merveille à la littérature maghrébine des années 70, la dissémination post-moderne à laquelle la réalité éminemment post-moderne justement de l'immigration qui échappe à toutes les définitions idéologiques apporte une illustration de poids. Dissémination dans laquelle se perd l'exhibition théâtralisée d'une rupture formelle contre la lisibilité par le Centre, en quoi se caractérisait en partie la subversion « moderne » des années 70, au profit d'un retour individuel, dispersé et amnésique au réel, et à la transparence du texte qui ne se justifie plus que par ce réel.

*

L'émigration-immigration s'avère donc participer au transnational, en littérature, d'une manière inattendue. Certes, elle est par définition inscrite en dehors des limites de ce qu'on pourrait appeler les espaces-images (la carte de géographie prise comme emblème identitaire, par exemple), du national. Mais en littérature, le fait que son espace comme ses discours ne soient pas affichables comme tels en a fait longtemps un objet sous-décrit, une présence non-visible parce que non-concevable par les discours identitaires, pour lesquels la figure symbolique est souvent plus importante que l'objet réel, et pour lesquels il n'existe d'objet que significatif dans leurs logiques de discours. Dès lors le personnage littéraire de l'émigré, comme sa personne dans la réalité sociale, a longtemps été sans visage, transparence parce que non signifiant, idéologiquement. Lorsque par la suite la réalité brutale des attentats racistes a en quelque sorte sommé les dires reconnus, comme l'idéologie nationaliste des jeunes états indépendants ou les littératures qui y étaient encore liées, de prendre en charge cette réalité imprévue, l'idéologie a montré sa tragique rupture d'avec la réalité vécue, cependant que les écrivains ont utilisé la marge non-dicible de l'émigré pour représenter à travers elle leur propre marginalité de créateurs par rapport au discours social. Et lorsque enfin une parole de l'immigration surgit de cet espace jusqu'ici aphasique parce qu'invisible, parce que sous-décrit, elle n'arrivera plus à se constituer en « littérature », au sens de mouvement collectif en rupture avec les discours établis, parce que dans les années 80 les codes de la visibilité littéraire ont changé. Parce que la dissémination postmoderne empêche encore une fois de voir l'ensemble imprévu de ces jeunes écrivains comme s'inscrivant dans une dynamique littéraire collective.

Cette absence de visibilité collective empêche donc que se constitue dans cette écriture de l'émigration-immigration, quelle que soit la période envisagée sur les trois décrites ici, cette scénographie d'une subversion de la périphérie face au centre, qui intéresse la théorie post-coloniale. On peut alors hasarder que, si l'émigration-immigration intéresse la littérature en tant que représentation possible de la marginalité sociale de l'écriture, elle permet aussi de pointer le caractère déjà daté, me semble-t-il, de cette théorie postcoloniale lorsqu'elle décrit la production des « minorités ethniques » à travers le postulat d'une dualité d'images qui n'a peut-être plus cours ? La théorie postcoloniale n'en aura pas moins eu le mérite d'attirer notre attention sur la présence ou l'absence d'une mise en scène collective, qui sont l'un des modes d'inscription les plus pertinents de la littérature dans l'histoire.

Le lait de l'oranger de Gisèle Halimi : l'élixir miraculeux des peuples colonisés

Mireille Rosello

Northwestern University

Avant même d'avoir lu *Le lait de l'oranger*, un des textes autobiographiques de Gisèle Halimi, je me souviens avoir été fascinée par l'image que le titre semblait promettre, une image insolite, impossible, biologiquement incongrue, d'un oranger qui produirait du lait : ce « de » inattendu, placé entre le lait et l'oranger semblait faire allusion à un oranger dont on extrairait du lait comme d'autres arbres fournissent du caoutchouc par exemple. Seule cette hypothèse remplaçait le sens que je devinais absent, et, si je ne me chargeais pas d'interpréter ainsi ce « de », la relation entre l'arbre et le lait restait opaque, incapable de générer un récit cohérent.

Depuis, cette étrange expression a acquis une signification plus spécifique et moins étonnante, une explication historique qui sert, au fond, de soubassement à toute l'autobiographie de Gisèle Halimi. Mais l'étrange rapprochement entre le lait et l'oranger, l'idée farfelue qui m'était d'abord venue, a survécu à la lecture du texte et coexiste désormais avec une autre interprétation de ce « de » insondable qui sépare, et unit à la fois, un arbre et ce liquide polysémique qu'est le lait. J'aimerais suggérer que cette rencontre, pour l'instant incompréhensible mais poétique entre le lait et l'oranger peut être envisagée comme la métaphore d'un modèle théorique de mise en contact, de rapprochement délicat entre deux entités séparées par la violence de l'histoire. La rencontre entre le lait et l'oranger, à condition que subsistent plusieurs façons d'interpréter leur relation, peut s'imaginer comme un exemple de ce que j'appelle ici une « rencontre performative » entre la France et le Maghreb ou, plus précisément, entre des individus et des communautés que l'histoire a placés dans un contexte de violence dont ils ne peuvent pas faire abstraction même s'ils se construisent comme l'exception à la règle.¹

L'histoire a créé, pour le meilleur peut-être mais jusqu'ici, surtout pour le pire, un « couple » France-Maghreb qui ne cesse de se réinventer par l'intermédiaire d'individus qui héritent de l'histoire coloniale et postcoloniale internationale.² Et rares sont les auteurs maghrébins qui n'ont pas été tentés de nous offrir leur vision de ce couple mythique, ou plutôt du type de rencontres qu'engendre la mise en contact d'individus sommés de représenter l'un des camps. Souvent, ces « rencontres performatives » entre la France et le Maghreb passent par l'exploration littéraire d'un couple d'individus à qui l'on assigne l'un des camps alors même qu'ils cherchent à faire advenir un nouveau type de relations entre les êtres et les cultures. On pense aux amitiés entre les personnages féminins français et algériens des *Femmes d'Alger dans leur appartement* ou à l'extraordinaire travail de négociation qu'effectue le couple franco-algérien dans « Le Corps de Félicie » d'*Oran langue morte* (Rosello 2001). Dans les deux livres, Assia Djebar ne se contente pas d'opposer la soi-disant simplicité des cultures homogènes et la complexité des hybrides, elle nous propose d'examiner de près quel type de médiation aboutit à quel type de tension, de résolution, de

---

¹ J'adapte la notion de performatif telle qu'elle se cherche dans les théories de John Searle de J.L Austin (Searle 1969 & Austin 1991). Toutefois, la notion de « rencontre » performative ne peut se comprendre que si l'on garde à l'esprit la critique que fait Jacques Derrida des thèses d'Austin et Searle (Derrida 1998). La rencontre performative serait celle qui se sait impossible et qui tente (toujours en vain au fond) de créer ces positions de sujet grâce à la rencontre alors qu'une rencontre non performative laisse toujours les positions pré-existantes dicter le protocole ou les conditions mêmes de la rencontre. Lorsque l'un dit qu'un Algérien rencontre une Française, par exemple, le national, le linguistique, le sexe prédisent la rencontre. Pour obtenir une rencontre performative, il faudrait imaginer deux êtres qui ne savent rien l'un de l'autre, ou plutôt, qui ne savent même pas ce qu'est une identité religieuse, raciale, ethnique, nationale, sexuelle, et dont la rencontre aboutit à créer une ou plusieurs de ces catégories ou en invente d'autres. Une rencontre performative pourrait s'imaginer comme la rencontre de deux esprits parfaitement ouverts et parfaitement vides, ce qui serait une utopie a-historique et donc littéralement impossible à dire. Les rencontres performatives seront toujours imparfaites, incomplètes, sujettes à caution, menacées d'échec ou réussies de par leurs échecs. Voir aussi Butler 1997.

² Les guillemets autour du mot « couple » (mythique et historique à la fois) signalent que j'entends toujours, sous la définition plus générale du dictionnaire, les résonances spécifiques que donne Assia Djebar à la conjonction entre public et privé, individu et nation : dans « Annie et Fatima, » une nouvelle publiée dans *Oran langue morte*, Djebar raconte l'histoire d'une mère qui doit ré-inventer l'art de parler à sa petite fille emmenée en pays berbère par son ex-mari. Elle écrit : « Au cours des vingt, trente dernières années qui ont suivi la séparation douloureuse mais consommée des deux destins collectifs, quelques individus — des Algériens là, des Françaises ici, ou l'inverse — reforment sur la sphère privée, le 'couple'; sans se rendre compte qu'ils vont jouer, malgré eux, une pièce fantomatique d'amour certes, mimant la célébration du passé, chargeant ce dernier, malgré tout, d'espoir rétroactif » (Djebar 1997, 220).

découverte. Lorsque deux individus ne se contentent pas de laisser leur position de départ régler le protocole de leur rencontre mais s'évertuent à inventer des codes de dialogues qui vont recréer leur position de sujet, alors, il y a rencontre performative, que la tentative échoue ou réussisse.

Ces rencontres performatives ne seront donc a priori ni heureuses, ni malheureuses : il ne s'agit pas de juger la qualité thématique du rapport entre deux individus et l'on peut très bien imaginer une rencontre performative tragique ou malheureuse à condition que le « couple » (privé ou public) ait été recomposé par le récit. Ainsi, les personnages d'*Agar*, d'Albert Memmi se déchirent parce que ni le jeune médecin juif ni sa jeune épouse française ne parvienne à équilibrer harmonieusement leur appartenance respective à une communauté ou au couple qu'il forme. Mais le roman lui-même est un exemple de rencontre performative parce qu'il affirme que le protocole de rencontre entre ces deux personnages est à inventer : ces deux êtres ne sont pas inventés par leur amour, contrairement à « ceux qui pensent que la communication entre les êtres et les peuples va de soi » nous dit la préface (Memmi 15). Pourtant, leur union n'est pas non plus à exclure au nom d'une fatalité historique. De cette anxiété ressort l'urgence d'une quête : « ... l'une des significations d' 'Agar' est que cette communication ne va pas de soi. Mais cette analyse, loin de rejoindre les positions traditionalistes, de méfiance et de pessimisme, s'inscrit au contraire dans une perspective de libération et d'ouverture aux autres » (Memmi 16).

Rechercher les rencontres performatives ne revient donc pas non plus à repérer, thématiquement, des histoires d'entente cordiale ou d'exceptionnelles histoires d'amitié et d'amour entre des individus séparés par des frontières nationales, linguistiques ou religieuses. Une rencontre performative pourrait aussi bien avoir lieu sous le signe de la paix que sous le signe du conflit. L'héritage contemporain de la violence coloniale, tout pétri de tensions inachevées aussi bien en France qu'au Maghreb, peut très bien constituer un terrain fertile à ce genre de rencontres. Et souvent, ce n'est pas la rencontre qui importe mais la façon dont l'histoire dans son ensemble nous invite à réfléchir sur les formes mêmes que prend la narration : le principe même du récit historique bi-national, qui, comme le « couple » prend la forme de deux camps entre lesquels les individus sont sommés de choisir, peut aussi devenir le creuset où se cherchent ces rencontres performatives entre des histoires apparemment déjà prédites par les guerres, les victoires et les défaites : ainsi, les personnages de *La Colline aux oliviers*, le roman de Mehdi Lallaoui, nous aident-ils à réinventer une histoire de l'insurrection kabyle de 1871 qui ne serait ni celle de l'Algérie (indépendante mais hostile aux Berbères) ni celle de la France (ex-puissance coloniale) mais l'histoire franco-algérienne ou algéro-française d'êtres prisonniers des contradictions de leur propre pays. De même, dans le texte que nous allons aborder maintenant, ou plus exactement dans le court passage qui explique le titre du livre (« Le lait de l'oranger »), nous verrons que le moment de paix idyllique que la narratrice-enfant parvient à faire advenir dans sa vie privée est en réalité une représentation métaphorique d'une forme de paix romaine qui cache toujours d'intenses violences. En revanche, la rencontre performative se situe entre l'histoire et l'Histoire, entre le souvenir de cette opération et la façon dont la narratrice adulte, devenue Maître Halimi, réécrit l'épisode en nous en proposant une autre interprétation. Certaines rencontres tragiques seront donc « performatives » au sens où je l'entends ici si elles fabriquent une solution originale à une impasse historique sachant que la trajectoire de l'auteur du *Lait de l'oranger*, comme celle d'Albert Memmi, est encore compliquée par des effets de tiers : la judaïté, l'avènement d'une génération de « pieds-noirs » qui cherchent leurs propres protocoles de rencontre comme en témoignent, par exemple, les *Rêveries de la femme sauvage* d'Hélène Cixous (2000) ou bien *Fritna* l'autre volume de l'autobiographie d'Halimi.

Le lait de l'oranger doit son titre à un court passage que l'on découvre seulement après une centaine de pages autobiographiques. L'auteur y raconte qu'elle n'aimait pas le lait et que son aversion était un sujet de disputes incessantes entre l'enfant et ses parents dont ni les menaces ni les cajoleries ne parvenaient à la convaincre d'en boire un bol au petit déjeuner. Mais comme ni l'une ni l'autre des parties en présence ne cède, un état de guérilla s'installe et s'éternise, Gisèle, Edouard et Fortunée campant résolument sur leurs positions.

Contrairement au reste du livre où Gisèle détaille ses activités politiques d'avocate, les procès des membres du FLN ou ceux qui ont contribué à la légalisation de l'avortement, ces trois pages semblent consacrées à un souvenir d'enfance, à une scène intime, personnelle, apolitique et domestique.

Dès la première phrase au présent, l'auteur fait une déclaration apparemment descriptive et que l'on pourrait imaginer sans grande conséquence politique : « Je n'aime pas le lait. Le beurre m'écœure et les odeurs de fromage me font presque vomir » (93). A priori, la phrase pourrait simplement nous renseigner sur les préférences alimentaires, sur ces goûts dont les proverbes disent qu'on ne les discute pas. Pourtant, les verbes en série, qui indiquent des réactions de plus en plus fortes, nous invitent sans doute à aller plus loin. La psychanalyse, mais aussi l'ethnologie, nous ont appris que les dégoûts alimentaires ne sont pas anodins. Ici, en l'absence d'une allusion directe à des interdits d'ordre religieux par exemple, le refus du lait et de ses dérivés est présenté comme un rejet irraisonné et physique. Le corps de la petite fille expulse tout ce qui est lacté. Or on sait que cette aversion pour la nourriture première, fournie par la mère, entre dans nombre de récits analytiques, notamment dans les textes de Julia Kristeva sur l'abject et l'horreur, sur la façon dont on peut refuser ce qui, en soi-même, est autre. « Le dégoût élémentaire est sans doute la forme la plus élémentaire et la plus archaïque de l'abjection » (Kristeva 10). D'un côté, le sujet sait que l'objet de son dégoût est « inoffensif » (Kristeva 10), ce n'est qu'une « peau à la surface du lait [...] mince comme une feuille de papier à cigarettes, minable comme une rognure d'ongles » (Kristeva 10). Pourtant, cet élément « inoffensif », « mince », « minable » provoque une répulsion de proportion épique où Kristeva voit une tentative désespérée pour se séparer, pour s'opposer, dire non aux parents : « ... la *nausée* me cambre, contre cette crème de lait, et me sépare de la mère, du père qui me la présente. De cet élément signe de leur désir, « je » n'en veux pas, « je » ne l'assimile pas, « je » l'expulse. » (Kristeva 10)

Nous pourrions donc être tentés de lire cet épisode comme une scène éminemment domestique que l'on pourrait universaliser et placer sous le signe d'une éternelle confrontation entre mère et fille, d'autant que le volume écrit à la mort de la mère, *Fritna*, ne laisse aucun doute quant à l'ambiguïté des sentiments qui unissaient et séparaient ces deux formidables femmes.

Or, ce qui est en fait particulièrement original et intéressant dans ce passage est que l'auteur infléchit notre interprétation de la scène domestique et lie sa réflexion sur le lait maternel à la situation politique qui lui sert de contexte immédiat. Les références implicites à la question de l'abjection sont en effet compliquées par la mise en scène d'une spécificité géographique et historique qui va permettre à l'auteur de nous suggérer, très délicatement, très indirectement, une lecture politique et presque allégorique du rapport entre la petite fille et l'oranger de son jardin.

Dès la deuxième phrase, nous passons en effet du lait au « bol de café au lait matinal » dont nous nous rendons compte qu'il est non seulement codé comme spécifiquement tunisien mais aussi paré de vertus symboliques par les parents, justement parce qu'ils sont Tunisiens.[3] Ainsi, le bol de lait matinal est-il décrit comme une potion magique, « cet élixir miraculeux qui, seul fait grandir » (93), et la narratrice nous en explique sa composition comme une ethnologue : « En Tunisie, le bol de café au lait matinal — du lait à peine teinté — était considéré comme l'arme absolue contre toutes les maladies » (93).

Je ne sais pas s'il faut s'aventurer à voir une référence au mélange, à l'hybridité ou même à la couleur de peau dans cette allusion à ce « café au

---

[3] A noter d'ailleurs, comme le fait remarquer Kébir Ammi au cours de la conférence, que le « bol » (par opposition au verre, privilégié dans les familles arabes) ajoute une connotation sociale au passage.

lait » redéfini ici comme un lait coloré par du café mais il semble clair en revanche que ce breuvage est sciemment chargé de connotations thérapeutiques et mythiques par la communauté.[4] Le lait n'est plus maternel mais national ou pré-national, il est tunisien et belliqueux (c'est une « arme »).[5] La communauté est unie par sa croyance sans doute en partie superstitieuse en la valeur curative et préventive du café au lait. Le sujet qui rejette le lait est donc en rupture de ban non seulement par rapport à ses parents (en un triangle oedipien que l'on peut trouver classique) mais aussi par rapport au canon, au folklore tunisien. Ce n'est déjà plus de l'abjection, c'est de la dissidence.

Car non seulement ce lait teinté est typiquement tunisien mais il est aussi présenté comme spécifiquement non-français à une époque où la Tunisie est encore sous le régime du protectorat pour encore plus de dix ans. Ce café au lait matinal n'a en effet rien d'une baguette stéréotypée que la colonisation aurait pu importer : il s'oppose à la « soupe » qui dans la mythologie des Français (donc des « autres » du texte) occupe la même place symbolique : « Nous savions, depuis toujours, que la soupe ne profite qu'aux Français, comme d'ailleurs la légende de nos ancêtres – les Gaulois » (93).

La narratrice, ici unie dans un « nous » tunisien opposé aux « Gaulois » des « légendes » (et non de l'histoire), fait preuve d'un « savoir » culturellement différencié. Et, tout en choisissant un camp (celui des Tunisiens), le texte nous fait aussi remarquer au passage que les vertus accordées aux aliments font partie d'un folklore relatif et sans doute peu digne de foi. L'ironie rétrospective de l'adulte renvoie dos à dos les deux mythologies mais la fable en profite pour accorder de l'importance non seulement au dialogue franco-tunisien (café au lait vs soupe) mais aussi aux tensions qui divisent le camp tunisien dont les membres ne sont pas unanimement partisans du lait matinal.

L'épisode nous donne donc l'occasion de redéfinir les partis en présence et les formes d'opposition que chaque individu est en mesure d'inventer. Ici, l'insistance avec laquelle les parents poussent la petite fille à boire son lait et la résistance farouche qu'elle oppose installent au sein du texte une forme de guerre qui permet à l'auteur de détailler les formes de violence, les transactions, les marchés, les armistices de courte durée : les allusions aux

---

[4] C'est surtout dans *Fritna* que l'hybridité culturelle de la famille de Gisèle est soulignée, la narratrice adulte se détachant nettement de l'interprétation de sa mère qui vivait son mariage avec un Berbère comme une « mésalliance » : « Qu'au demeurant elle s'était mésalliée, elle la descendante de la diaspora espagnole mariée à un 'bédouin, berbère : ses ancêtres vivaient sous la tente... » *Fritna* 50).

[5] Alors qu'il aurait pu aussi être décrit en termes religieux, notamment en termes d'interdiction de mélange avec d'autres substances alimentaires, comme le fait remarquer Johann Sadock.

« engueulades », aux « gifles, » mais aussi au « vil marché » (« Si tu bois ton lait, tu auras deux francs par semaine » 93). Situé au cœur d'un livre marqué non seulement par la guerre d'Algérie et par le rôle d'avocate engagée qu'a joué Halimi, cette série ininterrompue de disputes à laquelle la narratrice enfant va mettre un terme provisoire invite à des comparaisons implicites entre l'histoire personnelle et l'histoire de peuples en butte aux contradictions de la mission civilisatrice alors triomphante.[6] D'où la valeur d'événement, de trouvaille, qu'acquiert, au sein de cette fable, le moment où l'enfant semble trouver une issue à cette situation de conflit : « Un jour béni (nous dit la narratrice), je trouvai la solution » (93).

Mais la solution dont nous parle l'enfant constitue en fait une substitution, un déplacement du problème. Ce lait détesté, que l'enfant ne peut pas absorber parce que son corps le rejette en bloc, elle va en faire don, hommage, à un objet d'affection impuissant qui ne pourra ni rejeter ni accepter l'offrande, le cadeau empoisonné : le jour « béni » que l'enfant se rappelle est le jour où elle a l'idée, en stratège habile et malicieuse, de se débarrasser du problème qui empoisonne les petits déjeuners de la famille en versant, chaque matin, son bol de lait au pied de l'oranger qui poussait dans leur jardin à la Goulette. « Ou plus exactement (comme le précise immédiatement la voix narratrice) il ne poussait pas » (93).

Ici, cette fable de trois pages introduit un nouveau personnage qui va redonner à la communauté « tunisienne » déjà divisée une épaisseur coloniale et collective, mais réduite à la figure d'un arbre souffreteux. L'oranger de Gisèle Halimi est vide de sa substance, il ne « profite » pas plus de la terre soi-disant nourricière que les habitants de la Goulette ne « profitent » des légendes nationales sur les « Gaulois ». L'arbre ne pousse pas, il ne donne pas de fruits, il végète et il perd toute dignité : « Il présentait toujours cette forme ridicule d'arbre avorté » (94). Comme le fameux « nègre » du tramway parisien, cet albatros perdu et misérable qui provoque une crise de conscience pour le narrateur du *Cahier d'un retour au pays natal*, l'arbre a perdu toute dignité, il est « ridicule » (Césaire 94), il est « comique et laid » (94). Et en lisant la description de cet oranger malheureux, de cet « arbre avorté », de cet arbre tragique « Petit trapu, feuillu, sans grâce... et sans fruits », l'on se prend à penser à l'arbre creux moribond et au malheureux enfant qui l'habite dans *L'enfant fou de l'arbre*

---

[6] De nouveau, les descriptions de Fritna éclairent rétrospectivement *Le lait de l'oranger* : la narratrice y révèle que pour Fortunée, le « nous » ne pouvait pas simplement être compris comme un nous tunisien inclusif. Se rappelant la prédilection de Fortunée pour les « poncifs racistes de la colonisation » (*Fritna* 70) et sa « haine des Arabes » (*Fritna* 70), elle rapporte les paroles de sa mère : « Ces 'indigènes' (ma mère utilisait quelquefois le terme, pour faire plus chic et plus objectif à la fois), s'ils avaient le pouvoir, que feraient-ils de nous ? ». Ce 'nous' englobait Français, Juifs, Italiens. Blancs, en un mot. La civilisation contre la barbarie » (*Fritna* 70).

creux, le roman de Boualem Sansal. Comme cet arbre installé au milieu d'un bagne algérien, l'arbre du *Lait de l'oranger* est emprisonné. Chez Sansal, l'arbre à moitié mort à moitié vivant semble représenter l'Algérie, plongée dans le chaos et l'horreur. Chez Halimi, l'enfant n'a pas sombré dans la folie, contrairement au héros de Sansal, mais elle entretient tout de même avec l'arbre une relation pathologique qui transforme l'amour en parasitisme.

Ce lait « teinté » devient donc la nourriture quotidienne de l'oranger. Et, dans un premier temps, tout le monde s'y retrouve, y compris les parents qui, d'abord, ne s'aperçoivent de rien. Pendant quelque temps, la paix règne. Apparemment, la solution était élégante : « Opération cent pour cent réussie, cent pour cent à profit. Je ne bois pas ce lait qui me soulève le cœur, j'en transmets les vertus à mon oranger qui va (enfin) grandir, et je m'enrichis toutes les semaines ». (94)

De nouveau, comme lorsque l'auteur parlait de soupe et de Gaulois, le mot « profit » domine cet échange. Et une sorte de jubilation entoure l'excès du « cent pour cent » répété deux fois. Non seulement la paix règne dans la famille mais la petite fille (et l'oranger croit-elle) bénéficient de la trêve. Le spectre de la mauvaise foi qui plane sur cet épisode serait, bien sûr, une sorte de conscience textuelle qui fonctionne comme une ironie dramatique. Cette conscience se manifeste (peut-être comme un inconscient politique) par l'intermédiaire d'indices textuels qui nous invitent à ne pas être dupes de cette pax romana concoctée à l'insu des parents et aux dépens de l'oranger. Il s'agit après tout d'une « opération » comme on disait opération de police, opération de maintien de l'ordre au lieu de « guerre d'Algérie. » Ce que l'auteur adulte conclut de cet épisode, est que l'opération faisait partie de la guerre, elle n'y mettait pas fin. Et non seulement elle ne faisait que masquer provisoirement les conflits au sein de sa famille, mais elle reproduisait une sorte de logique mafieuse dont la petite fille profitait aux dépens de l'arbre, victime autochtone, muette, mal aimée, objet de compassion et de condescendance, peuple colonisé. Car ces quelques pages se terminent par un rapprochement presque explicite, par une morale ouvertement didactique qui transforme l'épisode en fable et qui condamne sévèrement la solution de la petite fille et son inconsciente mauvaise foi. Comme les fables de La Fontaine, l'histoire se termine par une double morale qui explique l'histoire de l'oranger puis élargit le sens de la leçon à l'humanité tout entière. D'abord : « Le lait de l'oranger ne produisit pas de miracle. Parce que les orangers n'aiment pas le lait » (95). Et puis « Les hommes sont comme les orangers. Il leur faut choisir ce qui les aide à vivre, ce qui les épanouit » (95).

La fable souligne que l'oranger est en position de victime dont Gisèle Halimi se fait la traductrice, la porte parole : elle nous fait remarquer, explicitement que l'arbre qui n'est pas en mesure de manifester sa répugnance, ne « profite » pas vraiment de cette « opération » : « Mon oranger bien-aimé ne prit pas un millimètre » (94). Comble de l'ironie, il sera la victime d'une autre grande figure de Libérateur venu délivrer les Tunisiens de l'Ennemi : « Il mourut sous le bombardement des forteresses volantes américaines en 1943 » (94).

La petite saynète domestique qui semblait non seulement universelle et apolitique dépasse donc largement le cadre du détail personnel. Cet épisode crucial donne son nom au livre et fonctionne comme une sorte de scène politique primaire et pour l'auteur et pour le lecteur qui ne peut comprendre le titre énigmatique qu'après avoir lu le passage. Le lait de l'oranger reste une expression mystérieuse et poétique tant que l'on n'a pas partagé ce récit de l'origine à la fois unique, individuel et mythique.

Et le mythe dépasse même les leçons que la narratrice tire elle-même de sa fable. Pour le lecteur, l'interprétation que fait la narratrice adulte de ce détail qui pourrait être insignifiant est un précipité d'histoire : le souvenir lui-même, comme c'est le cas lorsque l'analyste se penche sur la scène primale, compte moins que le récit qui en est fait. Ainsi, le bien et le mal, revus du point de vue mythique de l'oranger allégorique, ne sont significatifs que de l'intérieur du récit de l'adulte qui se rappelle et qui est capable de nommer ce qu'elle appelle une « contradiction » : « La vie entre les gens, l'histoire entre les peuples sont faites de ces contradictions. Se font à travers ces contradictions » (95). Ce qui compte, ce n'est pas tellement ici, ce que la petite fille a fait mais le fait que l'adulte soit capable de formuler une prise de conscience d'une culpabilité collective, une responsabilité.

Car enfin, d'un point de vue purement réaliste, purement agricole s'il l'on veut, le lait de l'oranger pourrait n'avoir aucune espèce d'importance. Il est tout à fait possible de résister à l'interprétation cataclysmique de la narratrice adulte. En tout cas, disons que je doute qu'une tasse de lait, même quotidienne, versée au pied d'un arbre, soit en mesure de l'empêcher de grandir. Bien sûr, la voix narratrice a raison d'affirmer que les orangers n'aiment pas le lait, qu'ils « ... aiment la terre tendre, l'eau pure et le soleil » (94). Mais lorsqu'elle rajoute : « Et surtout, ne développent de solides racines et ne se chargent de fruits que nourris de leur vérité » (94) il devient clair que nous sommes passés d'un cours de jardinage à un cours de politique métaphorique, du type que l'on retrouve par exemple dans *Mille Plateaux* de Gilles Deleuze et Félix Guattari ou dans le *Cahier d'un retour au pays natal* d'Aimé Césaire.[7] Et du coup, l'on se rend compte que le récit

---

[7] L'image semble plus proche d'une imagination de la racine que des rêveries rhizomatiques et évoque les images de Césaire lorsqu'il parle du peuple martiniquais : « le sommer libre enfin/de produire de son intimité close/la succulence de ses fruits » (Césaire 50).

a besoin d'exagérer ou du moins de ré-interpréter le pouvoir que la petite fille avait sur l'arbre muet.

Car enfin, ce texte qui attache tant d'importance à l'influence néfaste qu'a pu avoir ce lait entaché d'égoïsme, de cynisme et d'hypocrisie semble oublier que les autres soins plus traditionnels et plus altruistes que l'enfant s'efforçait de prodiguer à l'arbre aimé n'étaient pas plus efficaces : avant de refiler son lait à l'oranger, la petite fille ne semblait pas faire d'erreur évidente et pourtant, son oranger

> ... ne poussait pas. Malgré tous nos efforts et tous mes soins. Je l'arrosais, creusais la terre avec ma petite pelle de plage pour y mettre de la cendre, lustrais ses feuilles avec un chiffon humide pour qu'elles emmagasinent l'oxygène... Rien n'y faisait. Je me morfondais à son pied, lui murmurais mon inquiétude, le suppliait de prendre quelques centimètres, un ou deux pas plus. (94)

La lecture pessimiste que l'adulte finit par faire des dégâts occasionnés par le bol de lait versé au pied de l'oranger n'est pas plus réaliste que la vision d'abord triomphante de la petite fille : car si les orangers, certes n'aiment pas le lait, celui-là ne répondait pas plus aux soins plus biologiquement corrects que lui prodiguait la petite fille. Sans doute parce qu'un arbre symbole ne se nourrit pas plus d'eau claire que de lait : un arbre symbole d'un peuple colonisé sera sans doute plus réceptif à une nourriture plus abstraite, qu'elle soit sa liberté ou, comme l'écrit la narratrice adulte près de trente-deux ans après la fin du protectorat, sa « vérité »[8].

Ce qui est important ici, ce n'est pas le talent de jardinière de la petite fille mais le fait qu'elle soit capable de reconnaître en elle le germe de cette violence que l'on peut faire subir à cet autre qui nous entoure, cet autre si connu et si peu connu à la fois mais dont on est sûr qu'il nous est « si cher » (95). Car finalement, le lait de l'oranger est moins important que la place qu'il occupe dans une chaîne de relations de pouvoir où la petite fille n'a pas encore trouvé sa place : celle qui sera plus tard l'avocate, celle qui parle pour ceux qui ne peuvent pas parler, ceux que le pouvoir torture et décapite est ici celle qui se trouve un souffre-douleur, qui exporte le problème avec bonne conscience et mauvaise foi. Car seule la narratrice adulte est capable de comprendre qu'elle infligeait sa souffrance à d'autres tout en se félicitant de son trafic.

Et le nom de cette souffrance n'était au fond, pas tant la tasse de lait que la « contrainte » (95). Le texte suggère, en effet, que la petite fille rejette moins le lait lui-même que le discours thérapeutique, l'endoctrinement que

---

[8] Le livre est publié en 1988, le protectorat, établi le 12 mai 1881 prend fin le 20 mars 1956 un an avant la proclamation de la République tunisienne le 25 juillet 1957.

les parents associent à ce breuvage. Finalement, le déplaisir qu'éprouve la petite fille même après que son petit manège a été découvert est négligeable par rapport à la violence que subit l'oranger métaphorique. Lorsque le stratagème est découvert, lorsque les parents mettent fin au déplacement de la tasse de lait matinale et forcent l'enfant à boire devant un adulte vigilant, les conséquences qui en découlent pour l'enfant ne sont en rien catastrophiques passée la première explosion de colère d'un père indulgent. De même que la tasse de lait quotidienne n'était, semble-t-il, pas plus ni pas moins efficace que les autres formes d'engrais pour l'arbre, le lait aux vertus soi-disant miraculeuses est beaucoup moins nocif ou bénéfique que l'exercice du pouvoir auquel son absorption est liée : ce pouvoir qui permet aux parents d'imposer leur volonté ou à la fillette de faire preuve d'indépendance.

Car qu'il soit bu ou qu'il ne soit pas bu, ses vertus curatives semblent invérifiables : tout le temps que Gisèle refilait son lait à l'oranger, « mes parents me fichaient la paix et s'extasiaient sur ma bonne mine : 'Le lait... rien de tel' répétait Edouart avec satisfaction » (94). La « paix » romaine est ainsi obtenue à peu de frais mais le père se leurre complètement sur l'effet de son autorité.

Mais de même, lorsqu'elle ne peut plus se débarrasser de sa tasse de lait, la fillette est tout à fait capable de s'accommoder du breuvage qui la dégoûte en changeant de stratégie : surveillée par Fortunée sa mère, « Je ne bus le lait qu'à doses homéopathiques » (95) si bien que la valeur thérapeutique du breuvage semble changer de discipline (l'allopathie devient homéopathie) et de plus, « je me livrai, avec ce talent de l'enfance, à la comédie des nausées, des hoquets, des malaises » (94). La contrainte (et donc le pouvoir des parents) est bien plus insupportable que ce lait lui-même, qui n'est qu'une métaphore politisée. La narratrice finit d'ailleurs par nommer la forme de violence qu'elle subissait et qu'elle imposait à son oranger : le lait n'était finalement qu'un prétexte : « Je n'aimais pas le lait et je détestais la contrainte » (95).

Conclusion

La rencontre performative qui a lieu ici se produit donc dans le titre du livre et dans le passage qui l'explique. Cette rencontre n'a rien de surréaliste (ce n'est pas un hasard objectif si le lait est rapproché de l'oranger, il ne s'agit pas d'un parapluie et d'une machine à coudre sur une table de dissection) mais elle met effectivement en présence deux éléments qui n'auraient jamais dû se rencontrer et le récit nous invite à réfléchir à ce que ce catapultage a de productif, de violent et de doux à la fois.

Le lait de l'oranger est l'histoire de la mort du père adoré et le premier volet d'une autobiographie qui fait pendant au récit de la mort de la mère. Or, ce deuxième volume s'intitule *Fritna*, c'est-à-dire qu'Halimi lui donne le nom de son héroïne, alors que le nom d'Edouard n'apparaît pas dans le premier titre. Rétrospectivement, le lecteur constate donc que le lait de l'oranger a pris la place du nom du père et lui a substitué le titre d'une fable. Ce passage nous raconte non seulement un épisode de la vie d'une enfant qui grandit en terre colonisée mais la façon dont une narratrice adulte encode sa propre prise de conscience, sa propre évolution : au sein de cette autobiographie, elle insère un conte philosophique qui nous fait partager sa propre découverte progressive de la violence institutionnelle sur laquelle se fonde la cohabitation coloniale. Et sans vraiment formuler le rapprochement, elle suggère aussi que la structure de la violence coloniale se reproduisait au sein de la famille, le pouvoir des parents sur les enfants devenant une sorte de métaphore qui accuse implicitement le régime colonial d'avoir infantilisé le peuple tunisien. Les souvenirs domestiques et l'inconscient politique ont toujours été indissociables mais également radicalement disjoints selon la perspective adoptée pour raconter. Gisèle Halimi, qui a défendu des Algériens accusés de terrorisme, qui a aidé Djamila Boupacha, qui a dénoncé la torture au moment où bien peu en France étaient prêts à entendre ces voix dissidentes aurait très bien pu se contenter d'un récit autobiographique de nature à conforter sa position, même rétrospectivement : elle aurait pu écrire une sorte de « je vous l'avais bien dit » qui lui donnerait raison après coup. Au contraire, son texte souligne aussi sa propre part d'ombre et place sa vie sous le signe de ce titre énigmatique où sont unis à jamais, pour le meilleur et pour le pire, l'oranger aimé de ses aspirations politiques et le lait détesté, ses bonnes intentions et son mauvais jardinage. L'avocate qui a, très tôt, parlé pour les autres, pour défendre ceux dont la structure coloniale faisait les autres de l'Europe, de la civilisation, de la Raison, refuse ainsi gentiment ce rôle de personnage héroïque, qui a toujours été du bon côté de l'histoire, qui n'a jamais protégé ce que Benjamin Stora appelle, dans *La gangrène et l'oubli*, la noire violence des « secrets de famille ». *Le lait de l'oranger* nous rappelle que l'on ne peut ni opposer les pieds-noirs aux arabes tunisiens ni oublier que l'histoire s'évertue à les opposer. L'enracinement difficile de l'oranger et les tâtonnements de la jardinière nous invitent aussi à nous souvenir qu'il ne s'agit pas de blâmer ceux des pieds-noirs qui étaient viscéralement attachés à la terre pour encenser ceux qui étaient passionnément attachés à la justice. Il s'agirait plutôt de réinventer de toutes pièces un rapport à la terre qui respecterait aussi bien les oranges réelles que le lait de la générosité et de l'équité.

Bibliographie

Austin, J.L. *Quand dire, c'est faire*. Paris : Seuil, « Points essais », 1991.
Butler, Judith. *Excitable Speech: A Politics of the Performative*. New York : Routledge, 1997.
Césaire, Aimé. *Cahier d'un retour au pays natal*. Paris : Présence africaine, 1983.
Cixous, Hélène. *Les rêveries de la femme sauvage*. Paris : Galilée, 2000.
Deleuze, Gilles, et Félix Guattari. *Mille Plateaux*. Paris : Minuit, 1980.
Derrida, Jacques. *La voix et le phénomène*. Paris : PUF « Quadrige », 1998.
Djebar, Assia. *Femmes d'Alger dans leur appartement*. Paris : Editions des femmes, 1995.
—. *Oran langue morte*. Arles : Actes sud, 1997.
Halimi, Gisèle. *Fritna*. Paris : Plon, 1999.
—. *La Cause des femmes*. Paris : Gallimard, 1992.
—. *Le lait de l'oranger*. Paris : Gallimard, 1988.
Halimi, Gisèle et Simone de Beauvoir. *Djamila Boupacha*. Paris : Gallimard, 1962.
Kristeva, Julia. *Pouvoir de l'horreur*. Paris : Seuil, 1980.
Lallaoui, Mehdi. *La colline aux oliviers*. Paris : Editions alternatives, SEDAG, 1998.
Memmi, Albert. *Agar*. Paris : Gallimard, 1984.
Rosello, Mireille. « Moh et Titi : 'parler tout contre' dans *Oran, langue morte*. » *Assia Djebar*. Sous la direction de Pit Ruhe. Würzburg : Verlag Königshausen et Neumann, 2001. 133-156.
Sansal, Boualem. *L'enfant fou de l'arbre creux*. Paris : Gallimard, 2000.
—. *Le serment des barbares*. Paris: Gallimard, 1999.
Searle, John. *Speech Acts : An Essay in the Philosophy of Language*. Cambridge : Cambridge University Press, 1969.
Stora, Benjamin. *La gangrène et l'oubli : la mémoire de la guerre d'Algérie*. Paris : La Découverte, 1991.

L'émergence dans la littérature francophone de Belgique d'auteurs allochtones

Anne Morelli

Université Libre de Bruxelles

1. La littérature française de Belgique, une littérature de métis culturels

Depuis ses origines, la littérature française de Belgique est largement l'œuvre de métis culturels. En effet, la position géographique du pays, aux confins de la latinité et de la culture germanique, a voulu que bon nombre d'auteurs belges de langue française soient, de fait, des Flamands.

La dépréciation sociale dont était l'objet la langue flamande (langue dite des paysans, des domestiques…) et le prestige du français (langue de culture universelle mais aussi, en Flandre, langue de l'aristocratie et de la bourgeoisie), ont eu pour conséquence qu'une grande partie des auteurs belges (Émile Verhaeren, Maurice Maeterlinck, Georges Rodenbach, Michel de Ghelderode…) ont choisi le français pour écrire alors qu'ils provenaient d'un environnement, géographique ou social, flamand. Ils sont donc, dans une certaine mesure, les premiers auteurs « allochtones » de la littérature française de Belgique.

Cette situation prévaut jusqu'au milieu du XXème siècle, où le relèvement de la Flandre rend ce choix de langue rare sinon marginal.

Les auteurs flamands, comme Hugo Claus, écrivent désormais en langue néerlandaise, langue véhiculaire qui a supplanté les dialectes flamands.

En outre ils ne se présentent plus guère comme « belges » et plutôt comme flamands, ce qui veut dire qu'aujourd'hui tous les écrivains qui se disent « belges » sont en réalité francophones. « Et cette littérature belge, elle est évidemment faite par tous ceux qui écrivent en français dans ce pays, avec cette fabuleuse richesse qui rassemble à la fois des gens de tradition romane et d'autres qui ne le sont pas. »[1] Mais une autre vague d'écrivains, de « nouveaux » francophones, va investir les lettres françaises de Belgique. Il s'agit des écrivains immigrés ou d'origine immigrée.

En Belgique, la communauté étrangère la plus importante reste à ce jour celle des Italiens, issue de l'accord belgo-italien de 1946 qui a vu « déporter » vers la Belgique près d'un demi million de travailleurs italiens avec leur famille, alors que le pays compte à cette époque moins de neuf millions d'habitants. Appelés pour exécuter des travaux rudes et insalubres que les Belges refusaient d'encore réaliser aux conditions fixées par le patronat (surtout dans les carrières et les mines), ces travailleurs manuels n'ont pas, a priori, le profil d'écrivains. Cependant, suivant en cela une tradition populaire italienne, beaucoup d'entre eux consigneront les premières émotions, chocs et nostalgies consécutives à leur déracinement, sous forme de poésies[2].

Ces écrivains prolétariens[3] publient, pour un public limité, une œuvre souvent liée à des topoïs prévisibles : la vie rurale en Italie, le voyage vers la Belgique, les nouveautés qu'ils y découvrent, la première descente dans la mine, le premier accident, les regrets...

Cette expression littéraire allochtone reste, à l'exception de quelques auteurs italiens déjà très « intégrés » à la littérature belge[4], très peu connue du grand public, jusqu'à la publication, en 1986, du roman autobiographique de Girolamo Santocono intitulé *Rue des Italiens*.

2. La pertinence du repérage d'une littérature « allochtone »

Est-il légitime de relever systématiquement les origines étrangères d'un auteur ? De créer une catégorie particulière telle qu'*auteur d'origine italienne*[5] ? N'y a-t-il pas là une volonté de marginaliser la littérature des migrants dans une catégorie particulière, caractérisée par ses thèmes ou les interférences de la langue d'origine ? Pourquoi créer une catégorie particulière ? Quel est son bien-fondé ? Qui retenir comme « allochtone » ? Celui qui est né à l'étranger ? ou né de parents étrangers ?

---

[1] Jacques De Decker, secrétaire perpétuel de l'Académie de langue et littérature française, dans « Le Carnet et les Instants », 15 mars-15 mai 2002.
[2] Cf. Elena Longo, *La poésie comme forme d'expression populaire en Italie*, in Anne Morelli (dir.), *Rital-littérature-Anthologie de la littérature des Italiens de Belgique*, Le Cerisier, Cuesmes 1996, pp. 71-72.
[3] Sur ce caractère prolétarien de la littérature d'émigration, cf. Paul Aron, *Littérature d'émigration et littérature prolétarienne*, in Anne Morelli (dir.), *Rital-littérature – Anthologie de la littérature des Italiens de Belgique*, Le Cerisier, Cuesmes 1996, pp. 55-56.
[4] Carlo Masoni et Francis Tessa essentiellement.
[5] Ce que j'ai évidemment fait dans Anne Morelli (dir.), *Rital-littérature – Anthologie de la littérature des Italiens de Belgique*, Le Cerisier, Cuesmes 1996.

Si ces questions ne m'ont pas échappé, j'ai finalement estimé que ne *pas* relever les origines étrangères d'un auteur serait aussi laisser aller l'idée d'une littérature « nationale », sans apports extérieurs.

Au contraire, faire remarquer tout ce que la littérature de Belgique (comme par ailleurs son histoire) doit à l'immigration est une étape vers la reconnaissance de ses apports et donc une étape vers son intégration. Comme il fut fait autrefois pour les femmes, il est utile dans un premier temps de faire un inventaire de leurs apports pour ensuite les intégrer au champ commun, ici le corpus « national ». Toute distinction n'est pas dans ce sens discriminatoire et j'estime donc que les écrivains « allochtones » forment une catégorie particulière, avec des référents particuliers mais que l'appartenance à cette catégorie peut être transitoire et même éphémère.

Le plus souvent les écrivains migrants, pour devenir des écrivains tout court, devront arracher dans leurs référents les appels fréquents à leur expérience migratoire ou à celle de leurs parents. Ils feront alors partie du champ littéraire « commun ».

3. Girolamo Santocono et la « Rue des Italiens »

En 1986, ce n'est pas un centre de l'édition belge classique ni encore moins un éditeur parisien qui crée l'événement littéraire de l'année pour les lettres françaises de Belgique, mais une modeste maison d'édition de la province de Hainaut : les éditions du Cerisier.

Cette maison d'édition s'intéresse aux auteurs inscrits dans une relation sociale et c'est le vécu qui apparaît dans le manuscrit de Girolamo (alias Toni) Santocono qui va séduire la maison hennuyère. Mais Jean Delval, qui pense par cette publication faire œuvre utile, n'imagine pas alors qu'il va du même coup réaliser ce qui est trop rare pour les petites maisons d'édition militantes comme la sienne : une bonne affaire !

Avant même d'avoir été officiellement présentée à la presse en novembre 1986, la première édition du livre est pratiquement épuisée. Diffusé par la rumeur et le bouche à oreille, l'ouvrage de Santocono s'est littéralement arraché et principalement parmi les 300.000 Italiens de Belgique, où toute une génération s'est retrouvée dans le récit de ce Sicilien de 36 ans, fils de mineur et habitant Morlanwelz.

Curieusement donc, la présentation du livre, prévue par l'administration de Morlanwelz et le Centre Culturel de La Louvière le 8 novembre 1986 est déjà une séance de consécration qui se déroule certes en présence de personnalités belges et italiennes, mais aussi de la toute grande foule des lecteurs déjà séduits. La presse, non seulement régionale[6], mais aussi nationale[7] va largement faire écho au livre et saluer ses mérites.

Certes, Alberte Spinette qui signe un compte-rendu dans *La Libre Belgique*[8], faisant un parallèle avec les récits dépouillés de l'écrivain-mineur Constant Malva, regrette que Santocono n'ait pas « la sobriété étincelante de Malva » et considère la langue du livre comme « baroque et jargonnante, truffée d'expressions argotiques à l'image de la culture 'macaronique' que s'est forgé l'auteur ». Mais elle avoue qu'après être entré « dans l'univers de G. Santocono avec un brin de résistance, on est vite saisi de sympathie et de curiosité attentive pour ces vies inconnues et pourtant si proches des nôtres. »

C'est en général cette « révélation » de l'univers des Italiens de Belgique que saluent les critiques littéraires. Car si le terme « roman » est écrit sur la couverture du livre, l'auteur – qui a étudié pendant plusieurs années la sociologie à l'Université libre de Bruxelles – en a fait une vraie chronique du quotidien des Italo-belges des années 1950-1960. Ce n'est pas une autobiographie, mais les fils et les filles d'Italiens arrivés dans l'immédiat après-guerre vont considérer le livre comme l'autobiographie de toute leur génération. Il ne s'agit pas non plus d'une enquête sociale ou historique, mais mieux que celles-ci, *Rue des Italiens* fait découvrir aux Belges qui étaient ces voisins, dont pendant des années, ils avaient voulu ignorer la présence. Ainsi, Émile Lansman, également de Morlanwelz et de la même génération que l'auteur, avoue qu'il lui a fallu trente ans et ce livre pour comprendre ce quartier de baraquements vétustes qu'il traversait enfant non sans quelque inquiétude et en accélérant le pas :

> enfer de boue, de planches et surtout de cris barbares [...] Un brouillard me séparait de ce petit monde inconnu et grouillant : un brouillard d'ignorance, d'incompréhension... et de peur insidieuse. Comment un gamin de mon âge aurait-il pu deviner que chaque façade de bois, que chaque fenêtre de la « cantine » cachaient des hommes, des femmes, des enfants, des êtres humains, meurtris dans leur âme par l'exil [...] Avec le livre de Toni Santocono, une porte s'est ouverte sur ce monde qui m'était à la fois si proche et si inaccessible. La machine à remonter le temps a coloré mes souvenirs, changeant les cadres et les angles de prise de vue. [...] Avec *Rue des Italiens*, c'est tout à coup comme si j'avais franchi le miroir

---

[6] *L'Écho du Centre*, 29 octobre 1986 ; *Le Rappel*, 16 septembre 1986 ; *Liens*, novembre 1986, *Nouvelle Gazette*, 15 décembre 1986.
[7] *Le Peuple*, 7 novembre 1986 ; *Le Soir*, 30 octobre 1986 ; *Télémoustique* ; *La Libre Belgique*, 2 octobre 1986 et 31 décembre 1986.
[8] 31 décembre 1986.

teinté de mon enfance pour découvrir en pleine lumière ce qui, jusque-là, n'était pour moi que silhouettes dans la brume. [9]

Les Belges découvrent donc, à travers le livre, l'exploitation et le racisme dont ont été victimes les 300.000 Italo-belges déportés dans les charbonnages belges par des accords bilatéraux signés en 1946 et qui vivent depuis à leurs côtés. Mais le talent de Toni Santocono est sûrement d'avoir évité agressivité, amertume ou misérabilisme, et donc de leur avoir fait accepter par sa verve allègre un certain nombre de réalités désagréablement culpabilisantes.

Ce conteur-né a volontairement choisi un ton humoristique pour dire des choses émouvantes, et des mots crus pour dire des choses profondes. Le parallèle avec *Les Ritals*[10] de Cavanna s'impose dans le choix de cette dimension. Dans les deux cas aussi, le regard faussement ingénu d'un enfant dédramatise les tableaux parfois tragiques dont émergent portraits et paysages. La gaieté, la tendresse, la truculence, permettent – bien mieux qu'un style sentencieux – d'assener au lecteur quelques vérités dérangeantes sur l'indifférence des uns à la misère et à l'exploitation des autres. La faconde de l'auteur a créé un inoubliable tableau coloré autour des terrils, des charbonnages et de leurs camps d'Italiens, tableau qui veut certes restituer une ambiance mais aussi être un hommage à la première génération et aux sacrifices qu'elle a consentis. Sacrifices assumés avec fierté et dignité. Au pire des humiliations, les héros de la *Rue des Italiens* gardent la tête haute et une certaine élégance dont le rire fait partie intégrante.

4. Les prédécesseurs de Santocono

L'*Anthologie de la littérature des Italiens de Belgique*, publiée en 1996 aux mêmes éditions du Cerisier, ne recense pas moins de quarante-sept auteurs italo-belges, plus âgés que Santocono, et ayant publié un ou plusieurs ouvrages depuis 1946. La plupart de ces auteurs ont également traité des conditions de vie de l'immigration italienne en Belgique, et on s'interroge, dans un premier temps, sur les raisons du succès de *Rue des Italiens* considéré comme LE livre révélant aux Belges l'existence de la communauté italienne. Il faut donc se pencher de plus près sur ces quarante-sept auteurs pour comprendre pourquoi eux n'ont pas été considérés comme ces « révélateurs ».

Sauf l'exception importante de Carlo Masoni, la plupart de ces écrivains entrent dans une même grille d'analyse. Ils sont de la première génération de l'immigration italienne de l'après-guerre. Ils ont connu personnellement

---

[9] Lansman, *Liens*, novembre 1986.
[10] Paris-Belfond, 1978.

l'Italie (avec ses difficultés et ses bonheurs), le voyage comme coupure et la Belgique. Ces trois moments, qui se différencient nettement, forment la trame de la plupart de leurs œuvres, exprimées soit en poésie, soit à travers la littérature personnelle (mémoires, journaux, autobiographies, confessions, etc.).

On peut évidemment s'étonner que ces auteurs, pour la plupart d'anciens mineurs, se soient souvent exprimés en poésie, un genre peu lu aujourd'hui, paraissant démodé, confiné, voire élitiste. C'est oublier que, pour cette génération d'Italiens, la poésie était une forme d'expression très populaire et spontanée. La littérature et la presse pour enfants étaient rédigées en vers. Lors des mariages, fiançailles ou funérailles, la coutume voulait, en milieu paysan, que s'improvisent des dialogues rimés. Cette « convention nationale » de l'expression italienne fut donc tout naturellement adoptée par les émigrés pour faire partager leurs émotions. Demandant moins de construction et de souffle que le théâtre ou le roman, la première poésie sur l'exil fut bien souvent écrite par des Italiens de la campagne dans le train les emmenant vers les mines belges.

À côté de la poésie, le témoignage de la littérature personnelle occupe également une place de choix dans la première génération. On peut ranger dans ce genre littéraire l'autobiographie, les confessions, mémoires, journaux ou autres souvenirs. Il englobe aussi des formes hybrides comme l'auto-fiction, ou des ouvrages mixtes mêlant ces différentes formes à des parties pamphlétaires.

Souvent, la littérature personnelle est le rappel pathétique d'événements traumatisants que d'autres ont préféré oublier et qu'une « épreuve de force » a permis de coucher sur papier. Ces documents, souvent riches par leur valeur historique et anthropologique, se conforment quant à leur forme, aux quelques modèles connus des auteurs et quant à leur thématique, à des *topoï* devenus désormais classiques dans l'immigration : la nostalgie, le nouveau pays, la première descente dans la mine, le contact avec ses dangers, la solidarité, l'espoir, etc. Ces auteurs de la première génération, que l'on peut relier au courant de la littérature prolétarienne, écrivent le plus généralement en italien (mais parfois en wallon) et ont souvent publié dans des réseaux diffusés confidentiellement, voire à compte d'auteur.

Les parallèles entre cette littérature d'émigration et la littérature prolétarienne sont nombreux : revendication d'authenticité, garantie d'une expérience vécue, évocation d'un vécu collectif, promotion au rang de thème littéraire d'une existence « ordinaire » vouée au travail, origine culturelle peu valorisée des auteurs ayant à frayer leur expression textuelle à travers des codes d'écriture souvent scolaires ou pour le moins très traditionnels…

Comme on le voit, si Toni Santocono parle de la même chose que ses quarante-sept prédécesseurs, il est cependant en rupture avec eux. Arrivé tout petit en Belgique, c'est par procuration qu'il a vécu le déchirement de l'exil. Ce fait lui permet de revivre ces événements avec un mélange de tendresse et de détachement. Il est le premier à traiter ce thème – somme toute tragique – par l'humour. Il a profité d'une scolarité longue et il est le premier à utiliser la forme du roman, même si sous cette forme se cache évidemment une solution de rechange qui permet d'être « inauthentique » tout en confiant au public une autobiographie où interviennent les souvenirs et les récits de ses proches. Son œuvre, comme lui-même, n'a d'avenir qu'ici. Inséré en Belgique, Toni Santocono cherche à s'y faire entendre et écrit évidemment en français, la langue dans laquelle il a été scolarisé.

5. Les successeurs

La Belgique va découvrir la littérature italo-belge avec *Rue des Italiens*, mais ce livre va aussi suggérer à de nombreux auteurs de deuxième génération que cette thématique de l'immigration peut intéresser le public belge. Ainsi, Nicole Malinconi[11], de père italien et ayant suivi toute sa scolarité primaire en Italie, va davantage assumer son origine paternelle, que ce soit sur la couverture de ses livres ou dans la thématique de son œuvre. Son livre *Da solo*, paru en 1997, est ainsi un hommage discret et sensible à son père. Le premier dont le titre et l'exergue de Pétrarque soient en italien. Thilde Barboni, un peu plus jeune que Toni Santocono, a dévoilé dans son roman *Affaires de famille*, paru en 1987, une part d'autobiographie familiale teintée d'une forte dose d'invention littéraire.

Francis Tessa, qui jusque-là s'était dédié à sa très large œuvre poétique (plus de vingt recueils publiés) et à l'animation de la « Maison de la poésie d'Amay », qui développe une inlassable activité de diffusion et publication d'œuvres poétiques, va changer de forme d'expression avec *Les enfants polenta*[12]. Alors qu'il a plus de soixante ans, il se décide à publier ce récit autobiographique qui va profiter de toute sa sensibilité poétique. L'aurait-il fait sans le succès de la *Rue des Italiens* ?

Carmelina Carracillo, de dix ans plus jeune que Santocono, mais ayant étudié elle aussi la sociologie et fille d'un Italien venu travailler dans les mines de Wallonie, va passer de la poésie au roman avec *L'Italienne*, ouvrage largement inspiré de l'ambiance de son enfance, qu'elle publie en 1999.

---

[11] Prix Rossel 1993.
[12] Ed. Bernard Gilson, 1996.

Enfin, Salvatore Adamo, connu internationalement comme chanteur et ayant publié seulement quelques poèmes dans sa jeunesse, se décide également à écrire un roman teinté de touches autobiographiques.[13]

À côté de ces exemples italiens, on pourrait en outre épingler qu'après *Rue des Italiens*, des Marocain(e)s de première et deuxième génération se mettent aussi à la plume. On peut évoquer en pionnières Fatma Bentmine[14], Leila Houari, dont l'œuvre est diversifiée, Nabella Benaïssa[15] et Malika Madi[16].

Du côté des hommes, on peut épingler notamment le liégeois Abdellatif Lekhder[17], Ali Serghini et Saber Assal. Ce dernier, né en 1966, publie en 2000, aux mêmes éditions de Cuesmes qui avaient accueilli quatorze ans plus tôt *Rue des Italiens*, un roman autobiographique intitulé *À l'ombre des gouttes*. Le destin de l'auteur, fait d'allers-retours entre le Maroc et la Belgique, peut sembler particulier mais est aussi symptomatique de l'âpreté des conditions de vie de nombreux « Belges d'origine marocaine ». Prenant la parole et la plume non sans humour, Saber Assal dit aussi la nostalgie de la Belgique qui le tenaillait lorsqu'il était rentré à Casablanca. Revoir en pensées la pluie, la rue Neuve de Bruxelles ou les petites dames qui y font leurs courses, lui révèle avec étonnement l'attachement qu'il éprouve pour ce qui est, finalement, sa « terre natale ».

6. Conclusions

Les suites de la publication de *Rue des Italiens* ont été nombreuses, à la fois pour la littérature de l'immigration en Belgique sur un plan général, et pour Toni Santocono personnellement.

On a vu que le livre de Toni Santocono avait reçu, dès sa publication, un accueil enthousiaste non seulement du public, mais aussi de la presse. Le caractère communicatif et la gouaille de l'auteur n'étaient certainement pas étrangers à la sympathie qu'il inspirait aux journalistes l'ayant approché. Dès le mois d'octobre *La Libre Belgique* annonce que « certains voudraient présenter le livre au jury du Prix Rossel ». En réalité, Santocono obtiendra le prix du Hainaut pour la littérature en 1987 et le prix Charles Plisnier en 1998. En 1989, le livre paraît en feuilleton dans le quotidien communiste belge.

---

[13] *Le souvenir du bonheur est encore le bonheur*, 2002.
[14] *Le livre de Fatma*, 1993.
[15] *Au nom de ma sœur*, 1997.
[16] *Nuit d'encre pour Fatma*, 2001.
[17] *Le retour de l'absent*, 1996.

Mais ce n'est que douze ans après la sortie de *Rue des Italiens* que Toni Santocono publiera enfin la « suite » qu'il annonçait déjà à la presse en 1986. *Dinddra* sera accueilli certes avec sympathie, mais évidemment sans l'effet de surprise qu'avait provoqué son premier roman.

Sur un plan plus général, la parution de *Rue des Italiens* a marqué l'émergence dans notre pays d'une littérature se revendiquant du métissage. Cette littérature métissée, en Belgique comme ailleurs, a montré combien l' « impureté raciale » pouvait être féconde.

Ces auteurs d'origine étrangère ont par ailleurs choisi de s'exprimer en français (mais aussi comme on peut le voir dans *Rital-littérature*, en néerlandais ou en wallon), c'est-à-dire des langues qui ne sont pas forcément leur langue maternelle. Ce « choix » peut être expliqué de diverses manières et on peut commencer par dire, très logiquement, que ces langues ont été élues parce qu'elles permettent une diffusion large de leur œuvre.

On peut évidemment être aujourd'hui écrivain francophone de Belgique quels que soient son patronyme et son lieu de naissance. Le découpage de l'espace littéraire se fait d'ailleurs de moins en moins par l'origine géographique de base de l'auteur et bien davantage par le public qu'on veut atteindre. C'est le lectorat, qui découpe l'espace littéraire.

En Belgique, comme partout dans le monde, la littérature se déterritorialise, la langue n'est pas la propriété d'un groupe particulier mais de tous ceux qui veulent en user pour communiquer. Mais écrire en français, pour les émigrés et les enfants d'émigrés, est aussi un pas vers ceux qui sont extérieurs à leur groupe. Un pas qui peut être considéré comme une trahison par ce groupe : une manière de le quitter tout en en parlant, de l'abandonner avec élégance.

Le groupe dont est issu l'écrivain peut donc en être simultanément fier et le considérer comme un traître, plus à l'aise dans son rôle de porte-parole hors du groupe qu'à l'intérieur de celui-ci.

Les écrivains issus de l'immigration innovent en outre dans la mesure où ils sont des funambules, exposés à deux mondes dont ils connaissent les aliénations respectives et qui s'inventent comme individus au confluent de deux cultures.

Le créole, autrefois défini comme le « patois des nègres aux colonies formé de mots français vieillis ou déformés et de mots empruntés un peu à toutes les langues » a aujourd'hui perdu son sens péjoratif et l'éloge de la créolité, comprise comme ouverture culturelle, s'est banalisé.

Les auteurs issus de l'immigration qui choisissent – souvent après avoir été éconduits avec mépris dans leur pays d'origine – de s'exprimer dans les langues de la Belgique, participent de cette « créolité » qui a gagné ses lettres de noblesse, ils s'expriment aussi dans une culture où ils revendiquent leur place.

Leur production littéraire n'a évidemment – comme ces auteurs eux-mêmes – d'avenir qu'ici ou dans l'universel.

Québec :

Histoire et migritude

Hybridité textuelle / Effets de texte – Hybridité linguistique / effets de langue dans les textes des « écritures migrantes » au Québec

Danielle Dumontet

Johannes Gutenberg-Universität Mainz

À la mémoire d'Émile Ollivier

La croyance littéraire universaliste a beau affirmer qu'en littérature il n'y a pas d'étrangers, en réalité l'appartenance nationale est l'une des déterminations les plus pesantes, les plus contraignantes, et cela d'autant plus qu'il s'agit d'un pays plus dominé.

Pascale Casanova

Fixer cette porosité du probable, cette micromémoire de l'étrangeté. Etaler tous les signes de la différence : bulles de souvenirs, Pans de réminiscences mal situées arrivant en masse sans texture, un peu gris.

Régine Robin

Problèmes

Dany Laferrière, dans un livre d'entretiens paru récemment, déclare de manière provocatrice, mais non sans ironie:

> Je suis aussi tout ce que je veux pas être. Je suis un écrivain haïtien, un écrivain caribéen (ce qui est légèrement différent d'un écrivain antillais, mais je suis aussi un écrivain antillais), un écrivain québécois, un écrivain canadien et un écrivain afro-canadien, un écrivain américain et un écrivain afro-américain, et, depuis peu, un écrivain français. C'est très important pour moi. Cela me permet de voyager et de profiter des services que mes différents hôtes mettent à ma disposition. En France, seulement en 1998, je

suis venu sous trois étiquettes : écrivain caribéen, écrivain haïtien et écrivain québécois. [...] Si c'est un colloque sur la dictature, ce n'est pas comme Québécois qu'on m'invitera, mais s'il s'agit d'un colloque sur l'identité, alors là mon côté québécois fait surface. (Laferrière 2000b 116-17)

Anthony Phelps participant à un colloque sur les écritures migrantes au Québec, ne pouvait s'empêcher de s'interroger sur la pertinence d'un tel sujet qui impliquerait qu'il y ait « reproduction de la dichotomie canadienne avec la création de deux nouvelles solitudes : l'écriture pure laine et l'autre migrante ». Il poursuit en questionnant l'absence d'une telle question dans d'autres aires, en France par exemple. Il faudrait, pour lui, aborder la problématique de manière plus différenciée et se demander s'il n'y a pas une différence fondamentale entre un écrivain exilé pour des raisons politiques et un écrivain immigrant. Lui, qui est arrivé au Québec à l'âge de trente-cinq ans, se considère comme un écrivain haïtien en exil, tandis que « l'immigrant, quelle que soit sa race, quitte son lieu natal de son plein gré et choisit le pays où il s'installera » (Phelps 2000 93). Laferrière a une position analogue : pour lui « l'exilé ne voit son pays d'origine que sous un angle politique, alors que l'immigré s'intéresse aussi à ce qui se passe dans le nouveau pays où il a élu domicile » (Laferrière 2000b 155). Une autre génération de jeunes auteurs haïtiano-québécois qui sont, soit nés au Québec, soit arrivés au Québec à l'âge de l'adolescence, ont une perception de leur statut beaucoup plus revendicative. Ainsi Joël Des Rosiers affirme :

En 1986 je déclarais : « Nous sommes des Québécois pure laine crépue. » Ce qui signifie que le Québec est aussi notre pays. Nés ici ou arrivés à un âge précoce, nous avons vécu une expérience de la migration et de la société canadienne totalement différente de ceux qui immigrèrent adultes. Nous réclamons notre appartenance au Québec autant que nos racines dans la Caraïbe : nous sommes haïtiens québécois. Nous n'entendons pas être des citoyens de seconde classe au Québec. (Des Rosiers 1996 181-182)

Si nous demandons à Abla Fahroud, une autre écrivaine des dites « écritures migrantes » de s'exprimer sur le même sujet, elle ne pourra s'empêcher de manifester son étonnement quant à l'étiquetage ou l'épinglage : « Je suis vraiment tannée de cette étiquette... Pour moi, je suis et québécoise et orientale et femme et auteur et apatride et mortelle et... » (Fahroud 2000 46). Et nous pourrions continuer avec d'autres commentaires exprimés par des écrivains classés dans la dite catégorie des « écritures migrantes » : Gérard Étienne par exemple se considère comme un poète haïtien, devenu écrivain au Québec, grâce aux influences qu'ont eue entre autres des écrivaines telles que Anne Hébert et Marie-Claire Blais sur son écriture, ou bien encore Émile Ollivier[1] joue avec sa double identité, Québécois le jour et Haïtien la nuit – toujours est-il que tous ne savent pas se reconnaître dans cette classification qui leur est proposée. Simon Harel dans un article « La maison vide » précise que

> L'écriture migrante est devenue peu à peu l'image ambiguë du devenir de la société québécoise. Il est de bon ton de proclamer la mort du Grand Récit national, de décréter une certaine parenté entre le devenir-minoritaire de la littérature québécoise et l'écriture migrante. (Harel 2000b 149)

S'agirait-il là d'un phénomène spécifique à la littérature québécoise ? Les phénomènes de migration ne sont pas réservés à la société québécoise, ils sont communs à toute l'Amérique du Nord, mais sont traités de manière différente. Regardons deux exemples européens : la France est un pays d'immigration, l'Allemagne aussi dans une autre mesure. Si nous prenons ces deux pays en considération, nous constatons que pour la France, le terme de littérature immigrée est rarement employé, par contre au début des années quatre-vingt est apparu le mouvement « beur » et dans sa mouvance « la littérature beur » dont font partie des auteurs dits de la deuxième génération ou troisième génération. En Allemagne, suite à l'arrivée massive de travailleurs en provenance de Turquie au début des années soixante, une communauté importante de Turcs s'est constituée, donnant naissance avec les enfants de la deuxième génération, qui ont souvent poursuivi leurs études en Allemagne, à une littérature tantôt intitulée « littérature germano-turque » tantôt et ce terme est nouveau « Migrantenliteratur », c'est-à-dire « littérature de la migration » ou bien parce qu'il y a de nombreuses auteures femmes « Migrantinnenliteratur ». Pourquoi cette démarcation ? Les textes traitent des problèmes inhérents à la communauté turque, des relations conflictuelles entre Turcs et Allemands, des relations interculturelles problématiques entre enfants et parents ou bien encore du machisme des jeunes Turcs, tout en prenant en compte les particularités linguistiques d'une langue allemande retravaillée par les interférences de la langue turque. Dans ces classifications, me semble-t-il, réside la volonté de marginaliser ces littératures et de les confiner dans un espace ethnique. L'aspect sociologique de ces textes semble devoir primer leur littérarité.

Cependant les grandes littératures nationales ne sont pas sans connaître le phénomène d'auteurs ayant quitté leur espace natal ou/et ayant choisi une autre langue d'écriture. Elias Canetti a choisi la langue allemande, Paul

---

[1] Le très regretté Emile Ollivier précisait dans un entretien donné peu de temps avant sa mort que, même s'il préférait être considéré comme un écrivain tout court, il acceptait l'idée d'être classé dans la « littérature migrante » « parce que je suis immigrant, parce que je véhicule un certain bagage culturel, une mémoire particulière ». In : *Spirale,* août 2002.

Celan aussi, pour ne citer que les exemples les plus connus de la littérature allemande, et dont personne ne penserait à dire qu'il s'agit d'auteurs d'une littérature de la migration. En France le phénomène est beaucoup plus complexe : il y a d'une part un vaste ensemble protéiforme qui serait formé par les écrivains de la francophonie, parmi lesquels nous pourrions compter les écrivains maghrébins, les écrivains antillais, les écrivains d'Afrique de l'Ouest, écrivains qui n'ont pas forcément choisi de s'exprimer dans la langue française, langue du colonisateur, mais qui ont dû le faire dans un premier temps pour accéder aux maisons d'édition pour peut-être par la suite choisir une autre langue d'écriture ; et il y a d'autre part un certain nombre d'auteurs qui après la Deuxième Guerre mondiale se sont installés en France et ont choisi d'écrire en français. Beckett est le plus cité, mais que dire de Makine, de Kundera, de Kristeva, de Biancciotti, de Huston ? La situation de ces écrivains peut être considérée comme tout à fait différente. La langue d'écriture ne leur a pas été imposée, elle s'est imposée à eux pour des raisons diverses, mais la publication des œuvres dans un champ littéraire donné a des incidences sur l'évolution de ces mêmes œuvres, comme si la réception de celles-ci commandait/recommandait certaines stratégies d'écriture. En ce qui concerne le champ littéraire français, nous pourrions dire de manière hâtive qu'il existe deux modes de fonctionnement : certains auteurs tiennent à marquer leur différence, je pense ici aux écrivains de la Créolité, Patrick Chamoiseau et Raphaël Confiant qui, dans un premier temps, ont fait un travail novateur pour parfois, dans un deuxième temps, tomber quelque peu dans le piège de l'écriture exotique exigée peut-être et par les lecteurs et par les maisons d'édition ; d'autres par contre se font instrumentaliser par la réception critique et par les maisons d'édition pour former un groupe fluctuant qui serait un groupe marqué par l'Anti-Créolité : dans ce cas ce n'est pas la différence qui prévaut, mais l'intégration.

Une conclusion possible à ce qui précède serait de dire la difficulté de cerner désormais les contours des champs littéraires nationaux. Ces difficultés se montrent dans le nombre croissant des études publiées s'interrogeant sur la mondialisation des écrits littéraires.

En ce qui concerne le champ littéraire québécois, les nombreuses études consacrées aux textes dits des « écritures migrantes » dénotent une insécurité par rapport à ce qui était nettement définissable, une littérature québécoise homogène habitée par des volontés identitaires. Tous les québécistes se souviennent de l'ardeur des invectives échangées suite à la conférence de Monique La Rue *L'arpenteur et le navigateur*, dans laquelle l'auteure imaginait un dialogue fictif avec un écrivain québécois habité par de profonds ressentiments contre certains de ses collègues « ethniques » trop gâtés par les institutions littéraires québécoises. Le dernier ouvrage de Clément Moisan et Renate Hildebrand *Ces étrangers du dedans. Une histoire de l'écriture migrante au Québec (1937-1997)* publié en 2001, désamorce la violence du débat en retraçant l'histoire et l'évolution de ces écrivains venus d'ailleurs qui obligent les acteurs du champ littéraire québécois à modifier leur habitus et à reconnaître, ce qu'ils appellent « la danse des cultures et des formes ». Enfin, le *Dictionnaire des écrivains émigrés au Québec 1800-1999* publié en 2003 par Daniel Chartier démontre la nécessité de tenir compte de l'historicité de l'immigration littéraire en tant que phénomène spécifique et révélateur de la littérature québécoise.

Force est au critique de conclure que ces écrivains venus d'ailleurs, qu'il s'agisse d'un Édouard Glissant en France ou d'un Émile Ollivier au Québec, l'obligent à revoir les concepts avec lesquels il travaillait pour l'analyse de textes. Les concepts de créolisation d'une part, tels que Édouard Glissant les a développées et d'hybridité, tels que les analyses de Sherry Simon, s'appuyant sur les travaux de Bahtine et de Bhabha, les ont élaborées serviront d'arrière-plan à notre réflexion. Ce que nous voudrions retenir de ces deux concepts, c'est leur caractère inachevé et transitoire. Les espaces « entre », de même que les zones inter linguistiques deviennent les lieux de création. Pour cette étude, j'aimerais analyser dans un premier temps les effets de la déterritorialisation, dans un deuxième temps la désémantisation de l'espace pour terminer sur les effets de texte et de langues.

Les effets de la déterritorialisation

À l'origine était le départ – La situation d'exilé politique telle que l'ont vécue de nombreux auteurs venant d'Haïti, Gérard Étienne, Émile Ollivier et Dany Laferrière les a contraints à revenir dans leur écriture sur ce questionnement taraudant concernant la nécessité absolue de partir. Leurs personnages romanesques se trouvent dans une situation qui est une situation hésitante entre l'intérieur et l'extérieur ; une situation qui les transpose en un ailleurs qui leur permettra d'aller au tréfonds de ce questionnement sans fin sur les conditions du départ. C'est le point de vue de l'extérieur qui permet au personnage romanesque de revivre les moments difficiles du départ. Or, si, dans la réalité vécue depuis l'intérieur, le départ était devenu inéluctable, de l'extérieur il acquiert une autre dimension, qui peut devenir synonyme d'abandon, de lâcheté. C'est ainsi que la Pacotille, nom que s'est donné le narrateur-je du roman de Gérard Étienne *La Pacotille* qui eut à subir les tortures des sbires du Monstre, de la Bête, celle qui reste vivante dans son corps et qui revient le hanter chaque nuit, ne peut s'empêcher depuis son exil montréalais, d'évoquer son départ comme une fuite et une lâcheté vis-à-vis de ses camarades qu'il a laissés dans le danger :

> Maintenant, je sais que je traîne ma fuite, ma lâcheté. Je m'en veux d'avoir réveillé le peuple, ce nid de guêpes, pour le plonger aussitôt dans un profond silence. Oui. J'ai fui. J'ai abandonné un territoire qui m'appartenait, un pays pour lequel ma mère s'est prostituée, une terre que prisait mon frère Jacquelin après la pluie. J'ai fui les déboires de madame Lucette Nérette : deux frères assassinés, un mari devenu fou à la suite d'une bastonnade, une fille qui s'enferme dans sa chambre de peur d'être cueillie par un valet du Président. J'ai fui des amis en danger, un père que les domestiques du Chef ont ruiné. (Étienne 1991 69)

Il y a comme une insistance à vouloir revivre ces moments du départ, à reconstituer le sens profond, même si l'on sait qu'il y avait des raisons inhérentes à cette nécessité de partir pour survivre. Ce moment de l'ultime séparation est revécu dans la mémoire de Normand Malavy, un des personnages du roman d'Émile Ollivier *Passages*, dans la reconstitution qui est faite des derniers moments de sa vie par un narrateur qui essaie de recoller des bouts d'histoires enchevêtrées, entrelacées et d'en faire un roman de la traversée, des passages, de l'exil, un roman du déchirement qui le laissera désormais toute sa vie orphelin, orphelin de mère, orphelin de terre natale. « Me voilà de nouveau dans le désert » (Ollivier 1994 116) : ce sont les mots qui affluent sur les lèvres de Normand, lorsque l'avion décolle et survole les mornes pelés qui entourent Port-au-Prince. Immédiatement le narrateur donne les raisons de ce départ que tout le monde connaît : la prison, la torture, les camps de la mort, comme s'il voulait déculpabiliser celui qui est parti.

Dans *Le cri des oiseaux fous*, Dany Laferrière reconstruit minutieusement ses derniers moments passés en Haïti, entre la décision prise par sa mère d'envoyer son fils en exil, elle qui a perdu son époux vingt ans plus tôt, lui aussi contraint par la répression de Papa Doc de quitter son île et de n'y plus jamais revenir et le départ de l'île pour un ailleurs inconnu : « Ma mère a été poignardée deux fois en vingt ans. Papa Doc a chassé mon père du pays. Baby Doc me chasse à son tour. Père et fils, présidents. Père et fils, exilés. » (Laferrière 2000 63)

Entre la première séquence, « La Tasse blanche » (12h07) et la dernière, « Un Dieu m'ouvre la barrière » (6h58), le narrateur traduit comment l'annonce de la mort de son meilleur ami Gasner, journaliste intrépide, retrouvé le crâne fracassé sur une des plages de l'île, va changer sa vie à jamais. Ce retour en arrière, cet essai de donner au moins une structure temporelle au chaos de cette journée ainsi que la tentative de trouver un sens à ce départ, font de ce livre se voulant une reconstitution autobiographique, dans la mesure où le je qui parle est celui de l'auteur Dany Laferrière essayant de donner corps aux pensées de celui qui quitta à jamais son pays, une enquête bouleversante. Ces séquences fragmentées et minutées sont donc à la fois reconstruction temporelle et réflexion sur le départ en exil.

À partir de la décision prise l'après-midi à 3h48, commence pour le narrateur-je une errance à travers la ville de Port-au-Prince, un essai de faire le point sur sa position de journaliste qui ne voulait pas faire de politique mais seulement de la culture, une tentative de comprendre les différentes stratégies d'oppositions choisies par ses amis ou les jeunes intellectuels de son époque. Cette enquête douloureuse connaît son apogée dans les séquences intitulées : « Le Cinéma du pouvoir » (3h42), « Eloge de la torture » (4h07), « Un Esprit subalterne » (4h21), « La Mariée était en rouge » (4h27) où le narrateur se rend dans l'antre des monstres, des tontons macoutes comme s'il voulait vérifier leur existence et justifier ainsi la nécessité de son départ. Ces séquences font revivre les années de la dictature avec leur concert de délations, de tortures, de crimes gratuits dans un ballet grotesque dansé par des tontons macoutes dont le narrateur ne sait plus s'ils sont ceux de Papa Doc ou de Baby Doc :

> Je viens de remarquer que depuis un certain moment [...], je mélange les hommes, les générations, les styles. Je confonds les tueurs de Papa Doc avec ceux de Baby Doc. Papa Doc a entraîné avec lui dans la tombe son cortège de tortionnaires formés à l'ancienne manière (les tenailles et les seaux d'eau glacée). Avec sa mort s'est achevée l'époque primitive et jouissive de la terreur. Ses hommes travaillaient dans l'enthousiasme et la candeur des pionniers. Un monde nouveau s'ouvrait à eux. Le monde de la nuit et des ténèbres. Papa Doc rêvait de prendre possession de l'âme haïtienne. Ses hommes opéraient plutôt la nuit, se confondant avec les démons intimes qui hantaient nos pires cauchemars. Alors que Baby Doc, en homme moderne, entend régner le jour. Il installe une terreur diurne, moins pesante, plus bureaucratique, plus acceptable surtout pour les organismes humanitaires, qui vont de ce pas donner enfin le signal pour que l'argent entre. « Mon père a fait la révolution politique, dit Baby Doc. Moi, je ferai la révolution économique. » (Laferrière 2000 310-311)

Le narrateur semble habité par la nécessité de bien vérifier qu'il avait des raisons de quitter cette danse infernale qui culmine dans un ballet de la mort où est abattu Bobo, un des tontons macoutes les plus célèbres, un des chantres de la mort rapide et économique, par un gendarme que Bobo avait giflé. La mort est devenue un acte gratuit, dérisoire, dépourvu de sens dans un monde qui délire. Le départ est devenu inexorable : l'exilé utilisant une parabole pour parler de son départ, l'ouverture de la barrière par le Dieu Legba, un des Dieux du panthéon du vaudou, sait aussi que les dieux du vaudou ne voyagent pas dans le nord et qu'il sera désormais seul pour affronter l'inconnu.

Ces départs pour l'exil mettent en scène des intellectuels qui ont réfléchi aux conditions qui ont rendu leur éloignement d'un univers devenu fou, nécessaire. Mais qu'en est-il de ce que Yannick Lahens appelle la diaspora populaire, de ceux qui partent à travers les mers sur un frêle esquif à la recherche d'un avenir meilleur. Alexis, l'exilé, petit paysan haïtien du roman de Gérard Étienne, *Un Ambassadeur macoute à Montréal*, préfigure les boat people haïtiens. Il a, lui aussi, bravé la mer pour accéder à un avenir meilleur sur les plages de Miami, mais il se retrouve sans papiers et sans ressources dans un Montréal sous la coupe d'un ambassadeur macoute. Dans *Passages,* en contrepoint au récit de l'histoire de Normand Malavy, c'est une rescapée d'un groupe de boat people haïtien, Brigitte Kadmon, qui relate à Normand Malavy à Miami la traversée d'Amédée Hosange, son époux et de ses compagnons de la Caminante, le trois-mâts de la traversée, entre Haïti et Miami au début de 1986. La nécessité économique ainsi que l'arbitraire des pouvoirs en place ou des pouvoirs parallèles a poussé ces habitants d'un village décharné, disloqué, à choisir l'aventure dangereuse de la traversée, bien qu'ils sachent combien de fois la mer a recraché sur les plages d'Haïti les cadavres de ces aventuriers de la mort. Amparo, la compagne de Normand à Miami, sera celle qui, sur une plage de Miami, symbole des vacances, verra l'arrivée des cadavres de la Caminante :

> Sur la grève, des cadavres raides sont abandonnés par le reflux, pareils aux naufragés des légendes. [...] jamais, dussé-je vivre vingt vies, je n'oublierai le spectacle de ces quarante-trois êtres humains en haillons, rigidifiés pour l'éternité, dans des attitudes de pantins disloqués. Étaient-ils morts d'épouvante ? (Ollivier 1994 162)

L'enjeu de la traversée a réussi et à l'arrivée, il ne reste qu'une vision de l'Apocalypse. Normand Malavy, qui traîne son errance à Miami, recueille les témoignages des rescapés, avide de comprendre ce qui pousse ce peuple à garder l'espoir en un avenir meilleur. Mais la traversée sera l'ultime voyage d'Amédée, qui meurt à Miami, ainsi que Normand. Brigitte, elle, décide de retourner en Haïti : « je retourne à Port-à-l'Ecu. Je veux vivre, prier, être enterrée dans ma langue » (Ollivier 1994 229). Amparo continuera son éternelle errance, étant incapable de vivre entre sa nostalgie d'un Cuba qui n'existe plus et les autres territoires qu'elle ne peut investir. Dans *Un Ambassadeur macoute* Alexis, le petit noir haïtien, lui aussi boat people comme Brigitte, veut rentrer en Haïti, puisque dans la terre d'exil, à Montréal, il a retrouvé les mêmes structures qu'en Haïti, à savoir l'éternel combat qui oppose nègres aux mulâtres, mulâtres aux nègres, doctrinaires aux autres et planant au-dessus le pouvoir des tontons-macoutes.

Pour l'écrivain condamné à l'exil, le pays quitté de force, quitté par force sur le mode de la souffrance, restera à jamais un lieu qu'il faut interroger, ressusciter avec une douleur toujours présente au corps de l'écriture. Émile Ollivier dans son essai *Repérages* parle de la douleur qu'il ressent chaque matin en pensant à Haïti :

Chaque matin, je m'éveille avec une douleur lancinante. J'ai beau prendre des analgésiques, je n'arrive pas à m'en défaire et chaque matin, elle me prend à la gorge : Haïti, Haïti, comment va ta douleur ? Cette souffrance fait partie de ma chair, un corps vivant dans mon corps délabré et qui ne peut s'empêcher de vibrer lorsque je feuillette les journaux. (Ollivier 2001 65-66)

La dépossession – Ce va-et-vient entre l'extérieur et l'intérieur a des conséquences tragiques pour qui n'a plus de points de repère. C'est ainsi que Marie-Anne, protagoniste d'*Une femme muette* de Gérard Étienne, est frappée d'aphasie. Son époux Gros Zo, médecin de renom dans la communauté montréalaise, veut se débarrasser de son épouse haïtienne pour pouvoir épouser une Canadienne, blanche et anglophone, Peggy, ce mariage symbolisant la réussite sociale et l'intégration dans la communauté de son pays d'accueil. Dans cette lutte, femme noire contre homme noir dans une communauté blanche, les armes utilisées pour vaincre la résistance de la négresse sont la médecine occidentale, l'enfermement dans un asile psychiatrique, ainsi que les pouvoirs maléfiques de la religion vaudou ; sa langue paralysée l'empêche de faire sortir les mots à la mesure de la haine et de son mépris pour son mari hypocrite et pour ceux qui ont accepté de l'aider dans sa lutte pour se débarrasser de cette épouse haïtienne, cette négresse à la peau très noire, qui lui rappelle trop le pays dont il est originaire :

> Elle les lâcherait si seulement une force quelconque pouvait débloquer la machine qui fait fonctionner les muscles de sa bouche. Ç'aurait été de gros mots traversant le corps comme des picotements. Qui rentreraient partout. Dans les oreilles comme dans le nez. Dans les chambres comme dans les livres de ceux qui luttent pour la justice. (Étienne 1983 19)

Sa fuite de l'unité psychiatrique de l'hôpital, sa déambulation sans fin dans les rues de Montréal, son évanouissement et enfin son sauvetage par une Québécoise lui feront trouver les moyens de sonder les causes de la folie dans laquelle elle s'était réfugiée, pour ne pas avoir à affronter une réalité trop traumatisante pour elle. La Québécoise va l'obliger à regarder en face sa maladie : « Ce sont des femmes comme toi qui empêchent le monde de faire un pas en avant. Tant qu'il y aura des folles, il y aura des fous pour créer des mondes qui les rendent encore plus folles. » (Étienne 1983 197)

C'est un autre cas de dépossession/possession que nous rencontrons avec le personnage de Maître Clo de *La Romance en do mineur de Maître Clo* de Gérard Étienne ; cet immigrant fraîchement arrivé d'Haïti, venu rejoindre sa sœur dans une métropole en Amérique du Nord[2], est en proie à des hallucinations qui lui font voir en la personne d'une voisine blanche et blonde, une incarnation de la déesse culte du vaudou, Maîtresse Erzulie ou Erzulie Fréda : « Maîtresse Erzulie est pour la confrérie vaudou l'image parfaite de la Vierge Marie, femme blonde aux yeux de turquoise, au regard candide » (Étienne 2000 61). Cette maîtresse que Maître Clo a épousée dans son adolescence au cours d'une cérémonie vaudou et à laquelle il a fait défaut, puisqu'il a quitté le pays, sans s'être acquitté de ses engagements auprès d'elle en lui présentant des offrandes expiatoires. Il reste donc planté devant la fenêtre de l'appartement de sa sœur, guettant les faits et gestes de la personne qu'il prend pour une réincarnation de sa maîtresse et avec laquelle il cherche à établir le contact, restant imperméable à la nouvelle vie qu'il voulait commencer dans la Métropole :

> Il n'entend pas modifier son statut d'étranger. C'est comme étranger qu'il entend vivre le peu de temps à passer dans ce pays. Il a fait sentir à Ben Salomon qu'il ne comprend rien à la notion d'intégration, que chaque être humain ne saurait être le produit de plusieurs ensembles. (Étienne 2000 65)

La réalité dans ce pays lui est insupportable : le comportement de son neveu, lui aussi fraîchement arrivé et en proie à des orgies de bouffe, les réunions de ses compatriotes dans l'appartement de sa sœur, au cours desquelles ils font la révolution ou défont/ refont le monde ; il refuse tout, les contraintes qu'on veut lui imposer, à savoir accepter un travail qui soulagerait les obligations financières de sa sœur Adrienne, les démarches à faire pour avoir le statut d'immigrant. En proie à un délire maniaque, il guette incessamment la femme blonde, à la recherche d'indices lui permettant de croire qu'elle l'a reconnu. La folie qui s'empare de lui le fait déambuler à travers les rues de la métropole, le mène dans une église, où il essaie de dialoguer avec la Vierge Marie, dialogue impossible qui se fait dans « un langage surréel, dans une langue incomprise des mortels » et qui ne lui apportera aucune clarté, si ce n'est qu'il décide de déclarer la guerre à la déesse de l'amour de la religion vaudouisante. Il finira sans connaissance sur un trottoir. Sa sœur Adrienne essaiera d'expliquer au médecin de l'hôpital, chargé de le soigner, le comportement étrange de son frère depuis son débarquement dans ce nouveau pays. Le médecin y voit tout de suite un problème de culture, une impossibilité d'adaptation à une culture qu'on ne connaît pas, de même qu'il reconnaît ne pas savoir débrouiller les écheveaux d'une culture, la culture haïtienne, où tout s'emmêle. Pour Adrienne par contre, la folie de son frère n'est pas liée à la confrontation avec une nouvelle culture, avec un nouveau mode de vie et de fonctionnement. Il

---

[2] La ville de Montréal n'est citée qu'une seule fois dans le roman, par ailleurs les nombreux noms de rues mentionnés semblent tous avoir des noms de fantaisie.

s'agit d'un problème inhérent à la réalité haïtienne, la question religieuse qui se trouve au centre de la tragédie de son peuple et dont elle voit les dégâts chez son frère :

> Oui, pense Adrienne. Ils lui semblent tous toqués, dérangés avec leurs maîtresses tantôt en chair, tantôt en esprit, genre Erzulie, avec leurs obsessions morbides du pouvoir, partout où ils rotent, partout où ils grognent, avec leur haine des autres, du moment que les autres ont un comportement différent du leur, du moment que les autres refusent de s'engager dans leurs combines. (Étienne 2000 133)

Le personnage tragique de Maître Clo pris dans les filets d'une folie dont il ne pourra pas guérir, ne symbolise pas l'acculturation d'un exilé privé de ses points de repère, mais la schizophrénie ou la paranoïa, qui s'empare de lui, ne deviendra visible et réelle qu'une fois qu'il aura quitté son pays, Haïti.

Dans son avant-dernier roman *Vous n'êtes pas seul*, Gérard Étienne reprend en le variant le thème de la dépossession de l'exilé haïtien : un clochard noir pris dans une bourrasque de neige vient de s'évader d'un hôpital psychiatrique, où on tente de le soigner depuis un an d'une maladie mentale ; il sera recueilli par une Québécoise qui le ramènera à la vie. Le délire accompagné d'une fièvre le fait replonger dans l'enfer qu'il a connu, lui fait revivre les monstruosités et les lâchetés que son corps et son esprit n'ont pu refouler. Cet étranger, revenant lentement à la vie, n'est pas en mesure de décliner de manière cohérente son identité aux deux femmes, celle qui l'a sauvé et son amie. Il force celles-ci indirectement à se rendre compte de la complexité de la question identitaire. Essayant d'expliquer d'où il vient, en faisant revivre les moments cruciaux de son existence, il s'interroge sur les sens à donner au mot « pays » :

> Qu'est-ce qu'un pays ? C'est un mot sur lequel on peut mettre un tas de choses : livres, canons atomiques, blattes, morts sans sépulture, mendiants, criminels. Je viendrais plutôt d'un espace sans identité, ou plutôt, j'ai perdu quelque part mon acte de naissance. (Étienne 2001 79)

Carmen, elle, prend conscience que, si elle voulait qu'il lui explique clairement d'où il vient, ce clochard noir gelé et à moitié fou, c'était surtout pour sa propre sécurité intérieure. Elle a besoin de mettre des étiquettes pour pouvoir aller à la rencontre des autres, elle se doit désormais de remplacer ces étiquettes par d'autres valeurs et de reconnaître les autres solitudes.

Dire l'indicible – Les personnages des romans de l'auteure d'origine chinoise, Ying Chen, traduisent de manière exemplaire, combien il est difficile de nommer l'indicible et de vivre sa différence. Seule la disparition ou l'effacement ou bien encore la distance imposée par une mort violente permet d'accéder à une vérité cruelle, selon laquelle la différence ne serait viable que dans un espace vide, privé de toute filiation. L'auteure d'origine japonaise, Aki Shimazaki, retrace dans trois petits romans, cités par ordre de parution *Tsubaki* (camélia), *Hamguri* (coquillage) et *Tsubame* (hirondelle), la généalogie de deux familles reliées par l'existence d'une demi-sœur et d'un demi-frère, lui né hors mariage. Dans le premier roman, dont l'action se situe au Canada, la mère de la narratrice, Yukiko Horube, une rescapée de la bombe atomique au Japon, lui confie avant de mourir « qu'il y a des cruautés qu'on n'oublie jamais. Pour moi, ce n'est pas la guerre ni la bombe atomique » (Shimazaki 1999 22). Ce sont ces cruautés qu'elle essaie de formuler dans la lettre testament qu'elle fait remettre à sa fille après sa mort, cruautés d'une société japonaise aux codes stricts qui oblige les membres à vivre dans le mensonge et la trahison. Une telle société intransigeante et intolérante fait de ses enfants des meurtriers. C'est ainsi qu'elle avoue à sa fille dans sa lettre, que contrairement à l'histoire familiale, ce n'est pas la bombe atomique qui a tué son père, mais elle-même, le jour de la bombe atomique ; ce meurtre était devenu inéluctable suite à la révélation d'un fait trop monstrueux pour pouvoir continuer de vivre aux côtés d'un père s'avérant être à la fois le père de Yukio, le fils de ses voisins dont elle était tombée amoureuse, l'amant de la mère de Yukio et l'auteur du départ du mari de celle-ci, père adoptif de Yukio, pour la Mandchourie.

Dans le deuxième roman, il s'agit de l'histoire des mêmes familles : cette fois à partir de la perspective de Yukio Takahashi qui relate l'histoire d'amour qui l'a liée à Yukiko, le retrait soudain de celle-ci sans explication, jusqu'au jour de l'explosion de la bombe atomique. La narration reprend cinquante ans plus tard, Yukio est marié, a trois enfants, sa mère vit avec eux. Il redécouvre une photo que lui avait donnée Yukiko, sur laquelle on la voyait avec un petit garçon, dont elle lui avait toujours dit qu'elle l'aimait beaucoup. Son épouse reconnaît sur la photo son époux, petit garçon :

> Yukiko à l'âge de treize ans ? continue Shizuko. Cette fille s'appelle Yukiko ? Le nom est presque pareil à celui de Yukio. Elle ressemble un peu à Natsuko, ou plutôt à Tsubaki. Cette fille et Yukio ont-ils un lien de parenté ? Non, ce n'est pas possible. Vous n'avez aucune parenté… (Shimakazi 2000 106)

La mère de Yukio meurt sans avoir révélé le secret de la filiation de son fils, mais en lui donnant les éléments lui permettant peut-être, s'il le veut bien, de comprendre par lui-même.

Dans le troisième roman, la mère de Yukio, prend la parole et essaie de retracer les fils de son origine qu'elle n'a jamais pu avouer ; elle est doublement prisonnière de son origine, fille naturelle d'une Coréenne obligée de se réfugier au Japon, devenue orpheline, non pas suite au tremblement de terre, mais suite aux massacres commis par les Japonais contre les Coréens en 1923, obligée de changer d'identité et de langue. Elle vit désormais dans la famille de son fils, Yukio et un jour elle apprend par la radio qu'il a été décidé d'exhumer les corps des Coréens massacrés. C'est là qu'elle va rencontrer une femme, une Coréenne, vivant seule, son mari étant décédé et ses fils partis vivre à l'étranger, parce que les *zaïnichi* ne peuvent jamais vraiment s'intégrer à la société japonaise :

> Mon mari lui [à son fils] a expliqué : « Tu dois comprendre que *kika* ne veut pas dire simplement obtenir la nationalité japonaise tout en gardant son identité raciale. Il faut abandonner la nationalité d'origine et être Japonais avec un nom japonais. Et si tu es devenu Japonais, les Coréens d'ici ne t'accepteront plus comme compatriote et les Japonais ne te considéreront jamais comme Japonais s'ils apprennent que tu es d'origine coréenne. Cela n'a aucun sens. Si tu tiens vraiment à devenir professeur, va à l'étranger. Même si tu réussis bien dans ta profession, je ne serai pas heureux de savoir que tu dois encore cacher ton identité. » (Shimakazi 2001 92)

C'est grâce à la rencontre avec cette Coréenne qu'elle va oser se poser le problème de sa filiation ; elle lui demandera de déchiffrer le journal de sa mère écrit en coréen et de le traduire, puisqu'elle n'est plus à même de comprendre la langue de sa mère. Elle apprend ainsi le nom de son père, un prêtre d'origine européenne surnommé par les femmes, Tsubame. Elle règle pour elle-même le problème de son origine en brûlant le journal de sa mère, puisqu'elle sait qu'elle n'avouera jamais son histoire à son fils, pour que sa vie et la vie de sa famille n'en soient pas perturbées. La complexité des fils de l'origine est d'autant mieux démontrée ici que les mystères ne se dévoilent au lecteur qu'au fur et à mesure de la lecture de ces trois textes liés l'un à l'autre de manière inextricable. Seule, la distance liée étroitement avec le détachement d'un lieu et d'un espace, qui peut être la mort, permet de dire l'indicible.

La désémantisation de l'espace

Une constante des textes lus jusque-là semble être la difficulté à décrire et nommer l'espace. L'énonciation cosmopolite se fait douloureusement, comme s'il y avait une souffrance fondamentale qui rende une inscription territoriale presque impossible. L'énonciation de la ville fonctionne dans la plupart des textes sur le mode de l'étrangeté, non pas de l'altérité, mais sur le mode de l'étrangeté. La narratrice de *La Québécoite* se voit obligée, contrainte de tout noter, de dresser des listes, des inventaires qui dévoilent, débusquent l'étrangeté dans le même, ce qu'elle nomme « l'inquiétante étrangeté d'ici » ou encore « l'incontournable étrangeté ». Elle relève dans les pages jaunes du bottin la liste des *Saint-Hubert Barbecue*, note le menu de *L'omelette Saint-Louis* avec les prix de toutes les omelettes, les programmes de télévision, les résultats de hockey de la ligue nationale canadienne, inscrit les noms des stations de métro. Elle note aussi que, même si une rue vient à porter le même nom qu'à Paris, sa fonction dans le tissu urbain est complètement différente, comme pour la rue Saint-Denis à Montréal qui délimite le quartier latin de la métropole québécoise, l'apparente familiarité des noms de lieux devient trompeuse, fallacieuse. La topographie des rues apparaît démentielle à la narratrice qui essaie de comprendre la « rue-fleuve », « la rue jungle » que représente la rue Sherbrooke, la rue des petits commerces à l'ouest, la rue centre-ville avec ses magasins chics, la rue des banques et enfin à l'est la rue des pauvres, la rue des laissés-pour-compte. Elle constate : « La même rue sur près de soixante milles, deux ou trois univers où tu n'as pas de place » (Robin 1993 82).

L'énonciation de la ville fonctionne sur un mode particulièrement percutant dans les romans de Gérard Étienne, dont l'action se situe au Québec, *Un ambassadeur macoute à Montréal*, *Une femme muette*, *La Pacotille* et *La Romance en do mineur de Maître Clo*[3] ; outre le fait que la géographie et la topographie de la ville ne sont pas toujours décodables pour les protagonistes de ces romans, nous constatons une rhétorique de la ville bâtie à partir de la démesure des rues : « Rue Sherbrooke. Une espèce de serpent dont la queue se prolonge à l'infini. Une fée boréale au cou orné de perles, cependant dénuée de poésie » (Étienne 1991 68) et de l'accumulation des données topographiques, historiques, voire politiques, comme dans l'extrait ci-dessous, rhétorique traduisant la difficulté pour les protagonistes de se situer dans un lieu qui leur apparaît chambardé, déglingué :

> Alexis Accius, les jambes tremblantes, est planté au coin des rues Metcalfe et Sainte-Catherine. Fourbu. Dépaysé. Il tourne à l'envers dans une ville que les missionnaires blancs, postés dans son bourg depuis des générations, considéraient comme le paradis des Amériques. En l'espace d'une minute, il entend vingt langues différentes. Il voit proliférer comme des champignons des milliers de marques d'automobiles. Il voit passer des hommes, armés jusqu'aux dents, qui donnent la chasse à des petits blancs récalcitrants. Il voit les petites Nicole du bas de la ville lorgnées par les argentiers de la rue Saint-Jacques.... (Étienne 1979 13-14)

---

[3] L'intrigue de l'avant-dernier roman de Gérard Etienne *Vous n'êtes pas seul* se situe dans une grande métropole d'Amérique du Nord, sans qu'elle soit pour autant véritablement nommée ; mais tout lecteur attentif reconnaît dans ce huis clos à trois personnages à partir des dialogues entre le clochard noir et les jeunes Québécoises, la province du Québec et la ville de Montréal.

Cette absolue nécessité de traverser ces nouveaux espaces, de les arpenter, pour peut-être essayer de s'y inscrire ou bien tout simplement essayer d'en prendre la mesure, se fait au nom d'une inquiétante étrangeté, accompagnée de souffrance face à l'agression que cet espace non encore nommé exerce sur le personnage romanesque :

> Là commence mon calvaire. Une pente à gravir. Une pente qui m'a déjà agressé, lors de la grève des chauffeurs d'autobus, par sa forme de serpent, par sa laideur, par le défi qu'elle lance quotidiennement aux vieilles voitures. (Étienne 1991 223)

Dans *Passages* d'Émile Ollivier, la ville de Montréal est nommée, chantée par Normand comme symbolisant la ville moderne, la ville d'accueil, la ville-creuset ; elle est arpentée, les ballades sont circonscrites entre le boulevard Saint-Laurent, le Carré Saint-Louis et la rue Crescent. La ville acquiert presque une dimension réelle, palpable, mais le narrateur de préciser que Normand « vivait en funambule », qu'il dérive à travers Montréal pour essayer de « masquer l'absence d'issue et l'empêcher de céder à l'effroi » (Ollivier 1994 71-72). La Métropole semble être le lieu de l'extraterritorialité où la déambulation permet de laisser vivre la mémoire réelle et fictive. La dérive et le nomadisme sont peut-être les conditions préalables et nécessaires pour effectuer le travail de la mémoire.

Maître Clo est le premier personnage dans l'œuvre romanesque de Gérard Étienne à se demander si la connaissance de la ville ne serait pas un préalable nécessaire pour accéder à une guérison possible ; lui qui voyait en ces nombreuses artères, des serpents infinis, soudain, se demande s'il n'a pas tout simplement devant lui, « une couleuvre inoffensive qui se replie sous un toucher étranger » (Étienne 2000 181). La ville, elle aussi, est prudente vis-à-vis de tous ces étrangers qui veulent prendre possession d'elle, se l'approprier ; peut-être devrait-il s'approcher d'elle avec circonspection :

> Il lui prend soudain l'envie de connaître la Métropole, de la pénétrer, de l'explorer, de prendre la forme de son fleuve et la force de ses foules envahissantes. Il lui prend soudain l'envie de s'identifier au grondement sourd de la terre, aux oiseaux abasourdis sur les trottoirs, aux petits arrogants qui bousculent le monde. Pour une fois, il se rend compte qu'il n'est pas le seul à chercher une pièce d'identité dans une ville où l'on peut s'égarer, faute de bonnes lanternes. Il se rend compte que les bouts de ferraille qui zigzaguent devant lui peuvent devenir des bouquets de fleurs, pourvu qu'il procure à son imagination la force nécessaire pour transformer des objets. (Étienne 2000 181-182)

Mais ce n'est qu'une soudaine fulguration dans son esprit en proie au délire, il ne prendra pas possession de la Métropole sur le mode de la connaissance ; c'est une descente aux enfers qu'il effectuera dans une course sans nom dans la ville de Montréal, poursuivi par des Montréalais avides de voir le spectacle d'un Noir qui leur rappelle, les Nègres comédiens, chanteurs, danseurs, réputés de la ville.

La différence du climat permet aussi de circonscrire l'espace ; là ne sont mentionnés que les éléments fondamentaux qui marquent la différence et l'étrangeté : dans *La pacotille* de Gérard Étienne, la neige, les tempêtes de neige, reviennent dans des images obsédantes auxquelles est toujours associée la mort dans la glace ; les masses de neige sont qualifiées de cruelles, elles sont métaphorisées en « plantes carnivores », elles paralysent celui qui les affronte et l'obligent à ramper. La scène d'ouverture de *Vous n'êtes pas seul* de Gérard Étienne présente une tempête de neige qui a des dimensions apocalyptiques :

> Oui. Dans quelques instants, le monstre va encore frapper. Le monstre que rien ne peut arrêter quand il a décidé de larguer ses larves sur un monde sans défense. Le monstre, cette deuxième tempête de neige, en une semaine, qui dévore le monde avec une telle fureur qu'on aimerait voir surgir de quelque coin de la ville un esprit audacieux capable de court-circuiter les catastrophes naturelles qui rendent la vie difficile aux enfants du Bon Dieu ! (Étienne 2001 7)

La narratrice de *La Québécoite* mentionne également souvent l'hiver et le froid qu'elle associe au Québec et fait dire à l'une de ses protagonistes :

> Ce n'est pas un pays, mais l'hiver. Tu regarderas souvent par la fenêtre pour voir si ça fond, quand ça fond, quand ça commence à fondre. Tu apprendras les différentes qualités de neige et la poudrerie qui cingle le visage. Tu verras s'étaler les chiffres apocalyptiques sur les écrans de la télévision à l'annonce des prévisions météorologiques -10, -15, -17, -20, -25, -27, -32. (Robin 1993 60)

Même si la violence de l'hiver, la dureté du climat n'est nullement une thématique se retrouvant uniquement dans les textes dits « d'écriture migrante », car elle traverse les textes de la littérature québécoise depuis ses débuts, il semblerait toutefois que cette violence, due aux différences climatiques vécues au plus profond du corps de l'immigrant, vienne se greffer sur l'hostilité qui émane tout d'abord de cette métropole opaque aux contours méandreux, qui apparaît à l'étranger difficilement déchiffrable.

L'espace d'origine peut, lui aussi, devenir irréel, immatériel ; il n'a plus de consistance. C'est ce qu'avait constaté Amparo dans *Passages* lors de son retour à Cuba. C'est ce que constatent aussi le couple de protagonistes, Adrien Gorfoux (nom d'un oiseau des mers australes, sorte de pingouin) et son épouse Estelle, lors de leur retour au pays après de nombreuses années passées en exil au Québec, dans *Les urnes scellées* d'Émile Ollivier, un retour effectué cette fois dans la joie, puisque leur île natale s'est délivrée, semble-t-il, de ses oppresseurs et connaît la liesse de la délivrance.

Subjugués par ces retrouvailles avec le pays natal, ils font le recensement, tels des touristes, de ce qui fait la particularité des marchés tropicaux, n'oubliant de nommer aucun des fruits, des légumes, s'extasiant sur l'abondance des couleurs, retrouvant la parole créole dans les invectives échangées entre marchandes et acheteuses, bref ils croulent sous la beauté de cet univers exotique : « Tant de couleurs fascinent l'œil qu'il en devient hagard. Et que dire des odeurs, l'odeur des tropiques, pleines de la beauté, de la lenteur, de l'immobilité des choses ? » (Ollivier 1995 70)

Cette vision exotique est fallacieuse, trompeuse : ces deux termes liés l'un à l'autre, beauté et immobilité, ne traduisent-ils pas le désir chez ces deux protagonistes de retrouver l'image qu'ils avaient enfouie au plus profond d'eux-mêmes, une image revisitée maintes fois, mais toujours maintenue telle quelle, afin que justement rien ne change et que tout puisse justifier le retour ? Adrien qui, autrefois, avait choisi, par goût pour les fouilles, pour les joies de la découverte de ce que recèlent les scellés, son métier d'archéologue se voit confronté à l'assassinat de Sam Soliman, assassinat dont il aimerait comprendre le pourquoi. Il se fait donc enquêteur auprès de Zeth, l'hôtelière et de Zag, le coiffeur, il résiste aux explications qui lui sont données, il fouille dans l'histoire et les paroles des gens qu'ils rencontrent sur la terrasse de Reine, lors de « l'audience » journalière, dans la société des hâbleurs, ces éternels discoureurs. Devenus désormais des diasporés, méprisés par la population avide toutefois de leur prendre leurs précieux dollars, contrôlés également par les services secrets du pays, qui voient en eux de possibles conjurateurs, ils se retrouvent dans un labyrinthe où se mêlent les fils d'une histoire extravagante d'ensorcellement : « Toute tentative de convoquer la raison à sa rescousse représentait un saut périlleux par-dessus l'abîme, le vide, par-dessus le néant qui s'ouvrait sous ses pieds. Aïe ! L'insupportable pesanteur d'un réel vide et nu. » (Ollivier 1995 213) Adrien ne sait plus déchiffrer ces peintures de l'exagération. Il y a eu congélation du temps. Le paysage et l'espace ont perdu leur sens.

Effets de texte / effets de langue

« Pas d'ordre. Ni chronologique, ni logique, ni logis », c'est ainsi que débute *La Québécoite*. Il s'agit d'une phrase programmatique, annonçant le brouillage des pistes. Texte polymorphe, interpellant et intégrant d'autres textes, afin de mieux dépister les enjeux d'une identité éclatée, démembrée, afin de mieux confronter les mémoires enchevêtrées « travaillées par la mémoire culturelle ». Texte, dans lequel il est question du « recouvrement fantastique de la québécité par la francité et/ou l'inverse, d'une réflexion sur l'inquiétante étrangeté provoquée par la proximité linguistique qui est en même temps, un éloignement. » (Robin 1989 130) Ces mémoires enchevêtrées provoquent un éclatement du genre romanesque ainsi qu'une transgression des frontières entre les genres. C'est ainsi que cohabitent des extraits de manuels scolaires sur la guerre de Sept ans et le traité de Paris qui entérina la perte du Canada pour la France, des extraits de manuels d'histoire relatant le martyre des pères missionnaires Brébeuf et Lalemant, des extraits du manifeste du Front de Libération du Québec avec des citations du poète juif Kulbach ou Kulback. Les allusions à d'autres auteurs comme Kafka, Alfred Döblin, etc., ou à d'autres textes littéraires sont nombreuses. Citons ici comme exemples *L'éducation sentimentale*, *Madame Bovary* et *Du côté de chez Swann*. Des chansons sont citées expressément ou allusivement. La graphie, elle aussi éclatée, reflète la fragmentation du texte. Cette écriture fragmentée, cette écriture éclatée interpelle le lecteur qui se voit confronté à chaque fois à un récit qui glisse, qui semble disparaître derrière d'autres types de texte, pour mieux dévoiler/démasquer les structures profondes de l'étrangeté et donner voix à la « parole immigrante » : « voix plurielle, une voix carrefour, une voix de l'autre au brisant du texte. » (Robin 1993 167)

La situation des écrivains des écritures migrantes les condamne souvent au plurilinguisme textuel, à penser et repenser la langue d'écriture. La proximité des autres langues, telle l'anglais, la situation de diglossie, dans laquelle ils vivent souvent, les oblige à passer par des stratégies de détour, telles que l'explique Édouard Glissant. Lise Gauvin qui s'est beaucoup interrogée sur les pratiques linguistiques des auteurs de la francophonie, voit dans ces stratégies de détour une stratégie créatrice :

> Stratégie qui prend les formes les plus diverses, de la transgression pure et simple à l'intégration, dans le cadre de la langue française, d'un procès de traduction ou d'un substrat venu d'une autre langue ; sans compter les tentatives de normalisation d'un certain parler vernaculaire ou encore la mise en place de systèmes astucieux de cohabitation de langues ou de niveaux de langue. (Gauvin 1997 8)

Ces stratégies peuvent diverger d'un auteur à un autre. Certains choisissent de s'exprimer dans une langue hypercorrecte et de conserver des marques d'altérité dans leur texte en laissant certains mots dans la langue d'origine, c'est ce que fait Aki Shimazaki qui conserve des termes japonais fortement connotés dans la société japonaise et force ainsi son lecteur à consulter un glossaire à la fin du roman. Une tension est créée ainsi entre une langue hypercorrecte et des termes absolument étrangers qui instaurent une distance entre le texte et son lecteur.

D'autres pratiquent la traduction de proverbes et les intègre dans leur texte, créant ainsi une poétisation de la langue française qui accueille des modes de pensée issus d'un autre espace et d'une autre culture. C'est la stratégie choisie par Abla Fahroud dans son roman *Le bonheur a la queue glissante*. La narratrice du roman, qui essaie de reconstituer l'histoire de la vie de sa mère et par là l'histoire de ses propres origines, force sa mère à verbaliser ce que celle-ci n'a jamais pu exprimer, puisqu'elle n'a pas de langue à sa disposition : « Je ne suis pas très bonne en mots. Je ne sais pas parler. Moi, je donne à manger » (Fahroud 1998 14). Cette femme analphabète, vivant dans un univers où l'on parle une autre langue et où la femme n'a pas droit à la parole, n'a jamais pu apprendre à s'exprimer face à un père et plus tard à un mari tout-puissant. C'est par l'intermédiaire de sa fille écrivaine qui n'en finit pas de lui poser des questions, de la forcer à repenser sa vie, de remonter le fil de son histoire tragique, qu'elle va trouver des moyens lui permettant de verbaliser ce qui n'a jamais été dit. Issue d'une culture orale, elle utilisera donc le matériau qu'elle connaît, les proverbes, les histoires ou les contes. Ces matériaux seront tissés par l'auteure dans la texture textuelle, créant par là une tension entre la langue d'écriture et l'imaginaire véhiculé par celle-ci.

Les textes des auteurs haïtiens dont nous avons parlé plus haut, sont eux aussi traversés par plusieurs langues, le français et le créole ou de manière plus générale la culture créole. Même si les écritures divergent d'un auteur à l'autre, plusieurs procédés se laissent reconnaître : ou bien ils conservent le terme créole, ou bien ils ont recours à un processus de traduction-intégration, ou bien encore ils conservent sous la phrase française le substrat créole. Mais ce qui semble surtout déroutant pour le lecteur, c'est de lire une langue française qu'il semble comprendre, mais qu'il ne peut pas entièrement déchiffrer, parce que, derrière la langue se cache l'imaginaire d'une culture avec ses proverbes, ses contes, ainsi que la rhétorique de la langue créole, une rhétorique de l'accumulation, du délire. Ce dialogue entre les langues et les imaginaires crée une forte tension poétique du texte romanesque. Cette ouverture vers l'imaginaire des langues nous force, nous lecteurs et critiques, à lutter contre les uniformisations et les standardisations.

Conclusion

En 1989, Régine Robin dans *Le roman mémoriel* posait des questions prémonitoires. Elle imaginait une situation semblant encore peu plausible à l'époque, à savoir que l'institution québécoise accepte de publier « une quinzaine d'écrivains francophones mais pas québécois au sens ethnique du terme », ces écrivains provenant d'univers les plus différents les uns que les autres : cela pourrait être des Français, des Belges, des Suisses, des Haïtiens, des Marocains, des Libanais etc. Déjà elle avançait l'hypothèse selon laquelle ces écritures venues d'ailleurs modifieraient la littérature québécoise :

> On ne peut pas savoir à l'avance ce que ce phénomène donnerait à coup sûr, des thématiques autres, des formes autres, des transformations linguistiques, lexicales, parfois même syntaxiques, une hybridité culturelle affirmée, de nouveaux conflits, de nouveaux problèmes y compris de nouveaux types d'écriture, la formation peut-être d'un nouvel imaginaire social. (Robin 1989 179)

Les nombreuses publications de ces dernières décennies lui donnent raison. Le paysage littéraire québécois a été profondément modifié – les nombreuses études critiques s'interrogeant sur le plurilinguisme ou l'hybridité textuels en sont également la preuve. Mais il conviendrait de ne pas réduire ce questionnement à la seule situation québécoise et aux écritures migrantes dans le contexte québécois, le nomadisme moderne ou postmoderne refait la donne et exige peut-être des critiques une plus grande souplesse d'esprit. Nous nous trouvons aujourd'hui dans ce que Édouard Glissant appelle le tout-monde et acceptons cette métaphore obsédante glissantienne du « chaos-monde » :

> J'appelle *Chaos-monde* le choc actuel de tant de cultures qui s'embrasent, se repoussent, disparaissent, subsistent pourtant, s'endorment ou se transforment, lentement ou à vitesse foudroyante : ces éclats, ces éclatements dont nous n'avons pas commencé de saisir le principe ni l'économie et dont nous ne pouvons pas prévoir l'emportement. Le Tout-Monde, qui est totalisant, n'est pas (pour nous) total. (Glissant 1997 22)

Bibliographie

Aas-Rouxparis, Nicole. « *Passages* d'Émile Ollivier : Dérive et Diversité », in *Neue Romania* 18, 1997, pp. 117-126.
Casanova, Pascale. *La République mondiale des Lettres*. Paris : Seuil, 1999.
Chartier, Daniel. « Les origines de l'écriture migrante. L'immigration littéraire au Québec au cours des deux derniers siècles », in *Voix & Images* XXVII, 2 (80), 2002, pp. 303-316.
—. *Dictionnaire des écrivains émigrés au Québec 1800-1999*. Québec : Nota bene, 2003.
Chen, Ying. *Les Lettres chinoises*. Paris / Montréal : Leméac / Actes Sud, 1998
Des Rosiers, Joël. *Théories Caraïbes. Poétique du déracinement*. Montréal : Tryptique, 1996.
Ertler, Klaus-Dieter. « Les écritures migrantes au Québec et leur oscillation entre identité et différence », in Klaus Dieter Ertler / Martin Löschnigg (eds.), *Canada 2000. Identity and transformation. Identité et transformation*. Frankfurt/M. : Peter Lang, 2000, pp. 169-177.
Étienne, Gérard. *Un ambassadeur macoute à Montréal*. Montréal : Nouvelle Optique, 1979.
—. *Une femme muette*. Montréal : Nouvelle Optique, 1983.
—. *La pacotille*. Montréal : L'Hexagone, 1993.
—. *La romance en do mineur de Maître Clo*. Montréal : Balzac éditeur, 2000.
—. *Vous n'êtes pas seul*. Montréal : Balzac éditeur, 2001.
Fahroud, Abla. « Immigrant un jour, immigrant toujours ou comment décoller une étiquette ou se décoller de l'étiquette », in Anne de Vaucher Gravili (ed.), *D'autres rêves. Les écritures migrantes au Québec*. Actes du séminaire international du CISQ à Venise (15-16 octobre 1999), Venezia : Supernova, 2000, pp. 45-58.
—. *Le bonheur a la queue glissante*. Montréal : L'Hexagone, 1998.
Gauthier, Louise. *La mémoire sans frontières. Émile Ollivier, Naïm Kattan et les écrivains migrants au Québec*. Sainte-Foy : Editions de l'IQRC, 2000.
Gauvin, Lise. « Faits et effets de langue : le réalisme comme désir », in Lise Gauvin (ed.), *Les langues du roman : du plurilinguisme comme stratégie textuelle*. Montréal : Les presses de l'université de Montréal, 1999a, pp. 53-71.
—. « L'écriture entre les langues », in Anna Pia De Luca / Jean-Paul Dufiet / Alessandra Ferraro (eds.), *Palinsesti culturali. Gli Apporti Delle Immigrazioni Alla Letteratura Del Canada*. Udine : Forum, 1999b, pp. 67-82.

—. « Passages de langues », in Robert Dion / Hans-Jürgen Lüsebrink / János Riesz (eds.), *Ecrire en langue étrangère. Interférences de langues et de cultures dans le monde francophone*. Québec : Nota bene, 2002, pp. 23-42.

—. *L'écrivain francophone à la croisée des langues*. Paris : Karthala, 1997.

—. *Langagement. L'écrivain et la langue au Québec*. Montréal : Boréal, 2000.

Glissant, Édouard. *Traité du Tout-Monde*. Paris : Gallimard, 1997.

Harel, Simon. « La parole orpheline de l'écrivain migrant » in Pierre Nepveu / Gilles Marcotte (eds.), *Montréal imaginaire. Ville et littérature*. Montréal : Fides, 1992, pp. 373-418.

—. « Mémoires de l'identité, mémoires de l'oubli: Formes subjectives de l'écriture migrantes au Québec », in Anne de Vaucher Gravili (ed.), *D'autres rêves. Les écritures migrantes au Québec*. Actes du séminaire international du CISQ à Venise (15-16 octobre 1999). Venezia : Supernova, 2000a, pp.143-162.

—. « La maison vide », in *Zeitschrift für Kanada-Studien* 2, 38, 2000b, pp. 147-168.

Joseph, Sandrina. « 'Désormais le temps de l'entre-deux'. L'éclatement identitaire dans La Québécoite de Régine Robin », in *Globe* vol. 4, numéro 1, 2001, pp. 29-51.

Klaus, Peter. « Les 'écritures migrantes' au Québec et leur oscillation entre identité et différence », in Klaus-Dieter Ertler / Martin Löschnigg (eds.), *Canada 2000. Identity and transformation. Identité et transformation*. Frankfurt/M. : Peter Lang, 2000, pp. 149-156.

Laferrière, Dany. *Le Cri des oiseaux fous*. Paris : Le Serpent à plumes, 2000a.

—. *J'écris comme je vis*, Entretien avec Bernard Magnier. Montréal : Lanctôt, 2000b.

Lahens, Yanick. *L'exil. Entre l'ancrage et la fuite, l'écrivain haïtien*. Fort-de-France : Henri Deschamps, 1990.

LaRue, Monique. *L'arpenteur et le navigateur*. Montréal : Fides/CETUQ, 1996.

Moisan, Clément / Hildebrand, Renate. *Ces étrangers du dedans. Une histoire de l'écriture migrante au Québec (1937-1997)*. Québec : Nota bene, 2001.

Nepveu, Pierre. *L'écologie du réel. Mort et naissance de la littérature québécoise contemporaine*. Montréal : Boréal, 1999.

Ollivier, Émile. *Passages*. Montréal : Le Serpent à plumes, 1994.

—. *Les urnes scellées*. Paris : Albin Michel, 1995.

—. *Repérages*. Montréal : Leméac, 2001.

Phelps, Anthony. « Variations sur deux mots. Ecritures/Migrantes, Migration/Exil », in Anne de Vaucher Gravili (ed.), *D'autres rêves. Les écritures migrantes au Québec.* Venezia : Supernova, 2000, pp. 83-96.
Robin, Régine. « Les champs littéraires sont-ils désespérément monolingues ? Les écritures migrantes », in Anne de Vaucher Gravili (ed.), *D'autres rêves. Les écritures migrantes au Québec.* Actes du séminaire international du CISQ à Venise (15-16 octobre 1999). Venezia : Supernova, 2000, pp. 19-43.
—. *L'immense fatigue des pierres.* Montréal : YXZ, 1999.
—. *La Québécoite.* Montréal : YXZ, 1993.
—. *Le roman mémoriel : de l'histoire à l'écriture du hors-lieu.* Montréal : Le Préambule, 1989.
Shimazaki, Aki. *Hamaguri.* Paris / Montréal : Leméac / Actes Sud, 2000.
—. *Tsubaki.* Paris / Montréal : Leméac / Actes Sud, 1999.
—. *Tsubame.* Paris / Montréal : Leméac / Actes Sud, 2001.
Simon, Sherry. *Hybridité culturelle.* Montréal : L'île de la tortue, 1999.
—. *Le trafic des langues. Traduction et culture dans la littérature québécoise.* Montréal : Boréal, 1994.
Vitiello, Joëlle. « Itinéraires spatio-temporels : exil, nomadisme, diaspora chez Nancy Huston, Régine Robin et Émile Ollivier », in *Présence Francophone* 58, 2002, pp. 9-19.
—. « Poétiques haïtiennes-québécoises : D. Laferrière, E. Ollivier et G. Étienne », in Pierre Laurette / Hans-George Ruprecht (eds.), *Poétiques et imaginaires. Francopolyphonie littéraire des Amériques.* Paris : L'Harmattan, 1995, pp. 349-359.

Apports et trajectoires de l'immigration littéraire des femmes au Québec aux XIXe et XXe siècles

Daniel Chartier

Université du Québec à Montréal

Au Québec comme ailleurs dans le monde occidental, les mouvements migratoires ont façonné la culture et la littérature, et ils ont permis de déplacer les frontières du corpus d'œuvres littéraires, bien que le phénomène n'ait pas toujours été complètement pris en compte par l'historiographie nationale. Quelques phénomènes sont ainsi restés en marge ou ont été définis comme tels (Chartier 2001), ce qui a conduit à leur méconnaissance dans l'économie générale de la vie culturelle et sociale. Ainsi, si on a longuement retenu les effets de l'exode rural – l'un des phénomènes migratoires marquants du XXe siècle –, on a peu étudié l'apport de l'immigration, considérant sans doute qu'une société elle-même marginalisée en Amérique du Nord et fragilisée dans ses contacts avec l'étranger comme l'est le Québec n'avait que faire de quelques Français (ou plus récemment d'Haïtiens ou de Chiliens) échoués sur son territoire après un parcours alambiqué dont l'objectif terminal n'était certes pas le Québec lui-même. Pourtant, dans bien des cas, Montréal a constitué, en bout de course, la destination de refuge permanent pour un nombre appréciable d'écrivains et le lieu d'écriture, de publication et parfois d'inspiration pour bon nombre d'entre eux.

Au cours des deux derniers siècles, ce sont près de six cents écrivains qui ont émigré au Québec dans des conditions et des circonstances variées. Bien que leurs liens avec la majorité de langue française varient selon les époques et les pays d'origine, leur apport à la vie littéraire du Québec est considérable : on constate aujourd'hui que la proportion d'immigrés parmi les écrivains est deux fois plus importante que parmi la population en général. Il va de soi que la législation particulière du Canada et du Québec, qui favorise les immigrants déjà formés et scolarisés, conduit assez sûrement à une telle implication culturelle. Parmi ces écrivains émigrés, le quart sont des femmes, dont les positions, le statut institutionnel et les pratiques littéraires posent des problématiques particulières, liées à la fois à leur statut migratoire et à leur sexe. L'objectif de cet article est de présenter le contexte historique et les conditions qui rassemblent et divisent les cent cinquante écrivaines qui ont décidé d'immigrer au Québec de 1800 à 1999, de mesurer leur apport à la littérature québécoise et d'esquisser quelques pistes qui permettent de qualifier l'originalité de leur contribution à la constitution d'un imaginaire littéraire. Cette analyse s'inscrit dans le cadre des travaux du *Dictionnaire des écrivains émigrés au Québec, 1800-1999* (Chartier 2003).

Les phénomènes migratoires posent aux démographes des difficultés d'analyse particulières, puisque les déplacements binaires (du pays d'origine au pays d'accueil) deviennent l'exception à mesure que les mouvances multiples (dans le temps, l'espace et le contexte d'intégration) inscrivent des parcours certes plus intéressants, mais statistiquement plus flous et difficiles à comptabiliser. Par exemple, l'une des données démographiques tirées du *Dictionnaire des écrivains émigrés au Québec, 1800-1999* (Chartier 2003) démontre que les écrivains qui ont émigré au Québec au cours des deux derniers siècles l'ont souvent fait au terme d'un parcours migratoire complexe : 50% d'entre eux ont vécu dans un autre pays que leur pays d'origine et le Québec[1]. De manière générale, selon le recensement de 1996, le Québec compte aujourd'hui 9% d'immigrants, un taux semblable à celui des États-Unis et de la France, mais moindre que celui du reste du Canada, où l'on observe un taux de population née à l'étranger de 19%. Au Québec, ce taux est resté relativement stable depuis 1800, ce qui témoigne de la régularité du flux migratoire et de l'apport constant des immigrants à la population. Cependant, des changements s'opèrent dans les années 1960 : d'une part, la baisse brutale de la natalité conduit à des inquiétudes qui finissent par mettre en lumière la nécessité et l'utilité de l'immigration ; d'autre part, des changements à la loi fédérale de l'immigration (en 1967) mettent fin à la sélection géographique (voire raciale) qui avait cours jusque-là[2] (Tan et Roy 1985 10 ; Ward 1982 5). L'effet de ces modifications a moins porté sur le taux de population immigrée que sur la perception de l'immigration, issue de population d'origines plus diverses et plus visibles. Comme il arrive bien souvent, ce changement socio-démographique a été long à se manifester en littérature : dans le cas de la littérature migrante, un décalage d'une vingtaine d'années est observé avant que l'on remarque les premières indications de transition dans la production culturelle et littéraire.

---

[1] La proportion est la même si on isole de l'ensemble les écrivaines.
[2] Par exemple, seuls sept Chinois émigrent au Canada de 1926 à 1946 et deux Japonais de 1941 à 1950.

Pourtant, et dans un laps de temps relativement court, ce courant littéraire des « écritures migrantes » est devenu le courant dominant de la littérature québécoise, posant les problématiques de la mouvance et de la multiplicité des identités au cœur des préoccupations de la culture québécoise, dont elle a par ailleurs contribué à déplacer les frontières[3]. Bien que ce phénomène ne soit pas exclusif au Québec, il alimente aujourd'hui largement l'intérêt que l'on porte à sa littérature. Aussi, ces « écritures migrantes » ne rassemblent pas uniquement des écrivains émigrés (par exemple, le poète et essayiste Pierre Nepveu ou la nouvelliste Monique Proulx en font aussi partie), quoique ceux-ci en forment le principal contingent, ce qui a donné lieu à des querelles qui ne sont pas sans rappeler celle des Anciens et des Modernes, où le remplacement d'une génération littéraire par une autre soulève des tensions. Ainsi, à partir du début des années 1980, de nouveaux discours se manifestent dans des revues et des maisons d'édition d'abord marginales, puis devenues de plus en plus centrales dans la vie littéraire : les éditions Naaman[4] (fondées en 1973), Guernica[5] (en 1978), Humanitas[6] (en 1983) et du CIDIHCA (en 1986), les revues *Dérives*[7] (fondée en 1975), *Moebius* (en 1977), *Spirale* (en 1979) et surtout *Vice versa* (de 1983 à 1996). C'est dans cette dernière que l'on voit apparaître pour la première fois, en 1986, l'expression « écritures migrantes » (qui deviendra par la suite la plus utilisée) dans un article de Robert Berrouët-Oriol intitulé « L'effet d'exil[8] » (1986 20).

Pour arriver à comprendre ce corpus mouvant, parfois en marge et souvent disparate, il convient d'étudier à la fois la composition démographique du groupe des écrivains émigrés et les tendances littéraires qui se dégagent du corpus des œuvres qu'ils ont publiées sur une période

---

[3] D'autres littératures nationales, dont la belge, ont connu des mouvements de littérature migrante, mais sans que cette dernière finisse par être considérée au cœur de la définition de la littérature.
[4] Fondée par Antoine Naaman, cette maison d'édition visait d'abord à publier les écrivains de la francophonie ; très vite, elle a été amenée à publier des écrivains émigrés au Québec. Naaman est lui-même un écrivain émigré. Né à Port-Saïd (Égypte) en 1920, il étudie en France, enseigne en Égypte (1952-1958) et au Ghana (1965-1966), puis émigre au Québec en 1966. Il meurt à Sherbrooke (Québec) en 1986.
[5] Cette maison d'édition a été fondée par un écrivain d'origine italienne né au Québec, Antonio d'Alfonso.
[6] Fondée par le romancier, essayiste, scénariste et éditeur Constantin Stoiciu, qui est né à Aisi (Roumanie) en 1939. Il séjourne en Grèce en 1981, puis émigre au Québec en 1982.
[7] Fondée par Jean Jonassaint, poète, essayiste, éditeur, animateur radio, critique littéraire et professeur de littérature, qui est aussi le cofondateur de la revue *Dérives* (1975) et de l'Association des éditeurs de périodiques culturels québécois (1978 ; aujourd'hui la Société de développement des périodiques culturels québécois). Né à Port-de-Paix (Haïti) en 1950, il émigre au Québec en 1972, puis aux États-Unis (Caroline du Nord) en 1996.
[8] Robert Berrouët-Oriol, poète et critique, est né à Port-au-Prince (Haïti) en 1951. Il émigre au Québec en 1968.

plus longue que la fin du XXᵉ siècle, alors que se développe ce que les critiques et historiens ont appelé « la littérature migrante ». Ainsi considéré tout au long des XIXᵉ et XXᵉ siècles, le phénomène apparaît dans ses variations et ses caractéristiques propres comme un apport continu, quoique variable, à la production littéraire du Québec, qu'elle soit de langue française ou de langues minoritaires. Ces réflexions s'appuient sur la prémisse selon laquelle il existe une composante commune dans les modes d'écriture, de publication et de réception des écrivains qui ont vécu l'expérience de l'immigration, sans toutefois minimiser les différences dans les modalités d'intégration de certains écrivains ou certains groupes selon les époques et les frontières de la définition de la littérature nationale.

Migrations et histoire nationale

Bien qu'elle soit marquée par le prolongement colonial de la France métropolitaine, l'histoire québécoise ne peut se comprendre sans la convocation des influences déterminantes qui l'ont façonnée au cours des siècles, et qui continuent à en faire une société culturelle en marge en Amérique du Nord, mais aussi dans le monde occidental. Aujourd'hui, il devient pourtant nécessaire de relire l'histoire du Québec en posant une attention particulière à l'immigration, devenue à la fin du XXᵉ siècle un phénomène plus visible, quoique les taux d'immigration aient quantitativement peu varié au cours des années.

Au milieu du XVIIIᵉ siècle, alors que l'Angleterre prend possession de l'Amérique du Nord britannique et s'apprête à perdre, en 1776, son territoire méridional qui deviendra les États-Unis d'Amérique, l'avenir du Québec, une colonie française peu peuplée, mais dotée d'un immense territoire, suscite peu d'illusions : ses 60 000 habitants forment un peuplement modeste et homogène comparé au million et demi de colons qui animent déjà la Nouvelle-Angleterre, ce qui conduit à une position de repli et de conservation vis-à-vis de l'étranger, du moins jusqu'au début du XIXᵉ siècle. Peu à peu, l'arrivée d'immigrants irlandais, de quelques révolutionnaires français et, à la fin du XIXᵉ siècle, de religieux expulsés de France suite à l'adoption des lois Combes, permet à la culture québécoise d'intégrer les influences de ces immigrants, que ce soit par l'adoption de rythmes et de danses irlandaises et écossaises, par la fondation de journaux d'opinion et de revendication nationale libérale ou inversement par la mise en place d'un mouvement conservateur religieux ultramontain. On retrouve ainsi bien souvent un immigrant à la source des grands débats d'idées du

XIXᵉ siècle : le Suisse Napoléon Aubin[9] à la tête de journaux d'opinion ou à l'opposé l'Américain Jules-Paul Tardivel[10] qui deviendra à la fin du siècle le chef du mouvement radical ultramontain. En parallèle à ces influences liées aux mouvements migratoires, le Québec vit une période romantique qui provoque d'un côté des troubles révolutionnaires et, de l'autre, un mouvement littéraire qui suscitera la formation de l'École patriotique de Québec (Lemire et Saint-Jacques 1996), dans les années 1860, et la constitution d'une littérature nationale autonome et distincte de la France. Cette volonté d'indépendance culturelle, qu'on a appelée au début du XXᵉ siècle « La nationalisation de la littérature canadienne »[11], alimente le courant régionaliste, qui valorise les particularités du vocabulaire, des mœurs, de la religion et des paysages imaginaires québécois, au détriment de l'inspiration étrangère. Pourtant, l'œuvre-phare de ce courant est celle d'un immigrant français, Louis Hémon[12], qui publie en 1916 à Montréal un roman par la suite traduit dans une centaine de langues, *Maria Chapdelaine* (1916)[13]. Quoique éloigné des préoccupations des écrivains de l'écriture migrante de la fin du XXᵉ siècle, Hémon partage cependant avec eux une éducation littéraire différente de celle du pays et une position institutionnelle qui a certes quelques avantages, mais qui impose ses propres modes de différenciation : on a ainsi longtemps regretté que l'auteur de ce chef-d'œuvre soit un étranger plutôt qu'un Canadien.

À la même époque, deux écrivaines se distinguent de leurs contemporains dans la vie littéraire et vivent une existence exceptionnelle qui se rapproche de celles des auteures des générations qui les suivent :

---

[9] Né à Chêne-Bougeries (Suisse) en 1812, il émigre aux États-Unis en 1829, puis au Québec en 1835. Il repart pour les États-Unis en 1853 et revient au Québec en 1863. Il meurt à Montréal en 1890.

[10] Né à Covington (Kentucky, États-Unis) en 1851 d'un père français récemment immigré (1848) et d'une mère américaine, il séjourne quelques années à Mount Vernon (New York), puis est envoyé en 1868 au Séminaire de Saint-Hyacinthe pour y apprendre le français. Il retourne aux États-Unis, mais après quelques mois il émigre au Québec, où il vivra toute sa vie, sinon pour un long voyage en Europe en 1888 et 1889. Il meurt à Québec en 1905.

[11] C'est le titre d'une célèbre conférence prononcée en 1902 par Camille Roy, historien et critique littéraire. Roy a joué une influence déterminante dans la constitution de la littérature canadienne-française en objet d'étude et d'enseignement, notamment en publiant en 1918 son *Manuel de littérature canadienne-française*, qui fait suite à son *Tableau de l'histoire de la littérature canadienne-française*, paru en 1907, qui auront tous deux une fortune considérable dans l'enseignement.

[12] Né à Brest (Bretagne, France) en 1880, il s'installe en Angleterre en 1902, puis émigre au Québec en 1911. Il meurt à Chapleau (Ontario) en 1913.

[13] L'œuvre ne connaît son véritable succès que dans les années 1920, alors qu'elle est reprise à Paris chez Bernard Grasset dans la collection « Les cahiers verts », qu'elle inaugure en 1921.

Marie Le Franc[14] et Sui Sin Far[15]. La première, née en Bretagne, a le déplaisir d'arriver après la publication de *Maria Chapdelaine* et son origine bretonne soulève quelques méfiances : on ne souhaite pas, au Canada français, un second Louis Hémon. Un romancier de l'époque, Jean-Charles Harvey, regrette ainsi l'influence déterminante de ces deux écrivains dans une littérature encore en constitution : « C'est peut-être notre malheur à nous, écrit-il en 1938, que d'en revenir toujours aux fictions de Louis Hémon ou de Marie Le Franc. Ces deux fortes personnalités jettent une ombre sur nos meilleurs écrivains du terroir. Je le regrette pour nous tous.» (1938 2) L'œuvre de Marie Le Franc ne reçoit pas le même accueil que celle de son compatriote, quoique qu'elle remporte en 1927 le prix Femina pour *Grand-Louis l'Innocent* (1925) et vit un destin précurseur : elle partage dans les années 1920 et 1930 sa vie entre deux continents, parlant au Québec du vent breton et en France de la neige, regrettant l'un quand elle est chez l'autre, et dévoilant ainsi dans ses textes des parcours imaginaires qui posent la question de l'identité, de la migration et de l'appartenance en des termes nouveaux (Chartier 1996). Le rôle de Sui Sin Far doit être dévoilé à rebours, puisque son œuvre reste méconnue, bien qu'elle ait été relancée par les féministes américaines au cours de la dernière décennie. Née d'une mère chinoise et d'un père anglais, immigrée à Montréal avec sa famille en 1872, elle est aujourd'hui considérée comme la première écrivaine de fiction d'origine asiatique en Amérique du Nord. Son œuvre, disséminée dans les journaux et revues qui ont accepté, malgré la sinophobie de l'époque, de la publier, a partiellement été rassemblée en volume en 1912 sous le titre *Mrs. Spring Fragrance* (1912). Son discours revendique la singularité de son identité (celle d'une femme, d'une Asiatique et d'une immigrée) et en assume pleinement l'ambiguïté dans un climat nationaliste et hégémonique : « Je n'ai aucune nationalité et je n'en réclame aucune », écrivait-elle en anglais dans un texte remarquable de 1909 intitulé « Extraits du journal d'une Eurasienne » [16]. Si elle a fait l'objet d'une vingtaine d'articles scientifiques et de deux volumes aux États-Unis, où elle a vécu une partie de sa vie, Sui Sin Far est totalement absente du discours historique sur la vie littéraire au Québec, bien qu'elle y ait vécu la plus grande partie de sa vie. Elle marque l'exception de la vie littéraire du Québec et son extrême frontière : femme de langue anglaise, Asiatique, cosmopolite, pauvre et

---

[14] Née à Sarzeau (Morbihan, France) en 1879, elle émigre au Québec en 1905. De 1929 jusqu'à sa mort, elle vit entre la Bretagne et le Québec. Elle meurt à Saint-Germain-en-Laye (France) en 1964.

[15] Née Edith Maude Eaton à Prestbury (Cheshire, Angleterre) en 1865 d'un père anglais et d'une mère chinoise, elle émigre au Québec en 1872. Elle vit aux États-Unis de 1897 à 1912, puis revient à Montréal, où elle meurt en 1914.

[16] Traduction de « Leaves from the Mental Portfolio of an Eurasian » (1909).

célibataire, elle a pourtant réussi à percer le monde littéraire du début du siècle, bien qu'elle soit aujourd'hui tombée, malgré la pertinence de ses propos, dans l'oubli littéraire (Chartier 2002b).

Plus tard, dans les années précédant la Seconde Guerre mondiale, des écrivains exilés juifs arrivent au Québec, malgré les réticences des autorités, et publient leurs œuvres en yiddish ; parmi ceux-ci, deux femmes se distinguent : Rachel Häring Korn[17], qui publie une quinzaine de recueils de poésie, et la poète et romancière Ida Mazè[18], qui écrit cinq œuvres, toutes méconnues des milieux littéraires francophones. À la même période arrive Béatrice Clément[19], qui vivra entre le Québec, le Royaume-Uni et la France avant de s'établir définitivement au pays et publier vingt-cinq œuvres pour enfants, en plus de fonder l'Association des écrivains pour la jeunesse.

Au cours de la Révolution tranquille, plus de cent cinquante écrivains immigrent au Québec sous l'impulsion des embauches professionnelles massives dans la fonction publique et participent à la vie littéraire tout en contribuant à la diversification de l'immigration. C'est pendant cette période qu'un nombre appréciable d'écrivaines d'Afrique du Nord et du Moyen-Orient commencent à écrire au Québec : Anne-Marie Alonzo[20], les romancières Nadia Ghalem[21], Mona Latif-Ghattas[22] et, bien sûr, Marie Cardinal[23], arrivée en 1960 avec Jean-Pierre Ronfard[24], invité à diriger la nouvelle École nationale de théâtre de Montréal. C'est aussi à ce moment qu'entrent en poste des professeures étrangères, dont plusieurs publieront aussi de la fiction : Monique Bosco[25], Éva Kushner[26], Marguerite Andersen[27]

---

[17] Née à Podliski (Autriche-Hongrie, aujourd'hui Pologne) en 1898, elle s'exile en Suède suite à l'occupation de la Pologne par les Allemands, puis en Ouzbékistan (alors Union soviétique) au cours des années 1930. Après la Guerre, elle retourne en Pologne, puis émigre au Québec en 1948. Elle meurt à Montréal en 1982.

[18] Née à Olgi (Russie) en 1893, elle séjourne aux États-Unis en 1907, émigre au Canada (Ontario) en 1908, puis déménage au Québec quelques années plus tard. Elle meurt à Montréal en 1962.

[19] Née à Paris en 1905 de parents québécois, elle fait ses études primaires en Angleterre, ses études secondaires chez les Ursulines de Québec (1918-1919), puis au pensionnat des Oiseaux, à Londres. Elle retourne à Paris en 1923, puis s'installe définitivement au Québec en 1940.

[20] Née à Alexandrie (Égypte) en 1951, elle émigre au Québec en 1963.

[21] Née à Oran (Algérie) en 1941, elle vit en France, en Allemagne, en Côte-d'Ivoire, au Niger et en Espagne, puis émigre au Québec en 1965.

[22] Née au Caire (Égypte) en 1946, elle émigre au Québec en 1966.

[23] Née à Alger (Algérie) en 1929, elle étudie ensuite en France. À partir de 1953, elle enseigne en Grèce, au Portugal et en Autriche, puis elle émigre au Québec en 1960. Elle vit entre la France et le Québec, jusqu'à sa mort à Avignon (France) en 2001.

[24] Né à Thivencelles (Nord, France) en 1919. À partir de 1953, il travaille en Algérie, en Grèce, au Portugal et en Autriche, puis au Québec où il émigre en 1960.

[25] Née à Vienne (Autriche) en 1927, elle vit à Marseille (France) à partir de l'âge de quatre ans. Elle étudie d'abord en France, puis au Québec où elle émigre en 1948.

et Suzanne Lamy[28]. Elles seront suivies dans les décennies suivantes entre autres par Régine Robin[29], Maïr Verthuy[30] et Gloria Escomel[31], qui contribuent à formaliser l'expérience de la femme immigrante dans des textes fictionnels et théoriques qui articulent des positions littéraires et féministes avec le concept des « écritures migrantes ». La fonction d'enseignement semble la meilleure intégration sociale pour la plupart des écrivaines immigrées au Québec : près de 50% d'entre elles occupent en effet un poste d'enseignante ou de professeure.

Dans les dernières années, certaines écrivaines émigrées ont tenté de réconcilier l'expérience de l'immigration avec celle de la maternité et ont proposé des formes littéraires plus novatrices que celles de leurs confrères, et qui s'éloignent lentement des préoccupations de l'écriture migrante. Le renouvellement littéraire amorcé par la dramaturge d'origine libanaise Abla Farhoud[32], par les Polonaises Ann Charney[33] et Tecia Werbowski[34], par l'essayiste et romancière d'origine yougoslave Aline Apostolska[35] ou encore par la romancière Ying Chen[36], née à Shanghaï, n'est pas exempt d'une méfiance face à une récupération marginale, dans un corpus « immigrant » qui pourrait représenter une marge qui empêche la pleine reconnaissance des œuvres. C'est ainsi que Ying Chen souhaite désormais retirer le plus de référents culturels possibles de ses textes : tout comme elle dit, en entrevue, arracher les herbes qui s'évertuent à pousser dans son jardin de pierres, elle

---

[26] Née à Prague (Tchécoslovaquie, aujourd'hui République Tchèque) en 1929, elle étudie en France de 1939 à 1945, puis émigre au Québec en 1946. Elle vit à Ottawa à partir de 1961, puis revient au Québec en 1976.

[27] Née à Magdebourg (Allemagne) en 1924, elle étudie en France et en Allemagne, puis émigre au Québec en 1958. Elle s'installe en Ontario en 1972. Elle a aussi vécu en Tunisie, en Éthiopie, en Angleterre et aux États-Unis (Dakota du Nord).

[28] Née à Lombez (Gers, France) en 1929, elle émigre au Québec en 1954. Elle meurt à Montréal en 1987.

[29] Née Ryvka Ajzersztejn à Paris en 1939 d'une mère russe et d'un père polonais, elle émigre au Québec en 1977.

[30] Née à Birdgend (Pays de Galles) en 1931, elle séjourne en France, puis brièvement au Canada (Ontario) avant d'émigrer au Québec en 1965.

[31] Née à Montevideo (Uruguay) en 1941, elle étudie en France à partir de 1960, puis au Québec où elle émigre en 1967. Elle a aussi enseigné en Guadeloupe.

[32] Née à Aïn-Hirché (Liban) en 1945, elle émigre avec sa famille au Québec en 1951. Elle retourne au Liban en 1962, séjourne à Paris à partir de 1969, puis revient au Québec en 1973.

[33] Née à Lwow (Pologne, aujourd'hui Ukraine) en 1940, elle émigre au Québec au cours des années 1950, puis étudie en France durant les années 1960 avant de revenir au Québec quelques années plus tard.

[34] Née à Lwow (Pologne, aujourd'hui Ukraine) en 1939, elle séjourne en Tchécoslovaquie de 1947 à 1951, retourne en Pologne, étudie à Prague de 1957 à 1962, revient en Pologne, puis émigre au Québec en 1968.

[35] Née à Skopje (Yougoslavie, aujourd'hui République yougoslave de Macédoine) en 1961, elle émigre à Paris en 1965, puis au Québec en 1998.

[36] Née à Shanghaï (Chine) en 1961, elle émigre au Québec en 1989.

élimine désormais de ses textes les allusions à la Chine ou au Québec[37], pour produire des romans qui font abstraction du passage culturel lié à la migration.

Contexte littéraire

Le processus migratoire, l'exil et les questions identitaires, quoique prégnantes dans bon nombre d'œuvres initiales des écrivains et écrivaines émigrés au Québec, ne sont toutefois pas les thèmes centraux de leurs textes subséquents. Il faut reconnaître que le concept des « écritures migrantes » reste flou, qu'il couvre un vaste corpus de la littérature québécoise des années 1980 et 1990 et qu'il s'inscrit dans un large spectre formel. De la formalisation de l'expérience migrante dans *La Québécoite* (1983) de Régine Robin au récit classique de *La Fiancée promise* (1983) de Naïm Kattan, il couvre aussi des différences linguistiques considérables : du langage populaire de *Comment faire l'amour avec un Nègre sans se fatiguer* (1985) de Dany Laferrière[38] à la langue épurée de *Immobile* (1998) de Ying Chen. Cependant, il ne faut pas négliger le partage de préoccupations communes à ces textes, que ce soit les liens particuliers qui sont établis entre l'écriture et la mémoire, et notamment l'enfance, la volonté de comprendre, puis de participer à une vie étrangère, qui se donne d'abord comme un spectacle. Aussi, si la différence des auteurs émigrés ne se situe pas toujours dans la thématique de leurs œuvres, elle apparaît souvent dans leur apport institutionnel ou formel à la vie littéraire du Québec : bon nombre d'écrivains ont ainsi fondé des théâtres, des revues ou des maisons d'édition (dont la poète Anne-Marie Alonzo, fondatrice des Éditions et de la revue Trois), participé à la rédaction de l'histoire culturelle nationale ou encore travaillé comme scénariste pour des émissions destinées à la jeunesse : toutes des fonctions qui relèvent directement de la construction d'un imaginaire national. Dans d'autres cas, le regard divergent des écrivains s'est inscrit dans le prolongement de réflexions formelles existantes, qu'il a permis de renouveler : pensons à *Maria Chapdelaine* – à proprement parler un récit exotique, puisqu'il est le fait d'un étranger qui observe un monde qui n'est pas le sien –, à la conception de la nature laurentienne dans les romans de Marie Le Franc ou encore, à la conception novatrice du théâtre du

---

[37] « Voilà pourquoi elle doit écrire dans une langue neutre et dépouillée. Et gommer toute tache de couleur locale, comme elle arrache toute herbe qui pousse parmi les petits cailloux blancs de sa terrasse. 'Ce n'est pas le typique qui m'intéresse, ni le vernaculaire, ni le familier. Je ne cherche pas la couleur mais la lumière, qui est la même partout' » (Germain 2000).
[38] Né à Port-au-Prince (Haïti) en 1953, il s'exile au Québec en 1976. Depuis 1990, il vit entre Montréal et les États-Unis (Miami, Floride).

dramaturge et metteur en scène Wajdi Mouawad[39]. La question de la transmission mémorielle demeure cependant au cœur du phénomène, qui se transcrit dans bien des œuvres. Cette position inconfortable, mais fertile, est exprimée par le dramaturge et romancier Pan Bouyoucas[40], qui écrit : « s'il y a des Québécois qui ne me comprennent pas, mes parents me comprennent encore moins. » (1994 33). Orphelins de la continuité culturelle, les écrivains émigrés doivent s'inventer une position d'où engendrer leurs œuvres.

Bien que l'on reconnaisse l'ampleur du phénomène de l'écriture migrante, peu d'études s'y sont consacrées jusqu'à maintenant et la méthodologie du concept reste indéterminée, ce qui en mine parfois l'utilité opératoire. Parmi les études, on retient surtout celles de Lucie Lequin, Maïr Verthuy et Christl Verduyn, qui se sont particulièrement intéressées à l'apport des femmes émigrées ; celles de Simon Harel et le récent ouvrage de synthèse de Clément Moisan et Renate Hildebrand, *Ces étrangers du dedans. Une histoire de l'écriture migrante au Québec*, qui offre une analyse historique et interprétative de l'ensemble du phénomène dont on a peine à définir clairement les frontières.

On peut distinguer cinq périodes dans l'histoire de l'immigration littéraire au Québec : le XIXe siècle, pendant lequel immigrent quelques Français et Irlandais, et un certain nombre de religieux ; le début du XXe siècle, qui, jusqu'à 1939, voit l'arrivée d'immigrants européens, dont les premiers écrivains juifs d'Europe de l'Est, et de quelques Américains ; la période d'après-guerre, de 1940 à 1959, pendant laquelle l'immigration traditionnelle européenne se poursuit, en parallèle à de nouveaux courants migratoires de Pologne, de Roumanie et d'Italie ; la Révolution tranquille, marquée par les écrivains d'Europe francophone venus occuper des postes dans la fonction publique en pleine croissance, mais aussi les premiers écrivains d'Afrique du Nord et des Antilles ; enfin, la période contemporaine voit s'accentuer la diversification de l'origine des écrivains émigrés, venus d'Europe et d'Afrique, mais de plus en plus des Antilles, d'Amérique du Sud et de l'Asie (Chartier 2002a).

Au cours de ces périodes, l'immigration des femmes écrivaines s'est lentement accentuée, poursuivant en cela l'intensification générale de l'activité littéraire au Québec et les progrès de la situation sociale de la femme. Comme le démontrent les tableaux 1 et 2, le nombre d'écrivains émigrés au Québec est en constante augmentation depuis le XIXe siècle ; l'effet de recul observé à la décennie 1990 n'est dû qu'à une distorsion statistique. Cependant, avant d'en conclure à une présence

---

[39] Né au Liban en 1968, il émigre en France en 1976, puis au Québec en 1982.
[40] Né à Beyrouth (Liban) en 1946 de parents d'origine grecque, il émigre au Québec en 1963. Il séjourne aux États-Unis en 1964, puis revient au Québec en 1965.

proportionnellement plus massive des écrivains émigrés, il faut rappeler le contexte d'effervescence culturelle et littéraire du Québec pendant la même période. Par exemple, alors qu'il ne se publiait que 38 œuvres littéraires dans les années 1850, il en paraissait 1 333 pendant les années 1960 et plus de treize mille dans les dix dernières années du XXe siècle. Par contre, la présence des femmes parmi les écrivains émigrés au Québec est plus significative : leur proportion, négligeable jusqu'au tournant du siècle, atteint aujourd'hui près de 33%.

TABLEAU 1

Les femmes partagent avec les écrivains immigrés la plupart de leurs caractéristiques sociologiques, mais elles se distinguent à certains égards. Ainsi, autant d'hommes que de femmes ont vécu ailleurs que dans leur pays d'origine et le Québec : la moitié des écrivains qui arrivent au Québec le font au terme d'un parcours multiple qui complexifie leur identité culturelle, mais qui démontre aussi que le Québec est moins une destination longtemps imaginée culturellement qu'un espace d'accueil découvert au hasard des migrations. L'analyse des parcours nous apprend aussi que les femmes connaissent une période d'activité littéraire plus courte que celle des hommes : ces derniers écrivent en moyenne pendant vingt ans de leur vie, contre treize ans seulement pour les femmes. Enfin, ces dernières pratiquent au Québec moins la poésie et le roman, mais bien davantage la critique littéraire et artistique. Finalement, bien peu d'écrivaines sont arrivées des Antilles, alors qu'une forte proportion a immigré de l'Europe non francophone et d'Afrique du Nord.

TABLEAU 2

On a rapidement identifié une similitude entre la position marginale des écrivaines émigrées et ce « droit à la différence » défendu par les féministes, dont la poète Nicole Brossard :

> tout ce que le féminisme a accompli en faisant du respect de la différence un principe essentiel à ses revendications, écrit-elle, [a eu] un effet d'entraînement positif dans la vie de ceux et de celles dont la différence raciale, ethnique, culturelle, sexuelle et physique est source de discrimination et d'humiliation. (Brossard 2000 13)

L'idée de la mémoire à transmettre s'inscrit souvent dans une quête des origines – liée à l'enfance, comme chez la plupart des écrivains – qui doit réconcilier le présent et parfois les douleurs de l'exil et de la migration.

Cette position ambiguë, à la fois de richesse et de pauvreté, apparaît comme une recherche partagée par les auteures, qui se rejoignent, malgré la diversité de leurs pratiques, dans un même désir de cohérence personnelle et culturelle. La prise en compte de ces expériences et des œuvres de ces auteures dans l'historiographie soulève des problèmes qu'il ne faut pas mésestimer sous le couvert d'un transnationalisme séduisant, souhaitable, mais qui couve aussi le danger d'une marginalisation de l'expérience migratoire dans l'évolution nationale des littératures. Le défi consiste justement à caractériser le phénomène de l'immigration littéraire tout en évaluant justement l'apport des écrivains et des écrivaines émigrés à l'évolution des genres et des modes littéraires ; cette exigence impose parfois une reconfiguration et une dissolution des frontières historiques et, en tout temps, une attention à la découverte de silences fragiles qui cachent parfois des prises de paroles avortées et depuis longtemps oubliés.

Bibliographie

Berrouët-Oriol, Robert. « L'effet d'exil », in *Vice versa*, no 17, décembre 1986-janvier 1987.

Bouyoucas, Pan. « Le brassage des cultures », in *Jeu*, no 72, septembre 1994.

Brossard, Nicole. « Avant-propos », in *Globe. Revue internationale d'études québécoises*, vol. 3, no 2, « Le vingtième siècle québécois des femmes », 2000.

Chartier, Daniel. « La nationalisation littéraire de l'œuvre de Marie Le Franc : de la Bretagne au Québec », in *Neohelicon* (Académie des Sciences de Hongrie), vol. 22, no 1, 1996, pp. 217-238.

Chartier, Daniel. « Mouvement migratoires et frontières culturelles du Québec », in Jaap Lintvelt et François Paré (éd.), *Frontières flottantes. Shifting Boundaries*. Amsterdam et New York : Rodopi, collection « Faux titre », 2001, pp. 169-177.

Chartier, Daniel. « Les origines de l'écriture migrante. L'immigration littéraire au cours des deux derniers siècles », in *Voix et images*, vol. 27, no 2, hiver 2002a, pp. 303-316.

Chartier, Daniel. « Une voix parallèle de la fin du XIXe siècle au Québec : Sui Sin Far », communication présentée lors du Congrès de l'Association francophone pour le Savoir (ACFAS), à l'Université Laval, mai 2002b.

Chartier, Daniel. *Dictionnaire des écrivains émigrés au Québec, 1800-1999*. Québec : Nota bene, 2003.

Chen, Ying. *Immobile*. Montréal : Boréal, 1998.

Germain, Georges-Hébert. « Dans le jardin de Ying Chen », in *Le Devoir*, 7 octobre 2000, p. A-1.

Harel, Simon. *Le voleur de parcours. Identité et cosmopolitisme dans la littérature québécoise contemporaine*. Longueuil : Le Préambule, « L'univers des discours », 1989.

Harel, Simon. « L'exil dans la langue maternelle : l'expérience du banissement », in *Quebec Studies*, no 14, Spring/Summer 1992a, pp. 23-30.

Harel, Simon. *L'étranger dans tous ces états. Enjeux culturels et littéraires*. Montréal : XYZ éditeur, collection « Théorie et littérature », 1992b.

Harel. Simon. « La parole orpheline de l'écrivain migrant », in Pierre Nepveu et Gilles Marcotte (éd.), *Montréal imaginaire. Ville et littérature*. Montréal : Fides, 1992c, pp. 373-418.

Harvey, Jean-Charles. « Critique littéraire. *30 Arpents* : grand roman du terroir de notre compatriote Ringuet. », in *Le Jour*, vol. 2, no 15, 24 décembre 1938.
Hémon, Louis. *Maria Chapdelaine. Récit du Canada français*. Montréal : J. A. Lefebvre, 1916.
Kattan, Naïm. *La Fiancée promise*. Montréal : Hurtubise HMH, collection « L'arbre », 1983.
Laferrière, Dany. *Comment faire l'amour avec un Nègre sans se fatiguer*. Montréal : VLB éditeur, 1985.
Le Franc, Marie. *Grand-Louis l'Innocent*. Montréal : Cie de publication de « La Patrie », 1925.
Lemire, Maurice et Denis Saint-Jacques (dir.). *La Vie littéraire au Québec*, tome III, 1840-1869. Québec : Presses de l'Université Laval, 1996.
Lequin, Lucie. « L'épreuve de l'exil et la traversée des frontières. Des voix de femmes », in *Québec Studies*, no 14, 1992, pp. 31-39.
Lequin, Lucie. « Elles disent leur dépaysement et bâtissent leur repavement », in *Les Bâtisseuses de la cité*. Montréal : ACFAS, 1993, pp. 307-318.
Lequin, Lucie. « D'exil et d'écriture », in Gabrielle Pascal, *Le roman québécois au féminin*. Montréal : Tryptique, 1995, pp. 23-31.
Lequin, Lucie. « Paroles transgressives et métissage culturel au féminin », in *Revue d'études canadiennes*, vol. 31, no 4, hiver 1996a, pp. 47-57.
Lequin, Lucie. « Dans le silence entre les mots, l'inédit prend forme », in *Revue d'études canadiennes*, vol. 31, no 3, automne 1996b, pp. 87-96.
Lequin, Lucie. « À la croisée des chemins », in Lucie Joubert (éd.), *Trajectoires au féminin dans la littérature québécoise (1960-1990)*. Montréal : Nota Bene, collection « Littérature(s) », 2000, pp. 107-118.
Moisan, Clément et Renate Hildebrand. *Ces étrangers du dedans. Une histoire de l'écriture migrante au Québec*. Québec : Nota bene, collection « Études », 2001.
Robin, Régin. *La Québécoite*. Montréal : Hurtubise HMH, collection « L'arbre », 1983.
Sui Sin Far. « Leaves from the Mental Portfolio of an Eurasian », in *The Independant*, vol. 66, 21 janvier 1909, pp. 125-132.
Sui Sin Far. *Mrs. Spring Fragrance*. Chicago : A. C. McClurg & Co., 1912.
Tan, Jin et Patricia Roy. *Les Chinois au Canada*. Ottawa : Société historique du Canada, collection « Les groupes ethniques du Canada », 1985.
Verduyn, Christl. « La voix féminine de l'altérité québécoise littéraire », in Yolande Grisé et Robert Major (éd.), *Mélanges de littérature canadienne-française et québécoise offerts à Réjean Robidoux*. Ottawa : Presses de l'Université d'Ottawa, collection « Cahiers du CRCCF », 1992a, pp. 379-390.

Verduyn, Christl. « Nouvelles voies/voix : l'écriture de Nadine Ltaif », in *Quebec Studies*, no 14, 1992b, pp. 41-48.

Verduyn, Christl. « Perspectives critiques dans les productions littéraires migrantes au féminin, au Québec et au Canada », *Journal of Canadian Studies/Revue d'études canadiennes*, vol. 31, no 3, automne 1996, pp. 78-86.

Verthuy, Maïr (en collaboration avec Lucie Lequin). « Répertoire de l'écriture des femmes migrantes au Québec, 1960-1991 », in *Documentation sur la recherche féministe / Resources for feminist research*, vol. 21, nos 3-4, automne-hiver 1992, pp. 86-94.

Verthuy, Maïr. « L'écriture des femmes migrantes au Québec », in Claude Duchet et Stéphane Vachon (éd.), *La recherche littéraire. Objets et méthodes*. Montréal et Saint-Denis : XYZ éditeur et Presses universitaires de Vincennes, 1993, pp. 343-350.

Ward, W. Peter. *Les Japonais au Canada*. Ottawa : Société historique du Canada, collection « Les groupes ethniques du Canada », 1982.

Le Premier jardin d'Anne Hébert : métaphores, origines. Oui, mais lesquelles ?

Nicole Buffard-O'Shea

California State University at Sacramento

Des ronds de feu à franchir comme au cirque. N'a-t-elle pas été, toute sa vie, une bête de cirque ? Voici que ça recommence. Les répétitions de *Oh ! les beaux jours débutent demain*. Déjà, elle se nomme Winnie. L'épreuve du feu à nouveau. Le passage de la ligne. La première fois, c'est dans les bras d'un homme casqué qu'elle a franchi une fenêtre pleine d'étincelles, et son ancien nom de Pierrette Paul est resté derrière elle à se consumer, comme de la cendre, dans les flammes de l'hospice Saint-Louis. Ça crépite et ça gronde dans son dos, et c'est le souffle de la mort qui la flaire et la lèche. Un homme l'emporte dehors, sur la neige, comme un paquet, remonte sur la grande échelle pour chercher une autre petite fille hurlante. Quelqu'un dans la nuit assure qu'elle se nomme désormais Marie Éventurel. Elle prouvera par la suite que ce n'est jamais fini de sauter au milieu des flammes. La vie de cirque est pleine de périls et de la jubilation incomparable de passer à travers le noyau éclaté de son cœur, en flammèches ardentes. Je m'appelle Phèdre, Célimène, Ophélie, Desdémone. Je retombe sur mes pieds après chaque représentation. Je salue bien bas. Puis je vaque à mes petites affaires, comme tout le monde.[1]

J'ai choisi de commencer mon étude avec ce passage parce qu'à mon sens il rend compte de la problématique métaphorique et sémantique du roman d'Anne Hébert, *Le Premier jardin*.

Cette longue citation contient les ingrédients essentiels à l'histoire du roman. Les identités multiples du personnage principal, Flora Fontanges, orpheline de père et de mère, que l'on appelait Pierrette Paul à l'orphelinat,

---

[1] Anne Hébert, *Le Premier jardin*, Collection Points, Paris : Editions du Seuil, 1988. p. 171. Toutes les références à ce roman seront désormais mentionnées entre parenthèses dans le texte de mon article.

qui devient Marie Éventurel lors de son adoption. Les multiples « épreuves du feu » que celle-ci doit traverser au cours de sa vie, de sa carrière. De ronds de feu en ronds de feu pour Flora Fontanges, actrice vieillissante : « ce n'est jamais fini de sauter au milieu des flammes », comme elle l'avait fait lors de l'incendie qui a détruit l'hospice Saint-Louis où les religieuses l'avait recueillie ; lors de son adoption par les Éventurel quand on a désinfecté son corps dans un bain d'eau de Javel, qu'on a brûlé les traces que la scarlatine y avait laissé après l'incendie ; « épreuve du feu » qu'elle subit tous les soirs au théâtre, car, pour Flora Fontanges le théâtre est une « mise à mort » métaphorique sous le feu des projecteurs, une mise à mort sans cesse renouvelée.

La critique a beaucoup commenté cet aspect fort du *Premier jardin*, en particulier Daniel Marcheix dans son article : « 'L'épreuve du feu' dans *Le Premier jardin* : de la confiscation des origines à la 'vivifiante hystérie' ». La critique s'est intéressée à cette femme, à cette actrice, qui retrace, à son corps défendant, le parcours d'une enfance difficile, douloureuse, à travers les rues de la ville d'où elle s'était volontairement exilée pendant des années. La critique n'a pas manqué de constater que dans *Le Premier jardin*, Anne Hébert retourne aux sources du Québec, à Marie Rollet et Louis Hébert, ancêtres supposés de l'auteur, sorte d'Adam et Eve québécois, les premiers à avoir planté dans la terre québécoise les premières graines apportées de France. Elle remonte aux origines amérindiennes du continent nord-américain, au « premier regard » posé sur ce pays par « le premier homme et la première femme [...] [qui] avaient le teint cuivré et des plumes dans les cheveux », à leur premier jardin qui, contrairement à celui de Marie Rollet et de Louis Hébert, « n'avait ni queue ni tête » (79). Le personnage d'Anne Hébert retourne aux sources également, à celles de sa naissance, de son enfance et à celles des origines de sa fille Maud, l'éternelle fugueuse, la raison principale de son retour au pays natal.

Roman des origines donc, à travers une lignée de femmes, qui ont peuplé le Québec, dont Flora Fontanges évoque l'existence ; à travers la lignée des rôles féminins qui ont peuplé l'existence de Flora Fontanges ; à travers la quête existentielle de Flora Fontanges et de celle de Maud. Le roman d'Anne Hébert semble confirmer ce que disait Hélène Cixous, à propos de l'écriture chez la femme, dans son article « Le Rire de la méduse », « The Laugh of the Medusa » : « In woman, personal history blends together with the history of all women, as well as national and world history » (882). Pour l'écrivaine québécoise Lori Saint-Martin, dans le roman d'Anne Hébert : « tout se produit comme si, pour une femme qui écrit, toute tentative de repenser l'Histoire officielle ou l'histoire familiale passait forcément par l'intégration du féminin [...] (Saint-Martin 671).

L'extrait du *Premier jardin* que j'ai cité est aussi représentatif de la dimension poétique, plus particulièrement du caractère métaphorique du roman d'Anne Hébert. Contrairement à ce qu'écrivait Bernard Aresu dans son article : « Québécois, postcolonial : à propos du *Premier jardin* d'Anne Hébert », je considère que c'est par sa complexité métaphorique et son intensité poétique que *Le Premier jardin* saurait rivaliser, pour reprendre ses termes, avec *Kamouraska* et *Les Fous de bassan*, romans d'Anne Hébert plus connus du grand public, très certainement plus célébrés par la critique[2]. Parce qu'elle contient à la fois le sens d'origine du mot, du langage, les changements qu'il a subis et les multiples possibilités sémantiques qui en découlent, la métaphore exprime une multiplicité de sens. Infiniment double, explique Paul Gordon dans son éminent ouvrage *The Critical Double*, la métaphore reprend le sens d'origine du mot en même temps qu'elle le cache derrière la multiplicité sémantique qui la caractérise. C'est sur cette complexité métaphorique et poétique que je veux me concentrer ici pour explorer quelques-unes des possibilités sémantiques qu'elle propose.

À mon sens, c'est une métaphore qui est à l'origine du *Premier jardin*, qui constitue le point de départ du processus narratif, contient les caractéristiques de la structure narrative du roman. Selon moi, c'est « une poignée de porte » à la beauté « insolite » qui ouvre le roman d'Anne Hébert et se pose en métaphore de son texte :

> Elle voit très nettement une poignée de porte en verre taillée qui brille étrangement dans la rue Plessis aux façades sombres. Flora Fontanges ne pourra jamais exprimer la beauté insolite de cette poignée de porte, les couleurs du prisme se mirant en chacune de ses facettes. Virant au seul violet, à mesure que le temps passe. Il suffirait de la tourner dans sa main, avec précaution, cette poignée brillante, pour avoir accès à tout l'appartement de M. et Mme Éventurel qui ont adopté une petite fille rescapée de l'hospice Saint-Louis (38).

Placée dans la partie initiale du *Premier Jardin*, la « poignée de porte en verre taillé » débute le roman et ouvre ses nombreuses portes sémantiques. Poignée de porte aux facettes multiples, elle s'ouvre sur les femmes multiples, identités multipliées qui permettent à Flora Fontanges

---

[2] Je reprends ici la terminologie de Bernard Aresu qui dans son article écrit que *Le Premier jardin* : « ne saurait rivaliser avec l'épopée intérieure de *Kamouraska* et le tour de force narratif et mythologique des *Fous de bassan*, il n'en participe pas moins par sa poétique fragmentaire à cette démarche prismatique de décomposition et de réfraction, tout aussi bien qu'à cette tentative de reconstruction qui comptent parmi les traits les plus marquants de la production postcoloniale » (567). Je reviendrai sur ce qu'Aresu appelle la « poétique fragmentaire » et la « démarche prismatique » dans les pages qui vont suivre, hors du contexte postcolonial cependant.

d'« [éclater] en dix, cent, mille fragments vivaces ; être dix, cent, mille personnes nouvelles et vivaces […] [faire] éclater son cœur en cent morceaux brillants comme des soleils » (64). Elle s'ouvre aussi sur le caractère fragmenté de la narration, prisme à facettes multiples composé de fragments textuels dont la chronologie est disjointe, fragmentée elle aussi[3]. Enfin, elle contient la multiplicité des récits qui s'insèrent dans le roman : les comptes rendus, essais historiques racontant des vies de femmes qui auraient existé ; les rapports de police, succincts et laconiques, qui enregistrent les fugues répétées de Maud au fil des années ; le texte d'état civil qui fait l'inventaire des pauvres possessions d'une dénommée Renée Chauvreux et rend compte des conditions éphémères et miséreuses de son existence ; la liste infinie où les noms des « filles du Roi[4] » s'égrènent lorsque Flora Fontanges la récite « comme une longue litanie de saintes » (99).

Instrument essentiel à de multiples ouvertures, la « poignée […] en verre taillé » du *Premier jardin* sert aussi à fermer les portes sémantiques et métaphoriques du roman. Tout en permettant à Flora Fontanges d'évoquer le passé des femmes qui ont contribué à peupler le Québec, de ressusciter ces oubliées de l'histoire officielle du Québec, les litanies incantatoires mentionnées ci-dessus l'aident également à refouler son propre passé, à fermer, ou plutôt, à ne pas ouvrir la porte de ses souvenirs. En particulier celle qui donne sur l'appartement de sa « fausse grand-mère », la mère de Madame Éventurel, grande dame hautaine de la bourgeoisie québécoise, dont le couperet linguistique « vous n'en ferez jamais une lady », tel celui de la Reine de Cœur dans *Alice*, (139), avait condamné Marie Éventurel à une mort sociale certaine. « Fausse grand-mère » qui avait fermé, détruit l'émerveillement initial qu'avait ressenti Marie Éventurel devant le « bouton brillant », (159), comme le destin auquel elle aspirait. « Fausse grand-mère » dont la main « longue et fine, gantée de chevreau noir » tournera « le bouton de porte brillant » à la fin du roman et ouvrira la porte que Flora refusait de pousser initialement. Origine métaphorique du roman, la poignée de porte en symbolise également la clôture, elle marque la fin de la réticence de Flora Fontanges à évoquer en détail une partie douloureuse de son passé, l'incendie de l'orphelinat sur lequel je reviendrai plus loin.

Métaphore parfaite, la « poignée de porte en verre taillé » représente à la fois une poignée de porte, littéralement, et la multiplicité sémantique que je viens de proposer. Cependant, pour le philosophe français Alain, c'est

---

[3] Voir à ce propos la conclusion de Bernard Aresu citée dans la note précédente.
[4] Femmes de pauvre condition, au 17ème siècle les « filles du roi » étaient envoyées au Québec par le roi de France pour peupler la province. Elles partaient pour la Nouvelle France avec la promesse de quelque argent à condition qu'elles épousent l'homme, soldat, trappeur ou fermier, qui les choisirait à leur arrivée.

Phénix, l'oiseau mythique éternellement renouvelé, qui constitue la métaphore modèle. C'est lui le « roi des métaphores[5] ». Symbole de vie et de mort simultanément et infiniment, Phénix, oiseau mythique fabuleux était « unique en son espèce », indique le *Larousse*, il « vivait plusieurs siècles au milieu des déserts d'Arabie, *se faisait périr sur un bûcher* et renaissait de ses cendres » (c'est moi qui souligne). Dans *Le Premier jardin*, Phénix, la métaphore fabuleuse, a une importance égale à celle du bouton de porte parce qu'il parcourt les lignes du roman d'Anne Hébert, il en imprègne le texte.

Comme Phénix, Flora Fontanges se fait « périr » sur des bûchers multiples et à chaque fois elle renaît de ses cendres elle aussi. Dans l'extrait cité en exergue, étincelles, flammes « [crépitent] » et « [grondent] », brûlant le texte et le premier nom de Flora Fontanges : « Pierrette Paul [qui] est resté derrière elle à se consumer, comme de la cendre [...] », (171). De cette cendre elle naîtra, elle renaîtra sous le nom de Marie Éventurel. Chaque soir, Flora Fontanges, actrice mythique, renaît elle aussi comme l'oiseau mythique, sur le bûcher théâtral où éternellement renouvelée elle change de nom, de peau. Femme mythique, elle renaît à l'infini en faisant revivre les « filles du Roi », celles qu'elle ramène « *dans leurs cendres légères*, [pour] les faire s'incarner à nouveau, le temps d'une salutation amicale » (c'est moi qui souligne), (103).

Pourtant, si le roman *Le Premier jardin* a ses zones de lumière, grâce en grande partie à l'éclat de ses métaphores – le bouton de porte brillant de ses mille facettes et Phénix, l'oiseau éternellement flamboyant – il a ses zones d'ombre aussi. Tel que pour Phénix, dont la renaissance dépend toujours de sa mise à mort, ombre et lumière se confondent ici. Comme la métaphore, le texte d'Anne Hébert exprime une chose et son contraire indéfiniment. C'est sur cette zone d'ombre que je veux m'attarder maintenant pour traiter d'un aspect peu exploré du roman d'Anne Hébert. Métaphore, origines. Oui, mais lesquelles ? Demandai-je dans le titre de mon article. Il me faut compléter la réponse à ma question.

Vie et mort ne se confondent-elles pas en effet lorsque Flora Fontanges évoque, récite le nom des « filles du Roi ». Pour « les faire s'incarner à nouveau », (103), ne leur insuffle-t-elle pas la vie en même temps que la mort, puisqu'elle leur prend, s'approprie leur existence : « Elle leur souffle dans les narines une haleine de vie et se met à exister fortement à leur place. S'enchante de ce pouvoir qu'elle a » (83). Il est donc logique que lorsque la narratrice raconte la façon dont Flora Fontanges se met dans la peau de ses personnages au théâtre, elle le fasse dans les termes suivants :

---

[5] Alain, « De la métaphore », *Propos sur l'esthétique*, p. 6.

> Longtemps, Flora Fontanges a été une voleuse d'âme, dans les hôpitaux, dans les asiles, dans la rue, dans les coulisses, à l'affût des mourants et des bien-portants, des innocents et des fous [...]. Elle leur prend leurs gestes et leurs tics, leur façon de pencher la tête et de baisser les yeux, elle se nourrit de leur sang et de leurs larmes. Elle apprend à vivre et à mourir. Elle a des modèles vivants et de grands morts étendus sur leur lit d'hôpital. Combien de temps a-t-elle passé au chevet des mourants, épiant leur dernier souffle, ce moment suprême où les traits se figent et blanchissent d'un coup, comme de vieux os ? Elle a tenu le petit miroir contre des bouches agonisantes, croyant voir passer l'âme dans une buée, désirant s'emparer de cette âme volatile pour s'en faire une vie de surcroît, désirant s'en servir, ce soir même, pour jouer La Dame aux camélias (81).

Créature de théâtre, créature nocturne donc, Flora Fontanges se transforme en créature de l'ombre ici, car elle vampirise, se nourrit des morts, elle prend leur corps, vole leur âme. Insatiable dans la vie comme au théâtre, elle vampirise, incorpore les personnages historiques dont elle a besoin pour exister. Elle s'empare de gestes, de tics, elle se met littéralement dans la peau de tous ces personnages. Elle effectue ici ce que j'appelle une métempsychose corporelle pendant laquelle Flora Fontanges habite successivement plusieurs corps, plusieurs êtres. Elle acquiert un pouvoir quasi-surnaturel, maléfique, même si elle s'effraie, éprouve une « peur maladive » quand elle « essaie à ses poignets les petites mains glacées de la fille du gouverneur » dont elle « se dégage aussitôt » en ôtant, comme des gants, les mains de ce personnage historique qu'elle a pourtant possédé, vampirisé, l'espace d'un instant.

A la dimension surnaturelle maléfique de ce phénomène s'ajoute un aspect mythique, cosmique. Dans *From Communion to Cannibalism. An Anatomy of Metaphors of Incorporation*, Maggie Kilgour nous rappelle le fait suivant: « [there] are myths, both within western tradition and outside of it, that trace an existing state of dualistic conflict to a fall from a state of oneness. In its most basic form, this myth appears as the story of the breaking of the originally cosmic body of one man who incorporated all humanity as members of himself » (10). Elle cite l'exemple d'Albion, homme primitif, dont Northrop Frye décrit le démembrement et ses conséquences dans les termes suivants :

> The eternal body is one of mutual co-operation in which all forms of life are nourished and supported by all other forms, as in the economy of the individual human body. In this world the reverse is true, and getting food in nature usually involves killing or maiming life. As all living things

are part of the mangled body of Albion, all living things are nourished in a mutual cannibalism.6

C'est ce qui se passe à travers la métempsychose que je viens d'analyser où Flora Fontanges absorbe l'humanité des femmes qu'elle a vampirisées. Celles-ci deviennent les membres de son corps dont elles se nourrissent à leur tour dans un cycle de cannibalisme métaphorique mutuel. Elles font maintenant partie du corps mythique, cosmique, de Flora Fontanges dans un cycle de co-opération mutuelle. Femme primitive comme Albion, homme primitif, Flora Fontanges est la première femme, celle par qui tout commence. Elle est à la source du monde premier, aux origines mythiques et spirituelles d'un monde qu'elle redéfinit ; où l'humanité des femmes en elle incorporées se substitue à une humanité essentiellement masculine.

En créant le mythe de la femme primitive, de celle par qui tout prend naissance, Anne Hébert réinscrit dans le texte du *Premier jardin* les femmes que l'histoire officielle du Québec a oubliées, celles que l'idéologie catholique, dominante dans un pays où la colonisation s'est faite à travers les organisations religieuses, a oblitérées. Donc, inversement, elle détruit un mythe dans *Le Premier jardin*, plutôt elle dé-mystifie, elle expose les fausses vérités que l'église a disséminées, qui ont contribué à éliminer ces femmes, la femme de l'histoire de la fondation du Québec.

On sait que Flora Fontanges refoule le souvenir de l'incendie de l'orphelinat, l'hospice Saint-Louis, pendant lequel ont péri trente-six de ses camarades et Rosa, sa mère véritable, celle qui l'a véritablement acceptée, aimée. Si de son côté la narratrice du *Premier jardin* retarde le récit de cet événement pour ne l'aborder qu'à la fin du roman c'est donc d'abord pour représenter structurellement l'attitude de Flora à ce sujet. Cependant, l'analyse de l'évocation textuelle montre que cette évocation tardive s'explique aussi autrement. Que ce n'est pas seulement une technique romanesque, que cette stratégie structurelle est l'expression littéraire d'une trahison que personnage et narratrice ont des difficultés à exprimer, à accepter.

Nombre des orphelines trouveront la mort dans l'incendie. Toutes y perdront espoir de rédemption. Ignorantes du monde extérieur à l'orphelinat à cause de l'isolement physique et spirituel dans lequel elles ont été confinées jusqu'à ce jour fatal, prisonnières de l'endoctrinement religieux auquel on les a soumises pendant les si courtes années de leur existence, l'incendie prend une dimension infernale pour les orphelines de l'hospice Saint-Louis :

---

[6] Cité par Maggie Kilgour, p. 10.

> Elles dorment, et leurs songes sont déjà pleins de visions de feu et de terreur. De là à passer la ligne du réveil et à trouver la mort à son chevet, il n'y a qu'un pas. Le buisson ardent, la face insoutenable de Dieu, cachée au milieu des flammes, la soif d'Ismaël au désert, les premiers-nés des Égyptiens qu'on immole, le sacrifice d'Isaac, les langues de feu de la Pentecôte et l'enfer rougeoyant qui attend les petites filles pas sages, ah ! surtout l'enfer...
> — Mon Dieu, faites que je ne meure pas cette nuit en état de péché mortel !

Sœur Saint-Amable leur ayant assuré que « pas un cheveu de leurs têtes ne tombe sans la permission de Dieu », (167), elles comprennent bien que Dieu a permis qu'on les punisse à cause de leurs péchés, ô combien mortels ! C'est pourquoi dans leurs songes, dans le texte du roman d'Anne Hébert, les flammes de l'incendie se confondent-elles aux métaphores catholiques : celles du « buisson ardent », du « sacrifice d'Isaac », des « langues de feu de la Pentecôte », et celle de « l'enfer rougeoyant ». C'est pourquoi elles se refuseront à traverser les flammes qui consumeront nombre d'entre elles, les réduiront en cendres. Elles ont été trahies, les petites orphelines, par une rhétorique catholique qui les a condamnées à une mort spirituelle aussi bien que physique.

Si l'incendie de l'hospice Saint-Louis fonctionne d'abord en métaphore des origines de Flora Fontanges, dans ce sens que c'est sa première épreuve du feu, celle qui la fera renaître une première fois, qui sera à l'origine de toutes ses renaissances, comme toute métaphore, il offre d'autres possibilités sémantiques. Il représente aussi la trahison qui s'est opérée à ce moment-là. A métaphore double à l'infini, trahison infiniment double également, car à la multiplicité sémantique que je viens d'évoquer s'ajoute le fait que les bonnes religieuses « vouées à l'expiation et au salut de tous, mises en croix quotidiennement avec le Seigneur » (149), n'ont pas seulement échoué dans leur mission en ne sauvant pas les orphelines dont elles avaient la charge, mais elles ont trahi leur sacerdoce, exemplifiant ainsi la justesse du dicton populaire – toute charité bien ordonnée commence par soi-même – puisque toutes en sont sorties indemnes. Cette évocation tardive met donc en évidence qu'il existe un corollaire entre l'idéologie catholique et la mort des petites orphelines de l'hospice Saint-Louis, les morts successives de Flora Fontanges alias Pierrette Paul alias..., et l'oubli, la mort historique des femmes du Québec.

La dimension métaphorique du *Premier jardin* provoque l'idéologie catholique. Ici, Anne Hébert substitue la dimension poétique de son texte à la rhétorique catholique. En remplaçant les flammes éternellement néfastes de l'enfer chrétien par le feu infiniment régénérant du fabuleux Phénix, avec ses métaphores d'ombre et de lumière, elle oblitère les métaphores d'une religion dont la rhétorique et l'idéologie justifient l'oblitération physique et spirituelle de l'être féminin. C'est dans ce sens qu'il faut comprendre, selon moi, le fait que la narratrice du *Premier jardin* transforme, métaphorise, les églises anciennes de Québec en « vieilles mortes » dont la « lampe rouge allumée » à l'entrée et la « flamme clignotante [...] suspendue près de l'autel » rappellent indéniablement les maisons closes. Églises, maisons closes où « Dieu se commettait sans vergogne » (41), ce qui revient à dire qu'il y fréquentait sans honte des personnes peu recommandables, qu'il y entretenait des rapports louches avec des gens méprisables. C'est donc maintenant au tour de l'Eglise, de l'idéologie catholique et de tous ceux qui y souscrivent de se voir rabaissés, condamnés physiquement et spirituellement, par la rhétorique hébertienne cette fois.

Troublant cet aspect du roman d'Anne Hébert où la complexité métaphorique et poétique met à l'épreuve deux aspects importants du Québec. L'histoire de sa fondation, tout d'abord, à laquelle il manque un élément essentiel, la femme. Manque auquel Anne Hébert remédie avec *Le Premier jardin*. L'idéologie religieuse catholique ensuite, toujours prédominante aujourd'hui, qui a profité du pouvoir qu'elle avait sur celles, et ceux, qu'elle a recueillis en son sein (c'est l'expression consacrée), non seulement pour les contrôler, mais surtout pour les oblitérer des contextes historique et social québécois. Idéologie catholique qu'il faut rendre en grande partie responsable du manque dont je parlais dans les premières lignes du paragraphe. A mon sens, dans le texte d'Anne Hébert, les métaphores piratent le discours religieux, elles en exposent le caractère fallacieux. Avec ce texte métaphorique complexe, Anne Hébert propose une alternative complexe, elle aussi, et restitue ainsi les multiples facettes du contexte québécois. Facettes sans lesquelles il ne peut que se scléroser.

Bibliographie

Aresu, Bernard. « Québécois, postcolonial : à propos du *Premier jardin* d'Anne Hébert *Carrefour de cultures : mélanges offerts à Jacqueline Leiner.* » Vol. 29 (1993) : pp. 555-568.

Bishop, Neil. « Anne Hébert entre Québec et France : l'exil dans *Le Premier jardin* ». *Études canadiennes/Canadian Studies.* Vol. 28 (1990) : pp. 37-58.

Cixous, Hélène. « Le Rire de la méduse ». *L'Arc* (1975) : pp. 39-54. « The Laugh of the Medusa »,Trans. Keith & Paula Cohen. *Signs : Journal of Women in Culture and Society.* Vol 1 : 4 (1976) : pp. 875-893.

Ferraro, Alessandro. « Le Rôle de l'histoire dans *Le Premier jardin* d'Anne Hébert ». *Anne Hébert, parcours d'une œuvre.* Montréal : L'Hexagone, 1997, pp. 369-381.

Gauvin, Lise. « Une Entrevue avec Anne Hébert ». *Anne Hébert, parcours d'une œuvre.* Montréal : L'Hexagone, 1997, pp. 223-228.

Gontard, Marc. « Noir, blanc et rouge : le chromo-récit d'Anne Hébert dans *Kamouraska* ». *Anne Hébert, parcours d'une œuvre.* Montréal : L'Hexagone, 1997, pp. 251- 264.

Gordon, Paul. *The Critical Double. Figurative Meaning in Aesthetic Discourse.* Tuscaloosa : The University of Alabama Press, 1995.

Hébert, Anne. *Les Chambres de bois.* Paris : Éditions du Seuil, 1958.

—. *Les Enfants du Sabbat.* Paris : Éditions du Seuil, 1975.

—. *Les Fous de bassan.* Paris : Éditions du Seuil, 1982.

—. *Kamouraska.* Paris : Éditions du Seuil, 1970.

—. *Le Premier jardin.* Paris : Éditions du Seuil, 1988.

Hillenaar, Henk. « Anne Hébert et le 'roman familial' de Freud ». *Le Roman québécois depuis 1960.* Sainte-Foy : Les Presses de l'Université de Laval, 1992, pp. 1-15.

Kilgour, Maggie. *From Communion to Cannibalism : an Anatomy of Metaphors of Incorporation.* Princeton, N.J.: Princeton University Press, 1990.

Lintvelt, Jaap. « Un Champ narratologique : *Le Premier jardin* d'Anne Hébert ». *Le Roman québécois depuis 1960.* Sainte-Foy : Les Presses Universitaires de Laval, 1992, pp. 149-166.

Marcheix, Daniel. « 'L'Épreuve du feu' dans *Le Premier jardin* : de la confiscation des Origines à la 'vivifiante hystérie' ». *Anne Hébert, parcours d'une œuvre.* Montréal : L'Hexagone, 1997, pp. 355-367.

Mésavage, Ruth. « L'Archéologie d'un mythe : *Le Premier jardin* d'Anne Hébert ». *Quebec Studies.* 10 (1990) : pp. 69-77.

Pestre de Almeida, Lilian. « *Le Premier jardin* : mémoire collective et mémoire individuelle dans le roman d'Anne Hébert ». *Francofonia* (printemps 1996) : 17-51.
Saint-Martin, Lori. « Les Premières mères, *Le Premier jardin* ». *Voix et Images*. Vol. XX : 3 (60) (printemps 1995) : pp. 667-681.
Smart, Patricia. « La Poésie d'Anne Hébert : une perspective féminine ». *L'Autre lecture. La critique au féminin et les textes québécois*. Tome 1. Montréal : Éditions XYZ, 1992, pp. 177-184.

L'émergence de deux voix laïques
à Sainte-Marie-au-pays-des-Hurons

Andréanne Vallée

Université d'Ottawa

Depuis les cinq cents dernières années, de grands mouvements migratoires ont façonné l'espace géographique, social et littéraire de l'Amérique française. L'arrivée des premiers explorateurs français marqua l'établissement de la Nouvelle-France, puis la venue de missionnaires, de commerçants, d'engagés et de colons créa un Nouveau Monde en mouvement et, nécessairement, une écriture migrante.

L'un des premiers mouvements migratoires jésuites de la Nouvelle-France s'est démarqué en raison des risques qui y étaient rattachés. Il visait l'établissement d'une mission religieuse autosuffisante au pays des Hurons, sur les bords de la *mer Douce*, à Sainte-Marie[1]. Même si les conditions de vie y étaient difficiles et l'acheminement du courrier hasardeux, les relations, lettres et récits de voyage faisant état de ce qui s'y passa furent relativement nombreux.

Nous connaissons bien les *Relations de la Huronie* (1635-1650) laissées par les pères jésuites Jean de Brébeuf, François le Mercier, Jérôme Lalemant et Paul Ragueneau, tour à tour supérieurs de la mission huronne. Cependant, nous connaissons très peu les écrits laissés par François Gendron (1660) et Christophe Regnaut[2], deux *donnés* des Jésuites, c'est-à-dire deux hommes laïques, considérés comme des domestiques *ad vitam* au service de la Compagnie de Jésus[3]. François Gendron était chirurgien à la mission

---

[1] La *mer Douce* est aujourd'hui connue sous le nom de lac Huron. La mission jésuite de Sainte-Marie était située aux confins sud-est de la baie georgienne, sur le territoire actuel de Midland (Ontario, Canada).
[2] Archives Nationales du Canada : MG 18 E 10, *ff*. 1-7.
[3] Les *donnés* des Jésuites de la Huronie ne recevaient pas de salaire, « ils cultivaient, soignaient les animaux, construisaient les chapelles, avironnaient sur les lacs, prenaient soin de l'hospice, servaient les malades à l'hôpital, coupaient et entraient le bois, assuraient la

Sainte-Marie et tout porte à croire que Christophe Regnaut y occupa les charges d'homme à tout faire et de cordonnier[4]. Les textes de ces *donnés* ont été en quelque sorte utilisés, écartés puis « oubliés ». Pourtant, ils constituent la seule mémoire laïque connue à ce jour, émergeant du pays des Hurons, pour la période couvrant les années les plus prospères de la mission Sainte-Marie jusqu'à son effondrement (de 1644 à 1650).

J'entends ici mettre en lumière les textes de ces deux *donnés* laïques par le biais d'une analyse discursive comparative. Je présenterai d'abord le caractère unique de ces textes en mettant en relief la position particulière du domestique *donné*, immigrant en Nouvelle-France. Je comparerai ensuite les choix discursifs des auteurs en ce qui a trait à l'authentification du discours et à la perception de l'Autre, pour enfin dégager la façon dont l'identité des épistoliers prend forme.

Le *donné* immigrant en Nouvelle-France

En Nouvelle-France, et plus particulièrement en Huronie, les conditions de vie étaient très difficiles. Les tâches simples constituaient de véritables labeurs et l'on risquait toujours de mourir sous la hache de quelque ennemi. Les pères jésuites avaient beaucoup de difficulté à recruter des frères coadjuteurs pour leurs missions du Nouveau Monde, d'où la nécessité de recourir aux *donnés*.

Le besoin de main-d'œuvre pour la mission huronne était criant, mais le processus d'institutionnalisation des *donnés* fut long et controversé (Côté 1961). La formule de donation qui fut finalement adoptée ne comprenait ni salaire, ni vœux, ni costume religieux et la Compagnie de Jésus s'engageait à « fournir le nécessaire au *donné*, sa vie durant, et à lui rappeler sa non-appartenance à l'Ordre » (Côté 1961 376-377). En somme, les *donnés* étaient utiles aux travaux qui nécessitaient davantage de force et d'endurance que de lettres; ils étaient tout à fait laïques et tout à fait bénévoles.

Les actes de donation qui ont été conservés sont rares[5]. La principale source d'information en ce qui a trait aux *donnés* demeure les *Relations* des

---

défense des missionnaires, les conduisaient souvent en voyage, [...] baptisaient les catéchumènes en danger pressant [...] [et] ils étaient commissionnaires à Québec presque tous les ans » (Campeau 1987 336-337).

[4] Pour des renseignements biographiques concernant François Gendron, voir Philippe Champault (1912) et Gabriel Nadeau (1966). Pour des renseignements biographiques concernant Christophe Regnaut, voir Lucien Campeau (1987 859 ; 1994 805-823).

[5] Le contrat de donation de Jean Guérin (1642) et le « Mémoire touchant les domestiques qui se donnent à notre Compagnie aux Hurons » sont conservés aux Archives des Jésuites de Paris (*f*.361 et *ff*.357-358). Ces deux documents ainsi que le contrat de donation de Robert

Jésuites, mais la teneur des commentaires est malheureusement homogène : il ne s'agit souvent que de passages élogieux dans lesquels les pères assurent à leurs supérieurs l'ardeur des sentiments de piété et de dévotion de ces travailleurs laïques ; ou encore de très brefs récits relatant l'héroïsme d'un *donné* (la plupart du temps, anonyme) faisant un sauvetage ou prononçant un baptême pour éviter qu'un *Sauvage* ne meurt impie. Les rares récits liés directement à la vie d'un *donné* servent presque systématiquement à rendre compte de quelque miracle[6].

De tous les *donnés* qui ont œuvré en Nouvelle-France, les seuls qui soient restés dans la mémoire collective des Québécois et des Canadiens sont René Goupil et Jean de Lalande. Nous ne leur connaissons aucun écrit, mais leurs noms sont passés à l'histoire parce qu'ils font partie du groupe des saints Martyrs canadiens[7]. Les autres *donnés* sont presque tous passés inaperçus. Ceux qui finirent par prendre la robe obtinrent tout de même, avec leur identité religieuse, une place dans les listes officielles. C'est le choix que firent Christophe Regnaut et François Gendron lorsqu'ils rentrèrent en France[8]. Il n'est d'ailleurs pas exclu que ce facteur ait pu favoriser la conservation de leurs écrits.

À ce jour, les textes de Gendron et Regnaut demeurent les seuls documents connus qui aient été rédigés par des *donnés* des Jésuites de la Nouvelle-France. Ces textes sont donc des pièces uniques en leur genre. Il existe un certain nombre de documents rédigés par des laïcs vivant en Nouvelle-France au XVIIe siècle (pensons entre autres aux écrits laissés par Nicolas Perrot, Pierre Boucher et Nicolas Denys), mais les voix de François Gendron et Christophe Regnaut ont la particularité d'être des voix laïques *données* qui émergent d'un ensemble de voix religieuses, omniprésentes sur le territoire huron (les *Relations de la Huronie*). Par ailleurs, de nombreux indices laissent croire que les textes de ces deux *donnés* auraient servi la plume du père Paul Ragueneau tout en échappant à la censure jésuite[9]. Le

---

Lecoq (1639) sont reproduits dans *The Jesuit Relations and Allied Documents* (vol. 21, pp. 292-306).

[6] Par exemple, dans la *Relation* de 1640, le père Lalemant rapporte l'incroyable récit des aventures du *donné* Robert Lecoq, abandonné à demi-mort parce qu'il était terriblement malade et rescapé *in extremis* par un *Sauvage* (*The Jesuit Relations*, vol. 19, pp. 95-116).

[7] Le groupe des saints Martyrs canadiens compte huit hommes (six religieux et deux laïcs) : les pères Jean de Brébeuf, Gabriel Lalemant, Antoine Daniel, Charles Garnier, Noël Chabanel et Isaac Jogues, ainsi que les *donnés* Jean de Lalande et René Goupil. Pour tout ce qui concerne les saints Martyrs canadiens, voir les travaux de Guy Laflèche.

[8] François Gendron fut ordonné prêtre le 25 mai 1652 (Campeau 1990 824) et il semble que Christophe Regnaut soit devenu frère jésuite vers la fin de l'année 1650 (Campeau 1987 859).

[9] Plusieurs extraits de trois chapitres des *Relations* du père Paul Ragueneau semblent avoir été empruntés aux textes des *donnés* Gendron et Regnaut. Il s'agit du premier chapitre de la *Relation de 1647-1648* (*Situation du pays des Hurons, de leurs alliés, et de leurs ennemis*), du troisième chapitre de la *Relation de 1648-1649* (*De la prise des bourgs de la mission de*

triangle épistolaire ainsi formé par François Gendron, Christophe Regnaut et Paul Ragueneau est absolument original[10].

Quelques particularités du pays des Hurons

La relation de voyage du *donné* Gendron a été publiée pour la première fois en 1660 par Jean Baptiste de Rocoles (*Quelques particularités du pays des Hurons en la Nouvelle-France remarquées par le sieur Gendron, docteur en médecine, qui a demeuré dans ce pays-là fort longtemps*). Cette relation contient trois lettres qui auraient été écrites, d'après Rocoles, depuis la mission Sainte-Marie, en 1644 et 1645[11]. La première lettre offre une longue description géographique du pays des Hurons et des territoires avoisinants. Dans la seconde lettre, Gendron décrit les ressources naturelles du Nouveau Monde et commente le mode de vie des nations amérindiennes. La troisième lettre peint quant à elle les conditions de vie des pères missionnaires et des hommes *donnés*.

Après leur publication, les lettres de François Gendron tombèrent dans l'oubli pendant plus de deux cents ans. En 1868, une seconde édition parut, mais rares furent les chercheurs qui s'y intéressèrent. Les lettres servirent quelques géographes et historiens, sans plus.

La plus récente parution de la relation de voyage du chirurgien Gendron date de 1994. Il s'agit d'une édition destinée à un public très restreint (Campeau 1994 252-263). Bref, depuis 1660, la visibilité du document fut très restreinte.

Récit véritable du martyre

Contrairement à la relation de François Gendron, le texte de Christophe Regnaut n'est connu de la communauté scientifique que depuis la fin du XIXe siècle. Le « Récit véritable du martyre et de la bienheureuse mort du père Jean de Brébeuf et du père Gabriel Lalemant en la Nouvelle-France, dans le pays des Hurons, par les Iroquois, ennemis de la foi » a été publié pour la première fois en 1885, par Douglas Brymner, un archiviste canadien. Il s'agit d'un témoignage et d'une description du martyre des pères Brébeuf et Lalemant, décédés en 1649. Le manuscrit de ce récit est en excellent état,

---

Saint-Ignace, au mois de mars de l'année 1649) et du quatrième chapitre de la *Relation de 1648-1649* (*De l'heureuse mort du père Jean de Brébeuf, et du père Gabriel Lalemant*).

[10] Pour une analyse complète de cette question, voir ma thèse *François Gendron et Christophe Regnaut : deux voix « données » en Nouvelle-France* (Vallée 2002a).

[11] Cette datation est très controversée étant donné la proximité du texte de Gendron avec la *Relation* du père Ragueneau. L'un des épistoliers a visiblement copié le texte de l'autre, mais aussi longtemps que les manuscrits des trois lettres de Gendron seront introuvables, il sera impossible d'établir la préséance d'un texte sur l'autre (Vallée 2002a).

mais la signature de Christophe Regnaut et la datation du document soulèvent d'importantes questions[12].

La plus récente publication de ce texte (Campeau 1994 488-492) ainsi que les rééditions[13] parues à la fin du XIXe siècle et au début du XXe siècle ont certes marqué l'histoire religieuse du Québec et du Canada, mais Christophe Regnaut n'est pas resté dans la mémoire collective des Québécois et des Canadiens.

Stratégies d'authentification

En plus d'avoir tous deux une datation controversée et une faible diffusion, les textes de François Gendron et de Christophe Regnaut partagent d'intéressantes similitudes sur le plan discursif. Le recours aux stratégies d'authentification inhérente à la littérature migrante du XVIIe siècle constitue l'un de ces traits communs.

La plupart des chercheurs conviennent que les épistoliers du Nouveau Monde étaient obsédés par le besoin de *faire vrai*, par le besoin de rendre leur témoignage crédible : « tous les voyageurs soutiennent fonder la vérité de leur discours sur leur expérience sur le terrain [...]. À défaut d'observations, les voyageurs ont toujours sous la main quelqu'un 'digne de foi' à citer » (Berthiaume 1990 182).

Le texte de Christophe Regnaut est particulièrement intéressant à cet égard puisqu'il est constitué en grande partie d'un témoignage rapporté. Le *Récit* se divise en deux parties majeures : l'une rapporte les dires de quelques Hurons qui ont assisté au martyre des pères Brébeuf et Lalemant et l'autre, plus personnelle, décrit ce dont Regnaut a lui-même été témoin.

Une intéressante particularité discursive isole la première partie du *Récit* : le témoignage emprunté aux Hurons est encadré de deux formules de distanciation. Pour introduire ce témoignage, Regnaut écrit : « Voici ce que

---

[12] Guy Laflèche (1990 107-108, 173-174) soutient l'hypothèse selon laquelle Christophe Regnaut aurait rédigé une première version de son récit « au fur et à mesure du déroulement des événements » et qu'il aurait rédigé plus tard une seconde version, après son retour à Québec, en ajoutant quelques lignes à son premier texte et qu'enfin, il aurait écrit et signé une troisième copie (publiée par Brymner), depuis Caen, en 1678. Cela dit, un rapport inédit de l'archiviste Gilles Durocher (Archives Nationales du Canada, sans date) propose une autre hypothèse et permet même de questionner la position de Christophe Regnaut au titre d'auteur du manuscrit (je traduis de l'anglais): « Selon moi, le *Récit* [...] est une copie contemporaine écrite soit par Regnault lui-même ou copiée par quelqu'un d'autre à partir de l'original [...]. Je pense qu'il pourrait s'agir d'une copie contemporaine parce que la calligraphie est trop soignée et trop bien écrite pour être de première main. Je ne peux toutefois rien confirmer parce que je n'ai pas d'échantillon de la signature ni de l'écriture de Regnault. [...] il semble toutefois que le *Récit* était seulement paraphé C R à l'origine. L'inscription entre les initiales sont d'une encre et d'une main différentes ».
[13] Pour une liste de ces rééditions, voir les travaux de Guy Laflèche (1988 166-167).

nous dirent ces Sauvages »[14] et pour le conclure, il utilise une formule qui marque encore la distanciation par rapport aux paroles rapportées : « Voilà ce que nous avons appris du martyre [...] par plusieurs chrétiens sauvages dignes de foi [...]. Ces bons chrétiens étaient captifs des Iroquois [...], mais notre bon Dieu leur fit la grâce de se pouvoir sauver par les chemins et nous sont venus raconter tout ce que j'ai mis par écrit » (Regnaut *ff.* 2 et 4v). L'épistolier insiste sur le fait que c'est *par plusieurs chrétiens sauvages* que *nous avons appris* les détails du martyre, que ce sont de *bons chrétiens* qui *sont venus raconter* tout ce que lui, le simple secrétaire, a *mis par écrit*. Christophe Regnaut positionne ainsi davantage le témoignage des Hurons dans l'espace du discours rapporté en style direct.

Cette distanciation implique d'autres stratégies d'authentification simples. D'abord, l'épistolier crée, devant le témoignage des Hurons, une mise en situation où tous les témoins sont dignes de foi : les *habitants de la mission Sainte-Marie* aperçoivent le feu au campement de Saint-Ignace (lieu du martyre), puis c'est le *père supérieur Paul Ragueneau* qui entre en scène et désigne un éclaireur chargé d'aller sur les lieux du sinistre. Les témoins du martyre surgissent alors et Regnaut les rend immédiatement sympathiques en les qualifiant de *pauvres Sauvages* et de *pauvres blessés* qui faisaient *grand pitié*. L'épistolier prend même le soin de décrire brièvement leurs blessures : « l'un avait la tête cassée, l'autre le bras rompu ; l'autre une flèche dans l'œil ; l'autre la main coupée d'un coup de hache » (Regnaut *f.*1v). Cet avant-goût du martyre campe bien le drame et donne aux Hurons miraculés beaucoup de crédibilité.

Le témoignage rapporté est ensuite offert au lecteur. Cette déposition raconte en détails tous les supplices du martyre des pères Brébeuf et Lalemant : « Les Iroquois [...] leur ont arraché les ongles des doigts, ils leur ont déchargé une grêle de coups de bâton sur les épaules, sur les reins, sur le ventre, sur les jambes et sur le visage » (Regnaut *f.*2). Bien qu'il ait plusieurs attributs du discours rapporté en style direct, tout ce récit (qui s'étend sur six pages) est modalisé par l'auteur. Le discours des Hurons passe par le filtre subjectif du *secrétaire*, celui-là même qui choisit les mots. D'ailleurs, au beau milieu de ce récit rapporté, Regnaut imbrique une description émouvante et personnelle du supplice du *collier de haches* :

> Voici la façon que j'ai vu faire ce collier pour d'autres captifs. Ils rougissent six haches, prennent une grosse hart de bois vert, passent les six haches par le gros bout de la hart, prennent les deux bouts ensemble et puis le mettent au col du patient. Je n'ai point vu de tourment qui m'ait plus ému à compassion que celui-là, car vous voyez un homme tout nu, lié à un

---

[14] Dans le seul but d'alléger le propos, l'orthographe de toutes les citations tirées de textes parus au XVIIe siècle est modernisée.

> poteau, qui ayant ce collier au col, ne saurait en quelle posture se mettre car s'il se penche sur le devant, celles de dessus les épaules pèsent davantage; s'il se veut pencher en arrière, celles de son estomac le font souffrir le même tourment; s'il se tient tout droit sans pencher de côté ni d'autre, les haches ardentes de feu, appliquées également des deux côtés lui donnent un double supplice. (Regnaut *ff*.3-3v)

Cette stratégie discursive crée certes un effet dramatique, mais elle contribue surtout à rendre le témoignage des Hurons plus vrai que nature, en l'appuyant, en le sanctionnant par l'expérience du *déjà vu*.

À la fin du récit rapporté, après avoir souligné que la déposition vient de *plusieurs* témoins, qu'ils sont tous de *bons chrétiens dignes de foi* et qu'ils ont vu le martyre du début jusqu'à la fin, Regnaut appose son sceau d'authentification personnel : « Je ne doute point que tout ce que je viens de raconter ne soit vrai et je le signerais de mon sang puisque j'ai vu faire le même traitement aux captifs iroquois que les Sauvages hurons avaient pris en guerre » (Regnaut *f*.5).

La deuxième partie du *Récit*, celle qui constitue le témoignage personnel de Regnaut, est bien séparée du témoignage des Hurons par une mise en scène du *narrateur-secrétaire* : « Je m'en vais vous décrire au vrai ce que j'ai vu du martyre et de la bienheureuse mort du père Jean de Brébeuf et du père Gabriel Lalemant [...]. [J'ai considéré les cadavres] à loisir, plus de deux heures de temps, pour voir si ce que les Sauvages nous avaient dit [...] était vrai » (Regnaut *ff*.5-5v). En plus d'annoncer le *récit véritable du témoin Blanc, Européen* et *digne de foi*, cette formule introduit un témoignage qui ne constitue, en réalité, qu'une vaste entreprise d'authentification de la déposition huronne. Systématiquement, les sévices rapportés par les Hurons sont repris et authentifiés par le *narrateur-secrétaire* digne de foi. Regnaut se place dans la position du témoin oculaire et il énumère toutes les plaies et blessures visibles sur les dépouilles mortelles, en précisant non seulement qu'il les *voit*, mais aussi qu'il les *touche* :

> J'ai vu et touché quantité de grosses ampoules [...]. J'ai vu et touché la plaie d'une ceinture d'écorce [...]. J'ai vu et touché les brûlures du collier de haches [...], j'ai vu et touché les deux lèvres qu'on lui avait coupées [...]. J'ai vu et touché tous les endroits de son corps qui avait reçu plus de deux cents coups de bâton; j'ai vu et touché le dessus de sa tête écorchée; j'ai vu et touché l'ouverture que ces barbares lui firent pour lui arracher le cœur. [...] J'ai vu et touché toutes les plaies de son corps comme les Sauvages nous l'avaient dit et assuré. (Regnaut *ff*.5v-6)

Au terme de cette énumération, huit des neuf supplices décrits dans le témoignage des Hurons sont sanctionnés par le *secrétaire*.

En somme, lorsque nous regardons le *Récit* dans son ensemble, nous constatons qu'en recourant à toutes ces stratégies discursives, Regnaut cherchait essentiellement à authentifier ce qu'il avait vu et ce qu'il avait ouï dire des *Sauvages*.

Puisque « la vérité constitue un enjeu capital des récits de voyages » (Berthiaume 1990 182), il n'est pas surprenant que François Gendron recourt lui aussi à certaines stratégies d'authentification du discours. Dans son cas toutefois, le besoin d'authentification est plus ou moins fort, selon le destinataire auquel il s'adresse.

Dans sa première lettre, Gendron semble croire que son destinataire le croira sur parole. On ne trouve qu'une seule opinion personnelle explicite et qu'une seule formule hypothétique : « [Plusieurs nations sont] non encore instruites à la foi, faute d'ouvriers apostoliques, et je crois, de moyens pour les y pouvoir entretenir. [...] Partant des Hurons et marchant vers le midi, [...] on rencontre le lac Saint-Louis [...]. Ce serait par ce lac Saint-Louis, que l'on irait droit à Québec en peu de jours et avec moins de peine » (Gendron 1660 202-203). Le lecteur comprend alors l'implicite et suppose que tout le reste est vrai, a été vérifié ou bel et bien vécu et vu. D'autant plus que l'épistolier laisse entendre à deux reprises qu'il foule lui-même le sol des différents territoires qu'il décrit: « [Je suis] revenu depuis peu de ce pays [à l'ouest du lac Huron]. [...] Je réserve pour une autre fois à vous entretenir plus amplement de toutes ces nations [au nord de la Huronie] que j'espère de parcourir en peu de temps » (Gendron 1660 202-203). Comme les nombreuses informations géographiques que Gendron rapporte reposent probablement sur des ouï-dire, il s'agit ici d'une stratégie d'authentification intéressante.

Dans la deuxième lettre, la dynamique discursive change. Gendron se place d'emblée dans la position de l'explorateur qui a mis les pieds sur le terrain et il précise que peu de gens pourront corroborer ses dires : « La curiosité m'a porté à voyager dans ces terres étrangères. [...] [Mais je réserve] au retour de mon voyage du Nord à vous écrire plus amplement toutes ces particularités et plusieurs autres dont peu de personnes ont eu jusqu'à présent connaissance » (Gendron 1660 203-205). À plusieurs reprises, Gendron se place en position de témoin oculaire. Il arrive même qu'il appuie son témoignage avec le facteur temps en précisant qu'il a vu ce qu'il rapporte plus d'une fois, la quête d'authenticité se trouve alors amplifiée :

> Pour la guérison de plusieurs maladies qui arrivent aux femmes, [...] on ne rend aux apothicaires pour l'ordinaire, au lieu des vrais testicules de castors, que certaines glandes que ces animaux aquatiques ont proche des testicules ; [...] la plupart des chasseurs arrachent et jettent les vrais testicules sitôt que l'animal est pris, pour éviter la mauvaise odeur qui en

pourrait infecter la chair et la peau, j'ai souvent fait cette observation étant à la chasse avec eux. (Gendron 1660 203)

Dans la troisième lettre, ce besoin de *faire vrai* s'atténue quelque peu. François Gendron disserte alors de la mission Sainte-Marie. Comme il s'agissait de son lieu de résidence, la vraisemblance de ses dires devenait nécessairement moins susceptible d'être mise en doute, mais l'épistolier recourt tout de même au témoignage oculaire appuyé par le facteur temps : « [Les pères se rassemblent à Sainte-Marie] ; j'y en ai compté en ce temps jusqu'à dix-huit ou vingt. [...] J'ai souvent vu dans les missions ces hommes vraiment apostoliques ne vivre la plupart du temps que de glands et fruits sauvages [...]. Combien de fois [...] les ai-je vu passer des nuits en oraison sans dormir ni reposer aucunement » (Gendron 1660 205-206).

Ainsi, bien qu'elle s'ajuste à chacun des destinataires, la plume de Gendron demeure profondément influencée par la quête d'authenticité qui anime tous les voyageurs de l'époque. D'ailleurs, la quête de la vraisemblance ne s'arrête pas au seul discours du chirurgien puisqu'aux stratégies employées par l'épistolier s'ajoutent encore celles de Jean Baptiste de Rocoles, le transcripteur des lettres.

Dans le sous-titre du texte publié en 1660, Rocoles transforme d'abord le chirurgien Gendron en un respectable *docteur en médecine*[15]. Rocoles ajoute ensuite que Gendron a habité en Huronie *longtemps*, le facteur temps appuyant la crédibilité du témoin. Dans son introduction, le transcripteur affirme aussi que les lettres lui viennent d'un *ami*, ce qui sous-entend une provenance sûre; puis il dit avoir le désir de les *transcrire* pour l'avancement de la *connaissance* relative au Nouveau Monde et il ajoute, non content de son effet scientifique : « [je] l'ai fait d'autant plus volontiers que cette personne [Gendron] est digne de foi, et qu'il les écrivait [ses lettres] à des hommes de mérite qui avaient beaucoup voyagé » (Rocoles 1660 201). L'objectif du transcripteur était précis : il fallait mettre en relief l'honnêteté de tous les acteurs, tant l'épistolier que ses destinataires. François Gendron s'était occupé d'authentifier le contenu de ses lettres, Rocoles n'avait plus qu'à insister sur l'authenticité du texte lui-même.

En somme, les efforts déployés par Rocoles, Gendron et Regnaut dans leur quête respective d'authentification du discours présentent certaines similitudes. Si ces trois hommes sont préoccupés par cette question, c'est

---

[15] Au moment de cette publication, en 1660, les chirurgiens vivaient les plus durs moments qu'ait pu connaître leur corporation. Ils avaient été humiliés et dépouillés de tout prestige suivant la fusion qui les avait unis aux barbiers en 1655 et maintenant, un arrêt du Parlement les soumettait totalement à la Faculté de médecine (Raynaud 1863). Autrement dit, les médecins jouissaient d'un important statut social (ce qui n'était pas le cas des chirurgiens). Faire croire que Gendron était médecin apportait sans doute beaucoup de crédibilité à la relation.

inévitablement parce que les événements rapportés se sont déroulés en sol étranger et parce qu'une large part de leurs écrits s'organise autour d'un discours que le lecteur aura nécessairement tendance à mettre en doute soit, le discours de l'Autre.

Perception de l'Autre

Pour tous les voyageurs de la Nouvelle-France, l'Autre c'est d'abord le *Sauvage*, mais tous les *Sauvages* ne se trouvent pas sur un même pied d'égalité.

Sous la plume de Regnaut, une constante se dégage : l'usage du substantif « Sauvage » (qui n'était pas péjoratif à l'époque[16]) est exclusivement utilisé pour désigner les Hurons. Cela dit, même s'il est un allié *converti*, le Huron n'est pas partie prenante du *nous* collectif.

Au début du *Récit*, Regnaut semble vouloir marquer la différence entre les Hurons qui ont embrassé la religion catholique et ceux qui ne l'ont pas encore fait en opposant *Sauvage* et *nouveau chrétiens* : « [Les pères] partirent de notre cabane [...] pour instruire les Sauvages et les nouveaux chrétiens » (Regnaut *f.*1), mais dans le reste du texte, les Hurons (fidèles ou non) sont repérables sous divers vocables neutres ou mélioratifs (*Sauvages, pauvres Sauvages, nouveaux chrétiens, bonnes gens, chrétiens sauvages dignes de foi, bons chrétiens*, etc.) Par contre, lorsque Regnaut met en scène les bourreaux iroquois ou tout autre représentant de la gente impie, les appellations sont invariablement péjoratives (*ennemis, ennemis de la foi, bourreaux, infidèles, misérable rénégat*, etc.) En d'autres termes, selon le point de vue de Regnaut, l'Autre est certes l'Amérindien, mais il est aussi et surtout, soit l'impie, soit le fidèle.

Chez Gendron, la figure de l'Amérindien a une représentation similaire sans être aussi manichéenne. Sur le plan lexical, le substantif « nation » connaît les occurrences les plus nombreuses. Le chirurgien le privilégie pour désigner toute autre communauté que celle des Hurons et n'emploie pas d'adjectifs qualificatifs péjoratifs systématiquement. Il arrive aussi qu'il choisisse des termes plus ou moins neutres tels que *peuple*, *gens* ou *nation voisine* et qu'il ne précise pas immédiatement s'il s'agit d'alliés, d'ennemis, de convertis ou d'impies. Le lecteur a ainsi l'impression que l'objectif qui sous-tend l'acte d'écriture de Gendron tient davantage de la *lettre-rapport* que de la relation missionnaire.

---

[16] « Le vocable 'Sauvage' est le plus fréquent et, par conséquent, le plus neutre. Depuis Jacques Cartier, il sert à désigner de la manière la plus économique possible les indigènes du Canada, quelle que soit leur nation ou tribu. Il s'oppose ainsi à des termes comme 'Français' ou 'Européens' » (Bras 1995 162) ».

Par ailleurs, les Hurons occupent sous la plume du chirurgien Gendron un espace particulier, voire privilégié. Ils sont partie prenante de la communauté, du *nous* collectif. Ils sont *nos Hurons* et évoluent aux côtés de *nos Français*. Cette façon de marquer une certaine sympathie à l'endroit du peuple d'accueil n'est pas un trait exclusif à Gendron, mais le fait que celui-ci s'intéressait au savoir-faire médical des Amérindiens n'est sans doute pas étranger à ces choix discursifs[17]. Le lexique qu'il utilise pour désigner les Hurons est varié et révèle le regard qu'il porte sur la nation d'accueil. Par exemple, lorsqu'il parle de leurs succès agricoles, les Hurons sont des *habitants* ; lorsqu'il explique leur méthode de récolte du musc, ils sont des *chasseurs* ; et lorsqu'il décrit leurs mœurs, Gendron les appelle *les originaires du pays*.

La terminologie à connotation religieuse très utilisée par les plumes missionnaires et par Christophe Regnaut (*chrétiens*, *catéchumènes*, *pauvres misérables*...) reste peu représentative du regard de Gendron sur la nation huronne. Le chirurgien l'utilise presque exclusivement dans sa troisième lettre, laquelle est adressée à *un bon ecclésiastique*.

Bref, François Gendron et Christophe Regnaut jettent tous deux un regard personnel sur l'Autre, ici l'Amérindien. Sans adhérer tout à fait à la rhétorique stricte des pères jésuites, Christophe Regnaut est visiblement influencé par leur perception manichéenne, tandis que le regard de Gendron est plus tolérant et personnel, mais ce qui ajoute encore à la particularité du discours de ces épistoliers, c'est qu'ils jettent aussi un regard personnel sur le *Religieux*, c'est-à-dire l'Autre au service duquel ils se sont donnés.

Prenons par exemple le rapport des *donnés* au campement de Sainte-Marie. François Gendron s'exclut systématiquement du groupe religieux. Sous sa plume, la mission Sainte-Marie est désignée avec une diversité d'appellations qui marquent toutes une certaine distance (*la maison que les révérends pères ont fait bâtir, la maison des Jésuites, leur principale maison, cette maison de Dieu, l'habitation des pères Jésuites, cette maison...*) tandis que Christophe Regnaut recourt sans exception au déterminant possessif en appelant le campement de Sainte-Marie *notre cabane*.

Lorsqu'il est question des pères, Gendron reste aussi très en retrait. Il les laisse anonymes, se contentant de dire qu'il s'agit d'un *missionnaire*, d'un

---

[17] Dans ses lettres de la Nouvelle-France, le chirurgien Gendron se dit séduit par la qualité du musc des castors, des loutres et des rats musqués, et aussi par l'efficacité de la *poudre de pierres ériennes* (que les Amérindiens fabriquaient avec des pierres jaunâtres recueillies au pied des chutes du Niagara). Lorsqu'il rentrera en France, s'inspirant de recettes amérindiennes à base de *poudre de pierres ériennes*, François Gendron développera une cure contre le « cancer » qui le rendra célèbre et le conduira jusqu'au chevet de la reine mère Anne d'Autriche (Vallée 2002b).

bon père ou d'un *révérend père de la Compagnie de Jésus*. Gendron parle même du groupe des *donnés* en ne mentionnant pas qu'il en fait partie.

Regnaut, lui, n'hésite pas à identifier les pères et même à adhérer tout à fait à la structure de la communauté religieuse en précisant la situation hiérarchique des membres : « Le révérend père Paul Ragueneau, notre supérieur, prit aussitôt la résolution d'envoyer quelqu'un » (Regnaut *ff.*1-1v).

Le sentiment d'appartenance à la communauté est si fort chez Regnaut que le texte est submergé par les pronoms personnels collectifs *nous* et *on* : « nous aperçûmes un grand feu [...] [qui] nous mit fort en peine, nous ne savions si c'était des ennemis [...], nous aperçûmes plusieurs Sauvages dans le chemin qui venaient droit à nous. [...] Lorsque nous partîmes du pays des Hurons [...], on gratta bien tous les os [...], on les enveloppa [...] puis on les mit en deux petits coffres » (Regnaut *ff.*1-1v, 6v). Le lecteur a l'impression que la moindre tâche, voire le moindre mouvement, s'effectue toujours en groupe. S'il n'avait pas eu recours au pronom personnel *je* pour appliquer ses stratégies d'authentification (*j'ai vu... j'ai touché...*), Regnaut aurait disparu tout à fait dans la communauté.

Chez Gendron, l'usage des pronoms collectifs *nous* et *on* obéit à une tout autre mécanique discursive. D'ailleurs, ces pronoms sont plutôt rares, ce qui est déjà révélateur d'une position diamétralement opposée à celle de Regnaut. En terme de proportion, le *on* connaît davantage d'occurrences que le *nous*. Ceci n'est pas sans exprimer une position très intéressante, les deux pronoms n'ayant pas le même signifiant.

Le *nous* de Gendron fait systématiquement référence aux Français : ceux qui vivent en Amérique (qu'ils soient religieux ou laïques) ou ceux qui sont demeurés dans la mère patrie (le *nous* faisant alors référence à la nation française). Par exemple, Gendron dira tantôt que « du côté de l'occident d'été vient aboutir un lac [...] que nous [les Français vivant en Amérique] nommons la mer Douce » et tantôt que « les cavernes [...] [sont] pleines d'ours noirs et gris [...] [et de] plusieurs autres animaux qui nous [la nation française] sont inconnus en l'Ancienne France » (Gendron 1660 202, 204).

Quant au pronom indéfini *on*, sous la plume du chirurgien, il exprime l'idée d'une communauté élargie (incluant les Français d'Amérique religieux ou laïques, les Hurons et toutes les autres communautés du Nouveau Monde) ; il est utilisé à la façon d'un terme générique contemporain tel que *Américain*, par exemple. C'est ainsi que Gendron écrira : « On prend aussi dans ces mêmes lacs et rivières force beaux loutres noires, et rats d'eaux, dont l'odeur des testicules [...] est mille fois plus douce et agréable que celle des civettes, particulièrement si on les tue pendant les mois de mai, juin, juillet » (Gendron 1660 204).

En somme, l'analyse de l'utilisation des pronoms collectifs confirme la position identitaire des épistoliers *donnés*. D'un côté, Christophe Regnaut tend vers une sorte de fusion sélective, c'est-à-dire que ses pronoms unissent sémantiquement (mais strictement) le *donné* à la communauté missionnaire. De l'autre côté, François Gendron exprime un paradoxe. Il tend surtout vers une fusion en unissant tous les habitants du Nouveau Monde dans le pronom *on*, mais il exprime aussi, à quelques reprises, deux réalités identitaires bien vivantes et bien dissociées, celle des Français du Nouveau Monde et celle des Français de l'Ancien Monde.

Conclusion

L'intention d'écriture qui sous-tend les écrits de François Gendron et Christophe Regnaut peut expliquer l'utilisation des pronoms personnels, le regard sur l'Autre et le recours aux différentes stratégies d'authentification puisque l'un des textes avait pour but de faire la relation d'un martyre, tandis que l'autre répondait davantage du récit d'exploration. Les convictions personnelles de chacun des *donnés* peuvent aussi expliquer l'écart qui sépare les deux points de vue. Gendron et Regnaut étaient tous deux des *donnés* laïques pendant leur service à la mission Sainte-Marie, mais ils choisirent de prononcer leurs vœux (à leur retour en France) dans des conditions très différentes. François Gendron se fit prêtre et continua de développer des cures et de pratiquer la chirurgie jusqu'à sa mort, tandis que Christophe Regnaut, fidèle à la Compagnie de Jésus, devint frère au service des Jésuites.

Les deux voix laïques qui émergent du court mouvement migratoire français à Sainte-Marie-au-pays-des-Hurons sont donc uniques parce qu'elles se distinguent du discours religieux, mais aussi parce qu'elles sont originales l'une par rapport à l'autre. La perception de l'Autre constitue l'une des particularités qui révèle cette unicité du discours. Le désir de *faire vrai* est bien présent chez les deux épistoliers *donnés*, mais la quête d'authentification se développe avec une mécanique discursive particulière à travers laquelle l'identité migrante se dessine.

François Gendron et Christophe Regnaut, représentants de la même nation, au service d'une même mission, portèrent un regard personnel sur ce Nouveau Monde d'Amérique et firent émerger deux voix laïques bien distinctes.

Bibliographie

Berthiaume, Pierre. *L'Aventure américaine au XVIIIe siècle. Du voyage à l'écriture*, Ottawa : Presses de l'Université d'Ottawa, 1990.

Bras, Yvon Le. « L'Autre des *Relations de Paul Lejeune* », in *Figures de l'Indien*, sous la direction de Gilles Thérien, Montréal : Typo, 1995, pp. 159-172.

Brymner, Douglas. « Report on Canadian Archives. 1884 », in *Canada Public Archives Report 1881-1884*, Ottawa : MacLean, Roger & Co., 1885, pp. lxiii-lxv.

Campeau, Lucien. *Fondation de la mission huronne (1635-1637)*, Québec : Presses de l'Université Laval, 1987.

—. *La bonne nouvelle reçue (1641-1643)*, Montréal : Bellarmin, 1990.

—. *Le témoignage du sang (1647-1650)*, Montréal : Bellarmin, 1994.

Champault, Philippe. « Les Gendron 'médecins des rois et des pauvres' », in *Mémoires et Comptes rendus de la Société Royale du Canada*, 3e série, tome 6, section 1, 1912, pp. 35-83.

Côté, Jean. « L'institution des donnés », in *Revue d'histoire de l'Amérique française*, volume 15, n° 3, 1961, pp. 344-378.

Durocher, Gilles L. [Rapport inédit, sans titre, concernant le Fonds MG 18 E 10 des Archives Nationales du Canada], division des manuscrits, Ottawa : Archives Nationales du Canada, [sans date].

Gendron, François et Rocoles, Jean Baptiste de. « Quelques particularités du pays des Hurons en la Nouvelle-France remarquées par le sieur Gendron, docteur en médecine, qui a demeuré dans ce pays-là fort longtemps », in *Description générale du Monde avec tous ses empires, royaumes, états et républiques [...]* de Pierre d'Avity, Édition revue, corrigée et augmentée par Jean Baptiste de Rocoles, Paris : Denys Bechet & Louis Billaine, 1660, tome 4, volume 3, pp. 201-206.

—. « Quelques particularités du pays des Hurons en la Nouvelle-France remarquées par le sieur Gendron, docteur en médecine, qui a demeuré dans ce pays-là fort longtemps », Albany : J. Munsell, 1868. [Texte faisant partie du corpus « Aux origines de la grammaire québécoise » établi par France Martineau.]

(Jésuites). *The Jesuit Relations and Allied Documents*, Édité par Reuben Gold Thwaites, New-York : Pageant Book Company, 1959, 73 volumes.

Laflèche, Guy. *Histoire du mythe*, Laval : Éditions du Singulier, 1988.

—. *Le martyre de Jean de Brébeuf selon Paul Ragueneau*, Laval : Éditions du Singulier, 1990.

Nadeau, Gabriel. « François Gendron », in *Dictionnaire biographique du Canada*, Québec : Presses de l'Université Laval, 1966, volume 1, pp. 336-337.

Raynaud, Maurice. *Les médecins au temps de Molière. Mœurs, institutions, doctrines,* Paris : Didier et Cie, 1863.

Regnaut, Christophe. *Récit véritable du martyre et de la bienheureuse mort du père Jean de Brébeuf et du père Gabriel Lalemant en la Nouvelle-France, dans le pays des Hurons, par les Iroquois, ennemis de la foi,* Archives Nationales du Canada : MG 18 E 10, *ff.* 1-7.

Vallée, Andréanne. *François Gendron et Christophe Regnaut : deux voix « données » en Nouvelle-France,* Thèse de maîtrise, Université d'Ottawa, 2002a, 254 pages.

—. « Les récits de voyage de François Gendron : un regard laïque sur la mission jésuite en Huronie », in *Des Identités en mutation : de l'Ancien au Nouveau Monde,* sous la direction de Danielle Forget et France Martineau, Ottawa : Éditions David, 2002b, pp. 65-108.

Afrique :

Expatriation, diasporisation et transnationalité

Une critique africaine de la citoyenneté transnationale

André-Marie Yinda Yinda

Centre de Recherches Politiques Raymond Aron, EHESS/CNRS

Le phénomène d'immigration constitue désormais un évènement dans les discours et pratiques des relations internationales contemporaines (Goyard-Fabre 1998). Un évènement pour le moins problématique dont la figure la plus significative, la plus impressionnante et certainement pas la moins fantasmatique décrit l'invasion de « l'Empire » par « les nouveaux barbares » (Ruffin 1991). Les populations du Sud pauvres et illettrées, peu qualifiées et persécutées, bref, misérables et malheureuses, choisissent massivement – plus par nécessité que librement – d'aller chercher leur bonheur auprès des populations du Nord riches et cultivées, compétentes et paisibles, bref, généreuses et heureuses. Mythe ou réalité, ou les deux en même temps, le fait est que l'immigration des gens du Sud auprès de ceux du Nord fait fortement sens et prend toutes les formes légales et surtout illégales, tout autant qu'elle permet de jeter un regard sur les ordres politiques qui à la fois la génèrent et la gèrent.

Pourtant, le phénomène d'immigration constitue aussi un événement dans les relations internationales du Sud ayant des motivations, des circuits et des fantasmes propres tout aussi intéressants et pouvant également nous renseigner sur la signification des discours et pratiques politiques qui y ont cours. En Afrique, dans le Golfe de Guinée comme dans d'autres sites géopolitiques (Bouillon 1999), une brève enquête philosophique permet d'en rendre compte à partir de l'exploration et de l'évaluation locale de l'espace, du temps et des représentations politiques contemporaines. En quoi cette enquête pourrait permettre de distinguer l'immigration des autres problèmes politiques internationaux africains ? L'irruption de l'immigration dans le temps international contemporain recouvre-t-elle ici une signification politique particulière ? Qu'apporte une telle approche dans le travail de mise en sens des transformations en cours dans les « nouvelles relations internationales » ?

Donner une suite pertinente à ces trois ordres d'interrogations présuppose une reconnaissance de la fécondité d'une approche philosophique sur le problème de l'immigration. Or celle-ci est loin d'être évidente pour au moins deux raisons : d'abord, l'histoire de la philosophie ne présente aucune œuvre majeure qui soit spécifiquement consacrée à ce problème. Et plus radicalement, l'immigration ne constitue ni une notion centrale de la philosophie politique, ni un de ses concepts majeurs, *a fortiori* un de ses thèmes traditionnels. Ensuite, dans le panorama de la philosophie africaine contemporaine, aucun de ses quatre principaux courants, aucun texte majeur, aucune problématique significative n'est consacré à ce phénomène qui est pourtant séculaire et participe de la construction et de la déconstruction de l'identité de nombre d'individualités, de communautés et d'ordres politiques du monde africain. L'on serait tenté de dire à la suite de Heidegger que la trajectoire philosophique de l'immigration fait partie des *chemins qui ne mènent nulle part*.

Toutefois, à chacune de ces deux raisons, une réserve peut être émise. La première réserve tient à la nature de la réflexion philosophique sur le statut de la citoyenneté dont rend compte l'histoire et le vocabulaire de la philosophie politique. Si le concept d'immigration ne semble pas faire sens en tant que tel, la réflexion philosophique sur la politique est pourtant restée attentive à la circulation et à l'implantation des hommes à travers les espaces du monde ainsi qu'à l'ensemble des problèmes de droit que cela impliquait par le biais de la notion de *droit des gens*.

Derrière le concept de droit des gens s'ordonne à l'origine, un discours sur la possibilité naturelle et la légitimité rationnelle des hommes à circuler et s'implanter durablement dans n'importe quelle partie de la surface de la terre. L'argument qui fondait cette vision cosmologique de la citoyenneté en raison était simple mais radical : à la suite de quelques présocratiques, Platon et Aristote affirmaient l'idée selon laquelle le monde est ordonné à l'image du cosmos et représente le patrimoine et la patrie de l'humanité. Progressivement, le droit des gens a épousé les concours de l'Etat moderne et s'est assimilé au droit international par opposition – et pour aller au-delà – au droit interne. Les faces interne et externe de la politique sont ainsi entrées en conflit. Un conflit intime et lourd de sens. Ce qui a entraîné une réglementation et une limitation de l'immigration qui devenaient philosophiquement inassumables. D'où la formalisation d'une nouvelle version de l'ordre politique du monde plus en phase avec l'idée originaire du droit des gens et représentant son point d'achèvement : le droit cosmopolitique. Il s'agit de l'Idée de la formation d'une Société des nations (*civitas gentium*) – et non des Etats – englobant « tous les peuples de la terre » comme le souligne Kant dans son *Projet de paix perpétuelle*. Pour autant que cela puisse paraître utopique, il faut noter à la suite d'une certaine interprétation kantienne que le « droit des gens est dans une situation 'transitoire', asymptotique, qui est 'rapprochement à l'infini' du cosmopolitisme, 'approximation', 'tâche' qu'on ne saurait rejeter au nom de l'expérience historique ». Le droit cosmopolitique semble ainsi offrir une voie de passage discursive entre l'ordre interne et l'ordre international qui fonde en raison le principe de compétence universelle du droit d'immigrer et de jouir pleinement de tous les droits humains dans le pays d'accueil.

De ce point de vue, l'immigration ne constitue plus un problème en soi mais plutôt une articulation ordinaire de l'aspiration des hommes à chercher, à s'installer et à vivre pleinement leur bonheur dans n'importe quel espace du monde. « Partout, où je me trouve, je suis chez moi. Le monde est ma patrie » : cette affirmation bien connue du philosophe-roi Marc Aurèle devient ainsi le credo des citoyens du monde moderne et contemporain. Toute la difficulté résidera dès lors dans la manière d'articuler le sens politique de cette légitimité cosmopolitique des citoyens en situation d'immigration.

Lorsque M. Walzer examine ce phénomène dans le contexte sociologique de l'espace nord-américain, c'est simplement en tant que préoccupation liée à la manière de vivre ensemble des identités immigrées diversifiées et en permanente mutation. C'est la raison pour laquelle il se contente d'élaborer non pas une métaphysique mais plutôt une éthique particulière : la tolérance. En contrepoint du discours walzerien, il serait intéressant de voir aussi la critique de Rawls contre le cosmopolitisme radical ainsi que sa prise de position pour un certain contrôle de l'immigration. L'argument sur lequel il fait reposer la restriction de l'accès à la citoyenneté mondiale ne manque pas de pertinence, un citoyen du Sud ne saurait, selon lui, « compenser son irresponsabilité en matière d'entretien de son territoire et de conservation de ses ressources naturelles en s'engageant [...] dans la migration vers le territoire d'un autre peuple sans le consentement de celui-ci ».

La deuxième réserve est liée à une nouvelle méthode d'analyse de la philosophie politique africaine et peut à ce titre être articulée avec intérêt pour justifier la démarche de la présente enquête. Elle procède avant tout d'un constat. Après – voire à travers – les quatre principales étapes de l'histoire de la philosophie africaine contemporaine, un travail sur le langage qui se configure autour de quelques éléments du discours, des pratiques et des représentations politiques liés à l'immigration est rendu possible à partir d'une suggestion faite par J-G. Bidima. Dans sa *philosophie négro-africaine* et ailleurs, celui-ci propose effectivement d'intégrer l'analyse du langage dans l'espace public comme instance de mise en sens des rapports intersubjectifs au détriment des discussions stériles sur l'essence politique et juridique des régimes africains. Il affirme, un brin sentencieux, que :

> la réflexion africaine s'est trop occupée du problème de légitimité de nature juridique. Il s'agit maintenant de réfléchir sur une *pragmatique du politique* qui intègre le problème du langage dans l'espace public : qu'est-ce qui se passe quand un *je* et un *tu*, *ici* et *maintenant* (*deixis*), s'échangent des énoncés politico-normatifs, qu'est-ce qui est occulté, transféré, sublimé ?

Il s'agit ainsi d'être attentif aux discours énoncés par les citoyens originaires vis-à-vis des citoyens immigrés, aux propres mots et signes (des) étrangers, à la façon dont se construit l'économie des échanges discursifs et symboliques entre « autochtones » et « allochtones ».

Comme – et plus que – dans la première réserve, les sciences sociales sont mises à contribution ici pour tracer les trajectoires politiques effectives – et nourrir ainsi les trajectoires politiques spéculatives de la philosophie africaine – à travers lesquelles circulent les rapports aux immigrés notamment dans la construction africaine de soi à l'œuvre selon A. Mbembé à l'interface de « l'autochtonie » et du « cosmopolitisme » (Mbembé 2000) d'une part et d'autre part, dans la déconstruction scientifique de la marginalisation de l'Afrique dans les relations internationales contemporaine que propose L. Sindjoun (Sindjoun 1998).

La combinaison de ces deux réserves constitue la faille à partir de laquelle une écriture philosophique sur l'immigration africaine est rendue possible. Celle-ci s'énonce avec pertinence en termes d'affirmation de soi, non seulement dans l'espace de l'autre, mais aussi dans son temps et dans ses représentations. Investir ces trois dimensions de l'autre signifie saisir les trois horizons de l'identité de l'autre avec laquelle j'établis une relation. Un autre qui est chez moi sans être un des miens, donc quelqu'un à la fois de proche et de lointain, de semblable et de différent, bref, le même et l'autre aussi bien dans son individualité que dans son appartenance à la communauté et surtout dans son rapport à l'ordre du monde. En somme ce qui identifie l'autre par rapport à moi est en même temps et précisément ce qui le distingue de moi.

L'immigration introduit ainsi la mise en travail du concept d'altérité. D'où l'exploration et l'évaluation de l'espace, du temps et des représentations politiques africaines du rapport à l'autre à travers trois ordres d'interrogations : d'abord, qui est étranger et qui suis-je pour le désigner comme tel ? (I) ; ensuite, quel type de rapport les identités nationales (natives et allogènes) entretiennent-elles avec leur enfermement dans le cadastre colonial et post colonial ? (II) ; enfin, en guise de perspective, ne faudrait-il pas mettre en route des signes cosmopolitiques de la citoyenneté africaine pour régler philosophiquement les deux problèmes qui précèdent et sortir ainsi l'actualité politique internationale de l'immigration africaine du registre problématique ? (III)

I. L'identité politique de l'étranger

S'interroger dans plusieurs directions sur le fait d'être considéré comme étranger dans un pays revient avant tout à explorer et à évaluer l'individualité de la condition d'immigré indépendamment de ses liens avec la communauté et avec le monde. D'où vient-il ? Qui est-il réellement ? Que dit-on de lui ? A partir de là, naît-on ou devient-on étranger dans une Afrique insérée dans un monde où les murs de la distance, de la durée et de la réalité s'effondrent continuellement ?

En fait, naître ou devenir étranger c'est reconnaître que l'on investit le chez soi de l'autre. La signification naturelle ou culturelle de l'étranger est donc mise en sens par l'autre, celui qui accueille, celui qui est chez soi : l'autochtone. Celui-ci cède ou concède son espace, son temps et une partie de son imaginaire. Lui-même, qui est-il ? Est-il fondé à occuper une position politique centrale réservant ainsi la marge à l'étranger ? N'est-il pas lui-même étranger quelque part ? A. Mbembé propose une définition éclairante de l'autochtonie qu'il lie à l'espace :

> Toute identité devrait recevoir une traduction territoriale. Il n'y aurait pas d'identité sans territorialité c'est-à-dire la conscience vive de posséder un lieu et d'en être le maître, soit de naissance, soit parce qu'on l'a conquis, soit parce que l'on s'y est implanté et qu'il fait désormais partie des représentations de soi.

La conscience autochtone ou plus banalement le sentiment d'être chez soi procède précisément de cette identification intime à l'espace et trace en même temps la ligne de démarcation avec l'autre, celui qui n'est pas chez soi mais qui partage mon espace. La conscience d'être étranger est ainsi liée à l'exclusion du patrimoine territorial que la facticité de la propriété foncière ne saurait régler. S'il en est ainsi de l'espace, qu'en est-il du temps ? Comment la figure de l'étranger est-elle concrètement mise en sens dans l'histoire africaine ?

Au cœur de cette déclinaison spatiale de l'étranger, traverse une forte actualité historique – au double sens de mise en acte d'une idée dans le temps et d'inscription dans le cours des événements présents. En effet, celui qui n'a pas pris part et ne peut assumer avec cohérence et intégrité les faits qui ont ponctué le temps de l'espace dans lequel il est implanté est un autre, il est différent et en dehors de mon histoire. La traite négrière, la Conférence de Berlin, la colonisation et la décolonisation, l'indépendance et la construction nationale de l'Etat constituent les éléments du patrimoine historique qu'il s'agit d'assumer intégralement, c'est-à-dire sans rupture ni compromission. L'individu qui n'en est pas légitimement capable ne saurait être considéré autrement que comme un étranger. Les douleurs et les jubilations du passé forgent l'identité de l'autochtone ainsi que la distance avec l'allochtone. Il en va de même dans le contexte d'ouverture démocratique à la fin des années 80. Celui qui ne peut participer de la communauté du destin historique reste en dehors du jeu politique et est à la limite toléré sous certaines conditions. C'est dans ce sens que le débat sur l'ivoirité pourrait éclairer une telle réflexion. Deux assertions complémentaires qui en sont issues fixent les termes dudit débat :

> Contrairement à certaines opinions, la notion d'ivoirité n'est ni sectarisme étroit, ni expression d'une quelconque xénophobie ; elle est la synthèse parfaite de *notre* histoire, l'affirmation d'une manière d'être originale, bref un concept fédérateur de *nos* différences

d'une part et d'autre part :

> L'ivoirité est ce lien essentiel qui se tisse au fil du temps entre *notre* pays et la manière dont chacun y vit et travaille, mais aussi un message de fraternité et de progrès pour réussir une intégration régionale économique profondément humaine.

Langue de bois ou lecture franche de la réalité politique, le fait est que ce discours traduit la conscience historique d'une différence qui inscrit définitivement l'autochtone au centre du jeu politique et maintient rationnellement l'étranger à sa marge, à la bordure de la citoyenneté. Cependant comment comprendre cette clôture de l'autochtonie, cet enfermement de l'identité citoyenne et par le fait même cette mise à l'écart de l'étranger dans l'actualité historique alors même que l'imaginaire africain possède en la matière une réputation légendaire tout à fait contraire ? Qu'en est-il exactement ?

La tradition d'hospitalité constitue dans l'imaginaire africain un héritage massif qui conditionne encore les représentations du rapport à l'étranger. Ce lourd passé entretient l'idée selon laquelle la différence entre l'autochtone et l'allochtone bien qu'elle soit effective n'entraîne pas pour autant la distance, encore moins la méfiance. Il s'agit ici de mettre en échec toute idée qui enferme l'identité, qui institue la clôture de soi, l'exclusion de l'autre. L'étranger venant à ma rencontre, vivant à côté de moi est mon prochain, mon « frère » dont la maternité immémoriale de l'Afrique nous est commune. Ancrées sur ce passé long et lourd, les mythologies, les sémiologies et les liturgies sociales africaines voient en l'étranger un semblable qui a des besoins qu'il faut satisfaire notamment le nourrir, l'abriter et partager la parole avec lui. « L'excessive convivialité » que D. Etounga Manguélé (1993) stigmatise dans le comportement de l'Africain contemporain procède de cette disposition fondamentale à l'hospitalité, à la spontanéité des relations avec l'autre.

La mise en échec de la distance, de la différence et de l'altérité en l'étranger se retrouve aussi dans l'usage du langage ordinaire quand il s'agit de désigner un étranger. Etant par définition celui que l'on accueille chez soi, les expressions « *j*'ai des étrangers », « *tu* reçois *nos* étrangers », « *il* est *mon* étranger » renvoient à cette disposition traditionnelle d'hospitalité, d'implication personnelle dans le processus d'intégration culturelle de l'étranger compte non tenu de ses origines et de ses possessions. Que le dictionnaire universel de la langue française ait retenu ce sens africain dans les multiples définitions de l'étranger ne peut que renforcer la solidité du lien qui devrait unir l'autochtone à l'étranger, le citoyen originaire à l'immigré.

Cette présentation du rapport d'ouverture à l'étranger croise au moins deux visions du monde : d'abord celle de la philosophie chrétienne et plus radicalement de l'Eglise catholique romaine au sujet de la personne en l'autre et du devoir de solidarité que lui doivent tous ses semblables. Elle s'énonce ainsi : « le principe de solidarité, énoncé encore sous le nom « d'amitié » ou de « charité sociale » est une exigence directe de la fraternité humaine et chrétienne ». En outre, elle croise aussi l'idée du monde que met en route l'éthique de la tolérance de Walzer. Reprenant Julia Kristeva (1988) qui nous exhorte à regarder le monde comme entièrement constitué d'étrangers et à prendre conscience de l'étranger qui est en nous, ce dernier fait remarquer que « si chacun est un étranger, alors personne ne l'est » et en conclut qu'« il est certainement plus facile de tolérer l'altérité si nous prenons conscience de l'autre qui est en nous-même » (Walzer 1997 130).

Toutefois, l'imaginaire africain présente aussi des figures où l'ouverture à l'étranger est fortement battue en brèche. Dans une intéressante nouvelle, A.-M. Niane raconte la condition d'une étrangère d'origine sénégalo-vietnamienne immigrée au Sénégal dans le pays d'origine de son époux. Après de longues années de vie conjugale et ayant eu une progéniture nombreuse, l'héroïne de ce récit continue à s'interroger sur ses origines à la source des rapports difficiles aussi bien avec son époux qu'avec sa communauté d'accueil. « Par moment, dit-elle, je me sentais étrangère et si éloignée de Karim [son époux] ». (Niane 1985 15) Au sujet de celui-ci et de sa co-épouse d'origine sénégalaise, elle avoue : « Tout les unissait : leur race, leurs conceptions, leur enfance à Saint-Louis. Ils pouvaient percevoir l'humour ou la gravité d'une situation de la même façon » (*Idem*). Et de conclure, dans un sentiment de déchirement : « Je nourrissais l'espoir de retourner un jour au Vietnam. Cette idée ma quittée. La terre sénégalaise est un peu la mienne maintenant puisqu'elle abrite des racines de ma descendance » (*Ibid.*). Cette narration côtoie bien d'autres figures de l'imaginaire africain où l'échec de l'intégration est mise en scène parfois sous le mode de la tragédie.[1]

À partir de la traduction spatiale et temporelle du rapport à étranger baignant dans la matrice de l'imaginaire africain, il devient clair que la tradition tend à assimiler l'individualité allogène, s'ouvre à l'étranger dans l'autre – non sans quelques insuccès – alors que la modernité, elle, s'emploie à distinguer l'autochtone, à enfermer l'étranger dans l'autre – avec parfois des nuances. Ces deux trajectoires font sens et se croisent en permanence. C'est à leurs points d'intersection que la figure de l'étranger est en train de dessiner les traits de la nouvelle citoyenneté africaine à l'œuvre dans le processus d'immigration contemporaine. Tout le problème est de savoir comment s'articule effectivement cette nouvelle problématique de l'immigration derrière l'altérité citoyenne dans un contexte géopolitique fortement marqué par le cadastre colonial, le maillage ethno-régional et les brassages intercommunautaires entre et à travers les Etats en « crise » ?

II. La nationalité critique

Le rapport à l'étranger qui se déroule à travers l'exploration et l'évaluation locale de son espace, de son temps et de ses représentations comporte, au-delà de son individualité, une dimension communautaire très forte. L'étranger est nécessairement citoyen c'est-à-dire membre d'une communauté nationale. Laquelle ? Là est tout le problème, et en voici les principales inflexions : sous quelles conditions et au nom de quel fondement juridique reste-il membre de sa communauté d'origine ? A partir de quels critères devient-il membre de la communauté d'accueil ? D'origine ou d'accueil, l'idée même de communauté nationale en Afrique et particulièrement dans le Golfe de Guinée repose sur quel fondement ?

Lorsque le problème de l'immigration est posé en termes communautaires, il multiplie et complexifie les questions sur l'idée que l'on se fait du rapport à l'étranger et que celui-ci s'en fait lui-même. Pourquoi ? Deux raisons pourraient suffire pour fournir l'explication nécessaire. D'abord parce que malgré l'effort de détermination conceptuelle qui précède, l'identité politique de l'étranger demeure fragmentaire et continue à

---

[1] Voir par exemple comment le thème de l'étranger est abordé par l'imaginaire occidental en terre africaine chez Albert Camus in *L'étranger* (1942). A Alger, le lendemain de la mort de sa mère qui le laissait indifférent, Mersault tue un autochtone arabe gratuitement. Condamné à la peine capitale, il accepte la mort stoïquement.

produire des significations et des émotions qui ont des conséquences dont on ne saurait intellectuellement prendre toute la mesure. Ensuite – et c'est probablement tout l'intérêt de cette deuxième perspective d'étude – la communauté d'origine ou d'accueil, pour nationale qu'elle se prévale, n'en comporte pas moins quelque ambiguïté quant à la propre détermination de son contenu politique.

En effet dans le Golfe de Guinée et ailleurs en Afrique, la communauté nationale peut avoir une double acception. Une première, singulière, correspond à la figure bien connue de l'Etat-nation. L'Etat a pris en charge l'idée nationale. Etre membre de la communauté nationale revient ici à exercer le privilège de citoyen de l'Etat à partir des conditions et modalités juridiques et symboliques établies conformément à l'ordre du discours colonial et postcolonial. Une deuxième acceptation, plurielle, repose sur l'idée selon laquelle la communauté nationale se configure autour des multiples communautés ethniques et aires régionales dont l'Etat est constitutif. Etre citoyen est donc aussi et nécessairement lié à son appartenance ethno-régionale. Dans certains pays du Golfe de Guinée comme le Cameroun, un principe politique en rend d'ailleurs compte aussi bien dans la fondation de l'Etat que dans le processus de nomination à des fonctions publiques et parapubliques ainsi que dans l'élaboration et l'exécution des politiques publiques (Yinda Yinda 2001).

La combinaison de ces deux significations de la communauté nationale permet de découvrir le travail de mise en crise de la citoyenneté qui brouillent les trajectoires d'analyse du rapport aux communautés immigrées ainsi que les logiques politiques qui sont issues de l'exploration et de l'évaluation des représentations, du temps et de l'espace non seulement au sein de l'Etat mais aussi et surtout à travers – parfois contre – celui-ci. Dès lors, trois ordres d'interrogations surgissent en inversant l'ordre des catégories d'analyse. D'abord les *représentations* : chaque communauté nationale possède une grammaire des signes et des symboles à partir de laquelle elle construit l'identité de ses membres ainsi que l'altérité des membres qu'elle accueille. Or lorsqu'on étudie par exemple l'immigration de la communauté nigériane au Cameroun, de quel Nigérian s'agit-il ? Du Ibo, du Yorouba, du Haoussa ? *Idem* pour la communauté camerounaise au Gabon ou au Nigeria : s'agit-il du ressortissant de l'ethnie Beti, Bamiléké ou Bassa ? Ensuite *le temps* : le rapport à certains événements politiques comme la guerre, la crise économique ou la prise de pouvoir d'Etat par les membres d'une communauté ethnique particulière provoque nécessairement des interférences et introduit une ambiance conséquente dans les relations aux immigrés qui modifient en profondeur l'analyse : quelle en est la mesure et que risque l'altérité citoyenne dans une telle perspective ? Enfin *l'espace :* la configuration *trans*étatique de certaines aires ethno-régionales ne donne-t-elle pas, ici et maintenant, l'occasion de liquider la part de l'arbitraire colonial et postcolonial inscrite dans l'analyse locale de l'immigration contemporaine ?

Effectivement le premier ordre d'interrogations pose le problème de l'identification citoyenne des immigrés. Il est établi que le marquage ethno-régional d'origine joue un rôle prépondérant dans la configuration des circuits identitaires de l'immigration. Par exemple, les membres de la communauté ethnique Bassa du Gabon ou du Nigeria auront tendance à retisser des liens de fraternité et à reproduire leur imaginaire commun par-delà la communauté nationale camerounaise locale. Le fonds de cet imaginaire commun tiendra sur le système Mbok qui incarne l'idée traditionnelle que les Bassa ont du monde et dont la référence immémoriale permet de régir la nature des rapports avec les autres. Il en va quasiment de même pour les autres communautés ethniques immigrées, chacune gardant son idée du monde et ses représentations de l'altérité par-devers soi (Mboui 1967).

Or chacun de ces référentiels traditionnels s'inscrit dans une perspective qui ignore, à l'origine, le référentiel étatique-national, celui-ci étant le produit de la modernité coloniale. Souvent dans l'histoire de certains Etats du Golfe de Guinée, il y a eu un réel conflit entre l'idée traditionnelle et moderne du monde, la première reposant sur une communauté restreinte aux liens « immédiats » mais ayant une vision cohérente de l'ordre du monde dans lequel vivent ses membres, la deuxième prenant corps avec l'Etat-nation aux affinités « légales-rationnelles ». La lutte pour l'indépendance en pays Bassa a fortement mis en lumière ce type de conflit où le combat politique a cristallisé une opposition philosophique mettant en scène deux ordres du monde : l'un, le système Mbok comme base du *logos* et de l'imaginaire traditionnel Bassa et ses diverses représentations chez les combattants de l'UPC dans le maquis de la Sanaga-Maritime; l'autre, le système Westphalien comme base du *logos* et de l'imaginaire de l'Etat colonial camerounais. A l'issue de ce conflit politico-philosopohique, il y eut non seulement la mort, la servitude et l'exil, mais aussi et surtout l'accès de l'une à l'autre idée du monde et vice-versa.

De même l'imaginaire du Bassa au Gabon croise celui des membres des autres communautés camerounaises par le biais de l'identité étatique-nationale et produit un brassage des représentations de soi et de l'autre qui lui-même croise le produit d'un autre brassage, celui des membres de la communauté nationale gabonaise. La même analyse pourrait être faite sur d'autres communautés immigrées dans toutes les directions possibles et imaginables. Il se pose ainsi au bout d'un tel processus le problème de la complexification de l'identité citoyenne de l'immigré. De quelle communauté est-il finalement membre ? De toutes en même temps, serait-on tenté de répondre ou, pourquoi pas *a contrario*, d'aucune.

À la vérité, il convient ici de se représenter la citoyenneté de l'immigré comme une identité politique multiple que le droit devrait nécessairement reconnaître et consacrer. Walzer propose à ce sujet une figure de l'identité multiple assez originale à travers ce qu'il appelle l'identité à « trait-d'union » (Walzer 1997 : 55)[2]. On parlerait ainsi du Bassa-Camerounais-Gabonais pour désigner l'immigré issu de la communauté ethnique d'origine Bassa et de nationalité camerounaise installé au Gabon. Ou encore du Yorouba-Nigerian-Camerounais pour l'immigré d'origine yorouba et de nationalité nigériane vivant au Cameroun. Ainsi le citoyen Bassa-Camerounais-Gabonnais est autant lié au citoyen camerounais qu'au citoyen gabonais tout court. Il a également le même type de lien avec le citoyen Bassa-Camerounais-Nigérian et même avec le citoyen Yorouba-Nigerian-Camerounais, les points d'intersection identitaires pouvant toujours être établis. L'exercice de la citoyenneté aurait dû, de ce point de vue, suivre les trajectoires multiples de l'identité politique immigrée, n'esseut été son enfermement dans la mémoire coloniale et la prégnance de certains événements politiques. Quelles en sont néanmoins les ponctuations majeures ?

Le deuxième ordre d'interrogations est lié à l'histoire locale. Après la période de la colonisation, de la décolonisation et la laborieuse fondation de l'Etat pendant le temps du non-alignement durant la Guerre Froide, l'immigration dans le Golfe de Guinée a été fortement marquée par trois grands événements : les guerres, la crise économique des années 80 et le processus de la démocratisation de la fin des années 80.

Primo, les guerres nombreuses, multiformes et quasi permanentes dans le déroulement de l'histoire de l'immigration au Golfe de Guinée sont à saisir comme un faisceau de relations. Ainsi les séquelles de la répression coloniale contre les mouvements nationalistes et de la terrible guerre civile au Biafra, le vieux conflit angolais avec ses rythmes et ses logiques souterraines, la crise des Grands lacs avec ses multiples visages, ses nombreux acteurs et le spectre du génocide, la guerre civile au Congo-Brazzaville, les hoquets de l'instabilité politico-militaire en RCA, au Tchad et au Niger, « la guerre mondiale africaine » dans l'ex-Zaïre ainsi que le conflit frontalier entre le Cameroun et le Nigeria ont profondément déterminé la nature et les mentalités des communautés immigrées dans leurs rapports avec les communautés d'accueil. Ainsi par exemple, la guerre au Rwanda et au Burundi inscrit l'immigration de la communauté rwandaise et

---

[2] En fait l'expression originaire est plus juste : « Hyphenated ». Elle fait référence à une double identité signalée par le trait d'union d'italo-américain par exemple.

burundaise au Cameroun sur le mode de la méfiance, voire de la distance, vis-à-vis des questions politiques locales.

Secundo, la crise économique de la décennie 85-95 a également été à l'origine de l'implantation de certaines communautés nationales dans d'autres territoires : les Camerounais au Gabon et les Nigérians au Cameroun notamment. Dans le premier cas, la communauté gabonaise va développer une certaine hantise vis-à-vis des étrangers parasites au point où vont se mettre en place des discours et des pratiques proprement xénophobes. Dans le deuxième cas, la communauté camerounaise va renforcer sa méfiance, voire son habituelle suspicion vis-à-vis des Nigérians au moment les plus rudes de la rareté.

Tertio, le processus démocratique a eu des fortunes diverses et des conséquences multiples dans la recomposition de certaines formations sociales du Golfe de Guinée. Il a surtout été éclairant dans la manière dont certains systèmes politiques locaux ont abordé et tranché la question de la participation des membres des communautés immigrées au jeu politique ainsi que l'attitude de ceux-ci par rapport à la façon dont leur condition d'immigré a été politiquement engagée, gérée et évaluée par les citoyens du pays d'accueil. Le cas Ouatara en Côte d'Ivoire, en la matière, constitue à distance un laboratoire vivant qui témoigne à l'extrême point de la précarité des systèmes et des mœurs politiques face à l'exercice de la citoyenneté immigrée dans le Golfe de Guinée et un peu partout en Afrique.

D'autres procédés tout à fait informels sont également mobilisés pour faire entrer les immigrés dans le jeu politique du pays d'accueil. Le travail de Nkené le montre très nettement avec la communauté nigériane vivant à Douala (Nkéné 2001 87-121). Cet ensemble de procédés tient au fait que, pour l'essentiel, l'Africain entretient un rapport libre au territoire que l'érection des murs et des bornes de la colonie n'a pas complètement anéanti. A partir du rapport à l'espace comment dès lors concevoir que l'altérité citoyenne soit en crise au point de perturber les ordres politiques en postcolonie ?

Le troisième ordre d'interrogations prend corps derrière la figure de l'espace. Les territoires de certaines communautés ethniques traversent « les frontières héritées de la colonisation » selon la célèbre expression de la charte de l'Organisation de l'Unité Africaine (l'O.U.A.). A titre d'exemple les Haoussas partagent les deux côtés de la frontière Cameroun-Nigéria, les Gbayas, la frontière RCA-Cameroun, etc. Les cas les plus intéressants concernent les aires ethno-régionales écartelées entre trois ou quatre territoires nationaux à l'exemple de la communauté Fang entre le Gabon, la Guinée et le Cameroun et des Kanouris entre le Niger, le Nigeria, le Cameroun et le Tchad respectivement.

À l'évidence, le tracé de la conférence de Berlin consacré par la Charte de l'O.U.A n'a nullement pris en compte le rapport que les membres des communautés transnationales entretenaient avec leurs espaces originaires, ni la conscience territoriale qui en est sortie. Même l'historien qu'est Mbembé rappelle la prégnance de cette conscience vive et entière de l'identification citoyenne à l'espace lorsqu'il affirme précisément que : « *le chez soi*, cet espace réduit et ce patrimoine foncier où les relations directes et de proximité sont renforcées par l'appartenance à une généalogie commune, à une même matrice réelle ou supposée qui sert de fondement à l'espace civique. » (Mbembé 2000 38) Il faudrait donc voir en cet écartèlement des communautés, l'occasion d'une émasculation de la citoyenneté traditionnelle africaine, c'est-à-dire l'appartenance des membres à une communauté originaire qui n'obéit guère aux logiques de configuration des territoires de l'Etat moderne colonial et postcolonial. Et d'ailleurs, le fait même d'immigrer pourrait être interprété avec pertinence comme une tentative de remise en ordre de cette forme de territorialité communautaire traditionnelle que les nouvelles relations internationales intègrent désormais dans leur champ d'étude.

Un dernier élément d'analyse de la crise de la citoyenneté dans l'espace des communautés nationales immigrées dans le Golfe de Guinée correspond selon Mbembé à « la troisième grande figure territoriale [...] de la nouvelle géopolitique africaine ». Il prend corps dans « le contexte d'une internationalisation des échanges et des nouvelles formes d'exploitation des produits du sous-sol » (*Idem*) notamment le pétrole, les forêts et le diamant, provoquant des conflits d'envergure internationale ou de dimension inter-communautaire, favorisant la mise en place d'une forme d'économie de traite néanmoins pourvoyeuse de rentes, d'emploi et d'infrastructures pour les membres de certaines communautés locales et surtout pour les Etats. Ce qui donne lieu parfois à des tentatives de contrôle, d'intervention ou de manipulation de la force publique à l'avantage des communautés immigrées directement impliquées dans cette exploitation de ressources. « L'affaire ELF » et la révolte du peuple Ogoni contre la compagnie pétrolière Shell et le gouvernement fédéral nigérian en constituent des exemples bien connus.

Cet enchevêtrement de facteurs géologiques interfère dans de nombreux parcours de décompositions de la citoyenneté à tel point que désormais « facteurs transnationaux et facteurs locaux s'imbriquent, provoquant d'importantes recompositions » (Smouts 1998 27). Celles-ci remettent en sens l'analyse profonde de la citoyenneté dans l'interface du local et du global. Comment ce problème de l'immigration peut-il prendre la mesure d'une telle sortie des fers de la mémoire, du cadastre et de la grammaire des signes coloniaux en postcolonie ?

III. Signes cosmopolitiques

À l'évidence, les multiples interrogations autour de l'étranger ayant abouti à une constellation d'identités politiques participent en profondeur de la mise en crise des logiques communautaires qui traversent l'analyse de l'immigration dans le Golfe de Guinée. Le rapport à l'immigré remet véritablement en question aussi bien la citoyenneté de l'immigré que celle de celui qui l'accueille. Il est surtout vrai que l'exploration et l'évaluation de l'espace, du temps et des représentations – ou dans l'ordre inverse : les représentations, le temps et l'espace – politiques y font corps et sens à partir d'une certaine idée du monde qui traverse cette constellation des identités citoyennes. Une idée qui opère dans une double direction interactive : l'idée locale du monde qui est en travail dans le Golfe de Guinée d'un côté et de l'autre l'idée globale du monde qu'on y croise. Derrière cette combinaison dynamique des deux ordres du monde aujourd'hui se transforme la citoyenneté et partant le statut non pas de l'immigré en tant que tel, mais davantage du rapport de soi et à l'autre, à l'issue duquel essaimera un foisonnement de normes politiques. Car c'est le fruit d'une construction politique et, comme disait Sartre : « l'essentiel c'est moins ce qu'on a fait de vous que ce que vous faites de ce qu'on a fait de vous ».

D'abord *l'idée locale du monde* traduit d'une certaine façon la démarche à partir de laquelle l'espace, le temps et les représentations politiques dans le Golfe de Guinée s'organisent et ordonnent le rapport des citoyens du dedans au dehors. La pluralisation et la mobilité des identités politiques, le caractère *infra-* et surtout *trans*étatique de l'appartenance aux communautés nationales ainsi que leur croisement en constituent le fondement et donnent lieu à une réinterprétation du rapport à la géographie, à l'histoire et à l'imagination politique dans les relations internationales africaines contemporaines.

Lorsque L. Sindjoun voit derrière la porosité des frontières et la fluidité des espaces étatiques africains une réinvention du principe même de l'Etat et de son rapport à la territorialité dépourvue de la part de rigidité et de sacralité qui la caractérisait dans le monde westphalien, il traduit en termes scientifiques le langage africain du refus de l'enfermement dans la mémoire, le cadastre et la grammaire des signes de la modernité (coloniale) en postcolonie (Sindjoun 1998). Le désir d'affirmation de soi chez l'autre à travers les relations individuelles ou en réseaux communautaires est aussi fort hier qu'aujourd'hui.

> Dans cette perspective, souligne-t-il, on comprend que l'Afrique telle qu'étudiée à travers la transnationalisation de l'informel, la relativisation de la distinction entre le dedans et le dehors, puisse servir de référence

dans l'analyse de la déterritorialisation des relations internationales. (Sindjoun 1998 21)

Dans une autre perspective, Achille Mbembé en dessine l'horizon historique : « D'une part les frontières réelles n'épousent ni les configurations officielles, ni la cartographie héritée de la colonisation. » D'autre part, ajoute-t-il,

> la disjonction entre territorialités économiques, territorialités politiques, culturelles et symboliques s'accélère. Le déphasage et l'emboîtement d'une multiplicité de principes et de normes constituent désormais la règle. Du coup, c'est aux interstices que se déroule, à présent, le gros de l'action historique. (Mbembé 2000 38)

L'idée locale du monde semble ainsi suivre ici et ailleurs la trajectoire discursive qui inscrit le renversement des repères et lignes traditionnels de l'analyse des relations internationales comme horizon épistémologique et méthodologique valable et viable.

De même la constitution du sujet politique traversée par de multiples faits, signes et symboles liés à la guerre, à la crise économique et à la démocratisation permet d'inscrire le rapport à l'étranger sur un registre politique internationale qui a tendance à substituer les normes juridiques et diplomatiques par des pratiques et rituels proprement non conventionnels mais tout à fait inventifs. Prise et traitée comme telle, l'immigration est appelée à perdre la puissance de son actualité et de sa singularité sur le terrain de la politique internationale et à redevenir un objet d'étude ordinaire.

Ensuite *l'idée globale du monde* qui fait sens ici et que recoupe l'enquête philosophique sur l'immigration est réductible à un paradigme des nouvelles relations internationales : *un monde sans souveraineté* où la statolité cesse d'être le principe de définition et d'évaluation de l'action internationale (Badie 1999). L'imaginaire traditionnel de l'étranger, le langage exprimant le rapport aux « frères » venus d'ailleurs ainsi que l'ambiguïté inhérente à la pluralité des identités politiques individuelles et communautaires situent dans leur ensemble le débat sur l'immigration en dehors des questions de souveraineté classiques et de tout ce qui leur est lié. Ce qui semble bien en travail ici, c'est l'idée d'une altérité citoyenne dont les contours recoupent confusément – en subvertissant les institutions matérielles et symboliques de l'Etat – la responsabilité individuelle, les normativités communautaires ainsi que l'interactivité entre celles-ci et celles-là. Smouts confirme cette perspective, à la suite de beaucoup d'autres, lorsqu'elle fait remarquer que : « Ce n'est pas le moindre des paradoxes de la mondialisation que ce double encrage à la fois dans le marché et dans les aspirations communautaires » (Smouts 1999 27).

L'épreuve du pouvoir et de l'avoir qui cristallise souvent les intelligences sur l'analyse de l'immigration ne représente à ce titre que les deux faces obscures d'un investissement humain profond sur la transformation de la citoyenneté chez soi et en l'autre et partant de toute l'idée politique africaine contemporaine, à situer en permanence à l'interface du local et du global, mieux du particulier et de l'universel à l'œuvre dans le monde, notre monde, moi et l'autre. C'est à partir d'une telle perspective que le sens du discours africain pourrait serrer les mutations en cours dans la science des relations internationales contemporaines et espérer ainsi croiser d'autres trajectoires théoriques et philosophiques qui entendent reconstruire le monde.

Bibliographie

Abdelmalek, S. *L'immigration ou les paradoxes de l'altérité*. Bruxelles : De Boeck, 1991.

Alland, D. « Droit des gens » Raynaud, P. et Rials, S., (dir.), *Dictionnaire de philosophie politique*. Paris : PUF, 1996.

Appadurai, A. *Modernity at Large. Cultural Dimension of Globalization*. Minneapolis : University of Minnesota Press, 1997.

Appiah, K.A. *In my fathers House. Africa in the Philosophy of Culture*. London : Methuen P., 1992.

—. « Cosmopolitan Patriots », *Critical Inquiry*, vol., 23, N°3, 1997, pp. 617-639.

Arendt, H. « Jaspers, citoyen cosmopolitique », *Vies politiques*. Paris : Gallimard, 1971.

Badie, B. *Un monde sans souveraineté. Les Etats entre ruse et responsabilité*, Paris : Fayard, 1999.

Badie, B. et Withol de W.C. *Le défi migratoire*. Paris : PFNSP, 1994.

Badie, B. et Perrineau, P. « Citoyens au-delà de l'Etat », *Le Citoyen. Mélanges offerts à Alain Lancelot*. Paris : Presses de Sciences Po., 2000, pp. 21-33.

Bauman, Z. *Globalization : the Human Consequences*, Oxford : Oxford University Press, 1998.

Berlin, I. *Eloge de la liberté*. Paris : Press Pocket, 1990.

Berten, A., Dasilver, P. et Pourtois, H. *Libéraux et communautariens*. Paris : PUF, 1997.

Bidima, J.-G. *Théorie critique et modernité africaine. De l'Ecole de Francfort à la « docta spes africana »*. Paris : Publications de la Sorbonne, 1993.

—. *Philosophie négro-africaine*. Paris : PUF, « Que sais-je ? », 1995.

—. *La palabre, une juridiction de la parole*. Paris : Michalon, 1997.

—. « Le corps, la cour et l'espace public », *Politique africaine*, 77, mars 2000, pp. 90-106.

Bouillon, A. *Immigration africaine en Afrique du Sud*. Paris : IFAS et Karthala, 1999.

Bras-Chopard (Le), A. *Le zoo des philosophes. De la bestialisation à l'exclusion*. Paris : Plon, 2000.

Brehier, E. *Histoire de la philosophie*. Paris : PUF, « Quadrige », 3 t., 1968.

Catéchisme de l'Eglise catholique. Paris : Centurion, Nouvelle édition, 1998.

Chatelet, F., *Histoire de la philosophie : idées doctrines*, Paris, Hachette, 8 vol.

Colonomos, A. « L'acteur en réseau à l'épreuve de l'international » in SMOUTS, M.C. (dir.). *Les nouvelles relations internationales. Pratiques et théories.* Paris : Presses de Science Po, 1998.

Constantin, C., « Sur les modes populaires d'actions diplomatiques : affaires de famille et affaires d'Etat en Afrique orientale », *Revue française de science politique.* 36 (5), 1985, pp. 672-694.

Copans, J. « Les sciences sociales africaines ont-elles une âme de philosophe ». *Politique africaine*, mars 2000, *op. cit.*

Curdiphe. « L'ivoirité, ou l'esprit du nouveau contrat social du président H.K. Bédié », Actes du forum Curdiphe du 20 au 25 mars publiés sous la direction de Saliou Touré in *Ethics, revue de la Curdiphe.* Presses Universitaires d'Abidjan, 1996.

Derrida, J. *Cosmopolites de tous les pays, encore un effort* ! Paris : Galilée, 1997.

Dictionnaire Universel, II, 2. Paris : AUPELF-EDICEF, « Universités francophones », « Etrangères », 1998, p. 443.

Diop, C.A. *Nations nègres et culture.* Paris : Présence africaine, 1956.

Diop, M.C., et Diouf, M. *Les figures du politique en Afrique.* Dakar/Paris : CODESRIA/Karthala, 1993.

Dyatlm Nding. *Civilisation et science juridique en Afrique.* Yaoundé : Clé, 1982.

Eboussi Boulaga, F. *La crise du Muntu. Authenticité africaine et philosophie.* Paris : Présence africaine, 1977.

Esso, N.O. « Conflits politico-identitaires et migrations transfrontalières : le cas des réfugiés burundais et rwandais à Yaoundé », Projet de thèse de doctorat, Séminaire méthodologique d'Afrique Centrale. Yaoundé : CODESRIA/Université de Yaoundé II, 13-17 septembre, 1999.

Etounga Manguele, D. L'*Afrique a-t-elle besoin d'un programme d'ajustement culturel ?* Paris : L'Harmattan, 1993.

Enjeux, Bulletin d'Analyses Géopolitiques pour l'Afrique Centrale. Yaoundé : FPAE, janvier-mars 2001, N° 06.

Feyerabend, P. *Contre la méthode. Esquisse d'une théorie anarchiste de la connaissance.* Paris : Seuil, 1979.

—. *Adieu la raison.* Paris : Seuil, 1981.

Fukuyama, F. « The March of Equality », *Journal of Democracy,* N°1. Vol.11, Janvier 2000, pp. 11-17.

Habermas, J. *L'intégration républicaine, Essais de théorie politique.* Paris : Fayard, 1999.

—. *Après l'Etat-nation. Une nouvelle constellation politique.* Paris : Fayard, 2000.

Hobes. *Le citoyen.* Paris : Vrin, 1997.

Houtondji, P. *Combats pour le sens. Un itinéraire africain.* Cotonou : Les Editions du Flamboyant, 1997.

Inpact Tribune, Bulletin trimestriel d'analyse et de débats de la fondation panafricaine de lutte contre le tribalisme, Yaoundé, Août-Septembre 2001, N° 019.

Jaume, L. « Citoyenneté », *Dictionnaire de philosophie politique,* 1996, *op. cit.,* pp. 80-84.

Kant, E. *Histoire universelle du point de vue cosmopolitique* repris sous le titre *La philosophie de l'histoire.* Paris : Aubier, 1997a.

—. *Projet de paix perpétuelle.* Paris : Aubier, 1997b.

Kramer-Marietti, A. *Michel Foucault. Archéologie et généalogie.* Paris : LGF, 1985.

Lalande, A. *Vocabulaire technique et critique de la langue philosophique.* Paris : PUF, « Quadrige », 1925.

Levinas, E. *Humanisme de l'autre homme.* Montpellier : Fata Morgana, 1972.

Manière de voir, « Afrique en renaissance ». Paris : Le monde diplomatique, mai-juin 2000, N° 51.

Mbele, C-R. « Citoyenneté africaine en déshérence dans l'Eurafrique ». Yaoundé, Ecole Normale Supérieure, Université de Yaoundé I (texte inédit), 2001.

Mbembe, A. *La naissance du maquis dans le Sud-Cameroun (1912-1960) : histoire des usages de la raison en colonie.* Paris : Karthala, 1996.

—. *De la postcolonie. Essai sur l'imagination politique dans l'Afrique contemporaine.* Paris : Karthala, 2000a.

—. « Vers une nouvelle géopolitique africaine », *Manière de voir,* 2000b, *op. cit.,* pp.10-15.

—. « A propos des écritures africaines de soi », *Politique africaine.* « Philosophie et politique en Afrique », 2000c, *op. cit.,* pp. 16-43.

Mboui, J. « Mbog Liaa : le pays de la grotte ou le savoir social du peuple basa », thèse de doctorat de 3ème cycle, Faculté des Lettres et Sciences Humaines, Université de Bordeaux, 1967.

Mono Ndjana, H. *A la tombée du jour. Problématique, théorie et pratique de la philosophie africaine.* Yaoundé : Ed. Carrefour/MINESUP, 2001.

Mounin, G. *Machiavel.* Paris : Seuil, 1966.

Mudimbe, V.-Y. *The Idea of Africa.* Bloomington : Indiana University Press, 1994.

Ndebi Biya, R. *Le système Mbok, essai d'une métaphysique d'inspiration africaine.* Paris : L'Harmattan, 1985.

Niane, A.-M. *L'étrangère.* Paris : Hatier, 1985.

Nkene, J.-B. « Les étrangers, acteurs de la vie politique camerounaise : l'expérience des immigrés nigérians dans la ville de Douala », *Polis.*

Revue camerounaise de science politique, vol. 8, 2001, *op. cit.*, pp. 87-121.

Pellloile, B. et Delbraccio, M. *Du cosmopolitique*. Paris : L'Harmattan, 2000.

Pol-Droit, R. (dir.). *Philosophie et démocratie*. Paris : Flammarion, 1999.

Politique africaine. « Philosophie et politique en Afrique », n°77, mars 2000. Paris : Karthala.

Politique africaine, « Côte d'Ivoire, la tentation ethnonationaliste », n°78, juin 2000. Paris : Karthala.

Pufendorf. *Les devoirs de l'homme et du citoyen*. Caen : Ed. Université de Caen, 1984.

Rawls, J. *Le droit des gens*. Paris : Ed. Esprit, 1996.

Raynaud, P. et Rials, S. (dir.), *Dictionnaire de philosophie politique*. Paris : PUF.

Renault, A. *L'être de l'individu*. Paris : Gallimard, 1989.

—., *Kant aujourd'hui*. Paris : Aubier, 1997.

Revel, J-F. *La grande parade. Essais sur la survie de l'utopie socialiste*. Paris : Plon, 2000.

Rials, S. *La déclaration des droits de l'homme et du citoyen*. Paris : Hachette, 1988.

Ruffin, J.-C. *L'empire et les nouveaux barbares*. Paris : J.-C. Lattès, 1991.

Savaresse, E. *L'ordre colonial et sa légitimation en France métropolitaine. Oublier l'autre*. Paris : L'Harmattan, 1998.

Sindjoun, L. *La politique d'affection en Afrique noire*, GRAPS/Boston : University monographies, 1998a.

—. « Africa and/in International Relations Science : the Dialectic of Strangeness and Banality from Classic Era to Global Era », International Symposium on Globalization and Social Sciences in Africa, Johannesburg, HSRC-RGN/CODESRIA, 14-18 sept. 1998b, 36 p.

Smouts, M.-C. (dir.). « Les mutations d'une discipline » in *Nouvelles relations internationales. Pratiques et théories*. Paris : Presses de Sciences Po., 1998, pp. 11-33.

Taguieff, P.-A. (dir.). *Théorie du nationalisme. Nation, nationalité et ethnicité*. Paris : Kimé, 1991.

Taylor, C. *Multiculturalisme : différence et démocratie*, Paris : Flammarion, 1997.

Tshiyembe, M. « Etat multinational africain. Un modèle original de gestion politique du territoire et de la frontière à l'ère de la mondialisation », *Enjeux. Bulletin d'Analyses Géopolitiques pour l'Afrique Centrale*, FPAE, janvier-mars 2001, n°06, pp. 11-15.

Walzer, M. *Traité sur la tolérance*. Paris : Gallimard, 1998a.

—. *Sphères de justice*. Paris : Seuil, Nouveaux Horizons, 1998b.

Yinda Yinda, A.-M. « Après l'équilibre ethno-régional : repenser le fondement de l'Etat au Cameroun », communication présentée au XIIIè Congrès Biennal de l'Association Africaine de Science Politique, Yaoundé, 19-21 juin 2001a, 17p.

—. « Penser les relations internationales africaines : des problèmes aux philosophèmes politiques aujourd'hui », *Polis, revue camerounaise de science politique*, numéro spécial, Vol. 8, Yaoundé, GRAPS, 2001b, pp. 141-158.

—. « Entre paix et guerre(s) aujourd'hui : l'ambivalence subversive des *exercices politiques* postmodernes », *Dialogue et Réconciliation, Revue scientifique du Service Oecuménique pour la Paix*, Yaoundé, 2000.

Zolo, D. *Cosmopolis : Prospects for World Government*. London: Blackwell Publishers, 1998.

Nos ancêtres aussi sont Gaulois : la revendication d'une appartenance nationale par les Africains de France

Abdoulaye Gueye

University of Ottawa

La présente contribution porte sur la manière dont les intellectuels africains agissant sur le territoire français conçoivent leur rapport identitaire avec la France. Il s'agit d'une recherche qui s'attelle à établir les variations qui existent au niveau de l'expression de ce rapport lorsqu'on compare la génération d'intellectuels africains dont les activités se situent entre les années 1950 et les années 1970, et l'actuelle génération d'intellectuels actifs depuis le début des années 1980. S'inscrivant donc dans une perspective comparative, cette étude ambitionne de montrer en quoi l'expatriation contribue à déterminer le rapport de ces deux générations d'intellectuels à la France.

Par une démarche sociologique et historique, je vais présenter le discours identitaire de chacune des deux générations d'intellectuels et tenter d'en rendre raison. En plus de l'exploitation d'interviews menés avec les acteurs majeurs de la génération contemporaine d'intellectuels africains, mon analyse portera aussi sur les textes littéraires ainsi que sur les essais des acteurs des deux générations parus dans des revues créées par leurs propres soins ou dans des journaux échappant à leur gestion.

Libérer politiquement l'Afrique et la défausser des valeurs culturelles françaises

La production d'un discours identitaire par la première génération d'intellectuels africains s'inscrit dans un contexte historique spécifique qu'est la colonisation. Comme on le sait, l'acte colonial sinon renfermait, du moins se prévalait d'une idéologie dépréciative à l'endroit des civilisations non indo-européennes. En effet, celle-ci affirmait la supériorité des valeurs esthétiques et morales des Européens sur celles des sociétés non européennes. Et de cette prétendue supériorité se justifiait essentiellement le maintien de la domination européenne sur les peuples africains et asiatiques confinés dans une sorte d'altérité quasi-absolue qui égalait et parfois dépassait celle qui caractérise l'animal dans le jugement de l'Homme.

En raison de l'infériorité africaine qu'elle postule, cette altérité, admirablement décrite dans la littérature romanesque aussi bien que dans de simples documents de témoignage, avait contribué à déterminer la nature de la relation entre les intellectuels africains des années 1950-1970 et la France. En effet, à partir des années 1950, la génération montante d'intellectuels africains avait rompu avec ses prédécesseurs de penseurs et d'acteurs politiques désignés par le terme d'évolués. Ces derniers étaient plutôt désireux de hâter l'assimilation culturelle et politique des Africains, et par conséquent d'obtenir de la France la reconnaissance de ces Africains comme des citoyens français à part entière. Le premier Africain docteur en droit, d'origine sénégalaise, Lamine Gueye, député dans les années 1940, constitue un exemple de lettré qui s'était acharné à œuvrer en faveur de l'extension de la citoyenneté française à l'ensemble des Africains et non pas seulement aux seuls ressortissants des quatre communes de plein exercice (soit Dakar, Saint-Louis, Rufisque et Gorée) et aux évolués. Dans le même objectif s'inscrit la position de Djibril Diaw qui pourrait tenir lieu de second exemple. En effet, vraisemblablement peu assuré de l'efficience des valeurs et normes de sa propre société, D. Diaw exhortait l'Afrique (ou l'Africain) à assimiler les valeurs universelles élaborées en dehors de ses frontières ; car [...] à un tel effort d'assimilation correspondra inévitablement un enrichissement de sa personnalité.

Assimilation et enrichissement de sa personnalité ! Ainsi se dégage une articulation qui traduit clairement un sentiment d'insatisfaction quant à l'identité de l'Afrique. En conséquence, les lettrés africains en déduisaient le souhait d'arrimer l'Africain (l'Afrique) sur un modèle identitaire dit universel, plus riche, lequel, dans leur esprit, consistait essentiellement dans les référentiels normatifs, esthétiques, matériels... de l'Europe en général et de la France en particulier. Par cette option, les acteurs en question aspiraient implicitement, ou en tout cas inconsciemment, sinon à la complète disparition, du moins à l'atténuation de leur condition d'altérité par rapport à l'Européen.

À la différence des lettrés précédents, les intellectuels africains des années 1950-1970 avaient, quant à eux, rejeté le choix de l'assimilation par les Africains des valeurs culturelles françaises, ainsi que la décision, arrêtée lors de la conférence de Brazzaville en 1946, de leur intégration politique dans la nation française. Leur but était plutôt d'affirmer la différence irréductible de l'Africain par rapport à l'Européen, et leur volonté, d'assumer cette différence à tous les plans. Dans la logique de ce choix s'inscrivait leur détermination à revivifier les valeurs culturelles africaines, et, qui plus est, à amener leurs peuples à disposer d'eux-mêmes tant au plan politique qu'au plan économique.

Par cette position, le rapport des intellectuels africains avec la France s'est avéré assez rapidement être une relation de rejet et d'opposition. La valorisation des modèles culturels, des prescriptions normatives propres à l'Afrique, et l'effort de distanciation vis-à-vis des critères et normes consacrés dans la culture française traversent la plupart des écrits de ces auteurs. Les écrits de deux romanciers-intellectuels engagés : Alexandre Biyidi, alias Mongo Béti, et Ousmane Sembène, assez représentatifs de l'orientation idéologique qui prévalait dans le milieu intellectuel des années 1950 constituent des illustrations pertinentes du rapport précédemment décrit.

1- Dans son article publié dans un numéro spécial de la revue *Présence Africaine* composé presque exclusivement de contributions de cette jeune génération d'intellectuels, Alexandre Biyidi soutenait que les intellectuels africains doivent procéder à un renversement d'ordre politique s'ils tiennent à enraciner leur continent dans ses propres valeurs et aussi à s'investir et s'approprier à leur tour ces valeurs. Pour ce faire, il estimait prioritaire d'agir au niveau de l'enseignement scolaire, étape par excellence de la formation de la personnalité, car de transmission des valeurs et croyances propres aux sociétés africaines. L'élite africaine, selon le romancier, devait délester le système scolaire en Afrique des référentiels européens, le détacher du système d'enseignement en métropole avec lequel il présente une écœurante ressemblance, afin de pourvoir son peuple d'une école ancrée dans les réalités du continent.

En plus d'agir sur l'enseignement, l'élite africaine était invitée à considérer le choix marital à l'aune du rapport inégalitaire entre l'Afrique et la France. Selon Alexandre Biyidi, bien que le choix de la conjointe relève généralement d'une décision individuelle, la conjoncture colonialiste justifiait que les intérêts matériels et moraux de l'Afrique s'imposassent sur le bien-être de l'individu. Suivant ce principe, le romancier déconseillait à ses collègues le choix du mariage interracial. Tel est l'argument qu'il avait élaboré dans ce sens :

> [N]ous [élite africaine] avons adopté intégralement sans qu'il y ait de notre faute bien entendu les modes de sentir des Européens pendant que nos sœurs Noires, désormais étrangères pour nous, croupissaient dans les villages de la brousse. N'aurions-nous pas aussi, par hasard, adopté toujours malgré nous l'idéal de femme de l'Européen ? Ne se serait-il pas produit une aliénation de notre personnalité ? Mais la femme noire nous tend les bras. Lui tournerons-nous dédaigneusement le dos ? Seulement, est-ce [le mariage interracial] vraiment là une solution ? N'est-ce pas plutôt

un refus de solution, une abdication de nos responsabilités ? Dans un souci de largesse d'esprit, nous avons même négligé certaines considérations qui eussent pu paraître mesquines. Nous n'avons pas dit que le fait pour l'élite africaine d'épouser uniformément des Européennes pourrait, aux yeux du monde, apparaître comme le résultat d'un manque de fierté raciale.

2- Postérieur à cet article est le roman de Sembène Ousmane dont l'œuvre littéraire reflète de manière générale l'évolution politique de l'Afrique. Dans *L'harmattan*, le romancier et cinéaste sénégalais se livre à la description de la mobilisation des Africains face à l'avenir politique que leur offrait le référendum de 1958 sur l'auto-détermination : soit rester dans la communauté franco-africaine en votant Oui, soit s'offrir l'indépendance en votant Non. Dans la mosaïque de classes sociales et d'âge qui happent l'attention de l'auteur se distingue une certaine jeunesse avant-gardiste, imprégnée des textes de Marx et Lénine, résolue, contre toute menace et au prix de nombreux sacrifices, à mener son continent à l'indépendance. Son besoin de rupture d'avec la France, si fort, cette jeunesse l'exprime aussi sur le plan culturel. Parmi les illustrations les plus appropriées de cette position : le choix de Lèye, poète et peintre, qui décide de sacrifier sur l'autel de son rejet de la France son talent d'écrivain, malgré les protestations et le désaccord de ses camarades. Sembène Ousmane rapporte ainsi les propos de Lèye tenus lors d'une discussion avec certains de ses camarades qui cherchent à le convaincre de reprendre son activité d'écrivain pour les besoins de la cause indépendantiste qu'ils défendent ensemble :

> Non ! ... Non, je dis non ! Ne me demandez pas cela. J'ai renoncé à écrire en français. Non parce que je ne peux pas m'exprimer, mais parce que j'enrichis une langue étrangère. Une langue qui n'est pas celle du peuple ! De notre peuple. Les dessins, d'accord ! Le dessin est une langue ouverte à tous. Demandez-le au Grec !

Au regard des textes d'Alexandre Biyidi et de Sembène Ousmane, l'opposition à la valorisation de la France est tangible. Pour le premier auteur, le mariage interracial pose problème pour autant qu'il laisse entendre un manque de fierté raciale des Africains, et, par ailleurs, l'adhésion de ceux-ci aux critères et valeurs esthétiques français, au détriment des leurs. Quant à Sembène Ousmane, la position idéologique qu'il assigne à son personnage (Lèye) n'œuvre pas moins au service du même objectif que celui d'Alexandre Biyidi, dans la mesure où par l'abandon de la langue française, les Africains se seraient trouvés face à l'impératif de mettre en valeur leurs propres langues et de (ré)inventer des concepts et un alphabet qui permettent de retranscrire leurs pensées.

En somme, par le rejet tant du mariage interracial que de la langue française, ces intellectuels ne font qu'une chose : ils procèdent à l'exclusion de l'extériorité qui est ici représentée par des agrégats culturels et humains considérés français.

Outre la volonté de s'expurger de la portion de leur culture d'essence française, les intellectuels africains de cette génération en avaient appelé à une rupture définitive du lien politique à la France. Dans les années cinquante, en effet, s'était développé un mouvement contestataire de lutte pour l'accession à l'indépendance et, par conséquent, l'avènement d'une citoyenneté africaine. Ainsi les politiques mises en place juste après la Seconde Guerre mondiale et qui avaient pour objectif de lier le destin des Africains à celui des Français, telles que la communauté franco-africaine, furent rejetées au profit de l'indépendance politique de l'Afrique. Le roman de Sembène Ousmane mentionné plus haut décrit spécifiquement, comme je l'ai déjà laissé entendre, les moments forts de la campagne référendaire de 1958, strictement sur le territoire africain. Mais bien avant et aussi postérieurement à cette date, se déroulait déjà sur le sol français un mouvement revendicatif dont Majhemout Diop, futur pharmacien et membre de l'intelligentsia africaine, exprimait de la manière la plus explicite l'objectif. Ainsi écrivait-il dans un article publié par la revue *Présence Africaine* que l'unique solution acceptable pour les Africains, c'est l'indépendance ; seule l'indépendance permettra aux Africains de s'épanouir économiquement, politiquement et culturellement. Car le maintien d'un rapport politique avec la France entraînerait, selon l'argumentation de l'auteur, le maintien de règles juridiques susceptibles d'édulcorer l'originalité culturelle des peuples africains.

L'avènement de l'indépendance n'avait pas automatiquement modifié la position des intellectuels africains vis-à-vis de la France. En tous les cas, jusque dans les années 1970, la volonté de distanciation vis-à-vis de ce pays avait prévalu dans les discours de ces acteurs. Figure centrale de cette intelligentsia dans les années 1960, le mathématicien guinéen Sékou Traoré s'efforçait de perpétuer le statu quo quant au rapport à la France. Ainsi rappelait-il à ses collègues que la place d'un intellectuel africain n'est nullement en France mais en Afrique. Selon lui, pour les besoins d'une formation universitaire, le séjour temporaire de quelques intellectuels africains en France est tolérable, plus précisément compréhensible. Toutefois, ce séjour ne doit jamais déboucher sur une installation en France. Dans lequel cas, l'intellectuel considéré est un traître à l'Afrique. Pour ce mathématicien d'origine guinéenne, aussi longtemps que l'intellectuel africain, en contexte post-colonial, se réclame de l'identité africaine, sa position idéologique lui dicte logiquement d'être sur place en Afrique pour partager les heurs et malheurs du peuple africain, et de ne point être tenu à une allégeance politique à la France, c'est-à-dire à la détention de la nationalité française.

Facteurs explicatifs du rejet de la France

Pour expliquer la distanciation des intellectuels africains vis-à-vis de la France, deux facteurs semblent pertinents à prendre en compte. Le premier, on l'a vu, réside dans les fondements idéologiques mêmes de la colonisation. En niant aux Africains toute civilisation, voire la condition d'humanité, la France coloniale a produit les facteurs de son rejet par la partie la plus consciente et la plus éclairée de cette catégorie ethnoculturelle. Par un parallélisme très subtil, Jean-Paul Sartre montre bien, dans *Orphée noire*, la logique de cette démarche lorsqu'il définit la poésie négro-africaine comme un racisme anti-raciste. En effet, même s'il me semble excessif de parler de racisme quant aux propos et à l'attitude des intellectuels africains, il me semble cependant que ces acteurs adoptent une démarche réactive face à la France. Se réhabiliter et réhabiliter leur culture leur semblaient possibles seulement s'ils se montraient capables d'exprimer l'autonomie et l'authenticité culturelles de leur peuple vis-à-vis de la France. On comprend mieux ainsi la démarche de quelques intellectuels de se prononcer même sur des décisions aussi personnelles que le mariage. C'est que le mariage interracial peut apparaître aux yeux des colonialistes comme, non pas la solennité d'un amour sincère pour un congénère, pour utiliser une expression de P. et M.-C. Bourdieu, mais la quête d'une élévation mentale de la part de la race noire que ces colonialistes accusaient d'une infériorité intellectuelle.

Outre qu'elle repose sur des considérations idéologiques, l'attitude de cette génération d'intellectuels africains à l'égard de la France procède par ailleurs de facteurs d'ordre économique. Pour bien asseoir cette argumentation, il importe de relever deux éléments très importants et liés l'un à l'autre. Le premier élément réside dans le fait que la colonisation française, en plus d'être synonyme d'une dévalorisation morale et mentale du peuple africain, était aussi, dans la pratique, un système d'inégalité économique. Cette inégalité économique était flagrante durant la grande partie des années d'avant-guerre. Elle se traduisait dans des décisions politiques et des lois telles que le travail forcé qui autorisait la réquisition d'indigènes dans différents types de chantier sans leur assurer une rémunération en contrepartie de leur effort.

L'après Seconde Guerre mondiale avec sa cohorte de réformes destinées à mieux intégrer les Africains dans la nation française n'a d'ailleurs pas définitivement aboli l'inégalité fondatrice du système colonial ; tout au plus avait-on perçu son atténuation. Le fait en est, en effet, que dans les colonies, le salaire perçu par un indigène était resté inférieur au salaire perçu par un originaire de la métropole, la qualification ou la charge de travail étant égale par ailleurs ; de même les bacheliers d'origine africaine en Afrique ne bénéficiaient pas des mêmes avantages que leurs homologues d'origine européenne dont les parents avaient servi en Afrique. Par exemple un Européen dont le père, au service de la France, décédait en Afrique avait droit à la prise en charge de ses frais d'études par l'État français, alors qu'un Africain dont le père avait succombé lors de son service militaire pour la France ne pouvait prétendre à cet avantage.

Le deuxième élément à souligner est la prise de conscience par les intellectuels africains que la rupture d'avec la France leur serait plus bénéfique, au plan économique, qu'une intégration politique dans cette nation. Certes, l'inégalité déjà mise en évidence contribue à cette prise de conscience, mais celle-ci est davantage affûtée par la connaissance économique de l'Afrique. Alors que les fondateurs du mouvement de la négritude étaient plutôt obnubilés par la richesse culturelle de leur continent, les intellectuels africains des années 1950-1970, quant à eux, s'intéressaient à la valeur économique que représentait l'Afrique. Comptant des économistes parmi eux, ils étaient informés de l'apport de l'Afrique, en termes de matières premières, à l'industrialisation de la France.

Par cette information, ils renforçaient le nationalisme au sein de leur groupe. Jusqu'ici largement d'inspiration culturelle, le mouvement nationaliste africain révélait donc dans les années 1950 son assise économique.

Informés du potentiel économique de leur continent qui remet en question l'idée d'un besoin de la France, les intellectuels africains insistaient sur la nécessité d'une rupture comme seul choix rationnel et approprié. Ce choix leur semblait d'autant approprié qu'ils étaient convaincus que leur statut socioéconomique s'améliorerait dans le cadre d'une Afrique indépendante de la France. En effet, rompre avec la France signifiait objectivement la gestion économique et politique de ce continent par eux-mêmes. Comme l'Afrique indépendante allait faire le choix d'une orientation moderniste, tant sur le plan économique que politique, l'expertise des intellectuels lui était d'une utilité inestimable. Sous le rapport de ces faits, le rejet de la France constituait pour les intellectuels africains le moyen le plus rapide de se promouvoir économiquement, pour autant que leur ascension économique en contexte colonial se heurtait à la fois à une croyance idéologique colonialiste et à un problème de rareté des ressources. Le slogan souvent entendu, L'Africain aux Africains, illustrait parfaitement leur ambition.

Mais l'échec des politiques économiques et sociales à partir des années 1970 dans la plupart des pays africains aura transformé la position des intellectuels africains à l'égard de la France. Cette mutation s'observe clairement à travers la dynamique des intellectuels actifs depuis le début des années 1980 en France.

Les années 1980 et la désillusion des intellectuels africains

La revendication des intellectuels africains des années 1950-1970 et l'attitude de rejet de la France qui la sous-tendait constituent aujourd'hui un fait dépassé, ne serait-ce qu'au regard de l'effectif sans cesse croissant de ce groupe social en France, ainsi que de la volonté de la communauté africaine en général de faire corps avec la société française. Cette installation définitive rend compte d'une mutation et d'un changement d'attitude significatif, puisque, comme je l'ai souligné plus haut, la sédentarisation en France était considérée antagonique de l'allégeance politique et culturelle à l'Afrique. Les Africains multiplient aujourd'hui les démarches garantissant le renforcement et la légitimité de leur présence en France. Ainsi, font-ils en masse la demande de la nationalité française, et par des moyens divers, sont-ils nombreux à acquérir la nationalité.

Pour comprendre un tel retournement de situation, il convient sans équivoque de se référer à la réalité politique et surtout économique du continent africain indépendant. Politiquement, dans la majorité des pays africains, on a constaté dès les premières années de l'indépendance un embrigadement de la pensée et une répression massive des opposants idéologiques, la quasi-totalité des membres de la classe intellectuelle au régime en place.

Sur le plan économique, le dépérissement des nouveaux États africains s'aggravant depuis les années 1980 a posé à chaque Africain la question de l'efficacité de ces appareils face à ses préoccupations personnelles, en particulier, et celles du peuple africain, en général.

Pour de telles raisons, les intellectuels africains contemporains ne perçoivent plus leur relation avec la France en termes d'opposition, comme ce fut le cas chez leurs prédécesseurs. Pour eux, la France est devenue un lieu de refuge contre les privations encourues sur le sol africain, et par conséquent un lieu d'enracinement.

Il s'avère cependant que leur volonté d'enracinement se heurte à plusieurs facteurs exogènes qui remettent en question nombre de leurs efforts. La crise de l'économie française en est un. Pendant que l'Afrique sombre dans une profonde crise, la France connaît depuis le milieu des années 1970, de manière épisodique, des périodes de décélération économique qui ne manquent pas d'influencer la position officielle du pays vis-à-vis de ses éléments allogènes. Sous le prétexte de cette crise ont été prises différentes mesures qui avaient pour objectif d'inciter les travailleurs étrangers à retourner dans leur pays : ainsi la prime de 10.000 francs promise sous la présidence de Valéry Giscard d'Estaing.

Au cours des années 1980 et 1990, les idées xénophobes se sont largement répandues dans le tissu social français. La perception négative de l'Arabe et du Noir largement partagée dans la société française a octroyé aux idées du parti d'extrême droite, le Front National, une pertinence et une représentativité indiscutable, au point que la droite classique française et même la gauche se sont trouvés obligés de cautionner les thèses de l'extrême-droite concernant les immigrés. Dans le sillage de son prédécesseur Charles Pasqua, ancien ministre de l'Intérieur, Jean-Louis Debré, ministre de l'Intérieur lui-même avait fait voter une loi dite Debré qui a restreint davantage les conditions d'entrée et de séjour des étrangers.

Cette loi avait provoqué durant l'été 1997 un événement fortement médiatique qui a marqué à jamais la vie politique et sociale de ce pays. Dans le but de déloger des étrangers en situation illégale qui étaient allés se réfugier dans une église de Paris du nom de Saint-Bernard afin de se protéger de la décision d'expulsion arrêtée contre eux, la police française avait fracassé à coups de hache les portes de cette église. Des images d'hommes que traînaient les agents de police, d'enfants en pleurs et de femmes que l'on embarquait dans des cars de police avaient fait le tour du monde et secoué le monde intellectuel et artistique français. Un tel contexte a sonné le réveil des intellectuels africains en France.

Le réveil des intellectuels africains

Avec quelque retard sur leurs homologues d'origine européenne, les intellectuels africains avaient profité de la séquence de Saint-Bernard pour sinon se positionner, du moins réinvestir l'espace public français de leurs discours et de leurs revendications. Les principales démarches initiées par leurs soins ont consisté, dans un premier temps, en l'organisation d'une rencontre africaine en 1998 pour débattre de la situation des Sans-Papiers, et dans un second, en une marche nationale des Noirs de France au printemps 2000 puis au printemps 2001. Dans le cadre de ces événements où l'État français constituait leur interlocuteur souhaité, ces intellectuels ont tendu vers un objectif principal : établir la légitimité de la présence africaine en France, donc l'idée que les Africains sont partie intégrante de la société française, avec ce que cela suppose de droits et de devoirs.

Pour faire passer une telle idée dans un contexte social caractérisé par la banalisation de l'idéologie d'extrême droite qui charrie une conception ethnique et non pas civique de l'identité française, les intellectuels africains ont principalement procédé à une réinterprétation de l'Histoire. Ainsi se sont-ils attelés à la mise en valeur des connexions accidentelles ou volontaires entre la France et l'Afrique. Intellectuel organique, le porte-parole des Sans-Papiers, Ababacar Diop rappelait, dans un article datant de 1998, aux autorités politiques françaises qu'il a fallu que les parents des Africains se frottent aux nazis pour que la France ne devienne plus l'antre des loups dévoreurs de liberté, avec des pertes en vie humaine au delà des chiffres avancés par les historiens.

De son côté, l'universitaire Babacar Sall investissait le registre historique en rappelant à son tour, d'une part, la participation des parents des Africains à la libération de la France lors des deux dernières guerres, et d'autre part, le fait que c'est l'Afrique, en l'occurrence le Congo, qui a accueilli ce pays pour lui permettre de se reconstituer et se libérer lorsque les nazis ont investi le territoire français.

On constate ainsi dans les propos de ces intellectuels l'exhumation d'une mémoire franco-africaine, donc commune, posée au centre de la lecture de l'histoire française. Par leur présentation de cette mémoire, les intellectuels africains conçoivent la légitimité de la présence des Africains en France comme une sorte de contre-don qui incombe à la France. Pour bien saisir cette analyse, il suffit de mettre sur le même plan l'hécatombe dans laquelle s'était trouvée la France durant la Seconde Guerre mondiale et celle qui caractérise aujourd'hui l'Afrique. On peut penser que dans l'esprit des intellectuels africains, les hommes et l'accueil que l'Afrique ou les Africains avaient accepté de concéder à la France il y a un peu plus d'un demi-siècle, méritent de la part de ce pays une reconnaissance qui pourrait être exprimée simplement par l'accueil d'Africains sur son sol au moment où ce continent cherche à se reconstruire.

Outre ces faits, les intellectuels africains évoquent publiquement d'autres symboles plus à même de soutenir l'idée d'une légitimité de la présence africaine en France. Parmi ces symboles, l'esclavage et l'acte colonial comme formes de coercition avaient été les références par excellence. La lettre ouverte suivante adressée par l'un de ces intellectuels au Premier ministre Lionel Jospin permet de prendre la mesure du sens donné à ces deux faits historiques :

> Monsieur le Premier ministre, écrit ce professeur de philosophie, la question de l'immigration est périodiquement au centre de la vie politique. Rares sont les hommes politiques de droite comme de gauche qui n'y soient allés au cours de ces dernières années de leurs petites phrases aux relents xénophobes. Le fait que des immigrés, en l'occurrence des Sans-Papiers se soient montrés décidés à mourir dans un pays étranger plutôt que d'aller vivre chez eux a suscité quelque perplexité et des commentaires ironiques. Il eût été sans doute plus juste de chercher à savoir si la relative prospérité de la France ne résulte pas dans une large mesure de la production des économies africaines. Monsieur le Premier ministre, nous

venons de célébrer le cent cinquantenaire de l'esclavage, ce crime oublié contre l'humanité. Pourtant nous ne monnayons pas notre souffrance passée et présente, aucun peuple n'a le monopole de la souffrance, nous revendiquons seulement notre place, toute notre place dans une société à la construction de laquelle nous avons apporté notre tribut de sang, de sueur et de larmes.

Dans cette lettre, le philosophe sénégalais soulève un trivium métaphorique qui évoque l'expérience de l'assujettissement. Ce trivium incorpore une symbolique qui rend compte de l'injustice et de la violence. L'esclavage comme la colonisation en tant qu'actes de violence, de viol sont punissables, et ceux qui en sont victimes sont en droit de demander une réparation. Et dans la lettre de cet intellectuel, apparaît en filigrane ce droit de réparation. En effet, l'auteur y établit l'exploitation d'une main-d'œuvre africaine durant l'esclavage et la colonisation comme une dette que la France se doit d'honorer. Toutefois, l'auteur ne veut point laisser à la France le choix du mode de paiement de cette dette ; du moins c'est ce qu'il me semble transparaître de son refus de monnayer la souffrance des Africains. Il considère qu'il incombe aux Africains de fixer le mode de paiement de cette dette qui serait simplement la reconnaissance institutionnelle des Africains comme une partie intégrante de la société française.

Dans le même but d'établir la reconnaissance des Africains s'inscrit la démarche d'un groupe d'intellectuels africains menée par un journaliste et ex-enseignant sénégalais et la romancière Calixte Beyala. Depuis le printemps 2000, ceux-ci se battent pour la présence d'un(e) Noir(e) dans l'audiovisuel français. Une telle revendication s'explique par sa capacité à agir sur l'imaginaire collectif qui confine encore certains groupes ethniques français dont les Noirs et les Arabes en particulier dans une sorte d'altérité irréductible, d'autant plus que leur rare représentation dans les médias s'effectue souvent par leur stigmatisation : délinquance, banditisme, illégalité, etc.

Conclusion

Au terme de cette courte réflexion, on peut rappeler que les rapports entre la France et les intellectuels africains sont à double variante ; chaque variante ayant caractérisé une époque. Les années 1950-1970 ont favorisé la prédominance d'une attitude de rejet qui s'expliquait par la privation associée à la colonisation par les intellectuels africains. Depuis les années 1980 prédomine une attitude que je désignerai associative qui consiste pour les intellectuels à vouloir s'assumer comme des membres légitimes de la société française, au risque de transgresser un tabou au sein de leur groupe socioprofessionnel.

Bien qu'elle se démarque de la première par son objectif, la seconde variante ne se nourrit pas moins dans le même vivier qu'elle. En effet, au même titre que l'attitude de rejet de la France, l'attitude associative évoque le passé (l'esclavage, la colonisation et les maux qui leur sont associés) pour établir sa raison d'être. Du reste, comme la première, la seconde attitude sinon se déploie, du moins suscite une interaction conflictuelle. Le fait est, en effet, que les intellectuels africains énoncent les demandes dont la satisfaction informera de la reconnaissance des Africains comme des membres à part entière de la société française : ainsi une excuse officielle de la France pour la douleur infligée aux Africains dans le cadre de la colonisation, et pendant l'esclavage ; l'acceptation par ce pays de sa responsabilité dans les drames d'origine politique en Afrique postcoloniale, etc. Or la France officielle penche au contraire pour l'occultation de ce passé, comme le montre le vote des députés de gauche comme de droite qui s'en étaient tenus en 1998 à attester que l'esclavage est un crime contre l'humanité, sans reconnaître la responsabilité de la France dans ce crime, ce au grand dam de la députée de Guyane, Mme Taubira, auteur du projet de loi à l'origine de ce vote.

Bibliographie

Biyidi, Alexandre. « Problèmes de l'étudiant noir en France », in *Présence Africaine*, n°14, 1953.
Bourdieu, Pierre et M.-C. « Le paysan et la photographie », in *Revue Française de Sociologie*, VI, 1965.
Deguy, Michel. « Justice pour les étudiants d'Afrique noire », in *L'Étudiant d'Afrique noire*, n°6, 1956.
Dia, Hamidou. « Lettre ouverte au Premier ministre Lionel Jospin, in Sociétés Africaines et diaspora », n°11, 1999.
Diaw, Djibril. « Quo vadis Africa ? », in Présence Africaine, n°6, 1949.
Diop, Ababacar. « Réalités et perspectives de la lutte des sans-papiers, in Sociétés africaines et diaspora », n°4, 1998.
Diop, Majhmout. « L'unique issue : l'indépendance totale. La seule voie : un large mouvement d'union anti-impérialiste », in *Présence Africaine*, n°14, 1953.
Gueye, Abdoulaye. *Les intellectuels africains en France*. Paris : L'Harmattan, 2001.
Mbembe, Achille. *De la postcolonie : essai sur l'imagination politique dans l'Afrique contemporaine*. Paris : Karthala, 2000.
Sall, Babacar. *Éditorial*, in *Sociétés africaines et diaspora*, n°4, 1998.
Sartre, Jean-Paul. « Orphée noire », in Léopold Sédar Senghor, *Anthologie de la nouvelle poésie nègre et malgache de langue française*. Paris : PUF, 1997 [rééd.].
Sembène, Ousmane. *L'harmattan*. Paris : Présence africaine, 1980.
Thiam, Iba Der. « Histoire de la revendication de l'indépendance, in Historiens-Géographes », n°6, 1991.
Traoré, Sékou. *Responsabilités historiques des étudiants africains*. Paris : Anthropos, 1973.
Wieviorka, M. *La France raciste*. Paris : Seuil, 1992.

La question des littératures régionales en Afrique subsaharienne

Laté Lawson-Hellu

University of Western Ontario

> Je ne suis pas opposé à ce que l'on parle de l'idée générale de l'Afrique, mais ce n'est pas la même chose.
> (Guy Menga)

Voici ce qu'indique en introduction à l'un de ses romans l'écrivain Félix Couchoro, né au Dahomey au début du XXe siècle, naturalisé togolais en 1940, soit vingt ans avant l'indépendance du Togo en 1960, et décédé toujours au Togo, dans la décennie suivant les indépendances, en 1968 :

> Nous précisons bien : Amour de féticheuse au Togo.
> En 1941, nous avions écrit un roman intitulé « Amour de féticheuse » que la bienveillante indulgence de maints lecteurs, tant au Dahomey qu'au Togo, a estimé intéressant et bourré de fortes leçons de morale sociale.
> Seulement, l'action de ce roman se déroulait à Péda-Houéyogbé, au bord du lac Ahé, gros bourg faisant face au village de Ségbohoué, tête de ligne de la voie ferrée du Sud-Dahomey. Pour cette fois-ci, nous transposons au Togo la toile de fond de ce drame, et – plus précisément – la fixons au village de Zowla, non loin de Glidji, dans la circonscription d'Anécho. Que ceux qui avaient déjà lu « Amour de féticheuse » et en avait gardé bon souvenir ne négligent point la lecture de ce nouveau drame : ils le trouveront certainement plus étoffé. Et, peut-être, plus intéressant. (Couchoro 1967)

Le roman ainsi présenté n'est autre que la version réadaptée d'un texte initial publié à compte d'auteur par l'écrivain en 1941, sous le titre *Amour de féticheuse* (Couchoro 1941), lequel sera repris en feuilletons dans le quotidien national du Togo, *Togo-Presse*, entre le 10 juillet et le 30 août 1967 (WebLitaf 1999). En feuilletons, parce que c'était le dernier recours laissé à l'écrivain pour la publication de la vingtaine de romans qu'il écrit entre 1929 et 1968 et pour lesquels il aura cherché en vain un éditeur en France. Seul son premier roman, *L'Esclave*, l'un des tout premiers de la littérature africaine, aura été accepté et publié à Paris par la Dépêche africaine, en 1929. Alain Ricard l'inscrit, à ce propos, dans la naissance du roman africain et lui consacre une monographie au titre révélateur : *Naissance du roman africain : Félix Couchoro (1900-1968)* (Ricard 1987). Pour le reste, il en publie certains à compte d'auteur (Couchoro 1950, 1963), mais devra attendre l'indépendance et la création, au Togo, du quotidien d'État, *Togo-Presse*, en 1962. C'est là qu'il fait publier ou re-publier la vingtaine de romans que compte son œuvre considérable lorsque replacée dans l'institution littéraire africaine.

Si les raisons de cette difficulté à trouver des éditeurs en métropole, à un moment où fleurissent les textes fondateurs de la littérature africaine francophone, sont tout aussi difficiles à formuler, il n'en reste pas moins que l'orientation « régionale », marginale donc, de l'écriture couchorienne par rapport au courant plus familier de la négritude qui lui est contemporaine, en fournit des indices. D'où son intérêt pour nos propos.

Comme l'indique l'introduction de l'*Amour de féticheuse au Togo,* dans la version publiée en feuilletons et reprise en début de texte, chacune des bourgades évoquées existe encore, et le réalisme des textes n'a de limite qu'avec le caractère fictif des personnages et de l'intrigue. Cette tendance réaliste sera maintenue dans les textes ultérieurs de l'écrivain, ajoutant à l'ancrage géographique de l'écriture, ceux de la langue et de l'histoire locales.

Naturellement, c'est une option esthétique et scripturaire qui reste en marge du canon de la Négritude et qui n'a visiblement pu trouver de place dans le discours critique d'alors entièrement tourné vers la problématique continentale. Cela n'en infirme cependant pas l'existence, et encore moins ne permet-il d'occulter, au sein du champ littéraire africain, la présence d'une « voie » régionale, pourtant souvent évoquée dans le cadre d'autres champs littéraires de la Francophonie[1]. De plus, cette voie « régionale », du fait de la publication des œuvres de Félix Couchoro dès les années 1920, accompagne la « naissance » de la littérature africaine fixée autour de la même période. Dans cet ancrage historique et culturel des romans de Couchoro, ajoutera-t-on, s'affirme la problématique transnationale qui nourrit nécessairement tout discours portant sur l'écriture régionale, sur les « littératures régionales », que ce soit dans le contexte littéraire africain subsaharien ou dans les contextes occidentaux, européen et nord-américain.

---

[1] Voir à ce propos le collectif dirigé par Charles Bonn, Xavier Garnier et Jacques Lecarme (Bonn 1997) sur les littératures francophones de l'Amérique du Nord, des Caraïbes, du Maghreb, de l'Afrique noire, de l'Océan indien, de l'Asie du Sud-Est, de l'Europe et du Machrek.

Dans l'institution littéraire africaine francophone et subsaharienne, ce discours tarde à venir. Félix Couchoro écrit, par exemple, pour la réhabilitation de l'unité culturelle du peuple Ewe, peuple disséminé le long de la côte atlantique de l'Afrique occidentale, avec une diaspora qui se répartit aujourd'hui au Ghana, au Togo et au Bénin, avec des variantes linguistiques attestées et documentées[2]. Une diaspora également devenue, par les aléas de l'histoire coloniale, anglophone, francophone, et pour quelques décennies, germanophone[3]. Lisons à cet effet, les interrogations d'Alain Ricard à partir de l'engagement « régional » de l'œuvre de Félix Couchoro :

> Certes l'accent mis sur l'unité des peuples de la région pouvait, en 1929, et venu d'un Dahoméen, aller dans le sens des vœux de l'administration française, inquiète des prétentions allemandes. Peut-on conclure que la signification de cette unité ne varie pas avec le contexte et que, en particulier après la Deuxième Guerre mondiale, elle ne devient pas un argument nationaliste, c'est-à-dire « anti-français »? (Ricard 1987 41)

L'écriture de Couchoro n'est pas que régionale, elle est aussi et surtout transnationale, comme peut l'être l'écriture régionale en Afrique subsaharienne.

La réflexion menée ici, qui participe d'un travail de plus grande envergure, ne vise pas à faire le tour de la question des littératures régionales en Afrique subsaharienne, mais à explorer, dans les limites de cet article, certaines des pistes d'investigation pouvant mener à la prise en compte effective de ce courant essentiel, du moins le souhaite-t-on, du champ littéraire général en Afrique, ainsi que du discours identitaire à tenir en toute objectivité sur l'Afrique, son histoire et ses sociétés. Dans ce sens, les exemples potentiels de l'écriture régionale en Afrique ne se limitent évidemment pas à l'œuvre de Félix Couchoro. Au demeurant prend-elle en compte, la question de la littérature régionale en Afrique, ce que l'on met dans le « fonds culturel » qui, de tout temps, a nourri l'écriture des auteurs africains et le discours critique sur leurs écritures.

Dans la définition de la « révolution » esthétique introduite dans l'écriture africaine post-coloniale, notamment dans le genre romanesque,

---

[2] Voir à cet effet John Kent (1992), sur l'histoire des incidences coloniales sur les micro-identités régionales, notamment aux chapitres 5, 9, 10 et 11 de son ouvrage, qui portent sur les Ewe. Sur les Ewe et leur diaspora ouest-africaine de l'esclavage au XXe siècle, voir par ailleurs, et entre autres, Madeline Manoukian (1952), N'Sougan Agblemagnon (1969), A. B. Ellis (1970), Michel Verdon (1983) et Sandra Greene (2000).
[3] Pour mémoire, le territoire du Togo, colonie allemande jusqu'à la Première Guerre mondiale, sera confié, à la fin de la guerre, à la Société des Nations, et placé sous mandat conjoint de la France et de la Grande-Bretagne.

maintes formulations ont en effet mis l'accent sur l'apport de la culture « maternelle » des écrivains, de l'oralité traditionnelle par exemple, dans leur pratique littéraire même menée en langues européennes. L'écriture francophone n'y fait pas exception. Si, dans cette optique, l'on a pu parler de l'écriture (francophone) *malinké* d'un Ahmadou Kourouma, à la parution des *Soleils des indépendances*, roman considéré comme l'un des premiers textes de cette « révolution » esthétique, il en va de la particularité même de l'esthétique francophone appelée – ou apte – à conjuguer l'héritage culturel d'origine des écrivains avec celui de leur culture d'adoption, la française, dans le cas qui nous concerne.

Autant d'éléments qui, au fond, permettent de dire que la question culturelle fondatrice des diverses définitions de la littérature produite en Afrique mérite un nouveau regard, lequel, à terme, poserait la question plus implicite des littératures régionales. Ce « nouveau regard », en effet, permettrait d'interroger les conditions d'existence et d'opérativité de la notion même de « littérature régionale » dans le contexte littéraire africain subsaharien ; de réévaluer le rapport de l'écriture à la culture et à l'Histoire dans les littératures africaines issues, on le sait, du fait colonial et, enfin, de réévaluer les contenus sémantiques, institutionnels et idéologiques des notions usuelles de « littérature africaine », c'est-à-dire continentale, et de « littérature nationale ». On y verrait combien elles restent surdéterminées par la problématique régionale.

La problématique régionale

Empruntons à Guy Menga la réflexion suivante où se profilent la problématique des littératures régionales en Afrique et ses incidences institutionnelles, discursives et historiques :

> « [...], il y a des littératures africaines : sénégalaise, camerounaise, togolaise, zaïroise [aujourd'hui Congo Démocratique], congolaise, etc. » Le problème est donc faussé dès le départ !... Je ne suis pas opposé à ce que l'on parle de l'idée générale de l'Afrique, mais ce n'est pas la même chose. Déjà, au sein d'un même pays, vous avez plusieurs sortes de littératures : chez moi, la littérature Bochi est différente de la littérature Kongo ou Vili. Sous prétexte que c'est plus commode de parler « des » Africains en termes généraux, on ne doit pas oublier de dégager les spécificités géopolitiques et culturelles. (Menga 1988 105)

Au-delà de la polémique, c'est la définition même de la littérature africaine que Guy Menga met en questionnement, celle notamment, longtemps débattue, du « *Qu'est-ce que la littérature africaine ?* ». La problématique ne date pas d'aujourd'hui, et nombre de réponses lui ont été proposées sur lesquelles nous ne revenons nécessairement pas ici. Nous lui substituons plutôt celle plus actualisée du « *Qu'est devenue la littérature africaine ?* ». De cette redéfinition émerge le débat actuel sur les littératures nationales tout autant que celui devant porter sur les littératures régionales.

Dans sa définition de la littérature régionale, bien qu'appliquée au contexte canadien-français, René Dionne, dans *La littérature régionale aux confins de l'histoire et de la géographie* (1993), met d'emblée l'accent sur la perception normative et non-méliorative qui accompagne l'épithète « régionale » :

> Beaucoup de Français se gardent encore d'accoler l'épithète « régionale » au mot littérature, même si le néorégionalisme de la seconde moitié du vingtième siècle a entraîné, en France comme au Québec, l'établissement d'une politique de décentralisation des pouvoirs qui a abouti à la création de régions administratives nombreuses et à l'utilisation de l'adjectif « régional » pour qualifier l'économie, les structures, l'aménagement, l'analyse, l'histoire, la culture, etc., des régions. Mais, s'agit-il de littérature, c'est le plus souvent le terme « régionaliste » que l'on emploie, à peu d'exception près, quand ce n'est pas le qualificatif « provincial », lequel est désuet et, la plupart du temps, tout aussi péjoratif que le mot « régionaliste ». (Dionne 1993 11)

Ces mêmes raisons s'appliquent-elles dans le cadre du silence relatif concernant la littérature régionale dans le contexte africain ? Tout porte à croire que les raisons en sont plus profondes, liées certainement aux discours fondateurs de la littérature africaine, qu'il s'agisse, entre autres, de la publication de l'anthologie de Lylian Kesteloot, *Anthologie négro-africaine, Panorama critique des prosateurs, poètes et dramaturges noirs du XXe siècle* (1967), ou, plus tôt, de la politique éditoriale de *Présence Africaine* qui a permis la systématisation de la littérature négro-africaine d'expression française. Si, de plus, dans sa réflexion, René Dionne souligne les glissements sémantiques ou terminologiques entourant la notion de littérature régionale de façon générale, cela ne semble pas forcément le cas dans le contexte africain.

En effet, dans ses diverses acceptions ou rapprochements, apparaissent à degrés divers les notions de « roman rural », de « roman de campagne », de « roman paysan », etc., autrement dit, un attachement à la campagne où l'accent est davantage mis sur le contenu que sur la forme, ou à un territoire et à des valeurs auxquels sont identifiés les univers décrits dans les textes « régionaux ». À ce titre, nombre de textes littéraires africains produits durant la période coloniale pourraient fort bien relever de la littérature régionale, ou tout au moins « régionaliste », « régionaliste » étant le plus souvent préféré à « régionale ». Il n'en est évidemment pas fait mention, à moins d'avis contraire, dans les annales d'histoire littéraire de l'Afrique subsaharienne[4].

Il reste, comme le précise René Dionne, que si la notion existe bel et bien avec ses charges normatives, elle ne se comprend que dans un cadre plus général, souvent antagonique, celui de la littérature nationale ou d'une littérature-mère qui lui donne sa particularité institutionnelle et identitaire.

> L'idée de littérature régionale est d'abord, comme celle de littérature nationale, d'ordre sociologique ; l'une et l'autre littératures rassemblent les œuvres littéraires d'après leur appartenance à un territoire ou à une collectivité. La littérature régionale se définit comme étant la somme des œuvres produites par une région ou portant sur cette région. Il n'est donc pas nécessaire que ces œuvres décrivent une région ou en traitent ; il suffit qu'elles s'y rattachent de façon certaine, que ce soit, par exemple, par le lieu de naissance, de résidence ou de travail de leurs auteurs ou encore par le contenu (sujet, thèmes, personnages, situation d'une action romanesque, etc.). (Dionne 1993 23)

Dans le contexte littéraire africain, la question régionale en appelle certes à la littérature nationale d'une part, à celle de l'Europe coloniale, de l'autre (la littérature française, dans le cas des littératures africaines francophones), puisque l'écriture y est davantage de tradition linguistique européenne que « nationale », mais tout porte à croire, et c'est l'une des hypothèses avancées ici, qu'elle préside à l'émergence des littératures nationales, sans forcément se limiter au seul genre romanesque, comme l'indiquent les observations de René Dionne pour les cas européen et nord-américain. De plus, la circonscription géographique que la question régionale active, laquelle circonscription fonde la « région » et qui, lorsque s'y ajoute la conscience historique, fonde le sentiment d'appartenance nationale ou « régionale », fait apparaître l'ensemble territorial, aux dimensions géographiques et socio-politiques spécifiques, ainsi que le rapport de ce territoire à ceux qui l'avoisinent ou l'englobent. Comme le remarque René Dionne :

> Que l'on ajoute [...] aux particularités locales des traits socio-économiques qui ressortissent, par exemple, à un contexte plus général de pauvreté ou de richesse, de paix ou de problèmes sociaux, de vie ou de mort, la région prend sa place dans le contexte mouvant de la vie quotidienne de la nation et des nations : elle vit à l'heure plus ou moins difficile et tumultueuse d'un monde d'intérêts conflictuels qui divisent, séparent, réunissent au gré des

---

[4] Voir, entre autres, l'ouvrage récent de Lilyan Kesteloot, *Histoire de la littérature négro-africaine* (2001).

heures et des années ; elle a un passé, un présent, un futur [...], une histoire [...]. (1993 24)

Entrent ainsi en ligne de compte, dans le contexte africain, autant la constitution politique et administrative de la région (circonscription électorale, régions administratives, etc.), que sa composition ethnoculturelle dans le sens où une telle composition découle de contingences historiques et politiques particulières. Une définition contextualisée, africaine, de la littérature régionale tiendrait alors de cette acception culturelle de la région. Elle ne saurait, en outre, faire l'économie du rappel historique, qu'il s'agisse de l'histoire du continent, de celle de ses États aujourd'hui ou de celle des « régions » culturelles qui les composent. Si le discours et la définition de la littérature régionale en Afrique en dépendent, le silence relatif qui l'entoure dans le discours institutionnel actuel ne peut dès lors que relever de l'idéologie. De la sorte, autant la question portant sur la nature de la littérature africaine, « *Qu'est-ce que la littérature africaine ?* », peut désormais être ramenée à celle du devenir de cette littérature, aujourd'hui, « *Qu'est devenue la littérature africaine ?* », autant peut-elle être envisagée dans le sens de ses composantes, c'est-à-dire « *quelles composantes pour la littérature africaine ?* ». Cette dernière question permet d'en dégager le tribut nécessaire à la question régionale.

En ce qui concerne les composantes de la littérature africaine ou négro-africaine d'expression française, nombreux sont les critiques dont les critères de définitions ont davantage problématisé les données qu'ils n'y ont apporté de solutions définitives. Faut-il retenir par exemple le critère esthétique ou linguistique des textes, pour une poétique spécifiquement « africaine » ? ou l'appartenance continentale ou raciale des écrivains, si ce n'est leur expérience coloniale commune ? Ainsi, pour Pius Ngandu Nkashama, définissant la littérature africaine post-coloniale, c'est l'expérience coloniale qui donne à cette dernière son identité continentale :

> La similitude des gestes, l'identité des aberrations politiques, la répétition des abominations de tortures, d'assassinats, de violences dans les villes. La répression continue des mouvements d'élèves et d'étudiants, le muselage des groupements d'ouvriers avec des syndicats vraisemblables acquis à la cause des oppresseurs, la phagocytose des forces culturelles et la paupérisation des paysanneries et des masses rurales, sont autant d'éléments de sous-développement qui accordent un dénominateur commun aux gesticulations des pouvoirs empiriques, et souvent impuissants devant les molosses des trusts internationaux, ou les brigands des banques mondiales. (Nkashama 1989 74-75)

Au nom des mêmes arguments, Guy Ossito Midiohouan, dans *L'idéologie dans la littérature négro-africaine d'expression française* (1986), se refuse à l'acception nationale de la littérature africaine ; pour lui, en effet, « [l]es 'littératures nationales', telles qu'elles se manifestent depuis une dizaine d'années environ, sont *encore* des formations mythologiques soutenues par une idéologie perverse [...] » (1986 11). Quels qu'ils soient, ces critères, dans leur variété et dans leurs potentiels polémiques, ont servi de justification aux différentes acceptions, continentales ou nationales, de cette littérature. Tous peuvent néanmoins être ramenés à la question de l'appartenance ou de l'identification des textes et des auteurs à un espace, à une histoire, à une problématique identitaire. En somme, si c'est l'appartenance continentale ou nationale, coloniale ou post-coloniale, qui a le plus retenu l'attention jusqu'alors, il reste à y adjoindre celui, intra et transnational, de l'ethnoculturel. C'est ce que nous inscrivons dans le *régional*.

Ce dernier critère semble pour l'instant souffrir d'un argumentaire visant à « prévenir » des débordements « ethnocentriques » ou « tribalistes ». Pourtant, la réalité régionale fondée sur le fait culturel est indéniable, et à ce titre, elle mérite d'être inventoriée, décrite, voire systématisée dans un souci effectif d'objectivité, quitte à reformuler certaines des conclusions jusqu'alors proposées sur le statut et la définition des littératures produites en Afrique.

La prévalence du critère culturel

Déjà la définition de la littérature africaine, au demeurant justifiée au début du XXe siècle, reposait sur la race et le fait historique, autrement dit, sur l'appartenance des textes – discours et contenu compris – et des auteurs à la race noire, d'une part, d'autre part, aux aléas de leur histoire commune, les Africains et la diaspora noire créée par l'esclavage et la traite négrière, en l'occurrence. On pense ici aux fondements de la Négritude. À ces deux facteurs s'ajoute la dimension politique, c'est-à-dire la lutte commune contre le fait colonial. Mais c'est une définition dont la pertinence s'est progressivement amoindrie du fait, nous semble-t-il, de deux mouvements concomitants de recentrage identitaire et politique.

Le premier de ces deux mouvements concerne la diaspora noire des Caraïbes avec la montée d'une nouvelle conscience d'appartenance insulaire qui se pose à degrés divers la question universelle du « *Qui sommes-nous ?* » mais reprise dans les termes plus actuels du « *Que sommes-nous devenus ?* ». Les réponses en sont variées, qui vont du mouvement indigéniste du début du XXe siècle en Haïti, à la créolité des années 1990 dans les Antilles françaises et dans l'Océan indien, ou à l'Antillanité des années 1970-1980. La seule référence raciale qui fondait la littérature « négro-africaine » ne semble plus valable, l'Histoire ayant introduit de nouvelles catégories de définition et d'identification.

Le second mouvement concerne l'Afrique-mère, d'une certaine manière, où la commune réalité coloniale de la première moitié du XXe siècle s'est vue transformée dès les lendemains des indépendances. Les nouveaux États issus du processus ont commencé par « capitaliser » ces expériences individuelles d'habitude nécessaires à la cristallisation de l'identité nationale. Des diversités multisectorielles de plus en plus ressenties, observables, entre les États, que ce soit sur le plan politique, sur le plan économique ou sur le plan administratif, ne permettent plus de retenir le seul critère continental dans la perception-définition de la littérature produite sur le continent et en son nom. C'est là également qu'apparaît la contestation de l'unité au profit de la pluralité des « littératures africaines » ou nationales. C'était le sens de la réponse de Guy Menga dans notre épigraphe.

En soi, cela n'est pas excessif et se trouve même fondé. Ce n'est non plus une « mode arbitraire » visant à la promotion des idéologies du développement, comme cela a pu être avancé. Toute définition de la littérature nationale, qu'il s'agisse des littératures européennes ou non, repose sur les mêmes catégories énoncées (ou dénoncées) dans le cadre des littératures nationales d'Afrique : la communauté d'histoire, la communauté culturelle et mythologique, pour ne citer que celles-là. Pour les tenants de la définition nationale, le seul critère continental était devenu insuffisant. De plus, le fait colonial, même revenu sous de nouveaux traits, le néocolonialisme économique, par exemple, ne produit plus les mêmes réalités. Reste alors le critère culturel.

C'est sur la base de la particularité culturelle que s'est notamment produit le recentrage de l'expérience identitaire antillaise, laquelle a fourni des éléments de définition de la littérature sur la base régionale. Ici, la culture se trouve à la fois nourrie – et particularisée – par l'histoire (l'esclavage), par la langue (le créole) et par la géographie (l'insularité). C'est ce recentrage qui invalide par exemple le paradigme noir qui a servi à définir la littérature de la négritude, la « littérature négro-africaine d'expression française ». Le critère culturel n'a jamais été aussi important, comme l'indiquent ses multiples usages, parfois contradictoires : paradigme fédérateur, par exemple, pour la Créolité, ou paradigme distinctif, pour le fait francophone qui invoque d'un même trait (son paradoxe fondateur) la diversité culturelle et l'unité linguistique. Seule la définition nationale de la littérature en Afrique n'a pas semblé en faire cas, du moins pas suffisamment, préférant revendiquer la dimension géographique, administrative et politique – la nationalité de l'écrivain ou l'ancrage géographique des textes, etc. – à la dimension culturelle, et ce n'est pas à tort. Évoquer en effet le fait culturel dans le contexte des littératures nationales en Afrique renvoie aux fondements mêmes de l'État africain et fait réactiver les incidences du fait colonial dans sa constitution.

Des cultures nationales et transnationales

Il est de toute évidence plus aisé, et justifié, de parler de « cultures nationales » au pluriel, que de « culture nationale », au singulier, dans le contexte de l'État africain. Plus encore, à la pluralité culturelle correspond une pluralité linguistique le plus souvent présentée comme un handicap, car source de division et de conflits. Nombre d'États le reconnaissent, qui invoquent à la place le vecteur unificateur des langues officielles héritées du fait colonial. Cela ne fait aucun doute et mérite d'être encouragé. Mais en même temps, la diversité culturelle et linguistique recouvre une réalité historique non souvent évoquée et qui, cette fois historique, touche au fondement de l'État africain moderne.

Pour mémoire, c'est à la fin du XIXe siècle que la mémorable conférence de Berlin (novembre 1884 – février 1885) a donné son tournant actuel aux configurations géopolitiques du continent africain. Sans revenir aux détails de l'histoire, il faut dire que le « découpage » opéré alors créait les territoires coloniaux devant devenir les États des indépendances. Son impact sera décisif sur la « disparité » culturelle de l'État africain moderne ; c'est de l'enrichissement, dans un sens. Mais c'est aussi la création de cultures *régionales* dont le bassin géographique, soit se circonscrit dans les limites des frontières politiques – on parlera alors de « cultures nationales », soit, ce qui est le plus souvent le cas, en excède ou traverse les limites. Ces résultantes culturelles du fait colonial constituent les fondements et les délimitations éventuelles des littératures régionales en Afrique.

De même que les littératures antillaises font aujourd'hui partie du « paysage » littéraire mondial, de même la question des littératures régionales, ne serait-ce que dans le contexte africain subsaharien, mérite d'être prise en compte et définie dans ses ancrages géographiques, linguistiques et surtout ethnoculturels. Parce que l'une des premières problématiques que soulèvent ces littératures régionales, c'est celle du bassin géographique, *régional*, et celle de la langue, comme on peut le remarquer.

Déjà pour la conception continentale de la littérature africaine, la question des langues nationales demeure plus qu'épineuse et ne manque pas de mettre en question la vocation « africaine » même de cette littérature. Il est un fait, cependant, que les littératures africaines ne peuvent pas encore se départir de l'incidence coloniale qui leur a donné naissance, ainsi que la plupart de leur problématique discursive, identitaire, esthétique et linguistique. Il n'en est pas autrement des littératures nationales ou régionales. Aussi, dès lors que la réalité ethno-culturelle est entendue comme fondement de la littérature régionale, particulièrement dans le contexte de l'Afrique subsaharienne, celle de ses supports linguistiques peut être envisagée dans les mêmes conditions historiques.

La question linguistique

D'un point de vue général, la littérature régionale se définit par rapport à une langue et à une culture souvent en position *minorée* par rapport à une langue ou à une culture-mère, hégémonique dans bien des cas. C'est le cas de toutes les littératures africaines en langues nationales. Dans l'hypothèse des littératures régionales africaines, il en existerait en langues nationales, celles que répertorient par exemple Pius Ngandu Nkashama dans *Littératures et écritures en langues africaines* (1992), ou Alain Ricard, dans *Littératures africaines, des langues aux livres* (1993), mais aussi en langues européennes. Dans le premier cas, se posent les mêmes problèmes institutionnels relevés dans les littératures régionales en Europe ou en Amérique du Nord : pauvreté ou insuffisance du corpus, des circuits locaux de production, de distribution, etc. À cela s'ajouterait l'intégration de genres empruntés à la tradition orale et à la tradition religieuse, catholique et protestante, aux genres hérités de la tradition européenne, le roman, la nouvelle, etc. Toujours est-il que les littératures régionales en langues nationales restent plus expressives des cultures nationales ou transnationales qui leur donnent cohérence et signification. Du fait de l'héritage colonial, elles devront compter avec les secondes, celles produites en langues européennes ; des littératures régionales alors francophones, anglophones, lusophones, etc.

Naturellement, la littérature régionale a une composante revendicative identitaire indéniable. Son attachement à une terre ou à un territoire, à une culture, à une histoire, se pose en quelque sorte en *résistance* (au sens postcolonial du terme) à la menace que constitue la culture ou la langue-mère.

C'est à travers l'idée de la résistance à la mort identitaire que se définirait en effet, dans le contexte africain, la littérature régionale en langue nationale et particulièrement celle en langue européenne. Pourquoi résistance ? Par rapport notamment à l'artificialité des frontières politiques héritées de la colonisation, et par rapport à la menace que constitue l'hégémonie de la culture européenne. Dans l'un ou l'autre des cas, il s'agit de préserver l'« exception » culturelle, même linguistique (quoique paradoxalement exprimée dans la langue hégémonique ; le propre des littératures francophones aujourd'hui), qui fait l'identité du groupe *régional*, que celui-ci soit *ewe*, comme dans le cas de Félix Couchoro, ou *malinké*, dans le cas d'Ahmadou Kourouma. L'écriture africaine s'en est réclamée dès ses premiers textes, et a continué de l'inscrire dans son expression, même aux lendemains de l'indépendance. Sa révolution esthétique post-indépendance s'explique par là.

En somme, qu'elle soit produite en langues nationales ou en langues européennes, la littérature régionale participe de ce « militantisme » identitaire. Ses marques sont les mêmes désormais que celles des littératures postcoloniales, francophones, anglophones, lusophones, etc., à la seule différence que l'identification à la culture « maternelle » qui donne à l'écriture ses modalités de résistance (le *chronotope*, la langue et l'histoire tels que les évoque J.-M. Moura dans *Littératures francophones et théorie postcoloniale*, 1999) est nettement plus identifiable dans l'espace, national ou transnational, et dans le temps. Ainsi en est-il de l'écriture *Kongo* qui transparaît dans le titre de l'ouvrage de J.-M. Devésa sur Sony L. Tansi : *Sony Labou Tansi. Écrivain de la honte et des rives magiques du Kongo* (1996). Ainsi devrait-il en être de la poésie « sérère » de Senghor ou de l'écriture, disons *beti*, de Mongo Béti. Cela permettrait de redonner à certains des écrivains « méconnus » du champ littéraire africain, leur juste place parmi les voix majeures des écritures africaines, ceux-là justement dont les textes comme ceux de Félix Couchoro (1900-1968) portent les marques délibérées de l'inscription dans les cultures africaines transnationales.

La littérature régionale a existé en Afrique depuis la naissance de la littérature écrite. Mais seul un discours institutionnel, à préciser, a manqué de la nommer. L'objectif, dans cette réflexion, a été d'en retracer les fondements épistémologiques, mais aussi les potentiels contours géographiques, culturels, que ce soit à l'intérieur des frontières nationales ou à l'extérieur, ainsi que les contours linguistiques, que ceux-ci soient en langues nationales et en langues européennes. Il est à souhaiter que des études d'envergure y soient consacrées, pour déterminer, parmi les textes de la « grande » littérature africaine, celle de l'Afrique francophone tout au moins, ceux qui créent les bases d'une écriture à portée régionale, laquelle portée proposerait une relecture de l'histoire des sociétés africaines, et plus particulièrement, de la littérature en Afrique. Ce serait aussi l'occasion de redécouvrir cet idéal de rencontre et de partage sur lequel repose l'idée même de la francophonie, et que véhicule incontestablement la notion de littérature régionale, car faisant référence à une unité identitaire qui transcende la frontière politique et mène à la découverte de l'Autre par-delà les aléas de l'histoire, forcément de l'histoire coloniale.

Bibliographie

Agblémagnon, F. N'Sougan. *Sociologie des sociétés orales d'Afrique noire. Les Eve du Sud-Togo*. Paris, La Haye : Mouton & Co, 1969.

Bonn, Charles, Xavier Garnier et Jacques Lecarme. *Littérature francophone. 1. Le roman*. Paris : Hatier-AUPELF-UREF, 1997.

Clavreuil, Gérard et Alain Brezault. « Guy Menga. Entre l'oral et l'écrit », in *Notre Librairie*, no. 92-93, mars-mai 1988, pp. 103-105.

Couchoro, Félix. *L'Esclave*. Paris : La Dépêche africaine, 1929. [Réédition : Lomé, Éditions Akpagnon, 1983].

—. *Amour de féticheuse*. Ouidah : Imprimerie d'Almeida, 1941.

—. *Drame d'amour à Anécho*. Ouidah : Imprimerie d'Almeida, 1950.

—. *L'Héritage cette peste*. Lomé : Imprimerie Éditogo, 1963.

—. *Amour de féticheuse au Togo*, feuilleton, in *Togo-Presse*, 10 juillet – 30 août 1967.

Devésa, Jean-Michel. *Sony Labou Tansi. Écrivain de la honte et des rives magiques du Kongo*. Paris : L'Harmattan, 1996.

Dionne, René. *La Littérature régionale aux confins de l'histoire et de la géographie*. Sudbury : Prise de parole, 1993.

Ellis, A. B. *The Ewe-Speaking Peoples of the Slave Coast of West Africa, Their Religion, Manners, Customs, Laws, Langages, etc.* Oosterhout, N.B. (The Netherlands) : Anthropological Publications, 1970.

Greene, Sandra. « Cultural Zones in the Era of Slave Trade : exploring the Yoruba Connection with the Anlon-Ewe », in Paul Lovejoy (ed.), in *Identity in the Shadow of Slavery*. London, New York : Continuum, 2000, pp. 86-101.

Kent, John. *The Internationalization of Colonialism. Britain, France, and Black Africa, 1939-1956*. Oxford : Clarendon Press, 1992.

Kesteloot, Lilyan. *Anthologie négro-africaine. Panorama critique des prosateurs, poètes et dramaturges noirs du XXe siècle*. Paris : Marabout Université, 1967.

—. *Histoire de la littérature négro-africaine*. Paris : Karthala-AUF, 2001.

Manoukian, Madeline. *The Ewe-speaking people of Togoland and The Gold Coast*. London : International African Institute, 1952.

Midiohouan, Guy Ossito. *L'idéologie dans la littérature négro-africaine d'expression française*. Paris : L'Harmattan, 1986.

Moura, Jean-Marc. *Littératures francophones et théorie postcoloniale*. Paris : Presses Universitaires de France, 1999.

Mouralis, Bernard. *Littérature et Développement. Essai sur le statut, la fonction et la représentation de la littérature négro-africaine d'expression française*. Paris : ACCT, Silex, 1984.

Nkashama, Pius Ngandu. *Écritures et discours littéraires.* Paris : L'Harmattan, 1989.

—. *Littératures et écritures en langues africaines.* Paris : L'Harmattan, 1992.

Ricard, Alain. *Naissance du roman africain. Félix Couchoro (1900-1968).* Paris : Présence africaine, 1987.

—. *Littératures africaines. Des langues aux livres.* Paris : Karthala – CNRS Édition, 1993.

Verdon, Michel. *The Abutia Ewe of West Africa.* Berlin, New York, Amsterdam : Mouton Publishers, 1983.

WebLitaf. Base de données, Université de Bordeaux III, http://www.rafid.u-bordeaux.fr/litaf/page2.html, 1999.

La tactique du caméléon : mimétismes et ironie dans *Le Baobab fou* de Ken Bugul

Karine Rabain-Chagné

University of California Davis

Le Baobab fou de Ken Bugul, de son vrai nom Mariétou M'baye, est un texte autobiographique qui retrace le voyage d'études de Ken en Europe, tout en présentant de façon rétrospective son enfance au Sénégal. Mais le récit du voyage vers l'Occident, clos par un retour en Afrique, est surtout une façon de retracer, d'interpréter et d'achever le voyage intérieur de l'auteure qui cherche à se situer entre ses racines africaines et sa culture européenne acquise à l'école coloniale. Cette dualité marque toutefois non pas une double appartenance mais un double rejet, chaque culture considérant Ken comme « Autre » sur la base soit de son éducation, soit de la couleur de sa peau. Malgré le désespoir et la psychose qui hantent les pages du récit de Ken, j'entends démontrer comment le processus créatif de l'écriture permet à l'auteure de transformer une expérience destructrice et aliénante en source de subversion et de force. J'étudierai la multiplication des voix narratives et des identités, et le rôle politique que l'écriture ironique de Ken Bugul leur confère, ce qui me permettra de problématiser les notions d'identités flexibles et de métissage vulgarisées dans le discours théorique aujourd'hui, mais qui pour l'auteure ne semblent être qu'une étape dans la constitution de soi.

Le foisonnement d'idées et de jugements contradictoires que l'on trouve dans *Le Baobab fou* peut surprendre le lecteur comme une illustration flagrante de la folie annoncée dans le titre. Pourtant, la structure narrative éclatée n'est que le reflet des logiques et courants culturels qui se heurtent dans la conscience de Ken Bugul. Le texte ne propose pas un personnage unifié et cohérent, il se présente plutôt comme une accumulation d'expériences et de voix diverses et dissonantes qui se répondent et où le lecteur inattentif se perd.

Dès la phrase d'ouverture de l'Histoire de Ken : « Ken Bugul se souvient » la troisième personne impose une séparation entre l'auteure et le personnage qu'elle a été quelques années auparavant, séparation basée sur une distance temporelle bien sûr, mais surtout sur la distance critique et morale autour de laquelle s'articule la réflexion autobiographique. L'insistance sur le pseudonyme « Ken Bugul » renforce d'une part la construction artificielle du personnage – et j'entends le terme dans le sens narratif mais aussi théâtral puisque Ken est à la fois un personnage du récit et une figure mimétique, donc un personnage joué –. Le pseudonyme veut dire d'autre part (d'après sa traduction du Wolof) que « personne n'en veut », c'est-à-dire soit que personne n'accepte l'histoire jugée scandaleuse du *Baobab fou*, soit que personne n'accepte Ken au sein de son groupe. Dans les deux cas sa voix est censurée. La narration autodiégétique qui caractérise la majeure partie de l'oeuvre a donc dans ce contexte une importance primordiale : l'auteure accepte enfin, même si elle garde ses distances, de dire « je » et opère par là sa propre « thérapeutique » de réconciliation avec son passé. Ce « je » qui rassemble personnage, narratrice et auteure s'impose donc comme prise de parole de l'individu ce qui, pour Judith Butler, signifie l'entrée dans la subjectivité : en s'écrivant comme « je », Bugul devient enfin sujet (et non plus objet) du discours littéraire bien sûr en tant qu'auteure, mais surtout sujet du discours identitaire puisqu'elle se crée au fil des pages.

Au-delà de l'uniformisation du « je » il est bien sûr essentiel de distinguer les trois niveaux de l' « expérience autobiographique » : l'expérience brute du personnage, la compréhension et la narration rétrospective des événements par la narratrice, et leur récupération stratégique par l'auteure. Si ces trois niveaux de l'expérience ne se distinguent pas de façon très nette, mon étude suggère que leur amalgame est intentionnel et joue un rôle spécifique dans la mise en scène des différents discours que contient le texte.

Dans « Exile in the Promised Land » Julia Watson mentionne comme exemples de tons ou de discours repris à travers la narratrice, ceux d'un sage traditionnel, de Frantz Fanon, d'un griot, d'un manifeste contre le racisme européen, etc. Comme elle le fait remarquer, « *The Abandonned Baobab*'s dialogical voices defy containment in a unitary narrative frame and speak in many tongues ». (Watson 1997 149) Si toutes ces voix sont le reflet des multiples courants philosophiques et culturels qui ont laissé leur empreinte sur l'auteure, notons qu'aucune n'est privilégiée, elles semblent faire toutes partie de sa conscience qu'elle y adhère ou non, ce qui n'aide pas le lecteur à cerner les idées de l'auteure, mais cela fait d'après moi partie de son jeu de cache-cache.

Je voudrais ajouter à cette énumération une voix qui m'intéresse particulièrement : celle de l'Occident tel qu'il est encore exporté vers les (ex-) colonies, mais aussi tel qu'il se présente au jour le jour en Europe dans les années 70 avec ses idéologies, ses fantasmes et ses incohérences. Je propose que l'aspect le plus subversif du personnage de Ken Bugul est qu'il se présente comme un hypertexte ironique du discours occidental, dans l'optique de s'exorciser de cet héritage autant que dans une volonté de dénoncer le néocolonialisme ambiant. Hypertexte[1] puisque l'éducation coloniale de Ken lui inculque les valeurs et le mode de vie occidentaux qu'elle s'applique à reproduire lors de son séjour en Belgique : c'est l'expérience brute. Ironique puisque la narratrice s'efforce à travers la confrontation de ses multiples voix et du contexte, de faire ressortir l'ethnocentrisme, l'impérialisme et l'ambivalence des Européens : c'est le regard rétrospectif, libérateur et militant de la narration.

D'après Muecke dans *Compass of Irony*, l'ironie donne une voix à une personne ou une situation qu'elle nie simultanément et silencieusement par le biais d'une opposition qui peut être contradiction, incongruité ou incompatibilité (Muecke 1982 20). Muecke différencie la victime de l'ironie de *l'objet* de l'ironie qui peut être une croyance, une attitude, une institution, un système politique, philosophique ou religieux ou toute une civilisation (Muecke 1982 34). Il insiste surtout sur le rôle du lecteur qui doit reconnaître et déchiffrer l'ironie dont un seul des niveaux, celui qui est critiqué, est présent dans le texte. Le fait que « Irony, like beauty, is in the eye of the beholder and is not a quality inherent in any remark, event, or situation » (Muecke 1982 14) explique que l'ironie puisse passer inaperçue et requiert non seulement des signaux[2] apparents dans le texte, mais aussi un entendement et des valeurs communes entre auteur et lecteur. Pour Vaheed Ramazani : « The decisive factor in any interpretation of irony is a conception of the author's linguistic, literary and factual knowledge, historical position, cultural values, psychological traits, and intellectual capacity ». (Ramazani 1988 31) Ceci n'est pourtant pas chose facile dans le cas du *Baobab fou* pour deux raisons, premièrement parce que c'est le premier livre de Bugul et qu'elle ne publiera pas après cela pendant dix ans. Deuxièmement parce que, comme je l'ai déjà mentionné, il y a dans son texte non seulement une profusion de voix mais aussi une absence voulue de transition claire entre les clichés, les paroles rapportées, et le style indirect libre de la narration : c'est au lecteur de reconnaître les changements de

---

[1] Selon Gérard Genette « tout texte dérivé d'un texte antérieur par transformation simple [...] ou par transformation indirecte. » (Genette 1982 14).
[2] Tels que discordance de ton, contradictions avec d'autres affirmations ou avec le caractère de l'auteure, modalisateurs de distance, guillemets, adverbes d'intensité, expressions phatiques, ou contradictions entre le passage et le texte entier (Voir Ramazani, 26-30).

perspectives alors que la narratrice se contente de laisser parler les voix à travers elle. Assailli par des jugements divers et souvent contradictoires, le lecteur doit lui-même discerner les différentes couches de narration, évaluer les nombreuses idéologies figurant dans le texte, et repérer les instances narratives ironiques. L'avantage pour l'écrivaine est que cela lui permet de naviguer entre toutes les opinions dont elle s'est fait et se fait l'écho sans pour autant livrer une version définitive de sa propre voix qui reste floue, en mouvement, et en progrès constants. D'où l'image que je vais reprendre plus tard d'une identité caméléon qui représenterait les couleurs de son environnement sans livrer la (ou les) sienne(s).

En plus de rapporter des discours, le personnage de Ken Bugul présente de multiples identifications à des modèles donnés, et selon Gérard Genette, « imiter, en littérature comme ailleurs, suppose toujours […] la constitution préalable (consciente et volontaire ou non : les imitations juvéniles sont le plus souvent des contagions subies) d'un modèle de compétence dont chaque acte d'imitation sera une performance singulière » (Genette 1982 108). Ce qui est intéressant dans cette citation est l'idée de la « contagion » pour décrire l'imitation apparentée à une maladie se propageant et déformant l'être. Dans *Le Baobab fou* le modèle de compétence est l'idéologie coloniale qui s'est trouvée « inoculée » telle un microbe à travers l'école française et dont Ken fait le diagnostic.

Julia Watson a mentionné la portée ironique des nombreuses identifications de Ken et la critique implicite qu'elles comportent. Malgré une interprétation intéressante, « Ken adopts both the mimetic camouflage and the critique of European authority that appears liberatory but in fact compels assimilation. Ken's attempt to exorcise her own « intellectual colonizing » by parodic mimicry renegotiates the definition and uses of autobiography itself, as the West has understood it, for an African audience » (Watson 1997 149-150). Je voudrais modifier sa proposition en séparant deux niveaux de l'expérience : celle du personnage et celle de la narratrice et en rendant à chacune ce qui lui appartient. Je soutiens que Ken adopte « un camouflage mimétique » en Belgique dans l'espoir sincère d'être assimilée. Cette imitation devient par le biais de l'ironie textuelle seulement une critique de l'autorité européenne. « L'exorcisme » de Ken ne s'effectue donc non pas au niveau de l'imitation mais au niveau de l'écriture qui transforme l'expérience mimétique en démonstration de l'hypocrisie de la politique d'assimilation. En voici les différentes étapes.

Ayant été privée d'une structure familiale traditionnelle par la séparation de ses parents, l'adolescente Ken cherche ses repères dans le modèle de la culture occidentale offert en Afrique par l'éducation française et par les magazines de mode. Pendant vingt ans, elle n'apprend « que leurs pensées et leurs émotions » (*BF* 67). Au début du texte, alors que Ken n'est pas même arrivée en Belgique pour y poursuivre ses études, on entend déjà l'Occident qui parle à travers elle : « Le Nord des rêves, le Nord des illusions, le Nord des allusions. Le Nord référentiel, le Nord Terre Promise » (*BF* 33). La répétition « le Nord » suggère l'obsession du modèle occidental inculqué et idéalisé par l'éducation française, le Nord est synonyme de civilisation, c'est la référence. L'expression « le Nord Terre Promise » représente quant à elle le Nord comme un bienfaiteur généreux, comme une terre d'accueil. Le personnage se présente comme porte-parole de l'idéologie occidentale déployée dans son texte. L'impression est pourtant gâchée par le substantif « illusions » qui, partant d'un jeu de sonorités avec « allusions », dénonce le caractère artificiel et mensonger du reste du passage. C'est donc un énoncé ironique qui commence la relation de voyage et qui avertit le lecteur de ne pas prendre tous les énoncés au sérieux. Une relecture ironique et informée du passage révèle que le Nord des rêves s'avère n'être en effet qu'un rêve, que le Nord référentiel n'est lui-même basé que sur des références idéologiques erronées, et que la Terre Promise n'ouvrira jamais innocemment ses portes au voyageur africain. Un peu plus loin, à son arrivée, la narratrice s'exclame : « Enfin l'Europe, l'Occident, le pays des Blancs, le pays des Gaulois, le pays des sapins, de la neige, le pays de mes 'ancêtres' » (*BF* 39). Il est ici impossible de ne pas faire le rapprochement avec le « nos ancêtres les Gaulois », cet idiotisme de l'éducation coloniale d'autant plus incongru que c'est Ken qui l'énonce en associant ironiquement son expérience d'Africaine non seulement à celle des Blancs et des Gaulois, mais à la neige, aux sapins...

S'il est évident que ces différentes expressions sont mimétiques du discours colonial – la dernière peut même être qualifiée de transvocalisation ou de parodie satirique – il est important de souligner le glissement qui semble s'opérer au niveau du ton. L'auteure commence avec une forgerie du discours colonial auquel le personnage adhère au moment de son départ, et qui est perceptible dans la première expression (« Le Nord des rêves, etc.») avec la répétition lourde d'espoirs, mais qui déjà inclut « l'illusion » inhérente au rêve et qui sera révélée postérieurement. Elle évolue ensuite vers le pastiche satirique du « Nord sans problèmes » puis vers la satire du « mes ancêtres les Gaulois » devenue acerbe dans le contexte post-colonial, et pour Ken dans le cadre rétrospectif de l'écriture. L'idéologie coloniale est ainsi reprise et critiquée indirectement dès les premières pages ; articulée par le colonisé, elle devient incongrue, déplacée, ironique.

A la fin du texte, Ken se souvient de son apprentissage de l'Occident et plus particulièrement de la mode féminine en Afrique :

> Je croyais avoir trouvé un moyen de me rassurer en me faisant « toubab ». *Toujours* les revues de mode de Paris *de seconde main* au marché, *toujours* bonsoir *à tort et à travers*, *toujours* faire un tour dans le village pour *me*

montrer, chaussant des chaussures à talons aiguilles qui me donnaient si chaud et m'*empêchaient* de marcher gracieusement, le jupon que je faisais dépasser *exprès* pour *le montrer*. Les décrêpages permanents des cheveux, l'*imitation* des coiffures occidentales qui donnaient des visages *déstructurés*, le vernis rouge *comme du sang* qui me coulait des doigts. Ah Dieu ! Que j'étais épuisée de vouloir *plus que « ressembler »*, de me déformer. (*BF* 138-9, c'est moi qui souligne)

Notons les deux niveaux de narration : l'histoire brute du personnage où ressort l'aspect douloureux de l'entreprise avec le corps qui saigne, déformé, dénaturé, qui met en évidence la violence de l'artifice ; puis le commentaire/détournement ajouté par la narratrice qui, en insistant sur la répétition et l'excès, fait basculer la transposition corporelle de l'idéal féminin occidental en satire. En soulignant l'aspect caricatural et dénaturant de l'entreprise, le texte ridiculise d'une part la mode vestimentaire mais aussi la tendance universaliste de la France qui prétend être une référence pour ses colonies et pour le monde. En réalité, son modèle de féminité empêche, déstructure, épuise le corps féminin noir, mais aussi le corps féminin en général. Homi Bhabha dans *The Location of Culture* rappelle que la répétition mimétique d'un modèle à partir d'un corps opposé ou marginal s'opère toujours avec une différence critique qui induit que l'originalité est perdue et le centre décentré. Ce qui reste, selon lui est l'impur, l'artificiel, le 'seconde main' que l'on retrouve d'ailleurs dans le passage précédent. Le 'travestissement' de Ken met donc en abîme la nature artificielle du mode de vie européen. L'expression « de seconde main » rappelle que les magazines de mode de Paris ont été utilisés par les Françaises elles-mêmes pour se conformer à la mode du moment avant d'être repris par les Africaines. Le code de féminité perd son originalité et devient un simple prototype devant être assimilé et exhibé par les femmes blanches autant que par les autres. L'authenticité de l'identité féminine est ainsi remplacée par la « mode », phénomène futile et artificiel qui, nous allons le voir un peu plus loin, est présenté comme la base des comportements occidentaux. L'utilisation du substantif « accoutrement » rend d'autre part le vêtement occidental étrange, ridicule. Transposée sur le corps noir la norme occidentale devient incongrue, marginale. L'adjectif « constipé » renforce pour sa part l'idée, déjà introduite auparavant dans le texte, d'un Occident peu naturel et emprisonné dans ses règles. Ses modèles de beauté sont présentés comme une forme d'aliénation par excellence et comme un moyen de conformation du corps.

Jusque-là, l'imitation du modèle occidental est difficile car elle déforme le corps, mais elle est du moins faisable. Considérée blanche au Sénégal sur la base de son identification, le personnage est agent, même manipulé, de son identité qu'elle choisit « européenne » et qu'elle impose aux autres. A son arrivée en Belgique, une courte scène la force pourtant à réévaluer sa position. En effet, la ségrégation que pratiquent les Européens – représentés par la vendeuse du magasin de perruques – la redéfinit comme Autre et la dépossède de son identité blanche. Devant la vitrine du magasin où la vendeuse s'est excusée « Ces perruques ici, c'est pour les Blanches qui en portent et vous, vous êtes noire […]. Je suis désolée, je ne peux rien pour vous » (*BF* 49), Ken confronte soudain une nouvelle image d'elle-même :

> Dehors tout prit un rythme nerveux. C'était intérieur en moi […] J'étais bouleversée. […] La façade en miroir d'une vitrine me renvoya le reflet de mon visage. Je n'en crus pas mes yeux. Je me dis rapidement que ce visage ne m'appartenait pas : j'avais les yeux hors de moi, la peau brillante et noire, le visage terrifiant. J'étouffais à nouveau parce que ce regard-là, c'était mon regard […] Oui, j'étais une noire, une étrangère. Je me touchais le menton, la joue pour mieux me rendre compte que cette couleur était à moi. Oui, j'étais une étrangère et c'était la première fois que je m'en rendais compte. (*BF* 50)

Sa stupéfaction à la vue de son corps (alors qu'elle s'est déjà aperçue dans un miroir avant son arrivée) s'explique non pas par une évolution de son anatomie, mais par le glissement de son regard vers des critères de jugements nouveaux, suggérés par la vendeuse. C'est sa vision *mentale* de son corps ou « body image » qui change subitement. Selon Elizabeth Grosz « this imaginary anatomy is an effect of the internalization of the specular image, and reflects social and familiar beliefs about the body more than it does the body's organic nature »[3]. Au Sénégal, Ken avait élaboré une certaine image de son corps à l'aide de sa culture et de ses manières occidentales ; elle se voyait inconsciemment blanche ou du moins appartenant au monde des Blancs. Dans le contexte européen, si elle veut poursuivre son identification à l'Occident, Ken ne peut qu'accepter le regard avilissant de la vendeuse sur son propre corps comme sien.

La citation du *Baobab fou* ci-dessus indique le moment à partir duquel Ken refuse de se situer à l'intérieur de son corps puisque c'est lui qui est à la base de sa marginalisation. Ceci se manifeste à divers endroits du texte : « Je m'arrachais la peau jusqu'au sang. Sa noirceur m'étouffait.[…] Je ne voulais plus avoir la peau noire » (*BF* 113). Son comportement est caractéristique de la psychose telle qu'elle est décrite en terme d'espace par E. Grosz qui transpose à l'homme l'étude de Roger Caillois sur le mimétisme des insectes :

---

[3] *Space, Time and Perversion*, 86.

> For the subject to take up a position as a subject, he must be able to situate himself as being located in the space occupied by *its* body. This anchoring of subjectivity in its body is the condition of coherent identity, and, moreover, the condition under which the subject *has a perspective* on the world, becomes the point from which vision emanates. In certain cases of psychosis, this meshing of self and body, this unification of the subject, fails to occur. The psychotic is unable to locate himself where he should be; he may look at himself from outside himself, as another might; he may hear the voices of others in his head. He is captivated and replaced by space, blurred with the position of others.[4]

La non-reconnaissance du corps à cause de sa noirceur entraîne pour Ken l'impossibilité de se constituer comme sujet, c'est-à-dire comme maître d'elle-même, de sa conception du monde et de son discours. En abandonnant les coordonnées de son propre corps et se projette/est projeté dans un autre lieu, indifférent, d'où elle voit le monde selon une perspective d'emprunt. C'est là que son identité devient une performance du monde extérieur dans lequel elle se fond. Devant le miroir du magasin, la subjectivité de Ken est effacée et remplacée par un discours « européen » qui ne reconnaît que les caractéristiques stéréotypées du visage africain (« les yeux hors de moi », « la peau brillante et noire », le « visage terrifiant »). N'étant interpellée au fil du texte que comme une « noire, » sa personnalité s'efface peu à peu au profit du prototype racial tel qu'il est pensé par l'Occident. Toutefois, la personnalité de Ken n'est pas remplacée par une mais par *des* identités imposées comme le montre la suite du texte. Par conséquent, plutôt que de visualiser le psychotique comme un insecte ayant une forme mimétique fixe, il me semble plus approprié d'adopter l'image du caméléon changeant et multiple, sorte de tactique identitaire qui relèverait des *Nomadic Subjects* de Braidotti ou des « Migratory Subjects » de Carole Boyce Davies. Mais pour cela revenons au texte :

> Caillois describes [psychosis] as the "depersonalization by assimilation to space." This means that both the psychotic and the imitative insect renounce their right, as it were, to occupy a perspectival point, instead abandoning themselves to being spatially located by/as others. The primacy of one's own perspective is replaced by the gaze of another for whom the subject is merely *a* point in space and not *the* focal point around which an ordered space is organized.[5]

Le psychotique/Ken abandonne donc les coordonnées de son propre corps et se projette/est projeté dans un autre lieu, indifférent, d'où il voit le

---

[4] *Space, Time and Perversion*, 89-90.
[5] *Space, Time and Perversion*, 90.

monde selon une perspective d'emprunt. Il ne s'appartient donc plus, son identité devient une performance du monde extérieur dans lequel il se fond. Effectivement devant le miroir, Ken perd son lieu identitaire. Sa subjectivité est effacée et remplacée par un discours « européen » qui ne reconnaît que les caractéristiques stéréotypées du visage africain (« les yeux hors de moi », « la peau brillante et noire », le « visage terrifiant »). D'après E. Grosz, c'est parce qu'elle se voit à partir d'un point de vue occidental comme *une* Africaine parmi tant d'autres – et non pas celle qu'elle a choisi d'être – avec toutes les caractéristiques que cela entraîne : culture nègre, exotisme, sauvagerie, étrangeté, etc. N'étant interpellée au fil du texte que comme une « noire, » sa personnalité s'efface peu à peu au profit du prototype racial tel qu'il est pensé par l'Occident.

Le psychotique n'ayant pas de lieu personnel à partir duquel appréhender le monde, son identité est donc remplacée par une – ou plutôt par « les » identité(s) suggérée(s) ou imposée(s) par le cadre et par les autres. C'est là que je voudrais fléchir le texte de Grosz et visualiser le psychotique non pas comme un insecte mais comme un caméléon, non pas comme une maladie mais comme une tactique identitaire qui emprunterait des caractéristiques des *Nomadic Subjects* de Braidotti ou des « Migratory Subjects » de Carole Boyce Davies. C'est-à-dire que le psychotique n'ayant pas de lieu identitaire précis ou du moins connu, il se conformera à n'importe quel milieu avec lequel il sera en contact ou n'importe quelle identification qui lui sera imposée, avec la possibilité d'un reflet ironique pour dénoncer les abus de pouvoir. Le texte illustre bien cette idée :

> * (*BF* 70) C'était la première fois que j'habitais avec un homme. Je découvrais d'autres gens. D'autres milieux. Cette nouvelle vie semblait me convenir à merveille. Je devenais mondaine.
> * (*BF* 70-71) La vie des artistes ! Ce fut une nouveauté pour moi. Une nouvelle forme de vie qui semblait me convenir. Je jouais tellement le jeu de l'Occident que nous avions l'impression, Jean et moi, de n'avoir plus rien à expliquer.
> * (*BF* 73) Le milieu [homosexuel] ne me déplaisait pas. C'était un monde nouveau pour moi, mais je semblais y être impliquée.
> * (*BF* 73, en parlant de son amie Laure) Sa façon de vivre me convenait.

Dans l'espace de quatre pages, Ken adopte quatre « vies » ou « mondes » différents comme un caméléon sur qui déteindrait son environnement. La répétition du verbe « convenir » donne l'impression qu'elle essaie ces formes de vies comme elle essaierait des vêtements dans un magasin. Il y a comme une association sous-entendue entre le mode (de vie européen) et la mode (vestimentaire). Le mode de vie de son ami Jean par exemple repose clairement sur la mode du moment qui est à l'exotisme, au déguisement, à l'emprunt d'éléments extérieurs à la culture européenne. Ken soupçonne même que son homosexualité se déclare parce que c'est « presque la mode » (*BF* 73) Est-ce cela que Ken appelle le « jeu de l'Occident » ? Encore un rapprochement de mots ici, entre « je » et « jeu » où le « je » de l'Occident ne serait qu'un « jeu » (une mascarade). Cette confusion entre « je » et « jeu », entre le mode de vie et la mode est une façon de mettre en question la culture occidentale. Son authenticité tout d'abord : rien n'est plus frivole, passager et superficiel que la mode. Et sa pureté : si les marges doivent se conformer au « centre », le centre lui-même n'est qu'emprunts à d'autres cultures. L'idée d'une « identité caméléon » s'applique donc aussi bien à Ken qui imite son environnement qu'aux Européens qui imitent l'Orient ou l'Afrique. La récurrence du verbe « sembler » remet toutefois en question cette tactique mimétique qui n'est qu'une solution identitaire temporaire et artificielle puisqu'elle menace à plusieurs reprises d'amener Ken au suicide.

Malgré ses efforts elle n'est jamais que superficiellement intégrée en Belgique. L'auteure profite des situations contiguës de mimétisme et de rejet comme illustration du paradoxe de l'idéologie coloniale qui veut éduquer et intégrer l'Autre mais refuse de le voir au-delà des stéréotypes dans lesquels il l'a enfermé[6]. En effet, il est clair dans le texte que le malaise vient du fait que l'Occident refuse de voir autre chose chez Ken que la couleur de sa peau et lui impose l'état de représentante de l'Afrique :

> J'avais préparé un plat de mon pays. Ah, les Occidentaux, comme ils parlaient, gloussaient, soupiraient, en mangeant un plat exotique servi sur place par l'étranger. [...] Je jouais un défilé de mode africaine, me changeant tout le temps pendant que les gens mangeaient [...] Au fur et à mesure l'armoire se vidait de tous les vêtements que j'avais ramenés du pays et que je ne portais jamais. (*BF 109*)

L'artificialité de cette soirée est flagrante : Ken « joue », elle montre des « vêtements qu'elle ne met jamais » et à la façon d'un « défilé de mode » (encore une référence à la mode). Mais le texte suggère que c'est cette exagération que recherche l'entourage de Ken puisqu'elle renforce le mythe de la femme noire. L'excès du passage dénonce bien son caractère ironique puisqu'il insiste sur l'exotisme et l'étrangeté de Ken alors qu'il est clair pour le lecteur qu'elle joue la comédie. Ce qui est intéressant est que l'écriture

---

[6] D'après Hommi Bhabha, « colonial mimicry is the desire for a reformed, recognizable Other, as the subject of a difference that is almost the same, but not quite. Which is to say that the discourse of mimicry is constructed around an ambivalence ; in order to be effective, mimicry must continually produce its slippage, its excess, its difference ». En d'autres mots, le mimétisme de Ken rend son acceptation dans la société européenne plus facile et valorise cette dernière puisque c'est elle qui éduque et intègre, mais dans tous les cas la séparation doit être préservée et accentuée.

ironique transforme la mise en scène de l'Afrique en mise en scène de l'Occident et de ses fantasmes.

La mascarade de l'Afrique, si elle passe inaperçue dans son entourage, est évidente pour le lecteur. En imitant le modèle d'Africanité prévalant, Ken parodie le concept de race et met en abîme son inauthenticité. Cette interprétation lui permet de déconstruire l'équation anthropologique « race/identité culturelle » et de dénoncer le déterminisme qui enferme l'Africain – mais aussi l'Européen – dans une culture définie par l'anthropologie. Le concept d'essentialisme est critiqué par le travestissement inhérent à la mascarade, mais aussi par le pastiche satirique : « Personne ne m'avait demandé au préalable si j'avais déjà fumé [...] étrangère et noire, ne venais-je pas des pays tropicaux où l'herbe poussait ? » (*BF* 76) ou encore « Je n'étais pas tellement dépaysée chez elle. Etait-ce parce qu'elle avait des coussins en poils de singe du Zaïre ? » (*BF* 73). Des expressions comme « des Occidentalisés noirs et des Occidentalisés blancs » opèrent quant à elles un déplacement du système symbolique français puisque la couleur qui symbolise traditionnellement l'essence noire ou blanche est ici un simple adjectif, un accessoire. La culture devient non seulement un substantif, mais un substantif participial : « un Occidentalisé », qui dénote le processus plutôt que l'état naturel de la culture. L'essentialisme est donc remis en question au profit d'une fluidité d'identités qui suggère une ouverture à la re-signification et à la construction de soi.

Avec l'authenticité et la pureté des cultures, c'est aussi le concept de couleurs que Bugul attaque. La répétition de l'axiome avilissant « tu es noire » accuse le mode de pensée occidental pour qui une simple couleur de peau évoque tout un imaginaire peuplé de stéréotypes et de désirs contradictoires. La scène chez le docteur que Ken va voir pour se faire avorter offre pour sa part un hypertexte du discours scientifique qui a pendant des siècles interdit le mélange des races. La phrase du docteur, parfaitement acceptable dans le contexte colonial : « Je suis absolument contre le mélange. Chaque race doit rester telle. Les mélanges de race font des dégénérés ; ce n'est pas du racisme. Je parle scientifiquement » (*BF* 60), transposée dans le texte de Bugul et à l'heure de la créolisation, devient parfaitement satirique et dénonce le racisme qui influence la pensée occidentale. Ken rajoute :

> Un Blanc ou un Noir ? Qu'est-ce que c'était comme question ? Un Blanc ? Un Noir ? Pour la première fois je me rendais compte qu'une femme pouvait tomber enceinte d'un Noir ou d'un Blanc. J'eus brusquement une fausse mauvaise conscience. Je m'en voulais sans pour autant être capable de justifier cet état. Un Noir ? Qu'est-ce que c'était comme couleur ? Etait-ce le reflet de la façade en miroir de ce magasin ? Blanc ? C'était cela,

> Louis ? Cet homme enfant émerveillé par tout ce qui touchait l'Afrique ? (*BF* 59-60)

La répétition des mots « Blanc » et « Noir » fait d'abord ressortir la superficialité de cette catégorisation qui, comme le dit Ken, n'est qu'un « reflet » du miroir occidental. Elle effectue ensuite un glissement de signification des termes blanc et noir qui, trop répétés, perdent leur sens. A la réaction horrifiée du docteur, la narratrice oppose sa propre ambivalence par rapport à la peau blanche : « Peur de lui, peur de sa peau, pas blanche mais d'un vieux jaune défraîchi et maladif jusque derrière les oreilles » (*BF*, 56). L'inexactitude du mot « blanc » offre une occasion à la narratrice de pasticher les fondements de l'idéologie raciale des Occidentaux : la couleur de la peau décrite montre ici l'état maladif et défraîchi de la pensée du docteur. Mais surtout la « peur du Noir » est renversée en « peur du Blanc ». Le docteur jaune devient l'« Autre », l'étrange.

Tout le long du texte, Ken désigne son entourage par leur nationalité et très peu par leurs prénoms ou leurs noms, elle abuse de commentaires sur les Occidentaux, sur les Blancs, etc. Son impersonnalité et l'abondance de généralisations qui en découle dérangent d'autant plus qu'ils ne correspondent pas aux idées promues par la narratrice, et c'est à mon avis leur fonction en tant que pastiche provocateur du discours racial. L'agressivité du texte est un moyen de faire ressentir l'agressivité du comportement occidental. Le lecteur est ainsi amené à comprendre la révolte de Ken quant à elle est réduite au « tu es noire ».

Pour conclure, je dirai qu'en se conformant tour à tour aux différents groupes avec lesquels elle se trouve, à leurs désirs et à leur conception du monde, Ken dérange l'ordre établi et remplace la fixité du stéréotype de l'africaine en une fluidité d'identités construites à partir de modèles divers. Son « identité caméléon » l'érige non seulement comme transposition ironique du discours occidental, mais elle la rend en plus imprévisible, non catégorisable, donc dérangeante et subversive. Sur son travail comme entraîneuse dans une boîte de nuit, Ken confie « Vite je me rendis compte que les autres n'appréciaient pas. Ils ne me situaient pas » (*BF* 119). En effet, dès qu'elle sort d'un rôle pensé pour elle, dès qu'elle expose les contradictions inhérentes à sa personnalité ou à ses identifications, dès qu'elle révèle l'ambiguïté de l'Occident, Ken menace le discours dominant et fait un pas vers son indépendance. L'identité caméléon est donc moins un mode de vie qu'un moyen temporaire de déranger les préjugés et d'échapper à la catégorisation. Le caméléon se rapproche en cela du concept de Carole Boyce Davies qui propose de voir l'identité de la femme noire en terme de « migratory subjectivity » :

> Black female subjectivity then can be conceived [...] in terms of slipperiness, elsewhereness.[7]
>
> Seeming contradictions and differences [...] serve as tactical interventions in the other mobility; a kind of anarchic activity or ideological guerilla warfare; an opposition to repressive authorities in a highly technological and disciplined society.[8]

Proche d'une « subjectivité migrante », la stratégie du caméléon donne l'atout d'être inaccessible à la catégorisation tout en infiltrant l'espace, l'idéologie de l'Autre. Mais dans le cas de Bugul, cela n'est réalisable que par le biais de l'écriture qui ajoute la dimension de l'ironie à une expérience autrement traumatisante. Si les Européens refusent d'accepter l'individualité du personnage, le texte du *Baobab fou* déclenche chez le lecteur cette « guérilla » dont parle Boyce Davies contre les idées reçues et l'impérialisme néocolonial.

Le caméléon, tout en se conformant aux discours qui cherchent à le fixer, y échappe donc par sa mobilité et par sa saturation de voix rapportées. Mais l'accumulation d'identités n'a pas forcément plus de signification pour le personnage lui-même que pour les autres : Ken ne se sent jamais à l'aise dans ses identifications. L'idée de métissage proposée par Françoise Lionnet doit donc être légèrement modifiée si on veut l'appliquer au personnage de Ken. Si l'on accepte que

> Women writing in postcolonial contexts show us precisely how the subject is « multiply organized » across cultural boundaries, since this subject speaks several different languages (male and female, colonial and indigenous, global and local, among others). The postcolonial subject thus becomes adept at braiding all the traditions at its disposal, using the fragments that constitute it in order to participate fully in a dynamic process of transformation.[9]

Dans *Le Baobab fou*, ce croisement ou métissage d'identités est à l'origine une marque douloureuse de néocolonisation que seule l'écriture ironique transforme en un outil de lutte subversif. L'identité métissée du caméléon ne devient en effet une source de force que lorsque la transposition satirique permet de retourner la logique néo-coloniale contre elle-même et d'exposer ses motivations ethnocentriques, ses désirs, ses peurs, et son irrationalité. L'auteur opère ainsi une dernière mise en abîme : le pastiche et l'ironie qu'elle utilise mettent en évidence que le comportement colonial ou plutôt

---

[7] *Black Women, Writing and Identity*, 36-7.
[8] *Ibid*, 47.
[9] *Postcolonial Representations*, 5.

néocolonial n'est lui-même qu'un pastiche mauvais et hypocrite des idéaux humanistes européens.

Bibliographie

Bugul, Ken. *Le Baobab fou.* Dakar : Les Nouvelles Editions Africaines, 1983.
Bhabha, Hommi. *The Location of Culture.* London : Routledge, 1994.
Boyce Davies, Carole. *Black Women, Writing and Identity.* London : Routledge, 1994.
Braidotti, Rosi. *Nomadic Subjects.* New York : Columbia UP, 1994.
D'Almeida, Irene Assiba. *Francophone African Women Writers : Destroying the Emptiness of Silence.* Gainesville : UP of Florida, 1994.
Gérard Genette, *Palimpsestes.* Paris : Seuil, 1982.
Grosz, Elisabeth. *Space, Time and Perversion.* London : Routledge, 1995.
Lionnet, Françoise. *Postcolonial Representations : Women, Literature, Identity.* Ithaca, NY : Cornell UP, 1995.
Magnier, Bernard. « Ken Bugul ou l'écriture thérapeuthique » (Interview). *Notre Librairie* 81 (1995) : 151-55.
Minh-Ha, Trinh T. *Woman, Native, Other : Writing Postcoloniality and Feminism.* Bloomington & Indianapolis : Indiana UP, 1989.
Muecke, Douglas C. *Compass of Irony.* London : Methuen, 1982.
Ramazani, Vaheed K. *The Free Indirect Mode : Flaubert and the Politics of Irony.* Charlottesville : UP of Virginia, 1988.
Watson, Julia. « Exile in the Promised Land : Self-Decolonization and Bodily Remembering in Ken Bugul's *The Abandoned Baobab.* » *Writing New Identities : Gender, Nationalism and Immigration in Contemporary Europe.* Ed. Gisela Brinker-Gabler and Sidonie Smith. Minneapolis : University of Minnesota Press, 1997.

Maghreb :

Assia Djebar, au-delà des frontières et des genres

L'entre-deux maghrébin en France : écriture et mouvement chez les écrivains en exil et les auteurs issus de l'immigration : le cas d'Assia Djebar

Miléna Horváth

Université Bordeaux 3/Université de Pécs

Le présent article vise essentiellement à définir certaines modalités d'une poétique du mouvement dans les littératures maghrébines écrites en France. Même si le titre suggère une approche générale et quelque peu trop ambitieuse, notre réflexion se concentrera avant tout sur l'œuvre d'Assia Djebar, et en particulier sur des romans écrits à partir de 1980, loin de son Algérie natale. Pour illustrer notre propos, nous évoquerons des textes d'autres auteurs maghrébins ou d'origine maghrébine, en nous limitant à des textes récents qui portent des éléments révélateurs. En somme, nous aimerions plutôt attirer l'attention sur une pratique d'écriture et comprendre son apparition que justifier son omniprésence ou définir ainsi la spécificité d'une littérature (des littératures) dont le plus petit dénominateur commun est le Maghreb.

Ceci dit, le mouvement en tant que thème apparaît de manière quasiment obsessionnelle dans les textes maghrébins écrits sur les deux rives de la Méditerranée depuis une cinquantaine d'années. Dans la littérature algérienne d'expression française, le voyage à l'intérieur du pays (Tahar Djaout, *Les chercheurs d'os*, ou Rachid Boudjedra, *Timimoun*) ou, à moindre mesure certes, vers la France (*L'Amour, la fantasia* d'Assia Djebar) constitue souvent la trame d'un récit qui vise la transposition littéraire d'un témoignage ou la critique sociale. Le séjour prolongé des écrivains en dehors du pays semble modifier le rapport au déplacement dans l'espace : dans leurs récits, le voyage se transforme souvent en retour au pays, réel ou imaginé, mais vivement désiré, comme le retour d'Isma dans *Ombre sultane* d'Assia Djebar (voir le chapitre intitulé « Le retour », pp.78-84). Son échec est vécu comme frustration, comme le retour de Sultana en Algérie décrit dans *L'Interdite* de Malika Mokkedem. Le retour se présente aussi comme une des préoccupations de la littérature maghrébine issue de l'immigration. Même si nous n'avons pas l'intention d'effacer la frontière fragile entre les deux expressions littéraires, donc la littérature maghrébine proprement dite et celle issue de l'immigration, nous ne pouvons qu'être frappée par la similitude qu'elles entretiennent avec le mythe du retour au pays d'origine. Chez les précédents, le retour aux origines se construit d'éléments réels, il est la conséquence inévitable d'un départ vécu, tandis que pour les écrivains de l'immigration, l'imagination se nourrit d'un mythique éternel retour souvent jamais réalisé. Le voyage vers le pays d'origine reste souvent virtuel dans les premiers textes écrits par les immigrés (*Le gone du Chaâba* d'Azouz Begag). Chez les écrivaines, le mouvement se charge d'interdiction sociale ; la liberté de la circulation des femmes est considérée comme un enjeu majeur dans leur texte (Leïla Sebbar, *Shérazade...*). Le mouvement est indissociable du corps et d'un espace dont la maîtrise n'est pas donnée, mais reste à conquérir. Il est signe d'émancipation, condition indispensable dans la médiation entre l'univers de l'intérieur des femmes et celui de l'extérieur des hommes. Nous verrons par la suite que l'œuvre d'Assia Djebar s'inscrit aussi dans ce paradigme.

Nous posons l'hypothèse que cette prépondérance de la représentation du mouvement dans les écrits résulte de la situation interculturelle de ces écrivains que leurs écrits traduisent par une *poétique de l'entre-deux*. Avant de présenter ce que nous entendons comme une technique d'écriture spécifique à l'œuvre djebarienne, nous proposons, en tant que point de départ, la définition de l'entre-deux, tel qu'il est utilisé en psychanalyse pour pouvoir montrer ensuite sa transposition littéraire :

> Autrement dit, l'entre-deux est la pulsion identitaire à l'état vivant. C'est justement cette pulsion qui empêche de s'identifier complètement à l'un ou à l'autre des deux termes ; elle renouvelle l'épreuve du passage et du déplacement sans toujours en faire une errance. De ce point de vue, le problème de l'entre-deux est un problème ontologique – nous l'avons assez montré à propos de la quête de place : chercher où être, où mettre sa part d'être, avec quoi l'articuler... (Sibony 341-342)

La définition de Daniel Sibony nous montre que *l'entre-deux est le résultat d'une identification manquée à l'origine fantasmée et considérée unique.* Cet échec déclenche un sentiment de perte et d'exclusion qui motivera le mouvement, la dynamique, « la pulsion identitaire ». L'identité qui se forme et se transforme dans ce processus se découvre hétérogène et fondée sur une origine partagée. Pour les écrivains dont le français n'est pas la langue maternelle, l'écriture dans cette langue déclenche souvent l'expérience de l'entre-deux dont la transposition littéraire sera le déplacement dans l'espace et aussi dans le temps par l'écriture.

Le mouvement spatio-temporel se traduit par un recours régulier au visuel, à l'auditif et à l'écrit. Ces trois éléments se présentent dans le texte en français comme de différentes instances narratives qui participent de manière égale à la reconstruction d'un univers perdu. Le texte devient palimpseste, la voix, les écrits et les images perçus ne sont que des prétextes pour pouvoir réécrire, recréer, donner une autre version. Pour pouvoir assurer cette transformation, le narrateur se trouve dans une position médiane dans ce processus où il assure à la fois le décodage et la mise en texte d'autres textes écrits, l'image et le son. C'est pourquoi nous visons à redéfinir la notion de l'intertextualité quand elle se manifeste à partir de ces trois éléments.

Dans les romans d'Assia Djebar et, en particulier, dans le quatuor romanesque intitulé *Arabian Quartet*[1] et *Loin de Médine* (1991) l'acte narratif traduit la position de l'entre-deux linguistique et culturelle entre l'arabe et le français, l'oralité et l'écriture, l'Occident et l'Orient. Un nouveau langage littéraire apparaît que nous pouvons décrire comme une écriture intertextuelle dépassant les limites du textuel pour laquelle nous proposons la notion de *l'écriture de l'entre-deux*. Nous supposons que cette pratique d'écriture cumulant écoute, lecture et regard, est propre à la situation interculturelle de l'écrivaine.

Cette écriture de l'entre-deux dans les textes djebariens exprime la position identitaire de l'auteure formulée également dans le recueil d'articles intitulé *Ces voix qui m'assiègent...* (1999) qui fait écho à notre hypothèse développée ci-dessus :

> L'entre-deux-langues, j'y suis comme écrivain depuis trente ans, dans un tangage-langage – comme dirait Michel Leiris – qui détermine jusqu'à mes résidences géographiques. Un aller-retour entre France et Algérie et vice versa, sans savoir finalement où est l'aller, vers où aller, vers quelle langue, vers quelle source, vers quels arrières, sans non plus savoir où se situerait le retour, retour certes impossible et mythique de l'émigrée, mais retour aussi vers un passé originel, vers la langue-origine d'une mère rendue sourde et muette. Non : un retour à venir, un retour-horizon qui à nouveau vous expulse.
>
> Et c'est ainsi que l'autre langue – parce que c'est l'une parce que c'est l'autre ou simplement l'entre-deux inconfortable, enserré, étroit par moments à étouffer, la frontière toujours frontière – oui, c'est ainsi que l'autre langue a écrit sourdement, insidieusement le rythme de mes lieux, de mon territoire meuble d'ancrage possible. Et je ne crois même plus qu'il y ait encore nomadisme. Comme si la caravane ancestrale perdait, une fois pour toutes, le tracé de son parcours... (Djebar 1999 51)

---

[1] *Arabian Quartet* comprend trois volumes à ce jour : *L'Amour, la fantasia* (1985), *Ombre sultane* (1987) et *Vaste est la prison* (1995).

Par la suite, nous proposons d'illustrer à l'aide d'exemples pris dans les romans d'Assia Djebar par quels moyens narratifs l'écriture de l'entre-deux devient libération du mouvement dans l'espace et dans le temps. Le point de départ de ce parcours se présente déjà dans le recueil de nouvelles intitulé *Femmes d'Alger dans leur appartement*. Dans la postface, Assia Djebar insiste sur l'immobilité des femmes que le tableau de Delacroix suggère et en développe son projet d'écriture :

> Ces femmes, est-ce parce qu'elles rêvent qu'elles ne nous regardent pas, ou est-ce parce qu'enfermées sans recours, elles ne peuvent même pas nous entrevoir ? Rien ne se devine de l'âme de ces dolentes assises, comme noyées dans ce qui les entoure. Elles demeurent absentes à elles-mêmes, à leur corps, à leur sensualité, à leur bonheur. (Djebar 1980 150)

À cette image s'oppose l'incipit de *L'Amour, la fantasia* qui présente la jeune fille arabe dans l'espace extérieur « allant pour la première fois à l'école, un matin d'automne, main dans la main du père » (Djebar 1985 11). L'école française sous le régime colonial est non seulement la première étape de l'émancipation, mais aussi le début d'un long voyage dans l'écriture et par la langue française. L'écriture se présente comme la mise en mouvement du corps dans l'espace.

Il est à noter que dans *L'Amour, la fantasia*, il existe une autre écriture, celle du savoir coranique qui fait face à l'écriture en langue française : écriture de la soumission (ce qui est la signification du mot islam) opposée à l'écriture mettant en mouvement le corps dans l'espace. Écriture, corps et espace deviennent indissociables et c'est là où réside la transgression pour la femme qui écrit :

> Cette langue que j'apprends nécessite un corps en posture, une mémoire qui y prend appui. La main enfantine, comme dans un entraînement sportif, se met par volonté quasi adulte, à inscrire. « Lis ! » Les doigts oeuvrant sur la planche renvoient les signes au corps, à la fois lecteur et serviteur. Les lèvres ayant fini de marmonner, de nouveau la main fera sa lessive, procédera à l'effacement sur la planche – instant purificateur comme un frôlement du linge de la mort. L'écriture intervient et le cercle se referme. (Djebar 1985 208)

L'appropriation de l'espace comme thème apparaît de manière explicite dans *Ombre sultane*. Établissant un rapport intertextuel avec *Les mille et une nuits* où Dinarzade veille à sa sœur, Schéhérazade, et la réveille chaque matin pour lui épargner la condamnation du sultan, ce récit raconte l'histoire de deux femmes, Isma, l'émancipée et Hajila, la traditionnelle, mariées successivement au même homme. La narratrice, Isma, exalte la libre circulation et en donnant les clés de l'appartement, elle ouvre la voie à Hajila pour qu'elle découvre à son tour l'espace de l'extérieur :

> Adolescente, je me disais à tout instant que mon père m'avait libérée du harem. Par la suite, j'ai vagabondé le plus longtemps possible dehors.
> Chaque jour, dans les rues de chaque ville où je me trouvais. Marcheuse et amoureuse. Le soleil me regardait. Errant avec une faim de vents, de paysage, d'un ciel renouvelé, j'oubliais l'heure des repas, une rencontre importante, quelque tâche banale de sédentaire. L'intensité de la lumière me pénétrait d'une distraction vivace. D'autres fois, au moindre pas, je me retenais de courir, comme si se levait pour moi le risque de m'envoler. Temps d'allégresse où, à la moindre incitation, l'on croit laver son âme dans l'éclat neuf du jour. (Djebar 1987 145)

À la fin de cette histoire, Hajila est renversée par une voiture. Cet accident banal – mais tragique, car Hajila y perd l'enfant qu'elle porte en son sein, symbolise le danger guettant toute femme installée dans la transgression. La phrase en italique insérée dans le texte est une citation de Fromentin[2] (*Une année au Sahel*, 1858, p. 168) : elle donne une dimension universelle à cette scène :

> Et je t'ai vue bondir. « Une antilope devant le chasseur fuyant », commencerait un poète bédouin cherchant déjà ses lieux communs rimés, ses allitérations inutiles. Tu as traversé en diagonale quand une voiture noire, pleine d'occupants rieurs ou grimaçants, te heurte, quand des cris jaillissent dans un désordre, puis des klaxons, puis...
> *Un grand cri s'éleva (je l'entends encore au moment où je t'écris), puis une clameur, puis un tumulte...* (Djebar 1987 168)

Les autres romans mêlent subtilement l'acquisition de l'espace et celle du temps. Le voyage temporel marque triplement *L'Amour, la fantasia* qui nous reconduit dans l'histoire individuelle de la narratrice, ainsi que dans l'Histoire de l'Algérie, de la prise d'Alger à la guerre de libération. *L'Amour, la fantasia* est le roman du retour par excellence. Pour la reconstruction de l'histoire par l'écriture, Assia Djebar retourne à des points de départ : au début de la colonisation française en Algérie et aux premières années de la conquête du pays qui introduisent une nouvelle situation linguistique – la langue française s'installe sur le territoire algérien. Par la rencontre des anciennes combattantes dans la dernière partie de ce même roman, la narratrice retrace également certains épisodes de la guerre

---

[2] *L'Amour, la fantasia* établit un rapport intertextuel systématique avec les récits de voyage du peintre orientaliste Eugène Fromentin. Assia Djebar semble apprécier son regard sensible aux effets visuels et sa délicatesse dans la description des femmes algériennes.

d'indépendance qui est à l'origine de la libération de l'Algérie. Un début qui pourrait changer les conditions de la femme dans le pays. Le retour dans l'identité collective effectué par la réécriture intertextuelle est mis en parallèle avec la quête identitaire de la narratrice, avec la recherche de sa propre histoire. Cela donne effectivement la spécificité de son écriture : « L'innovation déterminante, dans ce roman, est de rattacher de multiples façons l'Histoire du pays dans son passé absolu et son passé plus récent à l'Histoire de la femme. » (Chikhi 1990 20)

Le roman est constitué de trois parties principales, dont la première s'intitule *La prise de la ville ou L'Amour s'écrit*. Cela nous suggère déjà l'alternance temporelle qui s'ensuit : il s'agit effectivement d'une partie concernant l'Histoire et d'une autre, plus personnelle, plus intime. En fait, quatre épisodes sont évoqués concernant le début de la colonisation française de l'Algérie, c'est-à-dire la prise d'Alger en 1830 : l'apparition de la flotte française devant la ville, le combat de Staouéli dans les environs d'Alger, l'explosion du Fort l'Empereur et la prise de la ville. Pour faire revivre ces temps anciens, la fiction se construit autour des intertextes écrits par les Français de l'époque, donc considérés comme sources véridiques par la narratrice.

Pour les chapitres autobiographiques de la première partie, la narratrice choisit un thème unificateur : *l'acte d'écrire*. La position narrative s'inscrit d'emblée dans l'entre-deux par la juxtaposition des deux sortes de récits, le récit historique d'une part, le récit personnel d'autre part. Le passage, le va-et-vient spatial et temporel est assuré entre les deux univers par la voix narrative qui veut, comme l'auteur le confirme, « habiter le lecteur à une certaine difficulté et passer successivement d'un siècle à l'autre » (Djebar 1990 81). Cela justifie la raison d'être de ces mots de passe entre les chapitres : le dernier mot du chapitre autobiographique déclenche le chapitre historique.

Par la suite, l'écriture sur l'Histoire continue s'organisant autour des lettres du capitaine Joseph Bosquet et du capitaine Montagnac complétées par les mémoires d'autres colonisateurs, celles d'un soldat, d'un médecin et d'un libraire. Ces récits révèlent le début et le développement de la résistance algérienne dans les années 1840 et la cruauté de la guerre des deux côtés. Les chapitres autobiographiques mis en parallèle continuent d'assurer le rythme du récit : la correspondance guerrière – « Cette correspondance au jour le jour, qui part des bivouacs, offre une analogie avec des lettres d'amour... » (Djebar 1985 69) rime avec l'épisode de la lettre d'amour destinée à la narratrice ; l'histoire tragique des membres de la tribu des Ouled Riah dont la voix étouffée ressemble étrangement à une autre voix, celle des femmes : « Un éclair où j'entrevois, par-dessus l'épaule fraternelle, des profils de femmes penchées, des lèvres qui murmurent, une autre voix ou ma voix qui appelle. » (Djebar : 1985, 96) Dans la troisième paire de chapitres, c'est le thème de la noce qui est commun : celle de la « mariée nue de Mazouna » et celle de la narratrice.

La composition se modifie davantage dans la troisième partie principale qui s'intitule *Les voix ensevelies*. C'est une partie qui, à l'aide de la succession régulière de trois sortes de récits, mène le lecteur à l'acceptation de changements narratifs considérables. Les récits autobiographiques subsistent, mais la source des textes historiques et l'époque qu'ils représentent deviennent totalement différentes. La voix narrative s'efface derrière la transcription-traduction des interviews préparées avec les maquisardes algériennes de la guerre de libération qui sont complétées par la méditation de l'auteur sur ce qu'elle vient d'entendre/d'écrire. Cette troisième partie reflète également le retour à la culture orale originelle sur le plan de la construction car elle suit la structure d'une *nouba*[3]. L'analogie structurale avec le film[4] portant le même titre est évidente, ainsi que la ressemblance thématique : il s'agit effectivement de cinq mouvements suivis d'un *Tzal'rit* (final), chaque mouvement respectant un ordre bien défini des parties constituantes.

Loin de Médine est le roman remontant le plus loin dans le temps. Ses divers épisodes se déroulent à l'époque de la mort du Prophète. Assia Djebar y aspire à retourner dans l'imaginaire islamique des origines[5] de la religion. Le roman ne s'inscrit pas directement dans la série romanesque, car la recherche autobiographique y est absente. La narratrice présente une série de portraits féminins inspirés par la relecture scrupuleuse des chroniques arabes de l'époque. L'écrivaine musulmane souligne dans l'*Avant-propos* de *Loin de Médine* ce qu'elle considère comme le défaut principal de ces écrits et elle en tire la légitimation de sa réécriture fictionnelle :

> Musulmanes et non musulmanes – du moins dans cette première partie « Filles d'Ismaël » –, elles trouent, par brefs instants, mais dans des circonstances ineffaçables, le texte des chroniqueurs qui écrivent un siècle et demi, deux siècles après les faits. Transmetteurs certes scrupuleux, mais

---

[3] Musique des anciens régiments de tirailleurs nord-africains. Chez les Arabes, grande composition vocale ou instrumentale (Dictionnaire Larousse).

[4] La création des deux films pour la télévision algérienne est d'une importance indubitable du point de vue de l'affirmation de l'écrivain. Le premier intitulé *La Nouba des femmes du Mont Chenoua* (1978), comprend une série d'entretiens effectués auprès des maquisardes de la guerre d'indépendance, membres de la tribu des Béni Menacer dans la région de Cherchell. Le deuxième, *La Zerda ou les chants de l'oubli* (1982), est basé sur les films documentaires tournés par les Français pendant l'époque coloniale.

[5] La voix narrative y réfère explicitement dans *Loin de Médine*, p. 27 : « Ce n'est pas encore le moment, dans l'imaginaire arabe, pour faire lever de tels êtres, ou pour en inventer ! Pas encore, du moins en ces récits des temps anciens. *En cette origine.* » (c'est nous qui soulignons)

> naturellement portés, par habitude déjà, à occulter toute présence féminine... Dès lors la fiction, comblant les béances de la mémoire collective, s'est révélée nécessaire pour la mise en espace que j'ai tentée là, pour rétablir la durée de ces jours que j'ai désiré habiter... (Djebar 1991 5)

Le récit se construit en mosaïque s'inscrivant dans le relais du chœur des transmetteuses de la vie du Prophète et ses Compagnons. Le texte veut réhabiliter la présence des femmes actives dans l'histoire en recourant à la même méthode que ces ancêtres, elle veut s'inscrire dans la chaîne de la transmission de la mémoire collective, dans la tradition.

Vaste est la prison est le troisième volet du quatuor romanesque prolongeant la recherche autobiographique, notamment par la première partie *L'effacement dans le cœur* et par les *mouvements* de la troisième partie, *Un silencieux désir*. Nous pouvons y observer le voyage aventureux de l'alphabet berbère dans le temps par le destin de la stèle de Dougga portant une inscription bilingue en punique et en berbère. Cette dernière rejoint la thématique de la réhabilitation de l'écriture – non seulement celle des femmes, mais aussi celle des Berbères. La berbérité constitue une partie vitale de l'héritage culturel de la narratrice :

> ... notre écriture la plus secrète, aussi ancienne que l'étrusque ou que celle des « runes » mais, contrairement à celle-ci, toute bruissante encore de sons et de souffles d'aujourd'hui, est bien legs de femme, au plus profond du désert. (Djebar 1995 164)

L'acte narratif novateur du roman est la transposition en texte de l'image en mouvement, saisie par la caméra. La narratrice dirige le tournage d'un film sur les femmes de sa région natale, effectuant ainsi un retour, cette fois imagé, à son enfance, à ses origines. Le récit suit fidèlement la caméra-œil féminine sous forme de description méticuleuse et sensible. Cet œil peut être compris comme le regard féminin restreint par le port du voile :

> Ce regard artificiel qu'ils t'ont laissé, plus petit, cent, mille fois plus restreint qu'Allah t'a donné à la naissance, cette feinte étrange que les touristes photographient parce qu'ils trouvent pittoresque ce petit triangle noir à la place d'un œil, ce regard miniature devient ma caméra à moi, dorénavant. Nous toutes, du monde des femmes de l'ombre, renversant la démarche : nous enfin qui regardons, nous qui commençons. (Djebar 1995 175)

Les chapitres numérotés de la *Femme arable* marque les étapes de l'écriture de l'image-son qui est le dernier élément dans l'émancipation de la femme par la littérature. Au terme de ce parcours, prise dans les tourmentes de l'actualité politique de son pays, Assia Djebar intervient en auteure engagée, s'interroge sur la raison d'être de son écriture dans la dernière partie de *Vaste est la prison*. Dans *Le sang de l'écriture,* elle évoque l'assassinat d'une jeune journaliste algérienne, puis le texte tourne en poésie, en transe verbale, pour tenter l'impossible, dire l'indicible.

Dans les textes mentionnés ci-dessus, le déplacement, le passage, le voyage dans le temps et dans l'espace occupent une place primordiale. Un langage littéraire spécifique est invité de l'exprimer pour lequel nous avons suggéré l'écriture de l'entre-deux. Cette technique littéraire peut être associée à celle de l'intertextualité, mais la dépasse, car elle mobilise non seulement le textuel, mais aussi le visuel et l'auditif. Dans les romans d'Assia Djebar, la narratrice dénonce le caractère intenable de l'univers bipolaire patriarcal où l'univers des femmes est réduit à l'intérieur, à la culture orale, à l'amour maternel et passionnel ; le domaine des hommes est restreint à l'extérieur, à la culture écrite et à la guerre. Elle, par l'acquisition de la langue française, se trouve dans une position intermédiaire, dans une situation de l'entre-deux susceptible de déconstruire l'univers des oppositions figées.

Bibliographie

1. L'œuvre d'Assia Djebar

Femmes d'Alger dans leur appartement. Paris : Éditions des femmes, 1980.
L'Amour, la fantasia. Paris : J.C. Lattès, 1985.
Ombre sultane. Paris : J.C. Lattès, 1987.
Loin de Médine. Paris : Albin Michel, 1991.
Vaste est la prison. Paris : Albin Michel, 1995.
Ces voix qui m'assiègent, ... en marge de ma francophonie. Paris : Albin Michel, 1999.

2. Bibliographie générale

Chikhi, Beïda. « Assia Djebar. Histoire et médiations esthétiques », dans *Littérature algérienne, Désir d'histoire et esthétique.* Paris : L'Harmattan, 1997, pp. 133-177.
—. *Les romans d'Assia Djebar.* Alger : OPU, 1990, pp. 3-38.
Clerc, Jeanne-Marie. « Assia Djebar et le cinéma. *La Nouba des femmes du Mont Chenoua* », dans *Imaginaires francophones.* Paris : C. I. D. Diffusion, n° 22, 1995, pp. 157-166.
—. *Assia Djebar, Écrire, Transgresser, Résister.* Paris-Montréal : L'Harmattan, 1997.
Gafaiti, Hafid. « Assia Djebar ou l'autobiographie plurielle », dans *Nouvelles approches des textes littéraires maghrébins ou migrants*, coll. Itinéraires et contacts de cultures, vol. 27, L'Harmattan/Université Paris 13, 1999, pp. 119-128.
—. « Écriture autobiographique dans l'œuvre d'Assia Djebar : *L'Amour, la fantasia* », dans *Autobiographies et récits de vie en Afrique*, APELA-Université Paris Nord, Vol. 13, 1er semestre 1991. Paris : L'Harmattan, 1991, pp. 95-101.
Genette, Gérard. *Figures III*, coll. Poétique. Paris : Seuil, 1972.
—. *Palimpsestes. La littérature au second degré.* Paris : Seuil, 1982.
—. « Interview avec Assia Djebar à Cologne », dans *Cahier d'études maghrébines* : « *Maghreb au féminin* », n° 2, mai 1990, Cologne, pp. 80-83.
Samoyault, Tiphaine. *L'intertextualité. Mémoire de la littérature.* Paris : Nathan, 2001.
Segarra, Marta. « Revivre des voix ensevelies : *Loin de Médine* d'Assia Djebar », dans *Leur pesant de poudre : romancières francophones du Maghreb.* Paris : L'Harmattan, 1997, pp. 167-177.
Sibony, Daniel. *Entre-deux. L'origine en partage.* Paris : Seuil, 1991.

Les Nuits de Strasbourg à la frontière des genres

Typhaine Leservot

Wesleyan University

Les Nuits de Strasbourg (1997) est un bien étrange roman d'Assia Djebar qui raconte, le temps de neuf nuits, deux histoires d'amour à Strasbourg, celle de Thelja l'Algérienne et de François l'Alsacien, et celle d'Eve, Juive marocaine, et d'Hans, Allemand. Etrange par son lieu, Strasbourg, ville européenne par excellence (alors que les romans d'Assia Djebar alternent le plus souvent entre l'Algérie citadine ou rurale, contemporaine ou ancestrale[1]), mais étrange aussi par ses couples que le roman nomme si précisément (chose rare dans la narration djebarienne qui préfère toujours dévoiler l'intimité de personnages restés anonymes), ce roman n'a pas généré, chez les critiques, l'engouement habituellement suscité par l'œuvre de Djebar.

Dans une des rares études parues sur *Les Nuits de Strasbourg*, Philippe Barbé (2001) explore comment Strasbourg, ville-frontière qui sert de décor au roman, devient le lieu idéal qui « permet à des vies contradictoires de tisser des liens et de construire une communauté nouvelle au-delà des traditionnelles frontières nationales, culturelles, religieuses ou linguistiques » (127, ma traduction[2]). Dans l'étude de Marc Gontard (2001) sur le même roman, l'érotique de la langue s'interprète comme fusion subversive des corps et des frontières : « la langue devient le lieu d'une érotique d'autant plus singulière que les idiomes par où s'échangent les

---

[1] Dans *Ces Voix qui m'assiègent*, Djebar avoue que bien qu'ayant « passé presque la moitié de ma vie entre Alger et Paris, entre la France et l'Algérie... [...] j'ai tout ce temps, le plus souvent, écrit 'sur' l'Algérie : de près ou de loin ; sur celle d'aujourd'hui ou sur celle de mon enfance, ou sur celle de mes ancêtres » (Djebar 1999 233). Le roman des *Nuits de Strasbourg* fut ainsi pour elle une aventure « car c'est une aventure – de situer mes fictions romanesques en Europe. Moi, pourtant, l'étrangère en Europe. » (Djebar 1999 233)

[2] « [Strasbourg] can [...] help a variety of people to reconnect their contradictory life experiences and ultimately build a new community that crosses traditional boundaries between nationalities, cultures, religions and languages » (Barbé 127).

caresses amoureuses sont ceux qui s'affrontaient hier, dans une haine inexpiable » (s.p.).³ Bien que pertinentes, les études de Barbé et de Gontard oublient pourtant un paramètre important : celui du genre, au sens anglo-saxon de *gender*. La frontière la plus controversée dans *Les Nuits de Strasbourg* est celle qui est aussi la plus gardée par les cultures et celle que Barbé comme celle Gontard oublient de mentionner : il s'agit de la différence sexuelle.

En oubliant de considérer la frontière du genre, pourtant omniprésente dans le roman de Djebar, Barbé et Gontard approuvent tacitement pour *Les Nuits de Strasbourg* ce que Fatima Mernissi dit à propos des *Mille et une nuits*, œuvre que Gontard lui-même reconnaît être « un lointain intertexte » au roman de Djebar : « la grâce cosmopolitaine des contes, leur capacité à transcender les frontières culturelles, ne s'étend pas à la frontière entre les sexes. Celle-ci apparaît comme un abîme, une frontière infranchissable, une guerre sanglante entre les hommes et les femmes » (Mernissi 2001 44 ; ma traduction⁴). Il me semble au contraire que *Les Nuits de Strasbourg* attaque explicitement cette frontière des genres à plusieurs niveaux : au niveau linguistique, d'abord, la narration redéfinit la notion de regard qui s'émancipe de sa supposée « essence » masculine pour devenir regard androgyne. En dotant Thelja, la protagoniste, d'un sens nouveau, de ce regard nouveau, la narration lui permet, dans un second temps, d'appréhender l'autre (mais aussi et surtout elle-même) en faisant fi des éternels antagonismes qui opposent le masculin au féminin.

I. Le Strasbourg qui ouvre le roman est la ville vidée de ses habitants les 2 et 3 septembre 1939, avant l'arrivée de l'armée allemande qui ne se montra que dix mois plus tard, en juin 1940. « Strasbourg, vidée dans une durée sans issue, se tait, se creuse et attend » (Djebar 1997 34). Dans ce vide urbain, la langue hésite, se cherche, et, comme si elle avait fait table rase de son propre vocabulaire, elle ne trouve plus les mots pour marquer les différences : le dehors se confond avec le dedans, le départ avec le non-départ, l'ici avec l'ailleurs : « rester là, ni dehors, ni dedans, [...] premier jour du départ ; du non-départ » hésite un vieil homme dans cette ville désormais vide (Djebar 1997 25). Dans cet exode précipité, l'être humain perd également ses caractéristiques. On ne distingue plus le féminin du masculin, le jeune du plus âgé : « une première, une seconde silhouette : on n'en devine ni le sexe, ni l'âge » (Djebar 1997 18). À peine peut-on

---

³ Je tiens ici à remercier Charles Bonn pour m'avoir référée à l'article alors en voie de publication de Marc Gontard (2001).
⁴ « the tales' cosmopolitan grace, their capacity to transcend cultural boundaries, does not extend to the relationship between the sexes. That is portrayed as an abysmal, unbridgeable frontier, a bloody war between men and women » (Mernissi 2001 44).

distinguer la tristesse des « files noires d'expulsés » (Djebar 1997 26) du bonheur d'une foule prête à célébrer « une kermesse imminente, une noce villageoise » (Djebar 1997 27). Le premier chapitre du roman consacré à cette ville vide amorce ainsi une réflexion sur les antagonismes en rendant floue la frontière qui les sépare. À l'image d'un Strasbourg vidé de ses 150.000 habitants en 1939, la langue s'allège des antagonismes et des présupposés qu'ils imposent : les notions de bonheur et de malheur, de jeunesse et de vieillesse, mais surtout de masculin et de féminin n'ont soudain plus d'importance dans l'adversité. Indirectement, ce premier chapitre remet en cause l'existence même de ces frontières, linguistiques ou autre. Si les dichotomies se révèlent éphémères en temps de guerre, pourquoi perdureraient-elles en temps de paix ?

Epurée de ses préjudices dans le premier chapitre, la langue, dans le restant des *Nuits de Strasbourg*, se cherche et la narration témoigne de cette quête hésitante : « est-ce le mot adéquat ? » se demande Thelja (Djebar 1997 80), « est-ce que je dialogue, est-ce que je monologue ? » (Djebar 1997 85), « je divague ? Je discours ?... Excuse-moi, je cherche... » (Djebar 1997 117). Malgré ces hésitations, la langue se réinvente et offre de nouvelles définitions qui s'affranchissent des impératifs culturels perpétués par les binarismes linguistiques. Le regard entre autres, ne se définit plus, dans le roman, comme masculin ; il devient androgyne.

Ignorant des siècles de peinture et de décennies cinématographiques qui, comme l'ont si bien montré John Berger (1972)[5] et Laura Mulvey (1975),[6] ont canonisé la masculinité du regard, la narration djebarienne offre à ses personnages une nouvelle façon de regarder le monde et de connaître l'Autre, ou l'étranger, c'est-à-dire, une nouvelle façon de connaître François le Français pour Thelja l'Algérienne, l'homme pour la femme, la femme pour l'homme. Alors que la caractéristique première du regard dit masculin est de marquer une distance infranchissable entre le sujet regardant et l'objet regardé, le regard djebarien abolit justement cette distance en alliant la vue (traditionnellement masculine) au toucher (féminin selon Irigaray[7]). Thelja, « aime tant regarder avec le bout de ses doigts » (Djebar 1997 56) que

---

[5] Dans son essai sur le regard, John Berger (1972) illustre en détail le fait que la tradition artistique (et aujourd'hui publicitaire) suppose toujours que l'homme regarde et la femme se laisse regardée (« *men act* and *women appear*. Men look at women. Women watch themselves being looked at, » 47), soulignant ainsi que le regard a été construit socialement comme le propre de l'homme.
[6] Dans son article « Visual Pleasure and Narrative Cinema » paru en 1975, Laura Mulvey démontre que la caméra cinématographique implique un spectateur masculin, empêchant ainsi toute spectatrice de voir autrement que comme un homme.
[7] Luce Irigaray précise que contrairement à l'homme qui « a besoin d'un instrument pour se toucher [...]. La femme 'se touche' tout le temps [...] car son sexe est fait de deux lèvres qui s'embrassent continûment » (1977 24).

lorsqu'elle observe l'Autre, c'est « comme un sculpteur... enfin (elle rit) une sculptrice ! » (Djebar 1997 115). À la fois visuel et tactile, masculin et féminin, le regard djebarien se définit comme androgyne.

La nécessité de modifier le regard émane des propres défauts de ce dernier ; car le regard est problématique. La narration soupçonne à plusieurs reprises la distance créée par le regard, d'occulter la vraie nature de l'Autre. Thelja constate ainsi à la fois la difficulté qu'il y a de voir et d'être vue :

> « je me disais : 'cet homme me voit-il moi ? [...] un regard d'homme, est-ce un regard pur ? [...] il y a dix ans, quand j'arrivais à Alger pour aller à l'université [...] tu aurais pu débarquer là-bas [...] je t'aurais rencontré chez des amis [...] Je ne t'aurais pas vu vraiment ! [...] Tu ne m'aurais pas 'vue,' toi non plus ! » (Djebar 1997 44, 55).

Ce qui empêche l'épanouissement de ce regard « pur » dont parle Thelja, ce sont ces voiles multiples qui se dressent entre le sujet regardant et l'objet regardé, voiles tissés des peurs et préjugés nés de l'Histoire sanglante entre l'Algérie et la France, mais aussi voiles tissés des tabous entre les sexes. Car qui parle de « pureté » renvoie inévitablement à toute la thématique de la virginité si cruciale à préserver chez la femme dans la tradition chrétienne comme dans la tradition musulmane, tradition où le regard « impur » est justement celui qui convoite l'autre sexe. Si Thelja s'interroge donc sur la pureté du regard de son amant, c'est parce qu'elle trouve le « voir » obscène et préfère caresser l'Autre en aveugle pour le connaître plutôt que de le regarder : « si je pouvais ne rien regarder, n'avoir rien à observer, ne laisser traîner mes yeux nulle part » (Djebar 1997 202). Dans ce souhait d'un monde libéré du visuel, le toucher, la caresse, offre une échappatoire.

Le toucher abolit effectivement toute distance entre le regardant et le regardé, entre l'homme et la femme, et permet de considérer l'Autre en tant que sujet et non plus uniquement en tant qu'objet : « laisse-moi, en te touchant et en prenant le temps, te redécouvrir à nouveau ! Refaisons connaissance ! [...] Mes doigts, dans ce noir, sont notre seule lumière » (Djebar 1997 88) dit Thelja à François, avant leur embrasement amoureux. Le regard androgyne, regard-tactile, devient le sens indispensable dans le lent trajet vers la connaissance de l'Autre mais aussi vers la connaissance de soi. Car le toucher, comme nous le rappelle Hélène Cixous dans *Savoir, Voiles* (1998) est indispensable au « sa-voir » et doit suppléer à la connaissance (trop souvent née du « voir », de la vue) de l'Autre. Pour suppléer donc à un regard toujours voilé,[8] le toucher s'impose : l'affirmation

---

[8] La myopie, avoue Cixous, règne sur tout regard, sur tout voir, même pour qui n'est pas myope, et sa fonction première est de masquer l'Autre et d'en empêcher la connaissance / le

que « les yeux sont les mains miraculeuses » (2001 16) de Cixous fait ainsi écho aux doigts de lumière de Thelja en soulignant la nécessaire fusion du visuel et du tactile pour accéder à la connaissance de l'Autre.

Ni masculin au sens propre, le regard djebarien n'est pourtant pas féministe. Son but n'est pas d'exposer les aspects tabous du corps féminin (les menstrues, la grossesse) comme le fit souvent la littérature féministe occidentale des années soixante-dix.[9] Le regard-tactile n'est pas là pour accentuer les différences entre les sexes mais, au contraire, pour les dépasser : « je garde les yeux ouverts, je regarde, je vois : visage d'homme, ou de femme, à plat, je ne sais [...] une main – ma main – avec hésitation en découvre les traits » (Djebar 1997 52). Androgyne, ce regard qui transcende déjà la frontière des genres, est plus à même de voir et de peindre un ou une Autre affranchi des genres.[10]

II. La fusion du visuel et du tactile, en alliant le masculin au féminin, amorce une transgression de la frontière des genres dans *Les Nuits de Strasbourg* qui se traduit par un changement relationnel entre l'homme et la femme au sein du couple. La femme en particulier, ne voit plus l'homme comme cet Autre avec lequel aucune amitié n'est possible ni ne se présente-t-elle, elle aussi, comme l'Autre, l'étrangère absolue. Une telle transgression, une telle abolition de la distance entre homme et femme, est sans précédent dans l'œuvre de Djebar car cette dernière analyse toujours en

---

« savoir » : « elle était toujours là l'invisible qui séparait à jamais ses voiles ambigus entre la femme et vous. [...] Cette femme est une autre et vous ne le saviez pas » (1998 14).

[9] Dans les années soixante-dix effectivement, et en réponse à l'appel d'Hélène Cixous qui recommandait de « parler le corps, » le silence autour du corps féminin se brise, donnant naissance à une littérature qui n'hésite pas à parler grossesse, accouchement, allaitement, menstrues et sexualité féminine. *Parole de femme* d'Annie Leclerc (1974) est sans doute le premier exemple de cette littérature, précédant d'un an l'appel de Cixous.

[10] En dehors de Cixous, Djebar n'est pas la seule artiste à avoir illustré le regard-tactile. Avec Ghada Amer, la peinture contemporaine fait écho à Djebar. Une parenthèse sur cette dernière s'impose pour mieux comprendre et illustrer le regard-tactile. Ghada Amer se dit peintre mais n'utilise que rarement la peinture. Son outil premier est le fil et l'aiguille. Elle coud son œuvre, touche, perce et transperce la toile, entrant dans un corps à corps avec les modèles féminins qu'elle reproduit sur sa toile. L'œuvre de Ghada Amer souligne la dimension doublement subversive du regard-tactile : en reproduisant des modèles féminins tirés de magazines pornographiques pour hommes, elle se réapproprie (physiquement et artistiquement) le regard masculin tout en le transformant, le « poignardant » de multiples coups d'aiguille. Son œuvre subvertit également la traditionnelle broderie féminine, laissant pendre volontairement de longs fils emmêlés sur le devant de la toile au lieu de les faire disparaître discrètement au dos de la toile. Lors de la présentation de cet article à la « 35ème Conférence de littérature comparée » à Lubbock, Texas (avril 2002), les peintures « La Jaune » (1999) et « Figures en zig-zag » (2000) de Ghada Amer ont été utilisées pour illustrer ce propos.

détail la profondeur du fossé qui sépare (in)justement les femmes des hommes.

Dans *Les Nuits de Strasbourg* au contraire, le masculin et le féminin se dissolvent dans la réalisation, par les deux personnages principaux, que ce qui les sépare avant tout n'est pas leur genre mais un fossé creusé par les blessures historiques et nationales. Barbé et Gontard à ce propos analysent efficacement la façon dont le roman subvertit les frontières culturelles et historiques grâce à la ville de Strasbourg qui, selon Barbé, « se révèle comme un entre-deux imaginaire où les origines conflictuelles européennes et algériennes des personnages principaux se réconcilient éventuellement » (Barbé 2001 132).[11] C'est effectivement au prix d'un dépassement des blessures historiques (la guerre d'Algérie, la Seconde Guerre mondiale) subies par leur peuple respectif que peuvent survivre les amours respectives d'une Algérienne pour un Français, d'une Juive pour un Allemand.

Curieusement, c'est cette difficulté à oublier les blessures historiques qui apparaît dans le roman comme le seul problème auquel font face les relations de couple. La question du genre a effectivement pratiquement disparu des *Nuits de Strasbourg* alors que c'est un thème récurrent dans toute narration djebarienne. Si Thelja et François (ou Eve et Hans) ont du mal à oublier le passé qui opposa leur patrie respective, ils n'ont, en revanche, aucun problème à ignorer les inégalités perpétuées par les genres, alors même que depuis *L'Amour, la fantasia* (1985) Djebar a toujours mis en parallèle les conquêtes coloniales d'antan et l'affrontement des sexes aujourd'hui, l'histoire nationale et l'histoire personnelle. C'est donc l'absence même de discours ouvert sur le genre, l'absence du lien habituellement tissé par Djebar entre les histoires nationales et celles plus personnelles qui, dans *Les Nuits de Strasbourg*, parle indirectement sur le genre et annonce sa disparition. Les personnages se regardent effectivement mutuellement en ignorant presque leur dite masculinité ou féminité. Ce que voit Thelja chez François, c'est avant tout son aspect maternel : « tu es un homme, et pourtant je te trouve... maternel ! Oui, c'est cela exactement » (Djebar 1997 223). Et la façon dont Thelja se voit est également telle une femme capable de s'affranchir de son sexe. Elle ne fait pas que désirer « habiter ce corps d'homme tellement étranger » (Djebar 1997 226) puisqu'elle va jusqu'à briser à la fois les moules féminins de sa culture musulmane d'origine et ceux de sa culture française d'accueil qui, toutes deux, la présentent comme l'Autre, la non-homme ou la non-Française, cette étrangère absolue et intouchable.

---

[11] « [...] reveals itself as an imaginary 'entre-between' where the conflicting European and Algerian origins of the main characters can ultimately be   reconciled [...] »

Algérienne émigrée en France ayant abandonné fils et mari pour étudier à Paris, Thelja brise toutes les frontières dressées autour d'elle par sa culture d'origine : en fuyant son mariage, en émigrant, étudiant et aimant l'Autre, elle enfreint chacune des règles érigées pour la maintenir au sein de la maisonnée, hors du lieu masculin de la rue et de l'école, et au sein de la *umma*. Désormais libre de circuler dans les rues de Paris et de Strasbourg, allant tête nue plutôt que voilée, « précision utile de nos jours, en 1987 » (Djebar 1997 65),[12] et le cheveu très court, à la « garçonne » précise-t-elle (Djebar 1997 65), elle fait fondre, à l'image de son nom qui contient toutes les nuances de la glace et de la neige,[13] les règles qui l'identifient à « la musulmane » et les frontières qui la séparent de l'Autre. Elle fait fondre ainsi, con-fond pourrait-on dire, les binarismes sur lesquels reposent toute société patriarcale : elle est à la fois mère et femme adultère, musulmane malgré son amour pour un chrétien, l'étrangère et l'amante, la femme adulte et la garçonne. En pulvérisant ces binarismes, Thelja s'affranchit non seulement des règles musulmanes mais aussi des non-dits de la société française qui cherchent à la cantonner dans son rôle d'étrangère absolue.

Mireille Rosello dans son livre intitulé *Postcolonial Hospitality : The Immigrant as Guest* (2001) souligne à quel point l'immigrée (femme donc) subit un traitement radicalement différent de celui de l'immigré (homme) par le pays d'accueil. Dans la relation hôte / invité qui sert de lointain modèle à la relation pays d'accueil / immigrant (puisque bien souvent, comme dans le cas de la France, le pays d'accueil a fait appel à une main-d'œuvre immigrée), la figure féminine est pratiquement absente (Rosello 2001 119) soit parce que l'immigrée entre dans une relation de servilité avec le pays d'accueil (en devenant femme de ménage ou prostituée par exemple) soit parce qu'elle demeure invisible et s'occupe des enfants dans l'enceinte de la maison dont seul sort le mari pour aller travailler et faire les courses. Thelja refuse d'incarner cette « étrangère absolue » et de rejoindre les rangs silencieux de ces « femmes immigrées en Europe, elles qui viennent du Sud et de si loin, celles que l'on prend pour des analphabètes » parce qu'elles n'élèvent jamais la voix (Djebar 1999 196).

C'est un nouveau visage (et une nouvelle voix) que Thelja offre à « l'immigré/e » femme ou homme en brisant les stéréotypes qui les

---

[12] Si cette précision s'avère utile de nos jours, c'est parce que la France est secouée à l'époque par « l'affaire du foulard » après que deux jeunes musulmanes ont été interdites d'entrée à l'école publique parce qu'elles portaient un foulard islamique pour dissimuler leur chevelure. Le débat qui s'ensuivit au sein de « l'affaire du foulard » se poursuivit longtemps après que la loi se jugea contre le port ostentatoire de tout signe d'appartenance religieuse au sein de l'école laïque.

[13] Thelja signifie effectivement non seulement « neige » comme le précise Djebar mais aussi « glace, » voire « glaçon. » Je voudrais remercier à ce propos Kébir Ammi et Sahar Amer pour la discussion sur les multiples nuances présentes dans le prénom « Thelja ».

emprisonnent. Ce dernier n'est plus celui qui quitte sa famille en quête d'un travail et d'une vie meilleure, ni celle qui abandonne le « bled » pour suivre son mari installé « là-bas, » en France. L'immigré/e dans *Les Nuits de Strasbourg* prend les traits d'une jeune femme éduquée au physique de garçonne, radicalement différente du stéréotype qui affuble encore l'immigrée d'origine musulmane. C'est volontairement qu'elle a quitté mari et enfant pour suivre des études et c'est avec confiance qu'elle ose parler, neuf nuits durant, brisant le moule de l'étrangère « faite de mutité et d'invisibilité à la société autochtone » (Djebar 1999 201). Cette immigrée se permet surtout, chose inhabituelle, de regarder et d'aimer cet Autre, l'Européen ou l'homme qui la dit Autre, et d'abolir la distance qui les sépare.

A la manière de Schéhérazade dans *Les Mille et une nuits*, Thelja parle, neuf nuits durant, à son amant français et, par son flot de paroles nocturnes, Thelja la « raisonneuse [...] petite bavarde du point du jour » (Djebar 1997 224) parvient à subvertir le regard masculin, l'ordre masculin et les divisions qu'il impose, et établit une nouvelle relation plus égalitaire dans sa relation avec l'Autre. L'espoir que Thelja fait naître pour les relations hommes-femmes est ravivé par son amie Eve, Juive marocaine, qui décide de sceller son amour pour Hans, l'Allemand, à la manière des deux frères du « Serment de Strasbourg ». Le dépassement de la frontière des genres dans les relations amoureuses du roman se concrétise effectivement plus encore grâce à cette scène dans laquelle Eve et Hans relisent, l'un pour l'autre, le serment de Strasbourg, dans la langue de l'autre, comme le firent, en 842, les deux fameux frères : « Charles le Chauve souverain de l'armée des Francs, et Louis le Germanique, le chef des soldats d'au-delà du Rhin » (Djebar 1997 234). Eve explique à Hans la signification de ce serment pour leur couple :

> Leur serment d'alliance (et pour nous, c'est un serment d'amour plutôt), l'important pour moi aujourd'hui est que Louis, l'aîné, va prononcer le serment en français, ou plus exactement en roman, dans la langue du frère, et que Charles le Français va l'épeler, lui, dans la langue tudesque, la langue de l'autre [...] c'est un acte politique, c'est surtout un échange linguistique ! (Djebar 1997 236)

Par ce serment, Eve ignore volontairement toute différence de genre entre elle et son amant. Quand elle promet fidélité à Hans, c'est « en termes de fraternité » (Djebar 1997 238). C'est donc d'égal à égal que les couples se parlent et pour finir, se font l'amour.

Pour conclure, je voudrais citer ce que dit Mernissi à propos de l'amour et des frontières qu'il transcende et qui s'applique parfaitement, il me semble, à la valeur de l'amour dans *Les Nuits de Strasbourg* :

> L'amour entre un homme et une femme est par nécessité un mélange hasardeux de cultures étrangères, justement à cause de la différence sexuelle, qui est une frontière cosmique, une limite existentielle. Dans l'imaginaire musulman, aimer c'est apprendre à dépasser cette frontière et accepter le défi posé par toute différence. Aimer c'est aussi découvrir la merveilleuse richesse de l'humanité, la pluralité, diversité des créatures d'Allah. Un des vers les plus cités du Koran [...] dit : « Et nous vous avons dispersés en nations et tribus différentes pour que vous puissiez vous connaître » (Sourate 49 :12). (Mernissi 2001 174, ma traduction[14])

La disparition soudaine de Thelja à la fin du roman, dont le prénom « neige » ou « glace » annonçait la « fonte » ou disparition symbolique, serait-elle, comme l'entend Marc Gontard, l'aveu d'un échec, la preuve de l'irréductibilité de l'altérité ? Ou serait-ce l'aveu de l'incapacité du monde à accepter cette nouvelle façon de voir et de penser hors des frontières et au-delà des étiquettes ? Bien que maîtresse de sa propre disparition, Thelja devient effectivement fantasme ou rêve et annule par-là même la possible réconciliation avec l'Autre offerte par « l'érotique de la langue [...] la caresse amoureuse » (Gontard 2001 s.p.).

Mais voir en la fin du roman l'aveu d'un échec, c'est oublier un peu trop vite que l'amour de Thelja et de François demeure malgré tout un amour qui est parvenu à briser toutes les dichotomies et en particulier celle du genre. Après tout, nous dit Hans, « pourquoi s'attarder sur la disparition ? Autant dire sur le vide... Pourquoi pas sur ce qui se transforme, sur ce qui s'est maintenu, ou modifié [...] ? » (Djebar 1997 172). Grâce à Thelja en effet se sont mêlées, au moins le temps de neuf nuits, l'identité du même (l'Européen, le Français, l'Allemand, le chrétien, l'homme) et l'identité de l'Autre absolue (l'étrangère, l'immigrée, la musulmane, la femme).

---

[14] « Love between a man and a woman is by necessity a hazardous blending of alien cultures, if only because of the sexual difference, which is a cosmic frontier, an existential boundary. In the Muslim psyche, to love is to learn about crossing the line to meet the challenge of the difference. It is also about discovering the wonderful richness of humanness, the plurality, the diversity of Allah's creatures. One of the most quoted verses of the Koran [...] reads : 'And we made you into different nations and tribes, so that you may know about each other' (Sura 49 :12). » (Mernissi 174)

Bibliographie

Amer, Ghada. « La Jaune. » Tel Aviv Museum of Art, 1999.
—. « Figures en zig-zag. » Tel Aviv Museum of Art, 2000.
—. *Intimate Confessions*. Tel Aviv Museum of Art, 2000.
Barbé, Philippe. « Transnational and Translinguistic Relocation of the Subject in *Les Nuits de Strasbourg*, » in *L'Esprit Créateur*, Vol. XLI no. 3, Fall 2001, pp. 125-135.
Berger, John. *Ways of Seeing*. London : BBC, 1972.
Cixous, Hélène. *Savoir, Voiles*. Paris : Galilée, 1998.
Djebar, Assia. *L'Amour, la fantasia*. Paris : Albin Michel, 1985.
—. *Les Nuits de Strasbourg*. Paris : Actes Sud, 1997.
—. *Ces Voix qui m'assiègent*. Paris : Albin Michel, 1999.
Gontard, Marc. « *Les Nuits de Strasbourg* ou l'érotique des langues », in Charles Bonn, Najib Redouane, Yvette Bnayoun-Szmidt (eds.), *Etudes littéraires maghrébines*, no 15 : *Algérie, nouvelles écritures*. Colloque international de l'université York, Glendon et de l'université de Toronto, 13, 14, 15, 16 mai 1999, Paris : L'Harmattan, 2001.
Irigaray, Luce. *Ce sexe qui n'en est pas un*. Paris : Minuit, 1977.
Leclerc, Annie. *Parole de femme*. Paris : Grasset, 1974.
Mernissi, Fatima. *Scheherazade Goes West : Different Cultures, Different Harems*. New York : Washington Square Press, 2001.
Mulvey, Laura. « Visual Pleasure and Narrative Cinema », in *The Sexual Subject : A Screen Reader in Sexuality*. New York : Routledge, 1992, pp. 22-34.
Rosello, Mireille. *Postcolonial Hospitality : The Immigrant as Guest*. Stanford, CA : Stanford University Press, 2001.

Assia Djebar : le corps-mémoire dans l'autobiographie

Anna Rocca

Louisiana State University

> Anamnèse ? Non d'abord poussée en avant et, tandis que la main commence à courir sur la feuille, les pieds s'agitent, le corps prend son élan, les yeux surtout, les yeux se fichent vers l'horizon cherché, trouvé, qui glisse loin, qui se noie tout près... [...] Surtout ne pas m'immerger dans le souvenir de celui-ci, ne palper que la soie, que sa lente déchirure. Inventer plutôt l'oxygène à libérer, l'espace neuf à étirer, la navigation ni folle ni sauvage, seulement bien assuré.[1]

L'anamnèse, c'est-à-dire l'évocation volontaire du passé afin de rétablir la mémoire, ce n'est pas, chez Assia Djebar, un regard en arrière qui nourrit un plaisir nostalgique du passé. Se remémorer signifie se rappeler, pour avouer l'effacement, la disparition des racines historiques de l'Algérie, et des racines personnelles de la famille. Pendant le processus d'anamnèse, le niveau collectif de l'histoire de son pays, ainsi que le niveau individuel de sa quête personnelle, s'entrecroisent continuellement.

La mémoire récupérée est surtout la mémoire du corps, car les traces de l'oppression du patriarcat, et de la violence de la colonisation, sont inscrites, en couches, dans ce corps-palimpseste qui représente le corps de toute femme algérienne d'hier et d'aujourd'hui. Mémoire du corps, parce que c'est à travers les aphasies, les transes, les lamentos, et les interdits sur le corps, que les femmes trouvent, dans *L'amour, la fantasia* et dans *Vaste est la prison*, de nouveaux espaces physiques, ainsi que la volonté d'un changement. Mémoire du corps de la narratrice qui, entre deux cultures, la française et l'arabe, adapte son corps selon l'espace dans lequel elle se trouve : l'école française, l'école coranique, sa maison, ou la rue. Mémoire

---

[1] Assia Djebar, *Ces voix qui m'assiègent... en marge de ma francophonie*, Montréal : Les Presses de l'Université de Montréal, 1999, 138-9.

du corps enfin, car ce que la narratrice décrit est surtout une mémoire sonore, liée à l'ouïe, aux chants, aux cris, aux brouhahas des lieux et des femmes de sa naissance.

Le procès d'anamnèse est un acte courageux, car la récupération de la mémoire est à la fois une douleur et un devoir : les personnages évoluant entre deux impératifs, ne pas oublier, et ne pas succomber à la violence sanglante que souvent la mémoire récupère. Acte courageux, mais aussi acte d'engagement envers l'histoire des femmes algériennes, terrain de départ de ce que j'appelle une éthique de la mémoire, qui devient chez Djebar une véritable éthique de la rébellion. Par éthique de la mémoire, on entend la leçon qui se dégage de l'oeuvre de l'auteur : la mémoire qui a souvent été occultée par les femmes afin de fuir la douleur, l'auteur ne la veut plus oublier. Elle la saisit à travers l'écriture et, en dévoilant la violence et les injustices du passé, un passé dominé par la colonisation ainsi que par le régime patriarcal, elle la fait sienne. La récupération autobiographique de la mémoire des traces, laissées sur le corps par la souffrance des femmes, dévoile et en même temps cicatrise, car, dès l'instant que le traumatisme a été inscrit, il devient conscient.

En plus, si en général la mémoire a le rôle de préserver et stabiliser l'identité, elle est ici utilisée surtout en fonction d'un changement et d'un renouvellement. Dans *L'amour, la fantasia* ainsi que dans *Vaste est la prison*, la réécriture de l'histoire familiale de la narratrice éclaircit les zones d'ombre et les mystères laissés à jamais insolubles. La narratrice, à travers une intervention critique sur la mémoire, qui ne cesse d'interroger les femmes et les faits de l'Histoire écrite par les vainqueurs, met en mouvement un processus de libération cathartique des événements refoulés dans l'oubli et dans le silence des aïeules. La mise à distance du passé, et la lucidité de l'analyse, libèrent ces histoires de l'oppression et donne à la narratrice des instruments pour reconnaître les causes de cette contrainte et lui faire front – ce qu'on appelle une éthique de la rébellion.

« La mémoire, » dit en vers l'inconnue de *La Zerda ou les chants de l'oubli*, « est corps de femme voilée. » « La mémoire », continue-t-elle, « est voix de femme écorchée nuit sur nuit, nous l'étranglons sous le lit d'un sommeil de plomb. »[2] Chez notre auteur, la mémoire est donc une mémoire au féminin, liée à l'oppression et à la douleur physique. C'est aux femmes de conserver cette mémoire, qui garde toujours une trace corporelle, et ce sont les témoignages des femmes que l'auteur veut reconstruire. Mais, que signifie une mémoire au féminin ? Y a-t-il une différence, dans la façon de se remémorer, entre les femmes et les hommes ? Et s'il y en a, de quelle manière les femmes font-elles revivre leur mémoire ?

---

[2] *La Zerda ou les chants de l'oubli* est le long métrage qu'Assia Djebar a réalisé en 1982. Elle nous parle de ces vers dans *Ces voix qui m'assiègent*, 152.

Cela va sans dire qu'ici on ne parle pas d'une différence biologique dans la façon de se remémorer, mais plutôt d'une différence au niveau des rôles sociaux, culturels, et historiques entre les deux sexes qui influencent la mémoire. Odile Jansen, dans son article « Women as Storekeepers of Memory, » soutient que les femmes conservent la mémoire :

> Not because of their genetic structure or some other innate quality, but as the result of a lifelong, transgenerational training in caring for and nurturing others and a lifetime of unequal power status. [...] If women are the storekeepers of memory, it is not only because they as outsiders are open to the stories of others, but also because their memory includes histories of oppression and repression unknown to men.[3]

Ce qu'elle appelle, « the unspeakable memory, » est en vérité une mémoire de violence et d'oppression qui reste non-dite, et qui trouve toutefois des formes alternatives pour se révéler, comme dans le cas de la figure mythologique de Philomela, dans *Les Métamorphoses* d'Ovide. Philomela, violentée par son beau-frère Tereus, est ensuite mutilée par ce dernier afin d'éviter qu'elle en parle. Ayant la langue coupée, elle tisse alors un drap qui représente la violation. Ce tissu, ce texte, communique à sa soeur Procne ce que Jansen appelle « the unspeakable memory. » Elle continue ainsi :

> The wound inflicted on her body was meant to leave an absence, to create a silence [...]. As we know, the rules and restriction of a male-dominated society have a similar mutilating and muting effect. This often invisible manipulation can even be considered worse than real mutilation. But the symbolically mutilated body cannot be prevented from communicating meaning.[4]

Chez Djebar, le tissu qui communique « the unspeakable memory » se présente, dans son oeuvre autobiographique, sous forme de silence, de rite, ou de symptôme psychosomatique. Le silence, qui en général a la valeur d'obéissance, imposé à la femme algérienne par le régime patriarcal, ou encore de protection de la femme contre le colonisateur, prend plusieurs fois la forme d'oubli d'expériences individuelles traumatiques passées. La mémoire alors révèle une absence, une perte, un effacement. On ne se souvient pas afin de continuer à vivre. Autrement dit, la femme survit parce qu'elle ne peut pas se remémorer, et ne peut pas parler ou raconter l'histoire par elle-même. La fonction de la narratrice est alors de faire sortir du silence

---

[3] Odile Jansen, « Women as Storekeepers of Memory, » Gendered Memories, eds. John Neubauer, et Helga Geyer-Ryan, Amsterdam-Atlanta GA : Rodopi, 2000, 35, 37.
[4] *Op. cit.*, 37.

toutes ces histoires, tandis que le but de l'auteur est de créer, à travers l'écriture littéraire, un espace de présence historique au féminin.

Mais le message de Djebar va encore plus loin : les silences, les transes, mais aussi les pertes de la voix et les aphasies amoureuses, sont bien sûr des formes de communication et de protestation, mais aussi la manifestation inconsciente d'une volonté de changement. A partir de ces silences, de ces pertes, le corps se met en mouvement, se fait ouïe et toucher, cherche en fantôme une direction, sans l'illusion de rejoindre une totalité. Autrement dit, le corps n'est pas simplement un miroir qui réfléchit la douleur et le malaise, il est aussi un agent actif de transformation. Au delà du fait que pour chaque corps mutilé, symboliquement ou physiquement, il y a une forme alternative de communication de la vérité, le corps peut devenir aussi le moteur premier d'une forme d'avancement. Souvent, c'est grâce aux silences, aux transes, aux pertes de voix des femmes, qu'on avance, qu'on trouve le courage pour faire opposition. C'est le cas par exemple de l'aphasie de Bahia, la mère de la narratrice dans le roman autobiographique *Vaste est la prison*.

Bahia perd la voix pendant une année entière, alors qu'elle a six ans, après les funérailles de sa soeur Chérifa. Bahia, enfant muette, une fois adulte, oublie cette scène de douleur et aussi son aphasie. Elle oublie de même la langue berbère à cause d'une autre blessure, celle de la séparation douloureuse de son père aimé et de la décision de sa mère Fatima de s'en aller vivre à Césarée avec ses trois enfants. Enfin, Bahia oublie la mort de son premier enfant, son bébé de six mois. Toutefois, c'est grâce à ces oublis que Bahia peut continuer à vivre et commencer à changer le parcours de sa vie :

> Ma mère elle-même – pour revenir au roman *Vaste est la prison* – ne pouvait pas savoir que ce fut en fait grâce à cette longue année d'aphasie qu'elle mena à bien ensuite, plus tard, à la fois ses fuites et ses passages. Ses traversées.
>
> Sur cette perte vocale initiale – que l'on peut considérer comme le prix à payer à la sororité entrevue puis effacée – se greffa la force de ma mère en son début d'âge de femme [...].
>
> Perte de la voix d'autrefois : dans cette brisure, dans cette durée sans mémoire, presque sans trace (sinon l'écho de ma quête ramenée par hasard), s'inscrit en fait la mobilité victorieuse de ma mère. Sa renaissance. [...]
>
> Tant d'autres fillettes, je l'ai dit, je le redis, aujourd'hui dans mon pays ont à braver le même vertige : laisser leur voix (ou leur coeur, ou leur mémoire) accompagner les sacrifices si proches, s'ensevelir de silence jusqu'à risquer soi-même de ne pas revenir... Muettes si nombreuses dont l'avenir dira, un jour, de quelle force inattendue elles se trouveront investies. (*Ces voix qui m'assiègent* 145-6)

Les silences, les transes, les lamentos, mais aussi les pertes de la voix et les aphasies amoureuses, acquièrent ainsi une force nouvelle. Ils expriment des rites de résistance qui peuvent mener les femmes vers d'autres horizons. La transe, en particulier, représente dans *L'amour, la fantasia*, une manière de protester pour Fatima, la grand-mère de la narratrice. A l'origine il y a également un silence. Fatima adolescente a oublié l'événement douloureux de sa vie : la cause de la mort de sa propre mère. La mère de Fatima est morte de douleur, de jalousie, lorsque son mari décide, après quinze ans de mariage, de prendre comme épouse une jeune fille. La narratrice déclare que Fatima :

> [...] a voulu effacer la mère et sa défaite, la mère abattue, emportée et vite enterrée. Elle, la grand-mère, à cette occasion s'est durcie, s'est armée d'énergie virile, mais aussi de silence vorace et de la boue de l'oubli. Oubliant, ou faisant semblant d'oublier l'insupportable douleur de la défaite maternelle. A ce prix, la jeune fille (c'est-à-dire ma grand-mère) vivra. (*Ces voix qui m'assiègent* 141)

La transe fonctionne comme une thérapie et une désintoxication et libère Fatima de toute sorte d'oppression. C'est un rituel qu'elle organise régulièrement pour se soigner. La narratrice, en décrivant Fatima comme « la seule des femmes à ne jamais se plaindre, » sous-entend que le lamento quotidien des femmes est aussi une forme alternative de thérapie, contre l'oppression du patriarcat, apte à faire sortir le malheur et la souffrance (*L'amour, la fantasia* 165).[5] La transe de Fatima a aussi une fonction

---

[5] A ce propos, Ioan M. Lewis, *Ecstatic Religion : an Anthropological Study of Spirit Possession and Shamanism*, Harmondworth : Penguin, 1971, 79, 89, en étudiant la possession et le chamanisme dans les pays musulmans d'Afrique, distingue les cultes primaires, ceux qui renforcent la moralité officielle et qui établissent le pouvoir, des cultes secondaires, qui se constituent comme une forme indirecte de protestation des personnes exclues du pouvoir : premièrement des femmes, et particulièrement des femmes mariées. L'hypothèse de Lewis arrive à formuler la naissance de ces rituels à partir d'un conflit sexuel entre femmes et hommes, là où la structure sociale est monopolisée exclusivement par les hommes. A ce propos il dit : « Women (whether consciously or unconsciously) evidently employ *zar* possession as a means of insinuating their interests and demands in the face of male constraint. Sometimes they are clearly competing against other women (e.g. co-wives) for a fuller share of their husband's attention and regard ; in other cases where no other woman is involved they are directly striving for more consideration and respect, and sometimes actually competing with the head of the family for a larger slice of the domestic budget. [...] As long as we maintain the official view – which men endorse – that all these activities are designed to combat sickness and disease, we can consider them as directly therapeutic in intention. They are essentially cures, and in psychiatric terms, the cult meetings assume much of the character of group therapy sessions. » Selon Lewis, *sar* est le nom qui décrit soit les esprits qui possèdent la victime, soit la maladie qui vient d'eux, parmi les musulmanes de la

éducative pour la petite-fille qui regarde. A travers ce rite, dans *L'amour, la fantasia*, la narratrice découvre pour la première fois la relation entre le corps féminin et la souffrance.

La problématique de l'opposition entre le monde masculin et le monde féminin, qui en général domine tous les livres de l'auteur, revient ici à travers les yeux de la narratrice en fillette. En regardant le corps de la grand-mère en transe, elle intériorise la différence sexuelle : « Durant la crise, le cousin 'medjnoun' était resté agrippé à mes épaules, cherchant une protection frileuse, alors que je n'avais pas détaché mes yeux du corps en transe de ma grand-mère » (*L'amour, la fantasia* 165). Au contraire du cousin, la narratrice n'a pas peur, car elle fait partie de cette communauté des femmes et partie aussi de son imaginaire. Parallèlement, elle ramène à son intérieur la souffrance liée à cette différence sexuelle, « La voix et le corps de la matrone hautaine m'ont fait entrevoir la source de toute douleur : comme un arasement de signes que nous tentons de déchiffrer, pour le restant de notre vie » (*L'amour, la fantasia* 165). Au delà de toute diversité entre ces deux générations, le message de la douleur de la grand-mère passe à la petite-fille. C'est tout à fait à partir de la souffrance du corps de Fatima que la narratrice peut commencer à déchiffrer les symptômes de cette lacération atavique qui oppose le monde masculin au monde féminin.

À l'oppression du système patriarcal envers les femmes s'ajoute aussi la violence de la colonisation française envers l'Algérie, ce qui rend encore plus obsédant le contrôle des Algériens sur leurs femmes. Dans un entretien avec Lise Gauvin, Assia Djebar en parlant de ségrégation dit :

> J'ai eu un territoire d'enfance qui était doublement ségrégué. J'ai ressenti le plus fortement d'abord la ségrégation coloniale, entre le clan d'en face et le clan qui est le mien. Et à l'intérieur de mon clan, il y avait la ségrégation sexuelle. Cette ségrégation sexuelle a fonctionné dans un premier temps moins fortement que la ségrégation coloniale.[6]

Somalie. La possédée est celle qui est 'entrée' par le *sar*. Ce type de possession existe aussi en Ethiopie, mais est appelée ici *zar*. Cette dernière a ses origines dans les parties musulmanes du Soudan, d'Egypte, du Nord d'Afrique et d'Arabie. L'hypothèse qui voit à l'origine de ces cultes une espèce de tension, de guerre entre sexes opposés, a été considérée faible par d'autres anthropologues, qui ont toutefois maintenu l'importance de la fonction thérapeutique de ces cérémonies. Voir par exemple, Peter J. Wilson, « Status Ambiguity and Spirit Possession, » *Man* 2, 1967, 366 ; Fremont E. Besmer, *Horses, Musicians, and Gods. The Hausa Cult Of Possession-Trance*, Massachusetts : Bergin and Garvey, 1983, 20 ; Joseph H. Greenberg, *The Influence of Islam on a Sudanese Religion*, New York : J.J. Augustin, 1946, 61.

[6] Lise Gauvin, *L'écrivain francophone à la croisée des langues. Entretiens*, Paris : Karthala, 1997, 33.

Dans *Vaste est la prison*, le père de la narratrice, Tahar, qui d'un côté est prêt à libérer sa femme du voile et à faire étudier sa fille, utilise d'un autre côté des précautions traditionnelles afin de s'opposer à la violence que constitue le regard du colonisateur.[7]

Ainsi, la mémoire de la présence coloniale réveille chez la narratrice une instabilité des espaces et des valeurs. Le corps de la narratrice, en va-et-vient constant entre deux espaces culturels opposés et s'adaptant à des codes de comportement différents, change en fait jusqu'au point du vertige, de l'aliénation et de la disparition :

> J'écris et je parle français au dehors : mes mots ne se chargent pas de réalité charnelle. [...] Les scènes des livres d'enfant, leurs situations me sont purs scénarios ; dans la famille française, la mère vient chercher sa fille ou son fils à l'école ; dans la rue française, les parents marchent tout naturellement côte à côte... Ainsi, le monde de l'école est expurgé du quotidien de ma ville natale tout comme de celui de ma famille. A ce dernier est dénié tout rôle référentiel. (*L'amour, la fantasia* 208)

Au delà de l'école, dans sa ville natale aussi, la manière de vivre à la française revient à sa mémoire sous la forme d'aliénation. Les mots « Pilou chéri, » prononcés par la voisine française quand elle parle de son fiancé, raniment tout un passé de différences entre sa culture et celle de l'envahisseur. La liberté et la nonchalance provocantes de Marie-Louise, laquelle embrasse son fiancé Paul devant ses parents, sans susciter aucune réaction du père, devient aux yeux de la narratrice fillette, et des femmes du village, sujet de stupéfaction, « 'Pilou chéri', répétait Marie-Louise en désignant ainsi l'officier. Nous, les fillettes, nous courions jusqu'au verger pour pouvoir éclater de rire et nous moquer. 'Pilou', c'était Paul et le 'chéri' qu'elle ajoutait devait être un vocable réservé, pensions-nous, aux alcôves et aux secrets des couples » (*L'amour, la fantasia* 37). La stupeur cache une réaction à l'indécence des moeurs françaises et se traduit chez la narratrice

---

[7] *Op. cit.*, 26. Assia Djebar, à propos de son père dit, « Mon père faisait partie d'une génération des années 30 très impressionnée par la révolution de Mustapha Kemal, par ceux qu'on appelait les 'jeunes Turcs'. Il faudrait se rappeler que l'émancipation des femmes en Égypte, en Syrie, et en Turquie s'est faite dans les classes bourgeoises et aristocratiques dès les années vingt et trente. Cela avait une grande influence en Algérie. Mon père, tout en étant instituteur de langue française, ne se considérait pas comme assimilé ; lui-même déjà utilisait sa langue comme protestation. Il faisait partie d'une élite nationaliste dont les femmes restaient à la maison, mais qui souhaitaient que leurs filles soient sur le modèle du Moyen-Orient, sur le modèle des premières femmes turques, égyptiennes, syriennes. Ce qui empêchait cela, c'était évidemment la présence coloniale. Tout cela pour dire que le féminisme, chez nous, enfin l'émancipation des femmes, est passé par l'intercession des pères. »

par l'impossibilité de croire que l'amour peut s'exprimer à travers ces sons, ces mots ridicules, et surtout de manière publique.

L'aphasie amoureuse se développe comme forme de résistance à ces mœurs qui à ses yeux détruisent la vraie signification de l'amour. Une forme d'abstinence et de reniement émotionnels prend le dessus. L'intimité du couple, étalée en public, anéantit l'amour et sa qualité véritable : celle de rester secret et innommable, « Je décidai que l'amour résidait nécessairement ailleurs, au-delà des mots et des gestes publics. Anodine scène d'enfance : une aridité de l'expression s'installe et la sensibilité dans sa période romantique se retrouve aphasique » (*L'amour, la fantasia* 38).

L'école coranique, qu'elle fréquente jusqu'à l'âge de onze ans, c'est-à-dire jusqu'au moment où son corps trahit l'âge nubile, est décrite comme un espace de communion physique et mentale, et aussi comme, « l'îlot d'un éden retrouvé, » car la mère organise de grandes fêtes chaque fois que la fillette fait des progrès dans la mémorisation du Coran. En même temps, l'école française, où le corps en tailleur fait éclater les premières contradictions entre les deux cultures, révèle de nouveaux espaces :

> Ces apprentissages simultanés, mais de mode si différent, m'installent, tandis que j'approche de l'âge nubile (le choix paternel tranchera pour moi : la lumière plutôt que l'ombre) dans une dichotomie de l'espace. Je ne perçois pas que se joue l'option définitive : le dehors et le risque, au lieu de la prison de mes semblables. Cette chance me propulse à la frontière d'une sournoise hystérie. (*L'amour, la fantasia* 208)

La fillette commence son trajet de non-retour. Le choix paternel de la faire étudier, et dont elle lui sera reconnaissante toute sa vie, lui impose un nouveau regard sur les traditions de la famille :

> De l'agglutinement de ces formes tassées, mon corps de jeune fille, imperceptiblement, se sépare. A la danse des convulsions collectives, il participe encore, mais dès le lendemain, il connaît la joie plus pure de s'élancer au milieu d'un stade ensoleillé, dans des compétitions d'athlétisme ou de basket-ball. Ce corps n'est cependant pas encore armé pour affronter les mots des autres. (*L'amour, la fantasia* 144)

Puis, une fois dans la culture de l'autre, la résistance aux coutumes françaises marque sa différence et la volonté de préserver son identité de femme arabe :

> Par la suite, en effet, âgée de vingt ans ou de trente, je découvris comment les usages occidentaux, basés sur la mixité des sexes, vécue dans une apparente neutralité, instauraient des baisers sur la joue échangés avec profusion et ne signifiant plus rien, sinon une familiarité facile, souvent

immédiate ; de même, ces gestes d'abandon en public, d'un ami vers son amie ou l'inverse, et que le regard d'autrui faisait mine d'effacer. Plus tard, j'aborderai ce langage des corps, leur exposition, parfois leur exhibition, avec des yeux de primitive. Je me retrouverai forcée si souvent de détourner la tête, moi qui, par réaction, me découvrais prude et qui n'étais en fait qu' 'orientale', c'est-à-dire avec un regard à vif, désireuse avant tout de boire le monde tel que, vraiment, il se révélerait : secret, illuminé de la beauté des commencements. (*Vaste est la prison* 286-7)

Si le corps est à la fois le lieu de la mémoire, et le signe d'une perte, une fois la blessure identifiée, on peut transformer le corps tant en agent créatif que subversif. Autrement dit, le processus d'intégration de la souffrance au corps rend la narratrice capable de commencer à se soigner elle-même. Dans *Vaste est la prison*, la danse qui est utilisée comme un acte libérateur et purificateur par la grand-mère, s'est métamorphosée, chez la narratrice, en espace de liberté et du désir à distance. Ce n'est pas par hasard, dans la première partie de *Vaste est la prison*, si les deux événements les plus passionnels, le début et la fin de l'histoire d'amour entre la narratrice et 'l'Aimé,' se passent pendant sa danse. La danse devient ici l'espace privé des émotions et du plaisir narcissique de la narratrice. Danse dangereuse donc, parce que différente des danses des autres femmes de sa famille et de son pays. Une danse de l'ivresse, de la passion, ou encore de l'intimité. Une danse, en tout cas, qui s'oppose au désespoir et à la mort :

> [...] je transformais ainsi cette contrainte en une danse solitaire, fugitive, 'moderne', disaient les dames déçues par ma fantaisie qui semblait trahir... Trahir quoi ? L'essentiel était, me semble-t-il sans analyser, ce défi de mon corps englouti qui prétendait improviser le mouvement, l'essentiel était de m'écarter le plus possible de la frénésie collective de ces femmes, mes parentes – je sentais que la joie quasi funèbre de leur corps, frôlant un désespoir entravé, ne me convenait pas. (*Vaste est la prison* 62)

La frénésie de la transe de la grand-mère, à laquelle assiste la narratrice enfant dans *L'amour, la fantasia*, s'est transmuée ici en danse personnelle et solitaire du désir. La danse représente un espace protégé du dévoilement de ses émotions : on peut regarder la narratrice danser mais on ne peut pas la toucher. La danse est aussi son refuge permanent :

> Je dansais. J'ai dansé. Je danse encore depuis cet instant, me semble-t-il. Dix ans après, je danse encore dans ma tête, en moi-même, en dormant, en travaillant, et toujours lorsque je me trouve seule. La danse, en moi, s'interrompt quand quelqu'un, ou quelqu'une se met à parler, à parler vraiment [...] Alors le rythme s'arrête en moi : j'écoute, surprise ou

secouée, j'écoute pour me rappeler, pour sentir soudain ce frôlement du réel. (*Vaste est la prison* 61)

La transe-protestation de Fatima est devenue ici une rébellion multiple : une opposition envers les femmes traditionnelles de la culture de la narratrice, qui à travers la danse cherchent une atténuation éphémère de leur angoisse ; une opposition aussi envers les danses occidentales où les femmes d'habitude suivent les pas des 'cavaliers' ; une opposition envers le désir partagé à deux, la danse étant strictement solitaire ; enfin une exposition, dans un espace protégé, de soi-même et de ses émotions.

Le processus critique d'intégration et d'élaboration de la mémoire à travers le corps revient encore une fois dans *Vaste est la prison*. La narratrice partage avec sa mère Bahia une oppression liée à la gorge, qui lui cause parfois la perte de la voix et de terribles cauchemars. Elle rêve qu'elle a de la glaire se formant au fond de sa gorge et la faisant suffoquer progressivement. Dans le rêve, elle cherche à couper cette masse, quasiment un muscle, avec une lame, pour se libérer. L'action violente de coupure est la métaphore d'un processus de transformation. En se tranchant ce muscle, qui empêche la voix de sortir, elle devient la victime sacrificielle pour toutes les autres femmes qui demeurent silencieuses. La narratrice, la porte-parole d'un passé étouffé et du poids du silence des aïeules, utilise le plongement dans la douleur à des fins cathartiques. Son action héroïque provoque une métamorphose : l'amputation de la partie étrangère de son corps rend possible le vomissement, c'est-à-dire la libération du « long cri ancestral ». Là où la mère a complètement oublié son aphasie, laissant un vide, un trou de mémoire, l'aphasie de la narratrice se métamorphose en cri.[8]

Incarner le cri signifie se transformer soi-même en instrument de lutte, soit pour venger les générations antérieures de femmes opprimées, soit pour soutenir la nouvelle génération. Le vomissement de ce « long cri ancestral, » ce que la narratrice appelle un véritable « enfantement, » est également la métaphore d'un acte créatif. La nouvelle arme révolutionnaire s'annonce : l'écriture, le signe qui reste (*Vaste est la prison* 339). L'aphonie, qui se

---

[8] De même, Assia Djebar dans *Ces voix qui m'assiègent... en marge de ma francophonie*, 133-36, nous donne l'exemple de deux femmes d'origine berbère : Fadhma Aït Mansour-Amrouche, qui écrit le livre autobiographique *Histoire de ma vie*, et sa fille Taos Amrouche, elle aussi écrivain et chanteuse. La première fois que la fille, dans un moment de solitude, entend la voix de sa mère qui chante en elle, elle découvre l'importance de l'héritage maternel, « [...] ce chant, se dit-elle, lui ramène à la fois sa mère et quelque chose de plus ! » A partir de ce moment, Taos commence elle aussi à chanter, mais sa voix, à la différence de celle de Fadhma qui chante pour elle-même, « [...] chante surtout pour rendormir et raviver perpétuellement une douleur, d'autant plus douce qu'elle est sans remède ». C'est une voix de « conquérante, voix de guerrière, la voix de quelqu'un qui lutte, de quelqu'un qui, par une extraordinaire poussée vocale, revit tout un passé qu'elle veut transmettre aux autres. » A travers une seule génération, Taos transforme « l'oued » de sa mère en « bouillonnement ».

transmet de mère en fille, s'est métamorphosée en écriture, ce qui garantit la continuation de la mémoire des femmes, « Je ne crie pas, je suis le cri tendu dans un vol vibrant et aveugle ; la procession blanche des aïeules-fantômes derrière moi devient armée qui me propulse, se lèvent les mots de la langue perdue qui vacille, tandis que les mâles au-devant gesticulent dans le champ de la mort, ou de ses masques » (*Vaste est la prison* 339).

Le corps en tant qu'agent actif, qui incorpore et en même temps libère de l'obscurité les événements passés, revient aussi dans l'Introduction à *Ces voix qui m'assiègent*, intitulé « Entre corps et voix ». L'auteur souligne ici le cheminement du corps qui, d'abord muet, pendant le processus d'exposition au dehors, intègre les voix de la souffrance et les cris des femmes de toute génération. L'incorporation est un acte de récognition de la douleur et donc de renforcement. Le corps est alors soulevé et empli de la nouvelle voix et de la force que l'écriture aussi donne à l'auteur :

> 'Depuis si longtemps déjà :
> toujours entre corps et voix'
> – n'est-ce pas d'abord une pulsion d'écriture portée
> par un corps de femme qui se meut au-dehors
> qui veut voir au dehors [...].
> Ce corps qui s'en va sur le chemin
> par les sentiers de hasard
> et c'est alors la voix
> la voix de ce corps naviguant
> muet jusque-là, yeux élargis
> la voix des ombres sororales aussi
>   feuilles au vent [...]
> ma voix multiple
> qui soulève ce corps
> le porte haut
> l'envahit, le bouscule, le tire,
> l'emplit
>   entre corps et voix
> ainsi va, cernée, encerclée, mais elle va
>   mon écriture. (11-13)

On doit remarquer toutefois que ce ne sont pas les voix des aïeules qui donnent à l'auteur la force de changer, mais la découverte de la présence de l'oubli dans leurs premières voix – ce qui explique aussi son rapport avec la tradition et avec ce qu'on a appelé plus haut une éthique de la rébellion.[9]

---

[9] C'est encore une fois dans *Ces voix qui m'assiègent...* que l'auteur met en évidence ce silence, « Il y a bien longtemps – disons près de vingt ans déjà – je croyais que toute navigation dans la nuit des femmes (en tout cas, des femmes d'Islam) me ferait retrouver la force, l'énergie, la foi des aïeules inébranlables. [...] Je m'illusionnais, bien sûr : [...] les

La mémoire sonore révèle donc toute sa complexité. D'un côté elle renvoie aux lieux et aux chants de l'enfance, de l'autre, aux cris désespérés des femmes. Voix qui soutiennent la narratrice, qui lui donnent énergie et appartenance, aussi bien que voix qui la tourmentent.[10] Les premières sont les voix de la tendresse maternelle, de la mère de sang, de la grand-mère paternelle, de la tante paternelle, de la belle-mère. Voix sexuées parce qu'utilisées par les femmes avec d'autres femmes, ou avec des enfants, afin d'établir une forme de communication intime, privée, chuchotée, en opposition avec la langue proclamée et publique des hommes. Les deuxièmes représentant les sons rauques de Fatima, la grand-mère maternelle, parlant des histoires héroïques de la famille, et les cris de désespoir des femmes cloîtrées, en transe, ou en deuil.

La narratrice écoute les histoires des femmes, intervient pour interroger les aïeules, et participe aux émotions que la mémoire sonore ressuscite. Ces dialogues entre femmes gardent la vivacité, la passion, la matérialité d'une conversation orale, où les attitudes, les gestes physiques, et les soupirs sont quelquefois plus importants que les mots. Le corps de la narratrice se transforme en oreille attentive, et l'écriture se traduit en dialogues pleins de points d'exclamation, d'interrogation, et de suspension, qui révèlent toutes les vibrations émotionnelles d'un dialogue réel. En particulier, elle privilégie la voix, et donc l'ouïe, qui nous renvoie encore une fois au corps. La préférence accordée à l'ouïe peut être interprétée, en accord avec Steven Connor, comme une préférence donnée à l'émotion, et dans notre cas à l'aspect corporel de la mémoire. Connor, dans « Feel the Noise : Excess, Affect and the Acoustic, » souligne ainsi la tension entre l'émotion et la rationalité exprimée par la différence entre l'ouïe et le regard :

> The eye comes into its own as the organ of discernment, which implies perception through the work of distinguishing things one from another. [...] The eye allows us to focus intently on one thing [...]. Hearing, by contrast, always exposes the listener to the passage of time, since it always involves the experience, as Walter J. Ong has put it, of 'something ... going on'[11] [...]. It is the dynamic, temporal and processual nature of sound that has traditionally associated it with feeling. [...] Where knowledge comes to be

---

aïeules avaient tu leur première voix, avaient avalé dès le début le son de leur espoir juvénile » (145).
[10] Assia Djebar, *Ces voix qui m'assiègent...* , 29, 37.
[11] Walter J. Ong, *The Presence of the Word : Some Prolegomena for Religious and Cultural History*, Minneapolis : University of Minnesota Press, 1981, 41.

associated with the eye, the ear becomes associated with the pulsions of the lived (as opposed to the observed, or merely represented) body.[12]

Et si l'ouïe est associée aux émotions, la mémoire sonore de la narratrice-fillette, qui grandit entre deux cultures, celle algérienne de Cesarée et celle française de la colonisation, récupère la valeur des nuances de la voix de la mère au moment où elle fait ses premiers pas dans la langue de l'autre, le français. La fille s'aperçoit d'un changement, d'un déséquilibre, à travers la perception du « tremblement de voix de sa mère » (*Vaste est la prison* 256). A ce moment-là, Bahia a vingt ans, et toute la famille se trouve dans un village du Sahel, partageant un immeuble pour instituteurs avec des Français. Cette nouvelle voix de Bahia, fragile et vulnérable, frappe l'oreille de la fille : le son nouveau reste en elle à la façon d'un « déplacement subtil, » d'une « désorientation » (*Vaste est la prison* 255). Ce que la narratrice appelle « sa peur rétrospective » d'enfant est causée par le décalage entre le visage élégant et noble de sa mère, quand elle parle sa langue, et le son hésitant et fragile que la narratrice perçoit quand sa mère « idéalisée » se lance dans le français, « ma mère, si racée, aurait donc pu paraître autrement devant les autres femmes ? » (*Vaste est la prison* 257).

Autrement dit, la fillette, avec un héritage aristocratique du côté de Fatima, donc du côté de la mère, s'aperçoit du ton d'humilité de Bahia quand elle parle en français. Ce ton est tout à fait nouveau pour la fille. Elle qui, jusqu'ici a vu sa mère dans sa perfection idéale, c'est-à-dire dans sa beauté, son élégance, sa classe, son harmonie et sa distinction au milieu de la société arabe, découvre maintenant le côté fragile de sa mère qui menace cette perfection. Le tremblement de la voix de Bahia rend explicite à la fillette le décalage entre la figure noble de la mère et la manière dont elle est perçue par les Français. La société française qui a des règles tout à fait différentes, ne peut peut-être pas distinguer la classe sociale d'appartenance de Bahia.

De plus, l'écart que la fillette constate n'est pas simplement une différence entre pairs. L'autre, le Français, constitue la limite de leur identité arabe, et en même temps se cristallise en tant que juge de la valeur de leur identité. D'où la peur de la fille que la mère ne soit pas reconnue comme une femme noble par les Français, « [...] avaient-ils risqué d'avoir, de cette dernière, auréolée à mes yeux de toutes ses grâces (sa finesse, son léger orgueil, son aisance) une tout autre image ? » (*Vaste est la prison*

---

[12] Steven Connor, « Feel the Noise : Excess, Affect and the Acoustic, » *Emotion in Postmodernism*, eds. Gerard Hoffmann et Alfred Hornung, American Studies vol.74, Heidelberg : Winter, 1997, 148-9,151.

257). L'étrangeté, source de la distance entre les deux mondes, devient alors une forme de préservation de l'identité et de résistance envers l'ennemi, « l'impossible familier » (*Vaste est la prison* 258). Pour la fillette qui regarde sa mère agir dans un contexte 'autre,' il y a, à la base, non seulement une sorte de vertige, mais aussi une sorte de déséquilibre, de déplacement à l'intérieur de soi-même puisqu'elle voit à la fois la mère et le regard de l'autre posé sur elle. Elle est la spectatrice par excellence, et une fois face à ces deux réalités, le monde arabe et le monde français, elle est appelée à une forme de conscience déchirante.

La mémoire du corps récupère les histoires obscurcies des femmes algériennes prises entre deux couches d'oppression, celle du système patriarcal et celle de la colonisation française. Cette mémoire suit les traces de l'effacement, de la perte, du silence d'autres mémoires inscrites dans le corps-palimpseste de toute femme algérienne. Elle se définit à travers un procès constant de négociation, d'assimilation et d'élaboration critique, soit de la tradition, soit de la culture du colonisateur. Pour la narratrice, le processus de libération cathartique des événements refoulés dans l'oubli et dans le silence des aïeules, la mise à distance du passé et la lucidité de l'analyse, libèrent ces histoires de l'oppression, et lui fournissent les instruments nécessaires pour reconnaître les causes de cette contrainte et lui faire front – ce qu'on appelle une éthique de la rébellion.

La mémoire est toujours liée au corps, parce que le corps est au centre de la violence et de la rébellion : les aphasies, les transes, les lamentos, et les interdits sur le corps révèlent non seulement le tissu qui communique la violence exercée sur la femme par le patriarcat et le colonialisme, mais aussi une manière de se rebeller. Les femmes, à travers ce parcours à la limite de la disparition, trouvent de nouveaux espaces physiques et la volonté d'un changement. A partir de ces silences, de ces pertes, le corps se met en mouvement, se fait ouïe et toucher, cherche en fantôme une direction, sans l'illusion de rejoindre une totalité. Le corps ici n'est pas simplement un miroir qui réfléchit la douleur et le malaise. Il est surtout un agent actif de transformation, lequel, à travers un processus d'intégration et de reconnaissance de la souffrance, rend possible la cicatrisation et la guérison des blessures.

Caraïbes :

La mondialité culturelle

Sartorius. Le roman des Batoutos, ou la brisure de l'o/eau

Bernadette Cailler

University of Florida

En hommage aux soixante ans de Valentin Y. Mudimbe
(8 décembre 2001)

« Les poétesses illuminées sont des déesses quand même pour le reste du temps elles servent comme esclaves. » (75)

« Bien plus important que la source est le chemin de l'eau. » (122)

« Eléné mourra d'être vue ». (122)

I. Avant-propos

Dans une note du *Discours antillais*, Edouard Glissant écrivait : « Le roman ni le poème ne sont s'il se trouve nos genres. Autre chose est peut-être à venir » (1981a, note 8 : 199). Dans cette étude, il ne s'agira pas d'examiner en détail vers quelle sorte de poétique semble aller ce texte composé d'une constellation d'intrigues, multiples intrigues se développant, s'étirant à partir d'un noyau ou l'autre, texte où éclate en tous sens l'idée d'une limpide, au sens de simpliste, cohérence narrative. Un terme, celui de rhapsodie, viendra peut-être, pour l'instant, aux lèvres[1]. Dans son acception commune, ce terme ne me paraît nullement irréconciliable avec l'allusion à Saint-John Perse – voir l'un des exergues du livre : « Commentaires sur Saint-John Perse » –, allusion qui met l'accent sur « une longue respiration sans césure ». Il ne sera pas question non plus de suivre les traces de

---

[1] Voir *Harvard Dictionary of Music* (1974) : « Rhapsody. Originally, a section of a Greek epic (eg. the Iliad), or a free medley of such sections sung in succession. Musicians have used the term with different meanings, chiefly for free fantasies of an epic, heroic, or national character », 728.

l'autobiographie, du quotidien de l'auteur, traces, à un niveau, de moins en moins camouflées chez Glissant, on le sait, élément qui n'amoindrit aucunement la difficulté de l'œuvre ; traces aussi, on peut le penser, à d'autres niveaux, aussi occultes cette fois qu'omniprésentes dans l'ensemble de l'oeuvre glissantienne[2]. L'érudition, la sagacité de l'auteur, critique d'art, ne seront pas non plus le foyer d'attention, ce livre se prêtant pourtant à une telle étude : en particulier, mais non seulement, dans l'examen d'images projetées par l'art occidental sur le monde africain, les peuples africains et leurs diasporas. Enfin, exploration et analyse de quelques réseaux intra- et intertextuels, qui ont sans doute leur importance parce qu'intégrables à la mythologie de l'œuvre, ne pourront être ici entreprises, bien qu'il se puisse qu'un ou deux de ces noms apparaissent en cours de route. Le texte, en effet, est riche en allusions à des personnages déjà connus de l'œuvre : Mathieu, Ti-René, Pythagore, Marie Celat, Patrice, Odono, Odono (le premier), Oriamé..., ou à des auteurs tels Juan Latino, Cervantès, Olaudah Equiano, Pouchkine, Alexandre Dumas, André Dhôtel, Aimé Césaire, Thomas Mofolo, William Faulkner, Gaston Miron, Joachim Sartorius, Patrick Chamoiseau, Baghio'O, Borges, Lydia Cabrera, Jacques Charpier, Michel Leiris, Joël des Rosiers... Et l'on ne pourra, non plus, prêter attention à plusieurs références, proprement historiques, contenues dans le texte et, j'ajoute, souvent faites dans le style du reportage de faits divers.

Il s'agira plutôt de considérer quelques réseaux langagiers de ce texte en rapport à une vision que je n'hésite pas à dire philosophique dans, évidemment, sa double dimension ontologique et socio-politique ainsi que dans ses résonances poétiques. Autre exergue au livre, en effet, se lira cet hommage, non inattendu pour ceux qui connaissent l'auteur, à Gilles Deleuze : « [...] inventer un peuple qui manque », fonction qui est dite appartenir à « la fonction fabulatrice », à la littérature, et être la condition de sa « santé » (1993 : 14). Dans l'espace qui m'est accordé, mon voyage tournera autour de quelques lettres, quelques graphies, quelques images et figures. En fin de parcours, il me faudra essayer d'examiner rapidement quelques questions : à savoir si, dans ses paradoxes sans doute puissants, *Sartorius* ne renvoie pas aux lecteurs le miroir d'un nouvel exotisme qui s'avérerait non seulement décevant mais futile. Ceci serait, certes, dans le contexte glissantien, plus qu'un échec : un non-sens. Dans *Soleil de la conscience*, on se le rappelle, Glissant écrivait fortement : « L'exotisme est bien mort [...] », ajoutant : « Nous ne pouvons plus rêver des villes secrètes de l'Amérique du Sud, sans évoquer la condition actuelle des *peones* [...] » (1956 : 83). Cette question, se demander si *Le roman des Batoutos* ne serait pas largement fondé sur un réseau futile d'*Exotic Memories,* pour reprendre

---

[2] Traces, certes, non camouflées dans le roman précédant *Sartorius* (1999) : voir les annexes, ainsi, « Sur les noms », et « Sur les sentences », dans *Tout-Monde* (1993), 513-518.

le titre de l'ouvrage de Chris Bongie (1991), en appelle simultanément une autre : dans sa recherche pourtant obstinée d'une identité batoutoo[3], comment cette parabole réussit-elle à fuir à la fois les mythes d'un humain « universel », mot honni de Glissant, ainsi que les mythes de l'origine et de la filiation – mythes qui pourtant procurent au narrateur de très beaux rêves ?

II. « S'en aller! S'en aller! Parole de vivant »[4]

Lorsqu'Oko, l'un de ces humains qui apparaissent dans une région dite « indéterminée » d'Afrique, cinq cents ans avant notre ère, décide de partir au nord avec l'idée d'Eléné en tête « qui résume pour eux le lieu du temps où les humanités se rencontreront enfin » (11), il laisse son « kwamé » sur une roche polie à l'entrée de la case qu'il s'est fabriquée dans la ville Onkolo, quelque part en Afrique (66-76). Ce signe se retrouvera, plus tard, en de multiples endroits, sur un mur de la maison des esclaves à Gorée (113-114, 199), sur une roche ou l'autre en Martinique (199), sur le bracelet passé au bras d'Okoo, la mère d'Odono (241), sur toute pierre qu'une légende ou l'autre aurait dite « sacrée » (126). Dès les premières pages, ce graphe signale aux lecteurs un univers mental où plonger et, nul doute, la marque, le sceau, d'une collectivité. Ce signe est image, parole, projet et peut-être réponse[5]. Celui qui le regarde saura de suite que ce signe n'est ni cercle, ni triangle ; non fermé, il ouvre la voie à de multiples chemins : songera-t-on, ici, au vévé du Legba vaudou, loa qui, à la croisée des chemins, ouvre les portes de l'invisible ? Ce signe est le code vital des Batoutos, peuple-personnages du roman, ceux qui partent mais indiquent par cette marque, ce geste, qu'« ils sont toujours là » : « Le kwamé d'Oko résista, l'image en parvint jusqu'à nous. Sans doute parce qu'il se dispersait en combien de significations répandues sur la terre. La banalité partageable en faisait l'unique » (70-71). Parmi les nombreuses associations d'images qui pourraient venir à l'esprit à la vue de ce signe, le narrateur rappelle qu'il semble encore : « […] l'idéogramme de la lettre O dans l'écriture syllabique hiragana[6] de la langue japonaise, formée d'après les caractères chinois avec

---
[3] L'orthographe de la syllabe finale de ce terme deviendra claire en chemin de lecture.
[4] Saint-John Perse, *Vents* I, 7 dans *Oeuvres complètes*, 196.
[5] À lire, l'immense ouvrage de Simon Battestini : *Ecriture et texte. Contribution africaine* (1997). Parmi d'autres questions d'intérêt, l'auteur y rappelle l'importante écriture que sont les images, graphies, pictographies, en opposition – ou en relation ? – aux signes abstraits, arbitraires, des écritures occidentales.
[6] Je remercie ma collègue Ann Wehmeyer (University of Florida) de m'avoir initiée à cet idéogramme dont j'inscris ici le dessin : [ ].

dans les deux cas l'absence de ce triangle qui fait la force du kwamé. Dans sa simplicité trouble il a des échos inépuisables » (71).

Le lien de ce signe à la lettre O, lettre si importante dans *Sartorius*, est troublant. Quelques recherches indiquent que l'auteur a trouvé une inspiration pour cet élément important de son discours dans la culture akan. L'un des chapitres du livre établit d'ailleurs des modulations autour du prénom Kouamé, « donné aux garçons nés le dimanche » (*sic*), et la lettre K (178-192)[7] et, à noter, de nombreux termes de l'oeuvre contiennent cette lettre : ainsi, « kaoulo ou kaouno » (129) ; ou encore, on peut citer le terme « kouka », serpent à la fois d'eau et de brousse, détail qui n'est pas sans importance si l'on veut bien suivre le développement de cette étude (131). Cependant, la configuration même du signe « kwamé », parmi les symboles akan que j'ai pu découvrir, est restée, à ce jour, introuvable. Cette image à demi-parlante, en grande partie énigmatique, est d'abord trace d'une présence humaine ; ceux qui partent restent liés à ceux qui restent, ceux-ci représentés dans le texte par les Imokos qui, eux, ont « une lourde patience » : « Nous restons à Onkolo pendant que vous courez la piste. Il faut un lieu de paroles » (48, 321). Ces Imokos me paraissent être le parallèle, à d'autres moments de l'oeuvre de Glissant, des esclaves de plantation : liens nécessaires et ambigus aux errants marrons. Par ailleurs, la configuration du kwamé appuie, me semble-t-il, l'idée que toute certitude d'une origine et filiation légitimes restera à jamais nimbée de rêve dans la symbolique même de cette communauté, de même qu'en restent ouverts, imprédictibles, les chemins[8]. Tout à fait remarquable aussi est l'importance, dans *Le roman des Batoutos*, de la culture ibo, des Ibos, ceux-ci très portés à la révolte, prêts aux actes de défense les plus audacieux menant droit aux suicides de bon nombre d'entre eux (138-150,162-164). Le kwamé d'Oko, signe non pas génétique donc, mais dans lequel, à ce point de la réflexion, on pourrait déjà voir un signe de ralliement politico-esthétique, garant d'un choix de vie, sera adopté par certains déportés de la traite, nommés, ménommés Congos, Ibos ou autre, ainsi Odono (l'ancêtre déjà connu depuis *La Case du commandeur*, arrivé aux Iles vers 1715 ?).

Il semblerait que le terme « batouto », quant à lui, ait été, en partie au moins, inspiré du monde bantou, culture que le narrateur, jouant à se

---

[7] Garçons nés le *samedi* d'après d'autres sources (voir note 8 ci-dessous).
[8] Je remercie Phanuel Egejuru (Loyola University) des quelques moments de discussion que nous avons eus à propos de ce signe. Je remercie aussi Charles Cantalupo (Penn. State University) de m'avoir conseillé la lecture enrichissante de Jean-Jacques Lahaderne, *Denereaux Akan. Poids monétaires du XVè au XIXè siècle dans l'Afrique de l'Ouest* (1981). La référence au nom Kwamé (épelé ainsi dans l'ouvrage) est à la page 111. J'y ai admiré de belles photographies et dessins de poids et diverses figurines. J'ai aussi consulté D. Michael Warren, ed., *Akan Arts and Aesthetics : Elements of Change in a Ghanaian Indigenous Knowledge System* (1990).

demander d'où vient le mot « batouto », mentionnera en passant (234). À noter : « ba » est le préfixe pluriel utilisé pour la classe des humains dans les langues bantoues (ba/ntou). Dans certaines de ces langues, le « n » de la syllabe « ntou » (syllabe qui jointe à « ba » produit le mot qui signifie les « animés humains »), ce « n », donc, disparaît. Quant au « b », il glisse parfois vers le « w » : ainsi, en swahili, « watoto » est le mot pour « enfants » (pluriel), « mutoto » étant le mot pour « enfant » (singulier). Or, il y a quelque temps, sans songer d'abord que cette découverte puisse être liée à mon intérêt pour *Sartorius*, j'ai appris que dans l'Ouest camerounais, vit et parle le peuple batoufam (nom, aussi, de leur langue, du groupe bamiléké). Selon mon informatrice, les Batoufam se souviennent qu'ils sont « ceux (*ba*) qui ont la tête (*tou*) dans le ciel (*fam*) » – [Je traduis librement : *ba/ tou* (« tête », me dit mon informatrice, dans cette langue)/ *fam* (vers le haut)][9]. Il serait impossible, me semble-t-il, de ne pas voir dans le rêve de Glissant une association avantageuse avec cette « classe humaine » inscrite en son mot choisi.

Quant à la lettre O, alliée d'un bout à l'autre aux « K » de l'oeuvre, le lecteur comprend vite que l'auteur y a graffé une modulation délicate et peut-être problématique – déjà familière aux lecteurs de Glissant – entre un certain « tout » promoteur de l'absolu, de l'unique, du visible, et du puissant, dangereux parce que proche du totalitaire, et l'« autre » totalité, celle du totalisant, incluant à la fois l'attachement à un lieu de parole et d'échanges, et l'ouverture aux autres, à tous les autres, dans la liberté immense de rapports multiples et fraternels[10]. On remarquera dans l'oeuvre – et à l'oeuvre – un nombre très grand de noms propres (villes, êtres humains, animaux, dieux) qui, parfois, commencent avec un O, parfois le contiennent en position médiane ou finale. L'auteur ne semble-t-il pas privilégier cet arrondi, cet absolu, cet aller-retour, cette fermeture, pour employer des termes à la fois familiers et tabous de l'univers glissantien ? Après réflexion, l'on comprendra que, d'une part, chaque terme possesseur d'un O est susceptible d'altérations, transfigurations, qui révèlent le processus

---

[9] Je remercie Haig Der-Houssikian (University of Florida) du dialogue très utile que j'ai eu avec lui sur les langues bantoues et le swahili. Je remercie aussi Valentin Mudimbe (Duke University) d'avoir prêté attention à mes questions et d'y avoir aussi répondu. Il se trouve par ailleurs que, coïncidence, j'ai eu l'honneur, il y a quelque temps, d'être le membre « externe » du comité de doctorat de Madame Evelyne Ngantchui qui, pionnière en la matière, a écrit sa thèse sur « Topic Structures in Batoufam », l'une des langues de sa famille. Entre autres investigations, son travail la mène à démontrer que le batoufam est bien une langue bantoue. Je la remercie des moments de discussion fort utiles qu'elle a bien voulu m'accorder.

[10] Voir, par exemple, Bernadette Cailler, « *Totalité et infini*, altérité et relation : d'Emmanuel Lévinas à Edouard Glissant », *Poétiques d'Edouard Glissant* (1999), 112-131. Je pense que je reprendrais, réviserais certains passages de cet article, d'ailleurs, maintenant.

d'emmêlement, de créolisation (autres termes connus des lecteurs de Glissant), et ceci à divers niveaux : ainsi, particulièrement signifiant sera le dieu Ahono, « dieu de l'incertitude, du choix supputatif, de la tracée en toutes les vies. *Il veille aux croisées des chemins* » (96) [je souligne], image qui m'était d'ailleurs venue à l'esprit à la première contemplation du kwamé. On reviendra à ce dieu bientôt. À noter – autre signe très signifiant dans la symbolique de l'oeuvre – le personnage éponyme batouto, Wilhem Sartorius, est une figure équivoque d'émigré, d'errant, qui perdra son *u* en arrivant au Nouveau Monde : devenu Sartoris, il sera affilié dans l'imagination de l'auteur au personnage du roman de Faulkner, lequel « soixante années plus tard » ajoutera, lui, ce « u » au patronyme de sa famille (Faulkner), le narrateur ajoutant : « Les *u* sont imposants, tout autant que les *o*. Ils ouvrent sur un ciel dont vous n'augurez pas s'il est maudit ou de bénédiction » (269-70). Récemment, l'un des descendants de cette famille devenue Sartorius, le poète Joachim Sartorius, mentionné par la voix-*je* de l'auteur (211), a eu l'amabilité de m'expliquer par courrier électronique, que le suffixe « ius », branche, floraison acquise aux cours des ans par le nom « Sartor », avait vu le jour en Allemagne, « ajouté comme ornement », « aux temps baroques ». De « Schneider », on était d'abord passé à « Sartor » en « l'an 1518 », au temps où, dans le « bon bourg de Francfort », le latin était de très bon ton (167-177). Le commentaire de Joachim Sartorius, d'ailleurs, dans son aimable réponse, est sobre. Replaçant le terme baroque dans son contexte européen, il ne fait aucune allusion aux associations contemporaines, parfois trop faciles, entre « baroque » et « créolisé »[11].

Porteur de O, chacun de ces « êtres » du *Roman des Batoutos* n'est donc pas l'unique, l'élu, le hiératique, mais émerge comme le maillon mouvant d'une immense chaîne. Chez les Batoutos, insiste le narrateur, les « hérétiques » sont ceux qui prêchent un « absolu de l'univers », « comme, dans une autre histoire, chez les Hébreux, les chrétiens ou les musulmans, est réputée hérétique toute pensée du relatif » (50). La propension du monde batouto à bouger, échanger, partager se retrouve dans la célèbre palabre, bien sûr, mais encore plus, dans le vivant contact entre paroles et langages. Plus haut, je citais les mots « kaoulo ou kaouno ». J'y reviens un instant. Au

---

[11] Joachim Sartorius est poète et traducteur, actuellement Directeur du *Berliner Festspiele*. À ce jour, je ne connais de son oeuvre que le numéro d'Octobre-Novembre 1998 de *Poetry* dont il était co-éditeur. L'un de ses poèmes y paraît en édition bilingue, allemand-anglais : « Graves » (traduit par Andrew Shields), ainsi que son essai : « 'Language, Foreign : Saying You and Being Heard' : On Poetry in German, 1986-1996 ». Je remercie encore Joachim Sartorius d'avoir bien voulu me répondre. En référence à la relation entre « baroque » et « créolisé », j'ai plaisir à mentionner la présentation d'Ana C. Cara intitulée : « Creole Style of Baroque Excesses » (4th International Conference on Caribbean Literature, Martinique, Nov.7-9, 2001)

bord de la rivière, en pays batouto, les langues vont bon train : « kaoulo ou kaouno », écrit le narrateur, « qui disait petit babouin dans une langue signifiait sexe de l'homme dans une autre, et ainsi de suite » (129). De même, la richesse des manipulations de langage autour du destin d'Odono plongé dans ses multiples voyages provoque ce commentaire métanarratif : « Les langues créoles sont rapides à grappiller partout. Elles vous trempent dans leurs mots comme le vezou vous remplit de son vent de sucre brûlé, sans que vous sachiez le plus souvent d'où ça vient » (117-118). Particulièrement saillant est le prolongement du O en OO pour les noms d'êtres féminins. Cette ouverture, cet appel, signale partout dans l'oeuvre une féminisation qui, en fait, n'est pas simple prolongement ou émanation de l'être mâle (on pense à la célèbre côte d'Adam), mais qui privilégie, à tort ou à raison, le féminin de l'univers, à la fois comme élément « marginal » et « créatif » : un bel exemple de ce que j'avance ici serait le personnage de Mahinondoo, la compagne d'enfance d'Odono à Onkolo (lieu épelé aussi Onkoloo dans le même chapitre)[12], figure éblouissante de liberté, de vie, douée, inventive, « génie des bois et des crépuscules, les bêtes la respectaient », « pas aussi batoutoo que nous pourrions croire ». Alors qu'Odono allait errer de par le monde, elle, Mahinondoo, fabriquerait des mondes sans mesure, grands comme ses errances quotidiennes, « et les habitants demeurants l'appelle la femme espace, pour cette manière qu'elle a de dévorer les distances ». En fin de chapitre, la très libre Mahinondoo est unie dans la pensée du narrateur à Manondo l'Africaine (avec un seul O ?), ancienne esclave qui s'était rendue libre en flattant les désirs de son maître, puis, se prostituant sur le port, avait fini par faire fortune au pays du fabuleux tango (82-90)[13]. Les lecteurs noteront que les personnages les plus créatifs de *Sartorius* sont souvent des femmes qui fréquentent « l'invisible », « l'équivoque », « l'incertain », « le doute » : elles sont voyantes, poétesses, telle la grand-mère d'Odono, cette Elanoo, au nom « si proche de celui d'Eléné » (133).

Enfin, cet indissoluble emmêlement entre le O masculin et les deux O féminins des noms se retrouve jusque dans l'image du divin, ainsi dans le couple Ahono/Ahonoo, dieu double, triple… lequel, je pense, projette l'image d'une créativité androgyne. J'ai déjà cité les attributs d'Ahono plus haut. Il se peut que cette divinité symbolise la floraison d'humanités désirées par le rêve conté ici :

> Son rêve est d'avoir descendance, mais il [Ahono] ne le peut, alors il parcourt au loin, et Ahonoo, principal dieu, femme et homme, dont

---

[12] Voir plus tôt dans le texte la phrase : « la ville Onkolo ou Onkoloo, selon que vous l'estimez au masculin ou au féminin […] », 51-52.
[13] Ce personnage si attachant – Mahinondoo – me rappelle Mycéa.

l'étendue, c'est tout dire, est irrémédiable (*sic*)¹⁴. Elle est maîtresse des machines, que nul ne contrôle ni ne peut supposer. Elle descend du ciel, c'est-à-dire que tout littéralement elle est venue d'ailleurs, parcourant le chemin inverse de celui qu'a suivi Ahono [...] Alignés en couples si apparents, *o* et *oo*, ils ne vous opposent là rien d'irréparable. Ils désignent le mouvement de multiplicité qui mène à Eléné ! (96-97)

Cette Ahonoo, « maîtresse des machines », n'évoque-t-elle pas la haute technologie contemporaine des communications? N'y aurait-il pas ici l'image d'une rencontre – souvent accomplie, dans le passé, dans la souffrance et la mutilation pour certains, pour beaucoup –, rencontre entre deux visions du monde, deux types de communication, de « civilisation » ?¹⁵ Ceux qui sont inspirés par Ahonoo, ajoutera plus loin le narrateur, « [...] amassent l'or et l'argent, qui sont des cauris puissants [...]. Ils verront en vous des effeuilleurs de branches, sans pouvoir ni efficace. Le temps sera long pour ceux qui cherchent » (111). En même temps, il faut dire que l'autre dimension de ce couple, celle de l'androgynéité divine, en fait androgynéité de la créativité, se retrouve dans bien des sphères culturelles du monde, où se meuvent des couples divins ou humains quasi fraternels (Isis-Osiris, Tanit-Baal ..., ici, par exemple, Odonoo-Odono (98-104))¹⁶. Enfin, tout lecteur attentif de *Sartorius* ne manquera pas d'observer que le genre grammatical d'Eléné est incertain, la voix narrative qui désigne ce lieu-temps rêvé oscillant entre « il » et « elle ».

Dans l'une des annexes ajoutées à l'oeuvre, l'auteur fait remarquer qu'il y a peu d'écritures dans le monde, si l'on en excepte les langues européennes :

---

¹⁴ La syntaxe de cette phrase n'est pas claire. Faut-il ajouter en pensée : « alors il parcourt au loin, et rencontre Ahonoo [...] » ?

¹⁵ Plusieurs fois, dans son oeuvre, Glissant insiste sur les qualités ambiguës de l'Aventurier, du Conquérant (*Les Indes*) dont la face positive était/est l'ouverture vers l'ailleurs, l'autre. Plusieurs fois, il fait remarquer que l'Occident technicien des médias est/pourrait être un puissant moteur de la poétique de la relation (*Le Discours antillais*, note 7, 247, certains passages d'*Introduction à une Poétique du Divers*, 1996). Dans *Sartorius*, voir, par exemple, l'allusion à « Alexandre, fourrier sauvage et paradoxal du même Eléné! tueur de peuples et passeur de cultures » qui « fit se rejoindre sans se confondre Orient et Occident » (249). Oui, Glissant se répète ; s'il tourne en rond, c'est à la manière des grands poètes, dont chaque *dit* redit mais pourtant ouvre un encore plus grand chemin de rêve.

¹⁶ Aux pages 307-308, Glissant laisse entendre qu'on lui a reproché de ne pas avoir commenté le roman de Jean-Louis Baghio'O : *Le Flamboyant à fleurs bleues* (1937), texte où l'arbre d'une famille O'O apparaît sur la première page en introduction à la saga qui suit. Encore que je n'aie pas eu le temps d'étudier la question en profondeur, je ne peux que suivre Maryse Condé lorsqu'elle souligne dans une postface au livre : « They [readers] will find description that smacks of the exotic [...] ». Condé, par ailleurs, met aussi l'accent sur maintes caractéristiques de l'oeuvre qu'elle juge positives. Voir *The Blue Flame-Tree* (1984), p. 141.

> [...] où la forme O, représentation unique du monde et de la terre du moins autant que de l'univers peut-être, s'établit dans sa pureté, [...] il s'y glisse toujours une béance, une fissure, un ajout, un redoublement qui pervertissent l'absolu de cette figure. De manière forte, les systèmes idéogrammatiques ignorent l'apparence du O qui souvent s'ouvre aussi en U ou en W arrondi (349-350).[17]

De la méditation de cette rondeur flexible, voire brisable par mille remous, aussi éloignée de la ligne droite que du cercle parfait, aussi éloignée de la surface lisse que de la sphère magistrale, vivante comme la terre même dans ses ébullitions, inondations, élasticités, fluidités, de cette méditation, surgit, donc, je pense toute la philosophie de l'oeuvre. Image incontournable de ce rêve : la « mare » où pêchait Odono, enfant ; libre à vous, affirme le narrateur, de n'y voir qu'une chambre close alors que rivières, îles[18], archipels, sables, océans, terres, ciels, boues, bouillonnements, éclairs en détruisent sans cesse les bords. La considérant, cette mare, comme lieu clos, antre-refuge, matrice-tombe, qu'y perdrez-vous alors? Le monde, la vie, ni plus, ni moins. De même que la case d'Oko, l'errant, se meut en « Karavan/Karavel » « à quatre directions », de même que le chemin de caravane à caravelle est celui, continu, qui mène de la savane ou de la brousse au sable puis à l'eau, puis de l'eau à la terre, ainsi la mare qu'on aime dire originelle n'est demeure que parce qu'elle est le lieu, déjà mouvant, déjà impur, d'où l'on part : « Ce monde est déjà ce que sera l'eau mêlée de la mare, imprévisible et multiple, libre à vous de le concevoir aussi comme l'O tyrannique et parfait qui en marquait le bord » (350). Le serpent de la mare, « Seigneur des eaux profondes » (allusion à un poème de Césaire, 53), est frère de l'oiseau, comme la « pluie d'en bas », qui nourrit la mare, est soeur des tempêtes ; l'enfant apprendra à voler entre les pluies, sans savoir qu'il « devient » Okombo, l'oiseau, toujours inaperçu, très haut dans les nuages : « Le kwamé d'Oko est un okombo, qui lui donna de partir, non de s'élever » (105). Il faut comprendre que dans le texte, « élévation » est plus ou moins synonyme d' « habitation » : « Nous cultivons autour et nous nous cultivons » (105). Oko et ses descendants batoutos, eux, partiront.

Partir : le texte de *Sartorius*, dans son ensemble, symbolise, plus, écrit, la marche de ce peuple partant, parti, vers Eléné, réinvention d'une autre sorte d'Hélène dont la « conquête » ne devrait rien aux armes, à la violence, et vision de ceux qui errent nus, sans pouvoir, sans titre, sans élection, grain de sable lié à grain de sable, goutte de pluie mêlée à goutte de pluie, sel de terre ou de mer lié à sel de terre ou de mer ; peuple d'errants ayant le savoir

---

[17] Cette lectrice n'a aucune compétence pour évaluer cette opinion de Glissant.
[18] À noter : dans le texte, « île » signifie aussi lieu de chute en pleine terre.

et le vouloir d'être-*avec* plutôt que d'avoir-*sans*. Eléné : terre promise ? À qui, pour qui, et, plutôt d'ailleurs, à quoi bon ? Nos mythologies littéraires ne sont-elles pas excessivement envahies, quoique souvent dans des langages de grande beauté, par des voyages d'avance condamnés, mirages, mensonges, nostalgies, ou, à l'autre bout du spectre, voyages symbolisant les idéologies démodées, démolies des lendemains qui chantent et autres annonciations ? Voyages utopiques au sens où l'Utopie ne nous intéresse plus ?

III. Eléné : Elle est née ! [19]

Dans un ouvrage exigeant au titre déjà mentionné : *Exotic Memories*, Chris Bongie expose avec à-propos la question des littératures de l'exotisme. Posant d'abord quelques bases, celles du XVIIIè siècle, il examine les phases cruciales de l'exotisme littéraire et artistique au XIXè siècle et, dans une certaine mesure, du XXè, son dernier auteur/artiste étudié étant Pasolini. Evidemment, la majorité des figures étudiées dans cet ouvrage appartiennent à la période coloniale, alors que lui, critique, se situe nécessairement au-delà. Cependant, l'étude de Bongie souligne la persistance de certaines attitudes « fin-de-siècle » en plein XXè siècle. D'autre part, ce dernier n'élude pas la responsabilité intellectuelle qui lui incombe de se situer, lui, vis-à-vis du regard que l'Occident a porté, porte, vers « l'autre » exotique. On peut dire au moins que cette honnêteté est appréciable.

Dans son introduction, Bongie définit clairement l'exotisme en ces termes : « [...] a discursive practice intent on recovering « elsewhere » values « lost » with the modernization of European society » (5). Un peu plus tôt, dans le même chapitre, de concert avec une référence à Theodor Adorno et l'Ecole de Francfort, il avait rappelé :

> The story that Pasolini, Lévi-Strauss, and countless others have told in the twentieth century is little more than a repetition of one that was very much on the nineteenth-century mind : the gradual loss of alternative horizons that had to result from diffusion of « Western civilization » to all corners of the globe. [...] This global vision puts into question the faith in cultural heterogeneity undergirding the ideological project that I refer to here as *exoticism* (4).

Examinant avec pertinence le XIXè siècle en ses « projets exotiques », le critique fait état de l'optimisme caractéristique du début du siècle, époque

---

[19] Bien sûr, je pense au célèbre cantique de certaines de nos enfances : « Il est né le divin enfant... », etc.

où l'on croyait encore à l'existence d'un espace autre qui aurait donc préservé certaines « valeurs ». En revanche, l'entreprise coloniale allait brouiller les cartes : « How can we recuperate 'elsewhere' what civilization is in the process of eliminating if this same process has already taken on global proportions ? » (5). Par exemple, en partance pour Tahiti, Paul Gauguin s'écrie : « Je veux aller chez les sauvages », à la recherche de son « antique indigène retrouvé ». Très bientôt, il pleure déjà son rêve, découvrant que les Maoris sont tous « civilisés » (72-73).

Je mentionnais plus haut la rigueur intellectuelle de Bongie qui se pose à lui-même quelques questions peut-être délicates mais nécessaires :

> Where do I stand with regard to the historical and ethical (what was once present is now, alas, absent) that by my account generates the exoticist project? Is there something objectively true about this scenario of loss, or is it nothing more than a retrograde ideological fiction from which we can and must take an absolute critico-historical distance ? (5)

Encore que je ne puisse ici rendre justice aux nuances du raisonnement de Bongie qui, bien sûr, se place en « critique averti », il annonce néanmoins : « I [...] have adopted as my own the pessimistic and nostalgic evaluation (or devaluation) of modernity central to exoticism » (5).

Dire tout cela, c'est, bien sûr, non seulement reconnaître mais accepter, d'une part, non seulement que ces « autres » sont « perdus » et qu'ils étaient autres d'une *certaine* façon (la complicité avec ce regard « occidental », ne peut, vu les positions prises par Bongie, être catégoriquement, complètement écartée). D'autre part, c'est bel et bien déclarer : « ils » deviennent comme « nous ». Enfin, la remarque – essentielle – faite par Glissant, dans *Soleil de la conscience*, concernant l'absence d'intérêt, en fait d'inquiétude, pour la condition sociale de « l'autre », objet exotique, n'apparaît guère dans cette analyse.

Je n'entrerai pas ici dans un débat qui serait pourtant justifié, à savoir, qu'il est peut-être une position intellectuelle qui n'exige pas, même si l'on est soi-même « occidental », qu'on aille s'exprimer en termes de « ils » et de « nous ». Je veux dire, il est peut-être possible, voire désirable, de ne pas se donner a priori la chance – ou la malchance – d'appartenir à un camp ou à l'autre.

Plus directement liées à cet essai cependant sont deux ou trois suppositions, voire convictions pour certains d'entre nous, d'importance. En effet, de nos jours, il n'est guère audacieux de mentionner que l'énorme entreprise occidentale, y compris coloniale, a inventé ses nègres et sauvages de tous acabits, leur prêtant des couleurs, des pensées, des dieux, des sentiments, des paroles et des passés qu'ils n'ont sans doute jamais eus, et leur annonçant des futurs qu'ils auront peut-être autrement. On peut aussi se demander si celui qu'ici je choisis d'appeler du nom séduisant de « voyageur » n'est pas le plus souvent parti « en brousse » parce qu'il était mal dans sa peau, au sens strict du terme, sans un sou vaillant, ou alors en quête d'une accalmie, voire guérison, à ses angoisses, en quête d'un « moi » ou d'une vérité rassurants.[20] Quel voyageur, peut-on rêver, s'est-il jamais demandé s'il n'était pas, lui, le barbare, le sauvage de l'autre ? On découvrira, c'est certain, que quantité d'oeuvres de langue française des siècles passés, mettant en pages des personnages « exotiques », ou bien les affublent d'oripeaux européens, littéralement et figurativement, ou bien en font des bêtes, des anges, ou des paillaissons style repos du guerrier ou rire banania. Tout ceci certes est archi-connu ; je n'insiste pas[21]. Il faudrait tout de même espérer que la pensée dite post-coloniale, et là, je parle surtout des « créateurs », mette un trait mortel sur les divisions binaires simplistes qui n'ont plus aucun sens, d'accord, mais plus, qui, je pense, n'en ont jamais eu. Il est vrai, par ailleurs, que les humains s'entretuent toujours et sont toujours partagés entre ceux qui ont et ceux qui n'ont pas.

Il me semble que *Sartorius* se situe précisément à la croisée de ces chemins de créativité, c'est-à-dire de vie. Je pense d'abord que le texte de Glissant tourne absolument le dos à la nostalgie des « valeurs » et d'un monde perdus, et ceci quel que soit le monde d'où le narrateur parle où parte. L'une des qualités non moindres de l'oeuvre certes est de ne pas se situer à partir d'un camp ou d'un autre (ainsi, bien malin qui saura si ce narrateur se prend lui-même pour un Batouto, même si un « nous » sujet apparaît ici ou là). Pourtant, ce texte n'échappe pas à la rhétorique des lendemains qui chantent. Glissant est, je dirai, optimiste. J'ajoute de suite que sa voix poétique, qui est donc aux antipodes des mélancolies décadentistes, est souvent encore habitée d'une sorte de souffle épique travaillé par des mythes de renaissance. Mis à part le fait que son ascendance africaine y est peut-être pour quelque chose, je veux dire qu'il a en lui la longue mémoire de la Traite, oserai-je dire que c'est là son côté « classique », grand seigneur de l'art, non pas en opposition mais en relation complexe à son tout aussi crucial : « Quel roman, tu t'en fiches des romans […] ? » (281). Lisant Glissant le « grand » écrivain, on songe à Malraux soutenant que l'art est un « anti-destin ». Certes, Glissant réussit admirablement à plonger en plein mythe : il invente son « Chant d'Odono », fondamental au déchiffrement (124-137), il invente ses Batoutos, mais, par certains aspects, on les reconnaît comme certains se souviennent encore de la Toison d'or. Ce faisant, pourtant, il agrafe la légende et ses figures aux

---

[20] La distinction – relative ? – entre « récit de voyage » et « récit de fiction » ne change rien de fondamental, je pense, à la question.
[21] Parmi d'autres ouvrages, un livre qui contribue des pages intéressantes à ces questions : *Afriques imaginaires. Regards réciproques et discours littéraire. 17è-20è siècles* (1995).

vies les plus quotidiennes, y compris, souvent, les plus contemporaines, les plus réalistes qui soient. Dans ce « pourtant » commencent peut-être à la fois nos problèmes, et nos éclaircissements, car il me semble, bien sûr, que ces Batoutos, personnages/personnes surgis « à la croisée de nos chemins », sont et ne sont pas comme de nombreux personnages/personnes que nous avons « lus » et « connus ». Dans cet accomplissement, Glissant tout court et tout entier est en opposition catégorique aussi bien aux mythes exotiques qu'à ces désenchantements contemporains où « art » et « sacré » ont été engloutis dans ce qu'on appelle communément la culture de masse, la technologie, la disparition de l'individu, éléments liés, souvent, à la disparition d'une généalogie, d'une origine, garantes de l'identité[22]. Enfin, *Sartorius* transcende de multiples traditions qui opposent monde du livre et monde de la vie. Je développe rapidement ces quelques remarques.

1. Dans *Sartorius*, il existe un type d'errant qui n'est pas celui forcé à l'être par la déportation, l'esclavage, le pillage de la conquête, la colonisation, ou le mal d'être. Il faut rappeler qu'Oko, le premier errant batouto mentionné sur la page, cinq cents ans à peu près avant notre ère, « décide aussitôt de partir dans le monde, non pas pour y posséder mais pour endurer avec tous ». C'est ce peuple-là qui « a conçu » Eléné. Ce peuple est « non élu ». En fait, sa figure est attachée à des « temps incertains » ; son errance est à l'image de temps sans doute plus anciens : « C'est peut-être ce peuple que beaucoup plus tard les savants appelleront la Horde, ajoutant, le plus souvent, sauvage » (22-23). Oko, après tout, est l'ancêtre africain de tout un chacun, celui du Saharien, celui du Parisien, du Serbe, du Croate, de l'Afghan...

2. Odono et ses frères souffrants, autres types d'errants, sont ces Batoutos que l'Histoire a rendus particulièrement doués pour les relations entre humains (leitmotiv chez Glissant). Pourtant, ces errants-là sont bien liés aux errants d'avant. Ils sont, si j'ose dire, de la même famille (64). À noter, le narrateur montre Odono à la recherche des « chasseurs de chair ». Il veut voir où ils vont : « Il se fit voir d'un groupe de ces chasseurs de tête [...] » (112-113). Au coeur de la colonne d'enchaînés, il « pensait parfois à Oko dans son désert » (114). Dans l'introduction au *Monde incréé*, oeuvre publiée en l'an 2000, un an donc après *Sartorius*, on lira une allusion à cet Odono « le plus connu des Batoutos, celui qui avait choisi de traverser les

---

[22] Voir l'excellent article de Daniela Hurezanu où ces questions mêmes sont discutées avec grande clarté et finesse : « Le mythe de la naissance et de la fin de l'art : convergence Blanchot-Bataille-Adorno », *ORBIS Litterarum* (2001), 276-293.

eaux immenses de l'océan », au temps de la Traite négrière (8)[23]. Cette terrible ambiguïté (Odono ne serait point entièrement irresponsable de ce destin d'errant persécuté ?), rend toute histoire du passé infiniment difficile à démêler, certes. Il se peut pourtant que ceux-là, les errants enchaînés et leurs descendants, soient plus inspirateurs que beaucoup dans la marche vers Eléné. De plus, *Sartorius* écrit fortement que leur monde « d'avant » n'a pas été « perdu » dans ces multiples tragédies : la terre africaine a été ravagée, beaucoup de ses humains furent victimes « mais non pas leur communauté » (49). Et : « Onkolo est toujours là, les Imokos l'ont préservé » (191).

3. Oui, Glissant frôle dangereusement la tentation du rêve de l'âge d'or, de l'Utopie. Il se maintient pourtant sur cette corde raide sans perdre ni l'équilibre de son dire, ni son lecteur, en tout cas pas cette lectrice, et ceci pour deux ou trois raisons majeures.

a) Dans la trame du texte, se retrouvera bien la distinction, habituelle chez Glissant, entre l'arbre généalogique d'une seule racine, celui de Jacob Sartor, « homme de souche hanté de l'idée d'une fondation », et la croissance des « herbes tenaces et patientes, qui courent sur les espaces [...] », univers d'Areko « l'invisible », « migrant dépossédé » (205-214). Mais dans l'univers où ce rêve mène les lecteurs, il n'y a plus d'opposition entre Jacob Sartor et Areko. Dirai-je qu'ils ont besoin l'un de l'autre, ou plutôt qu'ils sont l'un dans l'autre ? Personnages « réels » et métaphores poétiques, ceux-ci sont et ne sont pas ; leurs dénotations traditionnelles, mais aussi leurs connotations traditionnelles, « exotiques », voire « historiques » sont désormais déchirées. L'un se croyait universel et « maître de lui-même comme de l'univers », l'autre subissait son errance, son exil, son absence de « descendance », son « invisibilité », sa « disparition », tout aussi exotiques. Dans le maelström batouto, la contamination, le mélange et la promiscuité donnent naissance aux premiers humains. Lisant *Sartorius*, on pourrait dire, paraphrasant Freud à propos de l'anatomie, que l'origine n'est pas le destin : « Ce n'est point par le leurre atavique ni par le lien du sang que tu hérites du bienheureux stigmate de la diversité. Tu nais batouto, mais je le deviens aussi » (65). Les Batoutos d'inspiration, d'adoption sont chez vous et ailleurs. Les personnages de *Sartorius* à vocation et qualités batoutiennes[24] sont partout et de partout : « Les Batoutos sont parmi nous » ; ils sont peut-être nous, « visibles et invus » (273-283). En revanche, il n'est pas exclu qu'un Batouto de « naissance » puisse déraper dans sa marche batoutienne. Au niveau de la créativité même,

---

[23] Dans *La Case du commandeur* (1981*b*), 1715 était la date incertaine de l'arrivée d'Odono. Dans *Le Monde incréé*, la référence à Odono est associée au XVIè siècle, début de la Traite.
[24] Cet adjectif est de Glissant.

le gouffre entre Occident et non-Occident n'est pas « irréparable » ; les divinités d'Eléné s'épousent (96-97).

b) À aucun stade de la narration, le lecteur n'aura l'image d'un temps découpé en un hier plus ou moins lointain, plus ou moins mort, et un aujourd'hui impératif et réel, lié à un événement, une intrigue, une tragédie, un bonheur, un personnage, une civilisation... *Sartorius* s'écrit, se lit dans une durée où passé, présent, futur pressenti offrent au regard, à l'imagination, la réflexion, quantités d'événements, tragédies, circonstances, peuples, personnages, civilisations, connus, méconnus, reconnus de la plupart d'entre nous, lecteurs moyens mais concernés, interpellés. En conséquence, par-delà l'annonce, au futur, d'Eléné, cette « utopie » affleure au quotidien ; son avènement est le fruit d'une transformation intérieure ; elle est la chance à saisir partout et en tout instant : *Elle est née*.

c) Enfin, l'espace socio-littéraire de *Sartorius* transcende aussi bien les notions d'art « sacré » et de culture de masse que celles de héros et d'antihéros : s'il y a, dans les temps humains, les créativités humaines, des héros *vus*, ils le sont par qui et pour qui ? Si la plupart des humains sont des *invus* perdus dans l'anonymat, ils le sont par qui et pour qui ? Les individus, disait Paul Ricoeur, sont toujours « agissants », c'est-à-dire, vivants, donc jamais perdus dans la masse, jamais vraiment « anonymes » (1981 : 157-163)[25]. Enfin, la forme et le style de *Sartorius* témoignent de l'enchevêtrement étroit et constant, dans le cadre conceptuel qui l'anime, non seulement entre mythe collectif et mythe privé, entre le rêvé (le parlé, l'écrit, le peint, le désiré, le non-dit...) et le vécu (le joui, le souffert ...), mais aussi entre tous ces niveaux de réalité; d'où le poids et le sens de ce terrible : « Quel roman? tu t'en fiches des romans [...] » (281). Ecrire n'est pas perdre son temps, sa vie. Vivre n'est pas perdre son rêve, son « kwamé ». Il faudrait, c'est certain, une étude de plus ample envergure pour mener à bien l'idée avancée ici.

Certains, dont je suis, regretteront qu'Eléné, plus simplement, plus mystérieusement, ne soit pas demeurée liée à la seule symbolique du désir (dimension déjà présente, les lecteurs de Glissant s'en souviennent, dans le grand poème *Les Indes*[26]), désir dont vivent les humains, non pas plus, mais autant que de pain. Je ne crois pas que de cet universel-là – celui du désir – Glissant lui-même, au niveau même de la conscience claire, pourrait

---

[25] J'avais dans un ouvrage consacré à Glissant disserté quelque peu de ces questions. Voir Cailler, *Conquérants de la nuit nue. Edouard Glissant et l'H(h)istoire antillaise* (1988), 26-27, 57-58.
[26] *Les Indes* (1955) dans *Poèmes complets* (1994).

évidemment se détacher. Eléné n'avait pas, je pense, à être définie en mots sonnants dès la première page : « [...] le lieu du temps où les humanités se rencontreront enfin ». Plus poétiquement voilée, Eléné aurait pu, me semble-t-il, s'intégrer tout aussi bien, peut-être mieux, aux figures batoutoos dont les valeurs et les significations sont celles de tous ces « visibles invus » (parmi eux, et des plus importants, écrit le narrateur d'un seul souffle et sans virgule : « [...] le mécanicien le bouvier le poète le filtreur d'eau l'ingénieur en informatique » 280), tous ceux-là, aujourd'hui même, ici ou ailleurs, dont le pouvoir est de n'en avoir pas : « D'abord qu'est-ce ce peuple qui n'a aucun pouvoir, il n'intervient nulle part, il n'a ni armée ni finances, aucun reporter ne rapporte où son territoire commence, où il finit [...] » (275). Connaissant l'extrême finesse de l'auteur, la lectrice n'oublie jamais d'ailleurs que, dans de telles affirmations/questions, se glisse l'ironie poétique, celle qui dit et dé-dit.

Enfin, il reste que le concept, dans l'oeuvre de Glissant, de l'identité-relation, inscrite, on le sait, dans l'image du rhizome[27], a sans doute été souvent interprété de façon trop accommodante, comme si sa compréhension allait de soi. Si Glissant continue à « ne pas aimer beaucoup l'universel »[28], n'est-ce pas bel et bien parce que ses racines martiniquaises lui collent au corps comme un gant à la main ? Que l'identité antillaise soit, justement, une identité-relation particulièrement complexe pour les raisons que l'on sait ne rend que plus ambiguë et poignante l'idée de la racine certes, mais jamais ne l'annule. Ici, la lecture que fait Chris Bongie de ce terme : « identité-relation », dans son deuxième ouvrage : *Islands and Exiles* (1998), va dans le sens de cette problématique que j'évoque ici, quoique le style du critique, je le remarque en passant, ne soit pas, dans ce passage, des plus aisés à suivre. Bongie souligne :

> The phrase « identity, hyphen, relation » does not simply direct us forward, as it were, to the creolized relations that have taken the place of the ancestral root, but also back to the two other elements that precede these relations (and that this phrase shares, in epistemic complicity, with « identité-racine ») : namely, identity itself, in all the exclusionary particularism that the word implies, and the hyphen that *both* interstitially joins together the old world of a necessarily circumscribed local identity and the new world of increasingly chaotic and globalized cross-cultural relations *and* indicates the space of neither/nor (neither identity nor

---

[27] Pour une remarquable critique de *Mille Plateaux*, voir Christopher Miller, « Beyond Identity. The Postidentitarian Predicament in Deleuze and Guattari's *A Thousand Plateaus* », *Nationalists and Nomads. Essays on Francophone African Literature and Culture* (1998), 171-209.
[28] Déclaration réitérée durant une visite à l'Université de Floride, à Gainesville, en mars 2000.

relation) – a space that not only renders inevitable but puts into question the imperative of the both/and [...] (70).

Nul doute, toute méditation de « l'identité » batoutienne continuera de passer par un examen ardu de l'identité-racine en rapport à l'identité-errance/relation. Une telle méditation ne pourra, me semble-t-il, que mener les lecteurs à se demander s'ils ont vraiment saisi la signification et l'enjeu réels de ces notions inscrites au coeur des puissantes et séduisantes figures glissantiennes, lesquelles tendent, elles, pour bien des regards justement séduits par cette insistante parole, à brouiller la vue, voire briser la question posée par ce trait d'union qui reste aussi une béance.

Bibliographie

Apel, Willi (ed.). *Harvard Dictionary of Music.* 2nd Ed. revised and enlarged. Cambridge, Mass : The Belknap press, 1974.

Battestini, Simon. *Ecriture et texte. Contribution africaine.* Québec : Les Presses de l'Université : Laval; Paris : Présence Africaine, 1977.

Bongie, Chris. *Exotic Memories. Literature, Colonialism, and Fin-de-Siècle.* Stanford : Stanford University Press, 1991.

—. *Islands and Exiles. The Creole Identities of Post/Colonial Literature.* Stanford : Stanford University Press, 1998.

Cailler, Bernadette. *Conquérants de la nuit nue. Edouard Glissant et l'H(h)istoire antillaise.* Tübingen : Gunter Narr verlag, 1988.

—. « *Totalité et infini*, altérité et relation : d'Emmanuel Lévinas à Edouard Glissant », dans *Poétiques d'Edouard Glissant*. Textes réunis par Jacques Chevrier. Paris : Presses de l'Université de Paris-Sorbonne, 1999.

Deleuze, Gilles. *Critique et clinique.* Paris : Gallimard, 1993.

Glissant, Edouard. *Soleil de la conscience.* Paris : Seuil, 1956.

—. *Le Discours antillais.* Paris : Seuil, 1981a.

—. *La Case du commandeur.* Paris : Seuil, 1981b.

—. *Tout-Monde.* Paris : Gallimard, 1993.

—. *Poèmes complets.* Paris : Gallimard, 1994.

—. *Introduction à une Poétique du Divers.* Paris : Gallimard, 1996.

—. *Sartorius. Le roman des Batoutos.* Paris : Gallimard, 1999.

—. *Le Monde incréé. Poétrie.* Paris : Galliamard, 2000.

Hurezanu, Daniela. « Le mythe de la naissance et de la fin de l'art : convergence Blanchot-Bataille Adorno », *ORBIS Litterarum* (2001) : Vo.56. No.4.

Lahaderne, Jean-Jacques. *Denereaux Akan. Poids monétaires du XVe au XIXe siècle dans l'Afrique de l'Ouest.* Arnouville : Arts d'Afrique Noire, 1981.

Miller, Christopher. *Nationalists and Nomads. Essays on Francophone African Literature and Culture.* Chicago and London : The University of Chicago Press, 1998.

Ricoeur, Paul. « Interview avec Peter Kemp ». *Esprit* (1981) : No.6.

Sartorius, Joachim. « Graves » et « 'Language, Foreign : Saying You and Being Heard' : On Poetry in German, 1986-1996 » dans *Poetry* (Oct.-Nov. 1998).

Saint-John Perse. *Oeuvres complètes.* Bibliothèque de la Pléiade. Paris : Gallimard, 1972.

Warren, D. Michael (ed.). *Akan Arts and Aesthetics : Elements of Change in a Ghanaian Indigenous Knowledge System* (Iowa : Iowa State University Research Foundation, 1990.
Wynchank Amy, Salazar Philippe-Joseph (sous la direction de). *Afriques imaginaires. Regards réciproques et discours littéraire. 17è-20è siècles.* Paris : L'Harmattan, 1995.

Être ou paraître, *Simulacres* de la féminité : le voile levé sur l'affirmation d'une identité antillaise dans le théâtre de Maryse Condé

Carole Edwards

Purdue University

> Écrire en tant que femme noire créole, c'est vivre l'espérance d'un monde vraiment nouveau, peuples, langues, races, religions, cultures mêlés, imbriqués, s'enrichissant, se découvrant sans cesse, se respectant et s'acceptant dans la belle différence.[1]

Depuis la « Négritude, » Maryse Condé s'est non seulement distinguée en tant qu'écrivaine antillaise par ses romans, et s'est fait notamment connaître après la publication de *Ségou* (1984) et de *Traversée de la Mangrove* (1989), mais elle a aussi écrit des pièces de théâtre dans lesquelles elle aborde le thème de l'identité antillaise. Son travail de dramaturge compte huit oeuvres dont seulement quatre ont été publiées : *Dieu nous l'a donné* (1972), *Mort d'Oluwémi d'Ajumako* (1973), *Pensions les Alizés* (1988) et enfin *An Tan Révolution : elle court, elle court la liberté* (1989). Lors de plusieurs entretiens, Condé a avoué ne pas prendre au sérieux ce travail qu'elle relègue au second plan, mais elle invite plutôt son public à se pencher sur ses romans qui, selon elle, offrent une plus grande diversité littéraire. Elle n'a pas hésité à avouer à Melissa McKay ne déceler aucun lien direct entre ses romans et ses pièces de théâtre.[2] Ainsi, McKay a été une des rares critiques à analyser ses pièces outre ses romans.

Dans cette étude, je me propose d'offrir une perspective sur le théâtre condéen en tant qu'instrument qui permet une revendication de l'identité

---

[1] Citation tirée de Gisèle Pineau, « Écrire en tant que Noire » dans *Penser la créolité*, Maryse Condé et Madeleine Cottenet-Hage (éds.), Paris, Karthala, 1995.
[2] Pour plus de détails concernant l'opinion de Condé sur ses romans et ses pièces de théâtre, voir « Appendix – Entretien avec Maryse Condé 17 Octobre 1997 » dans la thèse de Melissa McKay : *Maryse Condé et le théâtre antillais* (1998), p. 231.

antillaise, à savoir le droit à une individualité propre, c'est-à-dire indépendante de tout lien colonial avec la France. De surcroît, cette affirmation ouvre les portes d'un renouveau du canon littéraire qui était jusque-là défini par les formes établies en France. Or, se référer aux ouvrages français afin de déterminer la valeur des oeuvres réprime la productivité littéraire proprement antillaise. Maryse Condé déstabilise cette hégémonie aux allures tentaculaires grâce à une écriture féminine hors pair chez « une écrivaine politiquement incorrecte »[3] qui transforme ses écrits en une véritable mémoire qui transfigure l'Histoire.[4]

Je me propose d'analyser l'identité antillaise en me penchant sur le glissement des rapports entre rôles sexuels, c'est-à-dire dans la représentation des relations entre hommes et femmes dans trois pièces : *Dieu nous l'a donné*, *Mort d'Oluwémi d'Ajumako* et *Pensions les Alizés*. Pour cela, je m'inspirerai du « Simulacre » de Jean Baudrillard, non pas comme ce dernier l'entend et l'applique dans des contextes postmodernes mais plutôt en retenant la notion « d'hyperréel ». Je me pencherai aussi sur l'expression de la féminité dans la diégèse des pièces et examinerai si la responsabilité de la femme face à la communauté permet un changement dans l'affirmation de l'identité antillaise. La femme utilise le domaine privé (dans ses rapports à l'homme au sein d'un couple réel ou fictif) pour dominer dans la sphère publique (en tant que pouvoir décisif dans la politique de petite ou grande échelle). Je m'efforcerai de déterminer si le déséquilibre entre genres affaiblit ou renforce l'avènement d'une telle identité. Je terminerai mon analyse en examinant comment la géographie des trois pièces pointe vers une identité « composite » comme le définit Édouard Glissant dans *Le discours antillais*[5].

Le théâtre comme média : l'hyperréel

Afin de comprendre l'application de l'hyperréel, résumons brièvement les trois pièces de Condé. Dans *Dieu nous l'a donné*, Dieudonné rentre dans sa Guadeloupe native après avoir suivi des études de médecine en France et entreprend une révolution politique à laquelle il espère rallier les habitants de Grand Anse, le village où il exerce. Ses aspirations modernes se heurtent alors à la tradition. Mendela, maire du village et guérisseur, est d'abord son allié puis son ennemi. Dieudonné utilise la maîtresse du maire, Gastonia, en devenant son amant pour se familiariser avec les pratiques du village. Lorsqu'il la délaisse, cette dernière entreprend de se venger en annonçant la

---

[3] Ce terme provient du titre d'un colloque sur Maryse Condé, tenu en 1995.
[4] Pour plus de détails, lire Priska Degra, « Maryse Condé : l'écriture de l'Histoire, » *Esprit Créateur*, 93.2, 1993, p. 73-81.
[5] Édouard Glissant, *Le discours antillais*, Paris, Seuil, 1981.

liaison de Maeva et Dieudonné, fille de Mendela, à son propre père qui, on le présume, arrange le meurtre de Dieudonné.

Dans *Mort d'Oluwémi d'Ajumako*, le roi africain refuse de suivre le rituel de son peuple qui exige son suicide après vingt ans de règne. Il s'enfuit donc en compagnie de sa jeune épouse Séfira et de son fils Ange en dérobant les bijoux du trésor d'Ajumako. On apprend bientôt que son mariage a été forcé et que Séfira est en fait éprise d'Ange. Les deux amants parviennent à s'échapper alors qu'une blessure avilit le roi mourant resté en compagnie d'un étranger, un déserteur de passage. Ils reviennent finalement tous deux pour assister à la mort du patriarche qui décide de retourner à Ajumako en descendant la rivière sur un radeau.

Dans la dernière pièce de Condé, *Pensions les Alizés*, les deux protagonistes, Emma et Ismaël, se trouvent à Paris. Emma symbolise une danseuse ratée et blasée tandis qu'Ismaël est un médecin qui a dû fuir une Haïti corrompue. Elle lui offre refuge et se propose de le materner et de subvenir à tous ses besoins (pécuniaires et sexuels). La pièce relate un épisode de leur vie dans lequel ils contemplent hypothétiquement l'espoir d'une vie future paisible en retournant en Haïti et tenant une pension. Le mirage prend cependant vite fin puisqu'Ismaël retourne chez lui et meurt assassiné tandis qu'Emma repart à nouveau comme si la rencontre n'avait jamais eu lieu.

Le choix du genre théâtral demeure loin d'être anodin et on ne saurait appliquer la notion d'hyperréel aux romans ou à la poésie. Il s'agit donc d'une interprétation concrète et visuelle entre le texte littéraire et le public, qui poursuit le dessein initial de l'oralité, à savoir le contact direct avec le peuple et le souci de perpétuer la tradition. Ceci est surtout pertinent dans l'histoire de la littérature antillaise dans laquelle le conte ou les proverbes occupent une grande place. Dans *Éloge de la créolité*, Bernabé, Chamoiseau et Confiant soulignent au nom du peuple antillais que « [...] l'Oralité est notre intelligence, elle est notre lecture de ce monde, le tâtonnement, aveugle encore de notre complexité. »[6] L'oralité a ainsi l'avantage de toucher toutes les couches de la société antillaise et de représenter une partie de son identité. Elle doit cependant trouver sa concrétisation dans l'écrit.[7]

Le théâtre peut s'inscrire comme le genre propice à cette construction ; il apporte en outre l'avantage du spectacle. Il est la concrétisation de ce que Glissant suggère dans *Le discours antillais* lorsqu'il le définit comme : « la conciliation entre les valeurs de la civilisation de l'écrit et les traditions

---

[6] Jean Bernabé, Patrick Chamoiseau et Raphaël Confiant, *Éloge de la créolité*, Paris, Gallimard, 1989, p. 33.
[7] Glissant souligne que ce passage de l'oral à l'écrit demeure bien là le cœur du problème et la difficulté d'acquérir une littérature nationale : « L'oralité de la littérature traditionnelle est refoulée par la vague de l'écriture » (*Le discours antillais,* p. 181).

longtemps inférisées des peuples de l'Oralité » (462). Bien plus encore, le théâtre correspondrait peut-être à une expression identitaire qui serait propre au peuple antillais, et qui répondrait à une « poétique de la collectivité » tant espérée par Glissant dans son souhait de voir concrétiser « quelque chose à venir » en se référant à un genre particulier.[8]

L'objet de notre analyse reste cependant l'aspect spectaculaire du théâtre et la vision hyperréelle que nous désirons lui appliquer et non la quête d'une littérature nationale proprement dite. L'hyperréel est ainsi le réel qui se laisse dépasser puis remplacer par la fiction. Dans le théâtre de Maryse Condé, l'hyperréel est rendu possible grâce au jeu des acteurs, du décor et de tout ce qui constitue une façade quant à l'interprétation des pièces. Afin d'en saisir ici la portée, il faut clairement séparer le réel ou encore la distribution des rôles des personnages (les hommes occupant des rôles primaires tandis que ceux des femmes restent secondaires) de la fiction qui se caractérise, elle, par la force quasi-souterraine de ces rôles. Tandis que l'un est concret, l'autre est foncièrement abstrait. Le remplacement de la fiction par la réalité s'opère par le biais de subterfuges ludiques. Par exemple, le jeu prend la forme de la dissimulation. Baudrillard nous informe à ce sujet que :

> Dissimuler est feindre de ne pas avoir ce qu'on a. Simuler est feindre de voir ce qu'on a pas. L'un renvoie à une présence, l'autre à une absence. Mais la chose est plus compliquée car simuler n'est pas feindre... Donc feindre, ou dissimuler laissent intact le principe de réalité : la différence est toujours claire, elle n'est pas masquée... La simulation remet en cause la différence du « vrai » et du « faux », du « réel » et de « l'imaginaire ». (*Simulacres et simulations* 12)

Les femmes feignent de se borner à leur rôle accessoire tandis qu'en vérité elles détiennent la totalité du pouvoir.

L'originalité des pièces condéennes réside dans l'inscription d'une tradition nouvelle et prépondérante chez les dramaturges femmes qui privilégient l'histoire personnelle des personnages[9]. En effet, le théâtre antillais était, depuis la Négritude, fortement lié à l'Histoire. Des auteurs tel Aimé Césaire utilisent dans leurs pièces des protagonistes masculins et relatent des faits historiques[10]. En suivant un format classique, Césaire uniformise les thèmes tels que la colonisation, le mythe du retour au pays natal ou encore la tyrannie pour témoigner d'une identité ébranlée, erratique

---

[8] Il écarte d'ailleurs les genres tels que le roman ou la poésie qu'il classe comme une forme « d'aliénation culturelle » (p. 198-9).
[9] Voir également *Ton beau capitaine*, Simone Schwarz-Bart, Paris, Seuil, 1987, mais aussi les auteurs telles Ina Césaire, Michèle Césaire et Gerty Dambury.
[10] Lire *La tragédie du Roi Christophe*, Aimé Césaire, Paris, Présence Africaine, 1963.

et meurtrie. Dans ses pièces, Maryse Condé renouvelle ces sujets en plaçant la femme comme porte-parole de manière hyperréelle. Elle rompt avec la forme et le style en se désolidarisant du ton de ses contemporains.[11] Son théâtre se présente comme vivant et donne loisir à une diversité de mises en scène dont le dessein est de rendre le déroulement attrayant et coloré. Makward note au sujet de deux de ses pièces :

> [*Dieu nous l'a donné*] has strong potential for spectacular production, as does *Mort D'Oléwumi d'Ajumako*. Both involve alternative daytime and nighttime scenes, including dreams, in huts and forest settings. They require but minimal props and modest casts yet offer energetic dialogues, rebellious female characters, and substantial evocations of African ceremonies or voodoo rituals.[12]

La vivacité des dialogues, doublée du caractère fort des personnages féminins, crée donc l'originalité et la force du théâtre condéen.

Le renversement des genres : revanche de la femme antillaise ou assouvissement d'un fantasme masculin ?

La vivacité du théâtre de Condé se traduit également par sa rapidité d'action, son langage et plus précisément ses dialogues. Dans le récit même, les rôles majeurs sont détenus par des hommes tandis que la femme est réifiée, réduite à jouer le rôle de prostituée ; elle n'est plus le poto-mitan dépeint traditionnellement mais elle s'assimile en apparence à une marchandise au service des hommes.[13]

Il y a pourtant une véritable évolution chronologique des personnages féminins. Dans *Dieu nous l'a donné* (1972), Gastonia est une femme entretenue par le maire et l'amante de Dieudonné qui se sert d'elle pour obtenir des renseignements. Si dans l'intrigue elle possède un rôle secondaire, c'est pourtant elle qui se venge de Dieudonné en livrant des

---

[11] Beaucoup d'auteurs antillais utilisent l'humour comme procédé littéraire ; Condé reste plutôt cynique dans le texte.
[12] Christiane Makward, « Reading Maryse Conde's Theatre, » *Callaloo*, 18.3, 1995, p. 682. « [*Dieu nous l'a donné*] prête fortement a une production spectaculaire, tout comme *Mort D'Oléwumi d'Ajumako*. Les deux pièces sont propices à des scènes de jour comme de nuit, y compris les rêves, dans des huttes et des décors de forêt. Elles demandent relativement peu d'accessoires et une distribution modeste et pourtant elles offrent des dialogues énergiques, des personnages féminins rebelles et d'importantes évocations aux cérémonies et vaudous africains. » (Toutes les traductions de l'anglais au français sont les miennes)
[13] Luce Irigaray et Claude Lévi-Strauss traitent du sujet de la réification de la femme respectivement dans « des marchandises entre elles », *Ce sexe qui n'en est pas un*, Paris, Minuit, 1977, p. 165-195 et dans *Les structures élémentaires de la parenté*, Paris, Mouton et Co, 1967.

informations pour attiser la jalousie de Mendela envers sa fille chérie et cause son assassinat. De même, l'autre personnage féminin de la pièce, Maeva, occupe une place de second plan mais arrive à s'affirmer et à subvertir les desseins de ceux qui voudraient la dominer. Elle s'éprend de Dieudonné et déjoue son père en le dupant sur ses allées et venues.

Dans *Mort d'Oluwéni d'Ajumako* de l'année suivante, Séfira, forcée d'épouser le vieil homme, s'enfuit tout de même avec Ange et saisit l'occasion de dévoiler le fond de sa pensée en révélant des vérités sur le caractère égoïste et vil de son époux. Elle exprime cela en mêlant à son tour fiction et réalité en discutant la mort fictive d'Oléwuni :

> Et est-ce que tu n'es déjà pas mort, Oléwumi d'Ajumako ? Mort. Mort plus sûrement que si tu reposais au flanc de notre reine Asaré, dans le bois sacré... Et c'est un cadavre que nous traînons après nous. Un cadavre encombrant. Un cadavre emmerdant. Un cadavre dont nous ne savons que faire... Quand nous laissera-t-il la liberté de vivre ? (50)

De sa position de femme objet, Séfira se révèle, depuis son statut social de femme issue d'une caste inférieure, être la voix qui hante les rêves du vieux roi, le dictateur de sa conscience. Elle se manifeste dans toute sa splendeur en tant que porte-parole pour la communauté. Elle symbolise la revanche du peuple d'Ajumako, un peuple las des tyrans qui a souffert non seulement de la colonisation mais, comme l'étranger le rappelle à Oléwumi, de la tyrannie des peuples africains envers eux-mêmes. Ce dernier ravive chez le vieil homme un pesant souvenir alors qu'il l'accable des accusations suivantes : « Avant nos ministres, avant les Blancs, c'est toi, ce sont les tiens qui ont écrit l'histoire de notre pays, une sanglante histoire de viol, à la lueur des incendies » (32). En dénonçant les abus des monarques africains, il déclenche la colère d'Oluwémi qui nie de telles pratiques et qui met en garde l'étranger contre ses blasphèmes.

Il refuse de regarder la vérité en face quant à l'histoire de son pays et, tel un couard, il se méfie de Séfira bien qu'il sache pertinemment l'emprise que cette dernière a sur son fils, Ange. Oléwumi lui lance d'ailleurs avec dédain alors qu'elle a commis un meurtre au village : « Des deux, c'est toi qui mérites de porter le pantalon » (47). Les fantômes du vieillard le poursuivent et prennent chair avec Séfira. Saisi dans la tourmente que lui occasionnent le respect de la tradition de son peuple et la réalité crue qui l'entoure, il avoue ne plus distinguer « la ligne entre le rêve et la réalité » (14). Il devient malgré lui victime d'une schizophrénie aiguë. Tirant avantage de la terreur qu'elle inspire, Séfira en profite derechef pour jeter un coupe-coupe sur Oluwémi, lui rappelant ainsi que sa vie ne tient qu'à un fil et qu'elle le supprimera à la première occasion qui se présentera. Face à la rage de la jeune femme, Oluwémi confie pressement à l'étranger qu'il a peur et qu'il « se sent comme un enfant dans la cohue d'un marché et que la main de sa mère a lâché » (56). Désemparé et finalement rendu à l'évidence qu'il est condamné, il préfère périr en retournant à Ajumako plutôt que d'être vulgairement tué par elle.

Dans *Pensions les Alizés* de 1988, Emma est toujours construite comme femme-objet mais elle se présente néanmoins comme la version émancipée de Gastonia. Christiane Mackward la décrit comme :

> A strong and smart woman, the character reads like a fully developed version of Gastonia in *Dieu nous l'a donné*. Emma illustrates even better than Colette's Lea in *Chéri* the rich cohort of noble-hearted courtesans on which so much male power has thrived through history....Ismaël embodies the offspring of the ruling class : user of people, and primarily of women, since they are much safer to ab (use).[14]

Elle demeure la seule à incarner la liberté, l'indépendance totale morale et financière, celle qui se suffit finalement à elle-même pour vivre et prendre une revanche sur la communauté. La notion d'hyperréel renverse les rôles apparemment secondaires de femmes-objet en rôles indispensables au dénouement de l'intrigue. Les femmes ne sont pas de « fortes têtes » mais elles prennent en main le destin des hommes qui tentent de les assujettir. Ainsi défini, ce rôle féminin défie-t-il la représentation du pouvoir masculin ou satisfait-il son fantasme ? Dieudonné, Mendela, Oléwuni et Ismaël ne se laissent-ils pas délicieusement contrôler par leurs partenaires femmes ? De leur statut politique et social élevé, ils se font volontiers manipuler par ces dernières. Mais si, après tout, ils leur permettent de les dominer, ne serait-ce pas signe qu'ils sont, tout comme les femmes, rongés par un souci qui ne cesse de les hanter et qui se manifeste sous toutes ses formes par la problématique du retour aux sources ? L'exergue emprunté à Césaire dans *Dieu nous l'a donné :* « J'ai longtemps erré et je reviens vers la hideur désertée de vos plaies » en est la plus vive expression.

La quête d'une identité « rhizome »

Tous les personnages de Condé éprouvent un malaise dans leur relation à leur mère/génitrice et à leur patrie. D'un côté, les femmes comblent ce

---

[14] « Reading Maryse Conde's Theatre, » *Callaloo*, 18.3, 1995, p. 685. « Une femme forte et intelligente, son personnage s'interprète comme une version tout à fait développée de Gastonia dans *Dieu nous l'a donné*. Emma illustre encore mieux que Léa dans *Chéri* de Colette la riche cohorte de courtisanes nobles qui a subi, à travers l'histoire, le pouvoir abusif masculin... Ismaël incarne la progéniture directe de la classe dominante : le manipulateur du peuple et avant tout des femmes, depuis qu'elles sont plus faciles à ab(user). » (Ma traduction)

manque en ayant recours à la séduction. Baudrillard explique que : « la séduction fait partie [des voies esthétiques de la disparition] : elle est ce qui dévoie, ce qui détourne de la voie, ce qui fait rentrer le réel dans le grand jeu de simulacres, ce qui fait apparaître et disparaître. »[15] La séduction fait donc partie de la réification des femmes et sert d'outil d'expression d'un exil physique et moral des personnages. Elles utilisent en outre leur sexualité pour combler l'absence de leur mère.[16] De l'autre côté, les hommes vivent leur relation maternelle plus amèrement et parfois violemment. Par exemple, Dieudonné verbalise ce malaise lorsqu'il déclare : « Je l'aime et je la respecte ma mère toute putain qu'elle était ! Une mère, c'est comme un pays, ça ne se discute pas. Ça se prend en bloc avec ses champs de canne à sucre, son grain de beauté sur la joue gauche et ses amants ! » (24) Il se résigne à accepter la double fatalité de sa naissance. On apprend que sa mère et celle de Maeva sont des prostituées. Les deux personnages anesthésient leur souffrance d'une manière géographique : Dieudonné retourne sur son île natale tandis que Maeva rêve de retourner en ville dans la maison rose de sa mère. Ces retours respectifs leur fournissent un moyen de se réconcilier avec leur passé et leurs origines.

Dans *Mort d'Oluwéni d'Ajumako*, le roi vit la séparation de son territoire d'une manière géographique aussi puisqu'il refuse tout simplement de se déplacer de l'autre côté de la rivière de peur de trahir ses propres racines en quittant, même temporairement sa terre-mère : il préfère se tourner vers le suicide. Dans la même pièce, on apprend indirectement que l'étranger s'est résolu à l'errance après être né dans « un taudis de Madina » (44) et avoir vécu une enfance traumatisante. Ainsi, il espère retrouver une stabilité et oublier ses expériences personnelles de « boy » agressé sexuellement ou plus tard de violeur dans l'armée.

Enfin, dans *Pensions les Alizés*, Ismaël renie sa mère et ses origines. Il s'exclame : « Je paie pour mon père, je paie pour ma mère » (47), puis se rend à l'évidence que « naître du bon côté, voilà l'astuce ! » (47-8) Il condamne l'attitude de sa mère prête à séduire le premier venu pour assurer l'avancement de son mari. Bien qu'il déteste sa génitrice, il ne peut se séparer d'elle. Il la cite, disant que « l'argent, c'est le maître du monde ! » (90) et retourne tout dans l'appartement d'Emma pour la voler. Emma, elle, garde un souvenir nostalgique de sa mère. On la prend à rêver avec mélancolie : « Maman me disait que la bête avait avalé le soleil... Alors, je m'efforçais de dormir.... C'est normal, on n'a qu'une mère » (32). Elle

---

[15] Jean Baudrillard, *L'Autre par lui-même, habilitation*, Paris, Editions Galilée, 1981, p. 63.
[16] Sur l'absence de la mère chez Gastonia, Maeva et Séfira, lire « Dangerous Admissions : Opening Stages to Violence, Anger, and Healing in African Diaspora Theater, » *Violence, Silence and Anger-Women's Writing as Transgression*, Charlottesville, UP of Virginia, 1995, 247-63.

poursuit sa nostalgie jusqu'à vouloir renaître des entrailles de sa mère pour recommencer sa vie. Ainsi, on la prend à soliloquer à haute voix : « J'entrerai à reculons dans son ventre. Une fois là, rien ni personne ne me fera naître à nouveau ! » (85) Alors qu'elle souffre du manque de sa mère, Ismaël, lui, réprime sa douleur et recherche à combler sa déficience affective en la personne d'Emma en la prenant à la fois pour une amante et une mère.

À travers ses personnages, Maryse Condé interroge l'identité antillaise en demandant aux Antillais de chercher la leur dans l'intérieur et l'extérieur, le passé et l'avenir, de franchir les limites du moi (sur le plan individuel) mais aussi de la nation (sur le plan collectif). L'auteur se réconcilie elle-même avec ses racines dans la géographie de ses œuvres : alors que la première pièce se déroule en Afrique, la deuxième en Guadeloupe, l'action de la troisième se situe à Paris. Elle prend conscience que pour guérir les blessures de l'exil il faut aller de l'avant et se forger sa propre identité. Dans un entretien avec Marie-Agnès Sourieau, elle déclare :

> Je commence à contester ces mots d'errance, d'exil, de nomadisme ; je préfère les remplacer par le terme de renouvellement. Il est important de quitter le lieu où l'on a des racines, notion que je n'aime pas du tout parce qu'elle est, pour moi, symbole d'immobilisme... Le territoire est complètement imaginaire. Nous avons tendance à penser qu'un Antillais doit avoir un lieu d'origine précis... Ce qui reste et ce qui importe c'est le fantasme de l'île, une récréation individuelle de l'île. Je crois que c'est comme cela qu'il faut concevoir l'identité, comme un lien que l'on entretient avec un territoire réel ou imaginaire. [17]

Le cas précis de l'Antillais et la question du territoire ont été longtemps débattus en rapport avec le problème de la colonisation. En effet, certains auteurs tel Franz Fanon ont constaté que l'Antillais doit, par exemple, absolument aller en métropole pour obtenir un statut. Il va même jusqu'à écrire que « le Noir qui connaît la métropole est un demi-dieu. »[18] Glissant reconnaît cet archétype dans la mentalité antillaise, mais il essaie d'en faire une étape nécessaire en démontrant que cette visite en France entraîne bien souvent une prise de conscience individuelle. Il affirme :

> C'est en France le plus souvent que les Antillais émigrés se découvrent différents, prennent conscience de leur antillanité ; conscience d'autant plus dramatique et insupportable que l'individu ainsi envahi par le sentiment de son identité ne pourra quand même pas réussir la réinsertion dans son milieu d'origine. (34)

---

[17] « Entretiens avec Maryse Condé : de l'identité culturelle, » *The French Review,* 76.6, 1999, p. 1091-98.
[18] Franz Fanon, *Peau noire, masques blancs,* Paris, Editions du Seuil, 1952, p. 15.

C'est une analyse sociologique très hermétique et pessimiste dont nous fait part ici Glissant mais on ne peut pourtant pas nier la réalité des faits exposés. Il s'en sert pourtant comme point de départ pour aboutir à une affirmation identitaire, en fomentant l'accès à l'antillanité. Condé possède un point de vue très optimiste sur le sujet lorsqu'elle cite son expérience personnelle. En présentant sa conception multiple du territoire, elle condamne la culture antillaise comme « Culture-lacune », une culture de l'entre-deux qui ne revendiquerait pas sa *créolité* (au niveau du langage) ou bien son *antillanité* (au niveau de l'identité culturelle). Il est évident que ces deux théories sont étroitement liées. Au contraire, sa définition de la culture antillaise rejoint la conception de l'identité composite d'Édouard Glissant.

Certains personnages des pièces de Condé formulent sporadiquement une opinion sur leur histoire ou le rapport qu'ils entretiennent avec leur langue. D'une part, les hommes apparaissent foncièrement négatifs. L'étranger remarque ironiquement : « nous sommes Français, pardon, francophones, pardon d'expression française » (55) pour souligner l'ambiguïté d'une langue qui appartient à l'Autre et le degré d'aliénation qu'elle implique.[19] Il dénonce également le fait d'être victime du carnage des Blancs et des hommes assoiffés de pouvoir. Ne voyant pas d'échappatoire à sa situation (qui est aussi celle de sa communauté), il préfère tout de même les tyrans africains aux Blancs et s'apitoie en lançant désespérément à Oluwémi que « [lui] disparu, il ne restera plus rien, plus rien. » (32)

Dans *Pensions les Alizés*, Ismaël réitère cette prise de conscience que « [leur] histoire est une suite d'erreurs, de projets avortés, de débarquements manqués » (70). Ainsi, il interroge Emma de façon rhétorique : « Qu'est-ce qui est mort en nous ? » Les hommes des pièces communiquent expressément cet ébranlement dont Fanon et Glissant ont été parmi les premiers à présenter l'analyse. Les femmes, au contraire, laissent percevoir une lueur d'espoir pour la communauté. Ainsi, Emma est convaincue que « [leur] mémoire n'a pas besoin de livres, de mots sur les pages blanches. Elle vit, [leur] mémoire et elle ne meurt jamais » (39). Elle est fière de ses origines et défend vigoureusement l'héritage culturel qu'elle a reçu dans le simple fait de naître antillaise.[20]

Même si ce discours paraît condamner la revendication d'une voix dans l'Histoire, Emma donne l'espoir de l'avènement d'une identité pour les

---

[19] Glissant souligne la différence entre langue et langage dans *Le discours antillais*. Lire aussi Jacques Derrida, *Le monolinguisme de l'autre*, Paris, Galilée, 1996.
[20] Anne Malena avance qu'Emma vit son exil comme « une culture-lacune qui repose sur des vestiges créoles qui somnolent [en elle], » je ne vois pas là une faiblesse chez le personnage mais plutôt une revendication identitaire, « The Figure of the Critic in Condé's Novel, » *Macomère : Journal of the Association of Carribean Women Writers and Scholars*, 3, 2000, p.103.

générations à venir. Pour citer Glissant qui s'appuie sur Deleuze et Guattari, l'identité antillaise que Maryse Condé préconise à travers ses personnages féminins s'inscrit véritablement dans « l'identité comme rhizome, de l'identité non plus comme racine unique mais comme racine allant à la rencontre d'autres racines » (Glissant 45).[21]

Dans ces œuvres, Condé explore des inquiétudes qui n'appartiennent pas qu'aux Antillais mais également aux autres écrivains francophones : la colonisation, la langue et le dialecte, le déracinement etc. En traitant de ces symptômes du problème identitaire, Condé tente de donner aux Antillais (comme aux autres francophones) le moyen de bannir l'abject, soit « ce qui perturbe une identité, un système, un ordre. L'entre-deux, l'ambigu, le mixte, »[22] de changer les esprits, de rompre le cercle infernal de « mimétisme »[23] qui est de reproduire les traces des colonisateurs ou de se laisser mouler entièrement par les concepts et les idées de l'Occident.[24] Elle choque son public pour transcender les règles du théâtre et lui transmet un message de conscience, celle d'un peuple qui veut être reconnu à part entière. Elle le plonge dans une « totalité-monde »[25] de racines qui vont à l'encontre d'autres. Son théâtre se pose ainsi comme une revendication de ce droit à l'opacité (Glissant), et donne l'exemple à une nouvelle génération d'auteurs.

---

[21] Sur les Antilles en tant que société pluri-culturelle, lire « Entretiens avec Daniel Maximin, » *Nouvelles du Sud,* 3, 1986, p. 31.
[22] Julia Kristeva, *Pouvoirs de l'horreur*, Paris, Seuil, 1980, p. 12.
[23] Sur le mimétisme, lire l'essai d'Homi Bhabba : « Of Mimicry and Man : The Ambivalence of Colonial Discourse, » *The Location of Culture*, London, Routledge, 1994.
[24] Sur le pouvoir de l'Occident sur le reste des cultures voir Edward Said et Paul Chemla « Culture et impérialisme, » Paris, Fayard, le Monde diplomatique, 2000.
[25] Voir Glissant, « Introduction à une Poétique du Divers, » Montréal, Presses de l'Université de Montréal, 1995, p.11-26.

Notes sur les collaborateurs

Notes sur les collaborateurs

Kristine Aubarkken était Professeur de littérature française et francophone et chef du département de Français et d'Italien à Drew University. Détentrice d'un diplôme en sociologie de l'Université d'Alger, elle fit sa maîtrise et son Ph.D à New York University. Pendant de longues années, elle se concentra sur l'enseignement des littératures africaine, caribéenne et maghrébine. Ses travaux de recherche portaient principalement sur les écrits de femmes et les littératures francophones, notamment maghrébine. Ses publications traitaient en particulier des œuvres de Kateb Yacine, Assia Djebar, et Malika Mokeddem. Elle était l'auteure de nombreux articles sur la littérature francophone, ainsi que du livre *L'étoile d'araignée : Une lecture de Nedjma de Kateb Yacine* (Publisud, 1986).

Charles Bonn est diplômé des universités de Strasbourg, Montpellier et Bordeaux. Il a été Assistant, puis Maître-Assistant à l'Université de Constantine (Algérie), ainsi qu'à la Faculté des Lettres de Fès (Maroc). Professeur à l'Université Paris-13 de 1987 à 1999, il est actuellement professeur d'études françaises, francophones et comparées à l'Université Lumière-Lyon 2.

Ancien Directeur du Centre d'Etudes littéraires francophones et comparées à l'Université Paris 13 et co-directeur des revues *Itinéraires et contacts de cultures* et *Etudes littéraires maghrébines*, Charles Bonn est le créateur et directeur du programme documentaire informatisé *Limag*. Ses principales publications, qui ont marqué la critique francophone depuis trois décennies, sont *La littérature algérienne de langue française et ses lectures* (1974), *Littérature maghrébine : Répertoire des chercheurs* (1976), *Le Roman algérien de langue française. Vers un espace de communication littéraire décolonisé ?* (1985), *Nabile Farès : La migration et la marge* (1986), *Problématiques spatiales du roman algérien* (1986), *Lecture présente de Mohammed Dib* (1988), *Kateb Yacine : Nedjma* (1990), *Anthologie de la littérature algérienne (1950-1987)* (1990), *Répertoire des chercheurs sur les littératures maghrébines* (1990), *Bibliographie de la littérature maghrébine 1980-1990* (En collaboration avec Fériel Kachoukh, 1992), *Limag2 pour MS-DOS. Guide de l'utilisateur* (1993), *Littératures francophones de l'émigration maghrébine. Petite bibliographie* (1994) et *Bibliographie Kateb Yacine* (1997).

Co-directeur de plusieurs publications collectives, dont la collection « Littératures francophones » (Hatier/AUPELF, 1997 et 1999), il dirige de nombreuses thèses sur les littératures du Maghreb et de l'émigration-immigration et occupe de nombreuses responsabilités administratives, dont celles d'expert du Ministère de la Recherche (France), expert du Comité mixte interuniversitaire algéro-français (CMEP) et expert du Centre National du Livre.

Charles Bonn est des pionniers dans le domaine des études sur les littératures et cultures maghrébines, issues de l'immigration et francophones.

Nicole Buffard-O'Shea a un Ph.D de The University of California at Davis. Elle est Maître de Conférences à California State University at Sacramento. Elle enseigne la langue et la littérature française, ainsi que les littératures francophones. Sa recherche se concentre sur les écrits de femmes, notamment algériennes, et leur utilisation de la métaphore comme moyen de lutte contre l'*establishment* politique dans leur pays et en France. Elle a publié de nombreuses études, ainsi que le livre *Le Monde de Boris Vian et le grotesque littéraire* (Peter Lang-American University Studies, 1993).

Bernadette Cailler est diplômée des universités de Poitiers et Paris et de Cornell University. Depuis 1974, elle enseigne le français et les littératures française et francophones à The University of Florida at Gainsville où elle est maintenant Professeure. Ses travaux portent sur un nombre varié d'auteurs parmi lesquels Saint-John Perse, René Depestre, Hamidou Kane, Simone Schwartz-Bart, Mudimbe, Bouraoui, Damas, Niger, Langston Hughes, Fodeba, Simone Weil, Yourcenar, Chédid, Lévinas, ainsi que sur divers sujets concernant les littératures des Caraïbes et africaines. Elle est l'auteure de nombreux articles et de deux livres : *Proposition poétique : une lecture de l'œuvre d'Aimé Césaire* (Naaman, 1976 ; Nouvelles du Sud, 1994) *et Conquérants de la nuit nue : Edouard Glissant et l'H(h)istoire antillaise* (Gunter Narr Verlag, 1988). Elle a également co-dirigé (avec L. A. Johnson, R. Hamilton et M. Hill-Lubin), le collectif *Toward Defining the African Aesthetic* (Three Continents Press, Washington D.C., 1982). Bernadette Cailler est une des pionnières dans le domaine des études caribéennes et francophones en Amérique du Nord.

Daniel Chartier est professeur au Département d'études littéraires de l'Université du Québec à Montréal et fondateur de la *Revue internationale d'études québécoises, Globe*. Au cours des dernières années, il a publié un essai intitulé *L'Émergence des classiques. La réception de la littérature* *québécoise des années trente* (Fides, 2000), un *Guide de culture et de littérature québécoises* (Nota Bene, 1999) et un *Dictionnaire des écrivains émigrés au Québec, 1800-2000* (Nota Bene, 2002), en plus de participer au projet d'*Histoire de la vie littéraire au Québec* (Presses de l'Université Laval, tome IV, 1999 ; tome V, 2004). Il a aussi publié une synthèse méthodologique sur les études québécoises, intitulée *Methodology, Problems and Perspectives in Québec Studies* (Nota Bene, 2002). Il s'intéresse, dans le contexte québécois et scandinave, aux questions d'immigration littéraire, d'imaginaire du Nord et de réception littéraire. Il dirige aujourd'hui le Laboratoire international d'étude multidisciplinaire comparée des représentations du Nord (FCI, CRSH, FQRSC, 2003-2009) qu'il a fondé en 2003. Il prépare dans ce cadre trois ouvrages collectifs sur l'imaginaire du Nord et les modernités amérindiennes et inuite. Il est sur le point de publier un collectif *Littérature, immigration et imaginaire* (L'Harmattan, 2005).

Danielle Dumontet enseigne les littératures française et francophones au département d'études romanes de l'université Gutenberg à Mayence en Allemagne. Ses travaux portent sur les littératures francophones, en particulier sur la littérature des Antilles et du Canada – Québec et Acadie – ainsi que sur la traduction interculturelle. Outre de nombreux articles, elle a publié une monographie sur le roman antillais (*Der Roman der französischen Antillen zwischen 1932 und Heute*. Frankfurt am Main : Peter Lang, 1995). Elle a également dirigé un ouvrage collectif sur Gérard Etienne, l'écrivain haïtien vivant au Canada depuis 1967. (*L'Esthétique du choc. Gérard Etienne ou l'écriture haïtienne au Québec*. Frankfurt am Main : Peter Lang, 2003). Dans le cadre d'un projet de recherche sur la poétique de l'écriture migrante à l'exemple du Québec financé par le centre d'études interculturelles de l'université Gutenberg à Mayence, elle a co-organisé un colloque international en juin 2003 à l'université de Mayence sur le thème « Ecriture migrante/Migrant Writing/Schreiben und Migration » qui a réuni des chercheurs du monde entier.

Carole Edwards est diplômée des universités de Reims, de Caen et de Texas Tech University et de Purdue University où elle vient de terminer une thèse de Ph.D sur « A Redefinition of West Indian Identity in French Caribbean Women Dramatists ». Elle a publié plusieurs articles, notamment une étude sur le roman maghrébin, « Regards sur *Le Dernier été de la raison* de Tahar Djaout : un cri pour l'Algérie postcoloniale » (*Expressions maghrébines*, vol. 3, n° 1, été 2004). Elle travaille en particulier sur les écrits de femmes des Antilles, la littérature francophone de Polynésie et le théâtre des femmes des Caraïbes.

Hafid Gafaïti est Paul Whitfield Horn Professor of Romance Languages et Jeanne Charnier-Qualia Professor of French and Francophone Studies à Texas Tech University. Auparavant, il avait enseigné les littératures anglaise, américaine, francophones et comparées à l'Université de Sidi-Bel-Abbès et à l'Université d'Oran en Algérie, à Penn State University, The University of California at Berkeley et The University of Michigan at Ann Arbor. Ses travaux actuels portent sur les littératures postcoloniales, la représentation des femmes, la censure et les écritures migrantes. Hafid Gafaïti est l'auteur ou le co-auteur de dix ouvrages dont *Kateb Yacine : un homme, une œuvre, un pays* (1986), *Boudjedra ou la passion de la modernité* (Denoël, 1987), *Les femmes dans le roman algérien* (L'Harmattan, 1996), *Cultures transnationales de France : des "Beurs" aux ... ?* (L'Harmattan, 2001), *Recyclages culturels/Recycling Culture* (L'Harmattan, 2003), *Femmes et écriture de la transgression* (L'Harmattan, 2005) et *La Diasporisation des littératures postcoloniales* (L'Harmattan, 2005). Avec Patricia M. E. Lorcin et David G. Troyansky, il est sur le point de publier le collectif *Transnational Spaces and Identities in the Francophone World* (University of Nebraska Press, 2006). Il est le directeur de la collection « *Études transnationales, francophones et comparées /* Transnational, Francophone and Comparative Studies » publiée par L'Harmattan.

Abdoulaye GUEYE est docteur de l'École des Hautes Études en Sciences Sociales, à Paris. Il est Professeur de sociologie à l'University of Ottawa. Parmi ses publications récentes, l'on retiendra : *Les Intellectuels africains en France*, Paris, L'Harmattan, 2001 ; « Dark Side of the African Brain Drain. Experiences of Africans Holding Doctoral Degrees in Social Sciences and the Humanities Living in France » (African Issues, XXX-1&2, 2002) ; « Un objet surréaliste, la fuite des cerveaux africains ? » (*Mots Pluriels*, n° 20, janvier 2002) ; « L'échec de l'État africain et l'émergence d'une diaspora intellectuelle africaine en Occident » in Y. Lebeau & alii, *États et acteurs émergents en Afrique* (Paris, Karthala, 2003) ; « Que veut dire «francophone» au Québec : un attribut identitaire vu par les intellectuels africains » (*Recherches sociographiques*, XLIV, 2, 2003).

Miléna Horváth est diplômée de l'Université de Pécs (Hongrie) et de l'Université de Bordeaux où elle fit son doctorat. Elle enseigne les littératures du 20ème siècle et la littérature francophone du Maghreb. Ses recherches se concentrent sur la problématique de l'entre-deux entre la France et le Maghreb, la littérature francophone du Canada. Elle est spécialisée dans l'analyse des écrits de femmes et l'œuvre d'Assia Djebar en particulier.

Laté Lawson-Hellu est diplômé de l'Université de Lomé et de l'Université d'Ottawa. Professeur de littérature francophone à l'Université Western Ontario, il est l'auteur d'un collectif, *Littérature et impôt*, et de nombreux articles sur la question discursive dans les littératures africaines et francophones. Ses enseignements et sa recherche portent sur les littératures francophones, le roman francophone, l'identité et les représentations, l'idéologie et le discours social, la théorie littéraire, Tchicaya U Tam' Si, ainsi que Félix Couchoro. Ses projets de publication en cours sont *Poétique de la "résistance" chez les premiers auteurs africains francophones* et *Hétérolinguisme littéraire et transposition linguistique*. Son dernier livre publié est *Roman africain et idéologie. Tchicaya U Tam'Si et la réécriture de l'Histoire* (Presses de l'Université Laval, 2004).

Typhaine Leservot est Maître-Assistante en littératures francophones à Wesleyan University. Ses recherches actuelles portent sur l'influence des médias, et par extension sur les conséquences de la mondialisation et du multiculturalisme, sur les corps littéraires féminins chez les auteurs français et francophones du Maghreb et des Antilles. Elle est l'auteure notamment de « Femmes en détour : la résistance corporelle chez Assia Djebar et Maryse Condé ». Elle travaille actuellement à la publication de son livre sur l'influence des médias sur le corps littéraire féminin chez Marie Redonnet, Maryse Condé et Assia Djebar.

Patricia M. E. Lorcin détient un Ph.D en Histoire de Columbia University. Elle a enseigné à Florida International University, à Rice University et à Texas Tech University. Elle est actuellement Maître de Conférences d'Histoire à The University of Minnesota. Ses enseignements portent sur l'histoire de France et de l'Europe dans le contexte international, les femmes et le conflit au 20ème siècle, l'idéologie raciale de la France et sur les identités sociales, culturelles et politiques à travers le cinéma. Ses domaines de recherche sont l'impérialisme du 19ème et 20ème siècles et ses conséquences. Bien que, par le passé, ses travaux fussent concentrés sur l'Afrique du Nord, ses recherches actuelles portent sur l'Afrique Sub-Saharienne et l'Asie du Sud-Est.

Patricia M. E. Lorcin est l'auteure du remarquable *Imperial Identities. Stereotyping, Prejudice and Race in Colonial Algeria.* (New York, St. Martins Press, 1995) dont une traduction française est en cours. Récemment, elle a publié les articles suivants : « Rome and France in Africa. Recovering Algeria's Latin Past» in *French Historical Studies*, 25:2, 2002 (Prix William Koren du meilleur article en histoire de France, 2002) et « Mediating Gender; Mediating Race: Women Writers in Colonial Algeria » in *Culture, Theory and Critique*, 2004. Avec Hafid Gafaïti et David G. Troyansky, elle est sur le point de publier le collectif *Transnational Spaces and Identities in the Francophone World* (University of Nebraska Press, 2006).

Anne Morelli est Docteur en histoire de l'Université Libre de Bruxelles et titulaire d'une licence spéciale en Histoire du christianisme et d'une licence spéciale en Histoire du judaïsme. Sa thèse portait sur l'histoire de l'immigration italienne en Belgique. Elle s'intéresse spécifiquement à l'histoire des minorités et des « vaincus ».

Anne Morelli est Professeure à l'Université Libre de Bruxelles où elle est directrice-adjointe du Centre interdisciplinaire d'études des religions et de la laïcité. Elle travaille notamment sur la critique historique, l'histoire des églises chrétiennes contemporaines et les contacts de cultures. Parmi ses principaux livres publiés, l'on notera *Lettre ouverte à la secte des adversaires des sectes* (Labor 1998) et *Principes élémentaires de propagande de guerre* (Labor 2001). En outre, elle est l'auteure de nombreux ouvrages collectifs dont les mieux connus du grand public sont *Histoire des étrangers et de l'immigration en Belgique* (EVO 1992-Nouvelle édition, revue et augmentée), *Les grands mythes de l'histoire de Belgique* (EVO 1995) et *Les émigrants belges* (EVO 1998).

Pendant près de 10 ans elle a suivi à Bruxelles, avec ses étudiants du cours de « Sociologie des religions », près de 90 petits groupes religieux appelés communément « sectes ». Elle a condensé les réflexions nées de cette analyse dans son ouvrage paru en français et en néerlandais. Elle a été appelée comme expert à la Commission d'enquête parlementaire belge sur les sectes.

Karine Rabain-Chagné est diplômée l'Université de Nice, Texas Tech University et de l'Université de Bordeaux III. Elle a fait son Ph.D à The University of California at Davis. Elle est actuellement lectrice au International Pacific College de Palmerston North, en Nouvelle Zélande. Elle a publié les articles « Recyclages ethniques et culturels dans la culture populaire des banlieues : Zebda et son Utopie d'occase » (Presses Universitaires de Bordeaux, 2004), « L'Identité caméléon chez les écrivaines francophones » (*Francographies* 11. New York : SPFFA, 2002) et « La langue préhensile du caméléon : Mimétismes et transcolonialisme dans *Le baobab fou* de Ken Bugul » (Presses Universitaires de Bordeaux, 2002). Elle travaille actuellement à la publication de son livre *La Langue préhensile du caméléon : Tactiques identitaires dans la littérature et la culture francophones.*

Anna Rocca est diplômée des universités « La Sapienza » de Rome, de la Società Italiana delle Organizzazioni Internazionali de Rome et de l'University of Oregon. Elle fit son Ph.D à Louisiana State University sur l'œuvre d'Assia Djebar. Elle est actuellement Maître-Assistante à Southeastern Louisiana University. Anna Rocca se spécialise dans les littératures francophones et les écrits de femmes en particulier. Elle est sur le point de publier chez L'Harmattan un livre intitulé *Assia Djebar. Le corps invisible : voir sans être vue*.

Mireille Rosello est Professeure agrégée et titulaire d'un Ph.D de l'University of Michigan at Ann Arbor où elle a enseigné avant d'être en poste à l'University of Nottingham en Angleterre. Elle est actuellement Professor of French and Comparative Literary Studies à Northwestern University. Ses domaines d'enseignement et de recherches sont les études culturelles comparatives et interdisciplinaires des objets contemporains, les récits visuels ou textuels (littératures du $20^{\text{ème}}$ et $21^{\text{ème}}$ siècles, la culture populaire, le cinéma, la télévision et les nouveaux medias). Elle se concentre sur deux domaines de recherche : d'un côté, les études diasporiques, (post)coloniales et francophones (en particulier l'Europe, le Maghreb et les Caraïbes) et, d'un autre côté, les *Gender studies* (*queer theories and performativity*).

Parmi ses principales publications, l'on retiendra *France and the Maghreb: Performative Encounters* (2005), *Postcolonial Hospitality: The Immigrant as Guest* (2001*) Declining the Stereotype: Ethnicity and Representation in French Cultures* (1998), *Infiltrating Culture: Power and Identity in Contemporary Women's Writing* (1996), *Littérature et identité créole aux Antilles (1992), L'In-différence chez Michel Tournier : « Un de ces types est le jumeau de l'autre, mais lequel ? »* (1990)*, et L'humour noir selon André Breton : « Après avoir assassiné mon pauvre père »* (1987).

Mireille Rosello a également dirigé les collectifs *Practices of Ordinary and Extraordinary Mediation:* a special issue of *Culture, Theory and Critique* (2005), *Les fabuleuses glaneuses du cinéma français contemporain:* a special issue of *L'Esprit Créateur* (Fall 2002), *The Politics and Poetics of Contamination and Purity:* a special issue of *L'Esprit Créateur* (1997) et *Practices of Hybridity*: a special issue of *Paragraph*. Elle est la traductrice en anglais, avec Annie Pritchard, de *Cahier d'un retour au pays natal* d'Aimé Césaire.

David G. Troyansky est Professeur d'Histoire et Chef du Département d'Histoire à Brooklyn College of the City University of New York. Auparavant, il avait enseigné, entre autres, l'histoire de France et de la Révolution française à Texas Tech University de 1984 à 2005. En 1992-93 il était Maître de Conférence Associé au Départment d'Histoire de l'Université de Limoges ; en 1996-97 il était Fulbright Research Fellow à l'École des

Hautes Etudes en Sciences Sociales (Paris). Spécialiste de l'histoire de la France moderne et contemporaine, il est l'auteur de *Old Age in the Old Regime* (Cornell University Press, 1989), publié également en français sous le titre *Miroirs de la vieillesse en France au siècle des Lumières* (ESHEL, 1995), et co-auteur (avec Alfred Cismaru et Norwood Andrews, Jr.) du collectif *The French Revolution in Culture and Society* (Greenwood, 1991).

David G. Troyansky est l'auteur de nombreuses publications, parmi lesquelles un article sur les questions de langue, « Alsatian Knowledge and European Culture: Jérémie-Jacques Oberlin, Language, and the Protestant Gymnase in Revolutionary Strasbourg » in *Francia* (Vol. 27, No. 2, 2000/2001). Il a également travaillé sur la francophonie à l'Université de Limoges. Avec Hafid Gafaïti et Patricia M. E. Lorcin, il est sur le point de publier le collectif *Transnational Spaces and Identities in the Francophone World (University of Nebraska Press*, 2006).

Andréanne Vallée est doctorante à l'Université d'Ottawa. Elle se spécialise dans l'analyse et l'édition critique des relations de voyage en Nouvelle-France, aux XVIIe et XVIIIe siècles. Sa thèse de doctorat (en cours) est une édition critique des *Avantures* de Claude Le Beau (*Voyage curieux et nouveau parmi les Sauvages de l'Amérique septentrionale*). Elle est l'auteure d'une thèse de maîtrise qui porte sur le triangle épistolaire formé par les *Relations* du père Paul Ragueneau et les textes de deux *donnés* des Jésuites de la Nouvelle-France (*François Gendron et Christophe Regnaut: deux voix «données» en Nouvelle-France*, 2002). De cette thèse a été tiré un article qui met en lumière l'originalité de la relation de voyage de François Gendron (« Les récits de voyage de François Gendron : un regard laïque sur la mission jésuite en Huronie », in *Des Identités en mutation : de l'Ancien au Nouveau Monde*, 2002).

André-Marie Yinda Yinda a enseigné la philosophie politique à l'Université de Yaoundé I (Cameroun) et est actuellement chercheur au Centre de Recherches Politiques Raymond Aron à l'Ecole des Hautes Etudes en Sciences Sociales (France). Ses travaux portent essentiellement sur : 1. l'histoire des idées politiques, particulièrement sur le moment machiavélien et ses répercussions sur l'histoire et l'actualité des relations internationales; 2. le renouvellement critique des problématiques internationales telles que la soumission (projet de recherches postdoctorales à l'Université d'Ottawa : 2004-2005), la mémoire, la guerre, la paix rapportées à l'Afrique. 3. les arts de gouverner postmodernes, post-guerre froide et en postcolonie. Parmi ses principales publications, l'on retiendra notamment « Penser les relations internationales africaines : des problèmes aux philosophèmes politiques aujourd'hui » (*Polis*. Revue camerounaise de science politique, volume 8, numéro spécial), « Entre paix et guerre(s) : considérations sur les « exercices politiques » postmodernes » (*Justice et paix,* N° 2, décembre 2000) et « La mémoire internationale de l'Afrique » (*Polis*. Revue camerounaise de science politique, volume 11, numéro spécial).

Table des matières

Table des matières

Hafid Gafaïti, Patricia M. E. Lorcin et **David G. Troyansky**
Espaces culturels et transnationalités francophones — 7

Europe :
Immigration, citoyenneté et représentation

Kristine Aurbakken
Comment peut-on être français ? Un imaginaire en sursis — 29

Charles Bonn
La visibilité de l'émigration-immigration dans les littératures maghrébine, française, et de la « seconde génération » de l'immigration : quelle « scénographie postcoloniale » ? — 43

Mireille Rosello
Le lait de l'oranger de Gisèle Halimi :
l'élixir miraculeux des peuples colonisés — 57

Anne Morelli
L'émergence dans la littérature francophone de Belgique d'auteurs allochtones — 71

Québec :
Histoire et migritude

Danielle Dumontet
Hybridité textuelle / Effets de texte – Hybridité linguistique / Effets de langue dans les textes des « écritures migrantes » au Québec — 83

Daniel Chartier
Apports et trajectoires de l'immigration littéraire des femmes au Québec aux XIXe et XXe siècles — 107

Nicole Buffard-O'Shea
Le Premier jardin d'Anne Hébert : métaphores, origines.
Oui, mais lesquelles ?   123

Andréanne Vallée
L'émergence de deux voix laïques à Sainte-Marie-
au-pays-des-Hurons   135

Afrique :
Expatriation, diasporisation et transnationalité

André-Marie Yinda Yinda
Une critique africaine de la citoyenneté transnationale   153

Abdoulaye Gueye
Nos ancêtres aussi sont Gaulois : la revendication
d'une appartenance nationale par les Africains de France   175

Laté Lawson-Hellu
La question des littératures régionales en Afrique subsaharienne   189

Karine Rabain-Chagné
La tactique du caméléon : mimétismes et ironie
dans *Le Baobab fou* de Ken Bugul   203

Maghreb :
Assia Djebar, au-delà des frontières et des genres

Miléna Horváth
L'entre-deux maghrébin en France : écriture et mouvement
chez les écrivains en exil et les auteurs issus de l'immigration :
le cas d'Assia Djebar   221

Typhaine Leservot
Les Nuits de Strasbourg à la frontière des genres   231

Anna Rocca
Assia Djebar : le corps-mémoire dans l'autobiographie   241

Caraïbes : La mondialité culturelle

Bernadette Cailler
Sartorius. Le roman des Batoutos, ou la brisure de l'o/eau   257

Carole Edwards
Être ou paraître, *Simulacres* de la féminité :
le voile levé sur l'affirmation d'une identité antillaise
dans le théâtre de Maryse Condé   277

Notes sur les collaborateurs   291

Table des matières   301

641118 - Février 2016
Achevé d'imprimer par